Die Beschwerdekammern der europäischen Agenturen

Schriften zum Europa- und Völkerrecht und zur Rechtsvergleichung

Herausgegeben von Manfred Zuleeg

Band 9

PETER LANG

Frankfurt am Main · Berlin · Bern · Bruxelles · New York · Oxford · Wien

Amina Dammann

Die Beschwerdekammern der europäischen Agenturen

PETER LANG
Europäischer Verlag der Wissenschaften

Bibliografische Information Der Deutschen Bibliothek
Die Deutsche Bibliothek verzeichnet diese Publikation in der Deutschen Nationalbibliografie; detaillierte bibliografische Daten sind im Internet über <http://dnb.ddb.de> abrufbar.

Zugl.: Frankfurt (Main), Univ., Diss., 2003

D 30
ISSN 1436-2007
ISBN 3-631-51698-3

www.peterlang.de

Jens und Jorn

Vorwort

Die vorliegende Arbeit wurde im Sommersemester 2003 von der J. W. Goethe-Universität Frankfurt am Main als Dissertation angenommen.

Dank gebührt in erster Linie meinem Doktorvater, Herrn Prof. Dr. Dr. h.c. Manfred Zuleeg, ehem. Richter am Gerichtshof der Europäischen Gemeinschaften. Er hat nicht nur meine Begeisterung für das europäische Gemeinschaftsrecht geweckt, sondern auch die vorliegende Arbeit mit stetem Wohlwollen gefördert. Desgleichen ist die Aufnahme dieser Dissertation in die von ihm betreute Reihe „Schriften zum Europa- und Völkerrecht und zur Rechtsvergleichung“ im Peter Lang Verlag auf seine Anregung zurückzuführen.

Dank ist freilich darüber hinaus vielen anderen geschuldet, die im folgenden in zeitlicher Reihenfolge genannt werden sollen.

Prof. Joseph H. H. Weiler eröffnete mir im Rahmen eines von ihm veranstalteten Seminars an der Harvard Law School die Möglichkeit, die dogmatischen Grundlagen dieser Arbeit zu schaffen. Zentrale empirische Untersuchungen wurden von Prof. Viktor Mayer-Schönberger, J. F. Kennedy School of Government, Harvard University, angeregt. Dass mir die Zusammenarbeit mit den beiden vorgenannten Professoren überhaupt möglich war, verdanke ich der Studienstiftung des deutschen Volkes, deren Förderung im Rahmen des McCloy Academic Scholarship Program mir die Teilnahme an dem zweijährigen MPA-Programm der J. F. Kennedy School of Government, Harvard University, erlaubt hat.

Die Ausarbeitung des Themas in der erforderlichen Tiefe konnte in der zweiten Hälfte des Jahres 2002 an der Yale Law School erfolgen. Besonderen Dank schulde ich insofern Frau Prof. Susan Rose-Ackerman, die meine Forschungstätigkeit dort begleitete. Erwähnt sei auch die großzügige Entscheidung der Yale Law School, auf die normalerweise anfallenden Studiengebühren weitgehend zu verzichten.

Schließlich sollen Prof. Dr. Boudewijn Sirks und Prof. Dr. Manfred Wolf nicht ungenannt bleiben. Prof. Dr. Sirks hat innerhalb kürzester Zeit das Zweitgutachten erstellt. Prof. Dr. Wolf hat sich kurzfristig bereit erklärt, den Vorsitz in der Disputation zu übernehmen.

Gewidmet ist diese Arbeit meinem Mann und unserem Sohn.

München, im Sommer 2003 — Amina Dammann

Inhaltsverzeichnis

1. Teil: Einleitung

Innerhalb von zweien der europäischen Agenturen, namentlich dem Harmonisierungsamt für den Binnenmarkt (Marken, Muster und Modelle)[1] und dem Gemeinschaftlichen Sortenamt[2], wurden Mitte der 90iger Jahre sogenannte Beschwerdekammern errichtet.

Bei den europäischen Agenturen handelt es sich um dezentralisierte Einrichtungen der Europäischen Union,[3] die als Einrichtungen des europäischen öffentlichen Rechts mit eigener Rechtspersönlichkeit ausgestattet und organisatorisch von den Organen der Europäischen Gemeinschaft weitgehend losgelöst sind.[4] Die Errichtung einer solchen Agentur erfolgt durch einen Rechtsakt des abgeleiteten Gemeinschaftsrechts, meist durch eine auf Artikel 308 (ex Artikel 235) EGV[5] gestützte Ratsverordnung.

Zusätzlich zu dem Harmonisierungsamt und dem Sortenamt wurden bislang dreizehn weitere europäische Agenturen errichtet: das Europäische Zentrum für die Förderung der Berufsbildung,[6] die Europäische Stiftung für die Förderung der Lebens- und Arbeitsbedingungen,[7] die Europäische Umweltagentur,[8] die Europäische Stiftung für Berufsbildung,[9] die Europäische Beobachtungsstelle für Drogen und Drogen-

---

[1] Verordnung (EG) Nr. 40/94 des Rates vom 20. Dezember 1993 über die Gemeinschaftsmarke, ABl. L 11 vom 14. Januar 1994, S. 1-36; Verordnung (EG) Nr. 6/2002 des Rates vom 12. Dezember 2001 über das Gemeinschaftsgeschmacksmuster, ABl. L 3 vom 5. Januar 2002, S. 1-24.

[2] Verordnung (EG) Nr. 2100/94 des Rates vom 27. Juli 1994 über den gemeinschaftlichen Sortenschutz, ABl. L 227 vom 1. September 1994, S. 1-30, zuletzt geändert durch die Verordnung (EG) Nr. 2506/95 (ABl. L 258 vom 28. Oktober 1995).

[3] So die Begrifflichkeit auf der offiziellen Webseite der Agenturen unter http://europe.eu.int/agencies/index_de.htm.

[4] Vgl. die Definition unter http://europe.eu.int/agencies/index_de.htm.

[5] Bislang wurden allein vier Ratsverordnungen zur Gründung einer Agentur nicht auf Artikel 308 (ex Artikel 235) EGV gestützt. Als Ermächtigungsgrundlage für die Verordnung zur Gründung der Europäischen Umweltagentur diente Artikel 175 (ex Artikel 130 s) Absatz 1 EGV. Für die Verordnung zur Errichtung der Europäischen Behörde für Lebensmittelsicherheit wurden Artikel 37 (ex Artikel 43), 95 (ex Artikel 100a), 133 (ex Artikel 113) und 152 Absatz 4 Buchstabe b) (ex Artikel 129) EGV als Rechtsgrundlage herangezogen. Die Verordnungen zur Errichtung der Agenturen für die Sicherheit des Seeverkehrs und Flugsicherheit wurden auf Artikel 80 Absatz 2 (ex Artikel 84 Absatz 2) EGV gestützt. Der Vollständigkeit halber sei erwähnt, dass die Ratsverordnung zur Errichtung der Europäischen Stelle zur Beobachtung von Rassismus und Fremdenfeindlichkeit zusätzlich zu Artikel 308 (ex Artikel 235 EGV) auf Artikel 283 (ex Artikel 213) basiert.

[6] Verordnung (EWG) Nr. 337/75 des Rates vom 10. Februar 1975 über die Errichtung eines Europäischen Zentrums für die Förderung der Berufsbildung, ABl. L 39 vom 13. Februar 1975, S. 1-4.

[7] Verordnung (EWG) Nr. 1365/75 des Rates vom 26. Mai 1975 über die Gründung einer Europäischen Stiftung zur Verbesserung der Lebens- und Arbeitsbedingungen, ABl. L 139 vom 30. Mai 1975, S. 1-4.

[8] Verordnung (EG) Nr. 933/1999 des Rates vom 29. April 1999 zur Änderung der Verordnung (EWG) Nr. 1210/90 zur Errichtung einer Europäischen Umweltagentur und eines Europäischen Umweltinformations- und Umweltbeobachtungsnetzes, ABl. L 117 vom 5. Mai 1999, S. 1-4. Rechtsgrundlage für die Ratsverordnung war Artikel 175 Absatz 1 (ex Artikel 130 s Absatz 1) EGV.

[9] Verordnung (EWG) Nr. 1360/90 des Rates vom 7. Mai 1990 zur Errichtung einer Europäischen Stiftung für Berufsbildung, ABl. L 131 vom 23. Mai 1990, S. 1-5, zuletzt geändert durch die Verordnungen des Rates Nr. 2063/94 vom 27. Juli 1994 (ABl. L 216 vom 20. August 1994), Nr. 1572/98 vom

sucht,[10] die Europäische Agentur für die Beurteilung von Arzneimitteln,[11] die Europäische Agentur für Sicherheit und Gesundheitsschutz am Arbeitsplatz,[12] das Übersetzungszentrum für die Einrichtungen der Europäischen Union,[13] die Europäische Stelle zur Beobachtung von Rassismus und Fremdenfeindlichkeit,[14] die Europäische Agentur für Wiederaufbau,[15] die Europäische Behörde für Lebensmittelsicherheit,[16] die Europäische Agentur für die Sicherheit des Seeverkehrs[17] und die Europäische Agentur für Flugsicherheit[18]. Diese Agenturen wurden jedoch nicht mit Beschwerdekammern versehen.

---

17. Juli 1998 (ABl. L 206 vom 23. Juli 1998) und Nr. 2666/2000 vom 5. Dezember 2000 (ABl. L 306 vom 7. Dezember 2000).

[10] Verordnung (EWG) Nr. 302/93 des Rates vom 8. Februar 1993 zur Schaffung einer Europäischen Beobachtungsstelle für Drogen und Drogensucht, ABl. L 36 vom 12. Februar 1993, S. 1-8, zuletzt geändert durch die Verordnung (EG) Nr. 3294/94 des Rates vom 22. Dezember 1994 (ABl. L 341 vom 30. Dezember 1994).

[11] Verordnung (EWG) Nr. 2309/93 des Rates vom 22. Juli 1993 zur Festlegung von Gemeinschaftsverfahren für die Genehmigung und Überwachung von Human- und Tierarzneimitteln und zur Schaffung einer Europäischen Agentur für die Beurteilung von Arzneimitteln, ABl. L 214 vom 24. August 1993, S. 1-21.

[12] Verordnung (EG) Nr. 2062/94 des Rates vom 18. Juli 1994 zur Errichtung einer Europäischen Agentur für Sicherheit und Gesundheitsschutz am Arbeitsplatz, ABl. L 216 vom 20. August 1994, S. 1-8, zuletzt geändert durch die Verordnung (EG) Nr. 1643/95 des Rates vom 29. Juni 1995 (ABl. L 156 vom 7. Juli 1995).

[13] Verordnung (EG) Nr. 2965/94 des Rates vom 28. November 1994 zur Errichtung eines Übersetzungszentrums für die Einrichtungen der Europäischen Union, ABl. L 314 vom 7. Dezember 1994, S. 1-5, zuletzt geändert durch die Verordnung (EG) Nr. 2610/95 (ABl. L 268 vom 10. November 1995).

[14] Verordnung (EG) Nr. 1035/97 des Rates vom 2. Juni 1997 zur Einrichtung einer Europäischen Stelle zur Beobachtung von Rassismus und Fremdenfeindlichkeit, ABl. L 151 vom 10. Juni 1997, S. 1-7. Rechtsgrundlage für die Ratsverordnung waren Artikel 284 (ex Artikel 213) EGV und Artikel 308 (ex Artikel 235) EGV.

[15] Verordnung (EG) Nr. 2454/99 des Rates vom 15. November 1999 zur Änderung der Verordnung (EG) Nr. 1628/96 über die Hilfe für Bosnien-Herzegowina, Kroatien, die Bundesrepublik Jugoslawien und die Ehemalige Jugoslawische Republik Mazedonien, insbesondere bezüglich der Schaffung der Europäischen Agentur für den Wiederaufbau, ABl. L 299 vom 20. November 1999, S. 1-8. Diese Verordnung ist inzwischen nicht mehr rechtskräftig. Sie wurde abgelöst durch die Verordnung (EG) Nr. 2666/2000 des Rates vom 5. Dezember 2000 über die Hilfe für Albanien, Bosnien und Herzegowina, Kroatien, die Bundesrepublik Jugoslawien und die ehemalige jugoslawische Republik Mazedonien, durch die Verordnung (EG) Nr. 2667/2000 des Rates vom 5. Dezember 2000 und durch die Verordnung (EG) Nr. 2415/01 des Rates vom 10. Dezember 2001 (ABl. L 327 vom 12. Dezember 2001).

[16] Verordnung (EG) Nr. 178/2002 des Europäischen Parlaments und des Rates vom 28. Januar 2002 zur Festlegung der allgemeinen Grundsätze und Anforderungen des Lebensmittelrechts, zur Errichtung der Europäischen Behörde für Lebensmittelsicherheit und zur Festlegung von Verfahren zur Lebensmittelsicherheit, ABl. L 31 vom 28. Januar 2002, S. 1-24. Rechtsgrundlage für diese Verordnung waren die Artikel 37 (ex Artikel 43), 95 (ex Artikel 100a), 133 (ex Artikel 113) und 152 Absatz 4 Buchstabe b) (ex Artikel 129) EGV.

[17] Verordnung (EG) Nr. 1406/2002 des Europäischen Parlaments und des Rates vom 27. Juni 2002 zur Errichtung einer Europäischen Agentur für die Sicherheit des Seeverkehrs, ABl. L 208 vom 5. August 2002, S. 1-9. Rechtsgrundlage für die Ratsverordnung war Artikel 80 Absatz 2 (ex Artikel 84 Absatz 2) EGV.

[18] Verordnung (EG) Nr. 1592/2002 des Europäischen Parlaments und des Rates vom 15. Juli 2002 zur Festlegung gemeinsamer Vorschriften für die Zivilluftfahrt und zur Errichtung einer Europäischen

Die Beschwerdekammern des Harmonisierungsamtes und des Sortenamtes sind insbesondere mit der Befugnis ausgestattet, Entscheidungen anderer Dienststellen derselben Agentur zu überprüfen. Wird gegen eine Ausgangsentscheidung einer Dienststelle Beschwerde eingelegt, so kontrollieren die Beschwerdekammern dieselbe in tatsächlicher und rechtlicher Hinsicht und erlassen eine Beschwerdeentscheidung. Gegen belastende Entscheidungen der Beschwerdekammern steht den Beteiligten der Rechtsweg zu den Gerichten der Gemeinschaft offen.

Organisatorisch sind die Beschwerdekammern in das interne Institutionengefüge ihrer Agentur eingebunden. Die Beschwerdekammern selbst bilden eine Dienststelle der Agentur und unterstehen dem Präsidenten des Amtes.

Die konkrete Ausgestaltung der Beschwerdekammern des Harmonisierungsamtes und des Sortenamtes, wie sie in den Gründungsverordnungen[19] und weiteren abgeleiteten Rechtsakten[20] zum Ausdruck kommt, bringt ein strukturelles Problem mit sich. Die Beschwerdekammern verfügen über weitreichende Kompetenzen bei der Überprüfung erstinstanzlicher Entscheidungen anderer Abteilungen derselben Agentur. Gleichzeitig weisen die Beschwerdekammern jedoch institutionelle Schwächen auf, die es den Beschwerdekammern erschweren, die ihnen übertragenen Aufgaben in einer Weise zu erfüllen, die den betroffenen Interessen der Beteiligten hinreichend Rechnung trägt. So ist zum Beispiel die Unabhängigkeit der Beschwerdekammern sowohl in persönlicher als auch in sachlicher Hinsicht eingeschränkt. Es ist jedoch fraglich, ob eine Einrichtung, der neben einer vollständigen Unabhängigkeit noch weitere gerichtstypische Eigenschaften fehlen, geeignet ist, die behördliche Ausgangsentscheidung einer fairen rechtlichen Kontrolle zu unterwerfen.

Diese institutionellen Schwächen wären unbedenklich, würden entweder die auf die Beschwerdekammern Einfluss nehmenden Instanzen einer effektiven politischen Kontrolle oder die Entscheidungen der Beschwerdekammern einer strengen rechtlichen Überprüfung unterliegen. Beides ist jedoch nicht der Fall. Eine Verant-

---

Agentur für die Flugsicherheit, ABl. L 240 vom 7. September 2002, S. 1-21. Rechtsgrundlage für die Ratsverordnung war Artikel 80 Absatz 2 (ex Artikel 84 Absatz 2) EGV.

[19] Verordnung (EG) Nr. 40/94 des Rates vom 20. Dezember 1993 über die Gemeinschaftsmarke, ABl. L 11 vom 14. Januar 1994, S. 1-36; Verordnung (EG) Nr. 6/2002 des Rates vom 12. Dezember 2001 über das Gemeinschaftsgeschmacksmuster, ABl. L 3 vom 5. Januar 2002, S. 1-24; Verordnung (EG) Nr. 2100/94 des Rates vom 27. Juli 1994 über den gemeinschaftlichen Sortenschutz, ABl. L 227 vom 1. September 1994, S. 1-30, zuletzt geändert durch die Verordnung (EG) Nr. 2506/95 des Rates vom 25. Oktober 1995 zur Änderung der Verordnung (EG) Nr. 2100/94 über den gemeinschaftlichen Sortenschutz, ABl. L 258 vom 28. Oktober 1995, S. 3-4.

[20] Verordnung (EG) Nr. 216/96 der Kommission vom 5. Februar 1996 über die Verfahrensordnung vor den Beschwerdekammern des Harmonisierungsamts für den Binnenmarkt (Marken, Muster und Modelle), ABl. L 28 vom 6. Februar 1996, S. 11-13; Verordnung (EG) Nr. 2868/95 der Kommission vom 13. Dezember 1995 zur Durchführung der Verordnung (EG) Nr. 40/94 des Rates über die Gemeinschaftsmarke, ABl. L 303 vom 15. Dezember 1995, S. 1-32; Verordnung (EG) Nr. 2869/95 der Kommission vom 13. Dezember 1995 über die an das Harmonisierungsamt für den Binnenmarkt (Marken, Muster und Modelle) zu entrichtenden Gebühren, ABl. L 303 vom 15. Dezember 1995, S. 33-38; Verordnung (EG) Nr. 1239/95 der Kommission vom 31. Mai 1995 zur Durchführung der Verordnung (EG) Nr. 2100/94 des Rates im Hinblick auf das Verfahren vor dem Gemeinschaftlichen Sortenamt, ABl. L 121 vom 1. Juni 1995, S. 37, geändert durch Verordnung (EG) 448/96 (ABl. L 62 vom 13. März 1996, S. 3).

wortlichkeit und Rechenschaftspflicht gegenüber dem Europäischen Parlament, der Kommission, dem Rat, den Mitgliedstaaten und der allgemeinen Öffentlichkeit besteht nur in geringem Maße. Eine Klagemöglichkeit gegen Entscheidungen der Beschwerdekammern ist zwar dem Grunde nach gegeben. Aufgrund von Schwächen des fraglichen Rechtschutzsystems führt dieser Klageweg jedoch nicht zu einer strengen rechtlichen Kontrolle der Entscheidungen der Beschwerdekammern.

Nun mag man einwenden, dass diejenigen Agenturen, für die kein internes Kontrollverfahren durch Beschwerdekammern vorgesehen ist, erst recht unter strukturellen Problemen leiden, da dort - so könnte man argumentieren - die politischen und insbesondere die rechtlichen Überprüfungsmöglichkeiten der Ausgangsinstanzen noch schwächer ausgeprägt seien. Bei denjenigen Agenturen, bei denen keine Beschwerdekammern eingerichtet worden sind, erfolgt die rechtliche Überprüfung ihrer Handlungen zum Teil durch die Kommission[21] und zum Teil allein durch den Europäischen Gerichtshof[22].

In der Tat ist die Konsequenz der vorliegenden, die Konzeption der Beschwerdekammern untersuchenden und in einigen Aspekten kritisierenden Arbeit nicht ein Appell an die gänzliche Abschaffung der Beschwerdekammern des Harmonisierungsamtes und des Sortenamtes. Vielmehr soll gezeigt werden, dass das derzeitige System der Beschwerdekammern Stärken sowie ausbesserbare Schwächen aufweist.

Die Frage nach den zur Verfügung stehenden Kontrollmechanismen stellt sich bei dem Harmonisierungsamt und dem Sortenamt aus zweierlei Gründen mit besonderer Brisanz. Erstens ist zu berücksichtigen, dass das Harmonisierungsamt und das Sortenamt über die Anerkennung bzw. Versagung von Individualrechten entscheiden, während sich die anderen Agenturen bei ihrer Tätigkeit überwiegend auf Aufgaben der Informationssammlung und -verteilung konzentrieren. Dementsprechend ist das Handeln des Harmonisierungsamtes und des Sortenamtes eher geeignet, in Rechtspositionen einzelner einzugreifen, als dies bei den anderen europäischen Agenturen der Fall ist. Zweitens ist eine Untersuchung der politischen und gerichtlichen Kontrollmöglichkeiten bei dem Harmonisierungsamt und dem Sortenamt vor dem Hintergrund der institutionellen Schwächen ihrer Beschwerdekammern von Relevanz. Eine politische und gerichtliche Kontrolle mag nämlich grundsätzlich dazu dienen, Schwächen in der institutionellen Gestaltung der zu überprüfenden Instanz, wie hier der Be-

---

21 Artikel 18 der Verordnung Nr. 337/75 über die Errichtung eines Europäischen Zentrums für die Förderung der Berufsbildung; Artikel 22 der Verordnung Nr. 1365/75 über die Gründung einer Europäischen Stiftung zur Verbesserung der Lebens- und Arbeitsbedingungen; Artikel 22 der Verordnung Nr. 2062/94 zur Errichtung einer Europäischen Agentur für Sicherheit und Gesundheitsschutz am Arbeitsplatz.

22 Artikel 17 der Verordnung Nr. 302/93 zur Schaffung einer Europäischen Beobachtungsstelle für Drogen und Drogensucht und Artikel 15 Abs. 3 der Verordnung Nr. 1035/97 zur Einrichtung einer Europäischen Stelle zur Beobachtung von Rassismus und Fremdenfeindlichkeit verweisen insofern ausdrücklich auf ex Artikel 173 EGV. Für die übrigen Agenturen wird man eine Ausdehnung des Anwendungsbereichs des Artikels 173 EGV im Wege der Rechtsfortbildung im Ergebnis bejahen können (für eine analoge Anwendung Dorothee Fischer-Appelt, Agenturen in der Europäischen Gemeinschaft: Eine Studie zu Rechtsproblemen, Legitimation und Kontrolle europäischer Agenturen mit interdisziplinären und rechtsvergleichenden Bezügen, Berlin 1999 (Diss. 1998), S. 318-321), auch wenn die praktische Relevanz dieser Frage nur gering sein wird.

schwerdekammern, auszugleichen. In Hinblick auf die anderen europäischen Agenturen fehlt es an einem solchen Korrekturbedarf, da an institutionellen Schwächen leidende Beschwerdekammern gar nicht erst eingerichtet wurden.

Weder die generelle Fragestellung nach der Rolle rechtlicher und politischer Kontrolle zur Korrektur institutioneller Schwächen noch die spezifische Analyse der Beschwerdekammern des Harmonisierungsamtes und des Sortenamtes wurden im Schrifttum bislang hinreichend gewürdigt.[23] Die Agenturen der Europäischen Union werden in der Literatur überhaupt erst seit 1995 in vertiefter Form thematisiert. Dabei liegt der Schwerpunkt der noch andauernden wissenschaftlichen Auseinandersetzung auf Rechtsfragen wie der Rechtmäßigkeit der Übertragung von Kompetenzen auf Agenturen, auf Versuchen der Systematisierung der verschiedenen Agenturen nach ihren individuellen Aufgaben und auf Untersuchungen über die Funktion der Agenturen im Institutionengefüge der Gemeinschaft.[24]

---

[23] Lediglich die Aufsätze, die einen Vergleich zum Verwaltungsrecht in den USA herstellen, thematisieren - vor dem Hintergrund der Debatte um den Umfang und Grenzen des *judicial review* in den USA - den Aspekt der Kontrolle durch die Gerichte im Zusammenhang mit Agenturen (Martin Shapiro, The Problem of Independent Agencies in the United States and the European Union, J. Europ. Pub. Pol., Band 4, 1997, S. 276; Martin Shapiro, Codification of Administrative Law: The US and the Union, Europ. L. J., Band 2, 1996, S. 26; Michelle Everson, Independent Agencies: Hierarchy Beaters?, Europ. L. J., Band 1, 1995, S. 180, 200). Dies geschieht allerdings unter Betrachtung der Einbettung der Agenturen in die Organstruktur der Gemeinschaft im allgemeinen, nicht aber unter Bezugnahme auf die Beschwerdekammern im besonderen. Im übrigen entsteht zunehmend mehr Schrifttum, das die Rechtsschutzmöglichkeiten im Markenrecht beschreibt (siehe etwa Hans Jung, Gemeinschaftsmarke und Rechtsschutz, in: Ole Due/Marcus Lutter/Jürgen Scharze (Hrsg.), FS für Ulrich Everling, Band I, Baden-Baden 1995, S. 611; Alexander v. Mühlendahl, Europäisches Markenrecht: Rechtsmittel gegen die Entscheidungen des Harmonisierungsamtes für den Binnenmarkt, GRUR 2001, S. 667; Alexander v. Mühlendahl/Dietrich Ohlgart/Verena Bomhard, Die Gemeinschaftsmarke, München 1998, S. 201 ff.; Reinhard Ingerl, Die Gemeinschaftsmarke, Stuttgart 1996, S. 151 ff.). Im Vordergrund steht dabei allerdings der Rechtsschutz durch die Gemeinschaftsgerichte und nicht die Rolle der Beschwerdekammern.

[24] Siehe insbesondere Michelle Everson, Independent Agencies: Hierarchy Beaters?, Europ. L. J., Band 1, 1995, S. 180 (hier werden insbesondere die Vereinbarkeit des Konzepts der Agenturen mit dem Verfassungsgefüge der Gemeinschaft und der Aspekt der Rechenschaftsbeziehungen zwischen Agenturen und den Gemeinschaftsorganen und der Allgemeinheit untersucht); Alexander Kreher, Agencies in the European Community – A Step Towards Administrative Integration in Europe, J. Europ. Pub. Pol., Band 4, 1997, S. 225 (eine vergleichende Studie der europäischen Agenturen, wobei die Bedeutung der europäischen Agenturen für die fortschreitende administrative Integration betont wird); Renaud Dehousse, Regulation by Networks in the European Community: The Role of European Agencies, J. Europ. Pub. Pol., Band 4, 1997, S. 246 (der Autor untersucht die Rolle der Agenturen in der Regulierung von Verwaltungsangelegenheiten durch *networks*); Giandomenico Majone, The New European Agencies: Regulation by Information, J. Europ. Pub. Pol., Band 4, 1997, S. 262 (dieser Aufsatz betont die Rolle von *networking* zur Steigerung der Unabhängigkeit und Reputation der Agenturen); Martin Shapiro, The Problem of Independent Agencies in the United States and the European Union, J. Europ. Pub. Pol., Band 4, 1997, S. 276 (vergleichende Studie mit den *independent regulatory agencies* der USA unter besonderem Fokus auf die Aspekte der Koordination, Legitimation und Kontrollbeziehungen); Eduardo Chiti, The Emergence of a Community Administration: The Case of European Agencies, Common Market L. Rev., Band 37, 2000, S. 309 (dieser Aufsatz versucht eine Analyse der europäischen Agenturen anhand der Funktionen, organisatorischen Strukturen und Verfahren einiger ausgewählter Agenturen); Ellen Vos, Reforming the European Commission: What Role to Play for EU Agencies?, Common Market L. Rev., Band 37, 2000, S. 1113 (die Autorin untersucht

Der Gedankengang der vorliegenden Arbeit lässt sich wie folgt skizzieren.

Zunächst werden die Aufgaben und Kompetenzen der Beschwerdekammern des Harmonisierungsamtes und des Sortenamtes erörtert. Auf dieser Grundlage folgt eine Analyse der institutionellen Schwächen der Beschwerdekammern zur Erfüllung der Aufgaben. Dabei wird insbesondere auf die Grenzen der persönlichen und sachlichen Unabhängigkeit der Mitglieder der Beschwerdekammern, die Vereinbarkeit mit einem Grundsatz des gesetzlichen Richters und auf die Entbehrlichkeit einer mündlichen Verhandlung einzugehen sein.

Anschließend werden zuerst die Defizite im politischen Kontrollsystem des Harmonisierungsamtes und des Sortenamtes herausgearbeitet. Darauf folgt eine Abhandlung der Stärken und Schwächen der rechtlichen Kontrolle der Entscheidungen der Beschwerdekammern durch das Gericht erster Instanz und den Europäischen Gerichtshof. Als Stärken des gerichtlichen Kontrollsystems sollen die Abänderungsbefugnis der Gemeinschaftsgerichte sowie der Beitrag der Gerichte zur Steigerung des Fairnessstandards genannt werden. Dagegen werden als Schwächen die fehlende Parteistellung der ursprünglich am Beschwerdeverfahren Beteiligten, die begrenzten rechtlichen Wirkungen der Urteile und der geringe praktische Gebrauch des Klagerechts zu diskutieren sein.

Abschließend soll in einer Gesamtbetrachtung die Legitimation der Beschwerdekammern thematisiert werden. Dies wird insbesondere Fragen der Effektivität, der Effizienz, und der Transparenz des Handelns der Beschwerdekammern aufwerfen.

Die Erörterungen in den jeweiligen Abschnitten der vorliegenden Arbeit werden sich schwerpunktmäßig auf die Beschwerdekammern des Harmonisierungsamtes und nur vereinzelt auf die Beschwerdekammer des Sortenamtes beziehen. Der Grund für diese unterschiedliche Gewichtung liegt darin, dass Entscheidungen der Beschwerdekammer des Sortenamtes bislang zu vereinzelt ergangen sind, um aus ihnen aussagekräftige Schlussfolgerungen ziehen zu können. So hat die Beschwerdekammer des Sortenamtes bis Ende 2002 insgesamt nur sechs Entscheidungen erlassen. Auch liegt bislang kein Urteil des Gerichts erster Instanz gegen eine Entscheidung der Beschwerdekammer des Sortenamtes vor. Das Fallrecht der Beschwerdekammern des Harmonisierungsamtes und die entsprechende Rechtsprechung des Gerichts erster Instanz und des Europäischen Gerichtshofes ist dagegen bereits weiter entwickelt. Sie bieten daher besseres Material für eine tiefgehende Analyse. Dennoch wird zumindest teilweise auf Besonderheiten der Beschwerdekammer des Sortenamtes hingewiesen werden. Dies gilt insbesondere für institutionelle Fragen, die sich dem allgemeinen Regelwerk entnehmen lassen und von einer Entscheidungspraxis losgelöst sind.

---

die Vorteile und Nachteile von Agenturen anhand von Gesichtspunkten wie Kompetenzübertragung, Transparenz, Rechenschaft, Sprachenregime); Xénophon Yataganas, The Treaty of Nice: The Sharing of Power and the Institutional Balance in the European Union - A Continental Perspective, Jean Monnet Chair Working Paper No. 1/01, http://www.jeanmonnetprogram.org/papers/01/010101.html; Xénophon Yataganas Delegation of Regulatory Authority in the European Union: The Relevance of the American Model, Jean Monnet Chair Working Paper No. 3/01, http://www.jeanmonnetprogram.org/papers/01/010301.html. Ausführlich Dorothee Fischer-Appelt, Agenturen in der Europäischen Gemeinschaft: Eine Studie zu Rechtsproblemen, Legitimation und Kontrolle europäischer Agenturen mit interdisziplinären und rechtsvergleichenden Bezügen, Berlin 1999 (Diss. 1998).

2. Teil: Die Aufgaben und Kompetenzen der Beschwerdekammern

Einführend sollen zunächst die Funktionen der Beschwerdekammern sowie ihre Kompetenzen zur Erfüllung dieser Aufgaben dargestellt werden. Diese Darstellung dient als Grundlage für den darauf folgenden Versuch, solche institutionellen Defizite der Beschwerdekammern herauszuarbeiten, welche die ordnungsgemäße Erfüllung der hier genannten Aufgaben erschweren.

I. Die Aufgaben der Beschwerdekammern

Die Funktionen der Beschwerdekammern des Harmonisierungsamtes und des Sortenamtes werden in denjenigen Sekundärrechtsakten, welche die Tätigkeiten der Beschwerdekammern regeln, zwar nicht explizit aufgelistet, lassen sich letztendlich aber im Wege der Auslegung ermitteln.[25] Bei den maßgeblichen Sekundärrechtsakten handelt es sich insbesondere um die Verordnung Nr. 40/94 über die Gemeinschaftsmarke[26] und Verordnung Nr. 2100/94 über den gemeinschaftlichen Sortenschutz.[27] Die entsprechenden Vorschläge der Kommission[28] sowie die Stellungnahmen des am Konsultationsverfahren beteiligten Europäischen Parlaments[29] und des Wirtschafts-

---

[25] So begnügen sich die Begründungserwägungen der Verordnung Nr. 2100/94 etwa mit dem Hinweis, dass „die Aufgaben und Befugnisse des Gemeinschaftlichen Sortenamtes, einschließlich seiner Beschwerdekammern, betreffend die Erteilung, Beendigung oder Nachprüfung des gemeinschaftlichen Sortenschutzes […] so weit wie möglich nach dem Muster der für andere Systeme entwickelten Regeln auszugestalten [sind]".

[26] Verordnung (EG) Nr. 40/94 des Rates vom 20. Dezember 1993 über die Gemeinschaftsmarke, ABl. L 11 vom 14. Januar 1994, S. 1-36; siehe auch Verordnung (EG) Nr. 6/2002 des Rates vom 12. Dezember 2001 über das Gemeinschaftsgeschmacksmuster, ABl. L 3 vom 5. Januar 2001, S. 1-24; Verordnung (EG) Nr. 216/96 der Kommission vom 5. Februar 1996 über die Verfahrensordnung vor den Beschwerdekammern des Harmonisierungsamts für den Binnenmarkt (Marken, Muster und Modelle), ABl. L 28 vom 6. Februar 1996, S. 11-13; Verordnung (EG) Nr. 2868/95 der Kommission vom 13. Dezember 1995 zur Durchführung der Verordnung (EG) Nr. 40/94 des Rates über die Gemeinschaftsmarke, ABl. L 303 vom 15. Dezember 1995, S. 1-32; Verordnung (EG) Nr. 2869/95 der Kommission vom 13. Dezember 1995 über die an das Harmonisierungsamt für den Binnenmarkt (Marken, Muster und Modelle) zu entrichtenden Gebühren, ABl. L 303 vom 15. Dezember 1995, S. 33-38.

[27] Verordnung (EG) Nr. 2100/94 des Rates vom 27. Juli 1994 über den gemeinschaftlichen Sortenschutz, ABl. L 227 vom 1. September 1994, S. 1-30, zuletzt geändert durch die Verordnung (EG) Nr. 2506/95 des Rates vom 25. Oktober 1995 zur Änderung der Verordnung (EG) Nr. 2100/94 über den gemeinschaftlichen Sortenschutz, ABl. L 258 vom 28. Oktober 1995, S. 3-4.

[28] ABl. C 351 vom 31. Dezember 1980, S. 5 (Vorschlag einer Verordnung des Rates über die Gemeinschaftsmarke, KOM/80/635endg.); ABl. C 230 vom 31. August 1984, S. 4 (geänderter Vorschlag für eine Verordnung des Rates über die Gemeinschaftsmarke, KOM/84/470endg.); ABl. C 244 vom 28. September 1990, S. 1 ff. (Vorschlag für eine Verordnung des Rates über die gemeinschaftlichen Sortenschutzrechte, KOM/90/347endg.), und ABl. C 113 vom 23. April 1993, S. 7 f. (geänderter Vorschlag für eine Verordnung des Rates über die gemeinschaftlichen Sortenschutzrechte, KOM/93/104endg.).

[29] ABl. C 307 vom 14. November 1983, S. 66 (Stellungnahme des Europäischen Parlaments, einzige Lesung); ABl. C 305 vom 23. November 1992, S. 55 (Änderungsvorschlag des Europäischen Parlaments zur Verordnung über den gemeinschaftlichen Sortenschutz); ABl. C 67 vom 16. März 1992, S. 148-152 (Änderungsvorschläge des Europäischen Parlaments zur Verordnung über den gemeinschaftlichen Sortenschutz).

und Sozialausschusses[30] sind in Hinblick auf die Motive für die Errichtung der Beschwerdekammern jedoch wenig ergiebig.

Um die Aufgaben der Beschwerdekammern zu bestimmen, erscheint es förderlich, sich zunächst die Hintergründe für die Schaffung des Harmonisierungsamtes und des Sortenamtes zu vergegenwärtigen. Hinsichtlich des gemeinschaftlichen Markenrechts lässt sich das Regelungsbedürfnis[31], also das Bedürfnis für die Schaffung eines gemeinschaftsweiten Markenschutzes, daraus ableiten, dass für die Unternehmen rechtliche Rahmenbedingungen geschaffen werden sollten, die es ihnen ermöglichen, ihre Tätigkeiten in den Bereichen der Herstellung und Verteilung von Waren sowie des Dienstleistungsverkehrs an die Dimensionen eines gemeinsamen Marktes anzupassen.[32] Da das gemeinschaftliche Markenrecht für jede einzelne Marke des administrativen Vollzugs auf der Ebene der Gemeinschaft bedarf, ist das Harmonisierungsamt geschaffen worden.[33] In ähnlicher Weise dient das gemeinschaftliche Sortenrecht der Schaffung eines gemeinschaftsweiten gewerblichen Schutzrechts, das Anreiz zur Züchtung neuer Sorten geben, gleichzeitig aber - insbesondere zur Sicherung der landwirtschaftlichen Erzeugung - der Ausübung eines solchen Schutzrechtes Schranken setzen soll.[34] Das Sortenamt selbst ist mit dem administrativen Vollzug betraut.

Diese Aufgabenzuweisung an das Harmonisierungsamt und das Sortenamt erinnert an die im US-amerikanischen Schrifttum vorgenommene Unterscheidung zwischen sogenannten *regulatory agencies* und *adjudicative agencies*.[35] *Regulatory agencies* sind solche, die rechtsetzend in ihrem Aufgabenkreis tätig werden. Als *adjudicative agencies* werden dagegen diejenigen Agenturen bezeichnet, die im Einzelfall über die Zu- oder Aberkennung von Rechten entscheiden. Überträgt man diese grobe Un-

---

[30] ABl. C 310 vom 30. November 1981, S. 22 (Stellungnahme des Wirtschafts- und Sozialausschusses zu dem Vorschlag für eine erste Richtlinie des Rates zur Angleichung des Markenrechts in den Mitgliedstaaten; Vorschlag für eine Verordnung des Rates über die Gemeinschaftsmarke); ABl. C 60 vom 8. März 1991, S. 45 f. (Stellungnahme des Wirtschafts- und Sozialausschusses zum Vorschlag der Verordnung des Rates über die gemeinschaftlichen Sortenschutzrechte).

[31] Im US-amerikanischen Schrifttum sind insbesondere die folgenden Gründe für eine staatliche Regulierung anerkannt: Kontrolle von Monopolen, Kompensation für unzureichende Informationen, *collective action* Probleme, Korrektur von Externalitäten, Eliminierung unfairen Wettbewerbs, Verhinderung von Verknappungen, *agency* Probleme, Umverteilung, Gemeinschaftsgüter, Überwindung sozialer Ungleichheiten, staatliche Planung von Industrien, staatliche Beschützung (Breyer/Stewart/Sunstein/Spitzer, Administrative Law and Regulatory Policy, 5. Aufl., Aspen 2002, S. 4-13). Die Schaffung des Marken- und Sortenschutzrechts lässt sich am ehesten der Rubrik der Eliminierung überzogenen Wettbewerbs zuordnen. Aus der Sicht des Verbrauchers wird durch die Schaffung von Markenrechten der Informationsgehalt maßgeblich erhöht, da die Markenrechte dem Verbraucher die Gewissheit vermitteln, dass die mit einer bestimmten Marke versehenen Produkte von jeweils demselben Unternehmen hergestellt und vertrieben werden.

[32] Siehe Begründungserwägungen zu der Verordnung Nr. 40/94.

[33] So ausdrücklich die Begründung in den Erwägungen zu der Verordnung Nr. 40/94.

[34] Siehe Begründungserwägungen zu der Verordnung Nr. 2100/94.

[35] Siehe etwa grundlegend Kenneth Davis, Administrative Law Treatise, 3. Aufl., Boston 1994, Band 1, S. 33-106 (sowie S. 287-377 zum *rulemaking* und S. 377-401 zur *adjudication*); David L. Shapiro, The Choice of Rulemaking or Adjudication in the Development of Administrative Policy, Harv. L. Rev., Band 78, 1965, S. 921; Christopher Edley, Jr., The Governance Crisis, Legal Theory, and Political Ideology, Duke L. J. 1991, S. 561.

terscheidung auf das Harmonisierungsamt und das Sortenamt, so ergibt sich folgendes Bild. Die Regulierung durch Rechtsakte wurde bei den Gemeinschaftsorganen belassen, während die Aufgabe der Entscheidung über die Rechtspositionen Einzelner an die Agenturen delegiert wurde. Das Harmonisierungsamt und das Sortenamt wären in der US-amerikanischen Terminologie somit den *adjudicative agencies* zuzuordnen.

Vor diesem Hintergrund sind nunmehr die konkreten Funktionen der Beschwerdekammern innerhalb des Harmonisierungsamtes und des Sortenamtes zu ermitteln.

Man mag sich dieser Frage unter Betrachtung des Zuständigkeitsbereiches der Beschwerdekammern annähern. Grob gesprochen sind die Beschwerdekammern dafür zuständig, über Beschwerden gegen die Ausgangsentscheidungen anderer Dienststellen des Amtes zu entscheiden. Im Falle der Beschwerdekammern des Harmonisierungsamtes handelt es sich dabei gemäß Artikel 130 Absatz 1 der Verordnung Nr. 40/94 und Artikel 106 der Verordnung Nr. 6/2002 namentlich um Entscheidungen der Prüfer, der Widerspruchsabteilungen, der Marken-, Musterverwaltungs- und Rechtsabteilung sowie der Nichtigkeitsabteilungen. Etwas unübersichtlicher gestaltet sich der Zuständigkeitsbereich der Beschwerdekammer des Sortenamtes. Nach Artikel 45 Absatz 2 in Verbindung mit Artikel 67 der Verordnung Nr. 2100/94 kann nämlich nur gegen vereinzelte Entscheidungen des Sortenamtes, welche unter Weisung des Präsidenten oder von einem aus drei Bediensteten des Amtes zusammengesetzten Ausschuss getroffen werden,[36] mit der Beschwerde vorgegangen werden. Dabei handelt es sich um Nichtigkeitserklärungen gemäß Artikel 20 der Verordnung Nr. 2100/94, Aufhebungsentscheidungen gemäß Artikel 21 der Verordnung Nr. 2100/94, Entscheidungen über Einwendungen gegen die Erteilung des Sortenschutzes gemäß Artikel 59 der Verordnung Nr. 2100/94, Zurückweisungen von Anträgen auf Erteilung des Sortenschutzes gemäß Artikel 61 der Verordnung Nr. 2100/94, Änderungen der Sortenbezeichnung gemäß Artikel 66 der Verordnung Nr. 2100/94, Gebührenentscheidungen gemäß Artikel 83 der Verordnung Nr. 2100/94, Kostenentscheidungen gemäß Artikel 85 der Verordnung Nr. 2100/94 sowie Entscheidungen über Eintragungen, Löschungen und Einsichtnahmen von Angaben im Sortenregister nach den Artikeln 87 und 88 der Verordnung Nr. 2100/94.

Aus diesen weitgehenden Zuständigkeiten zur Beilegung von individuellen Rechtstreitigkeiten, die im Zusammenhang mit den genannten Ausgangsentscheidungen anderer Dienststellen der Agentur entstehen, lassen sich im wesentlichen vier Funktionen der Beschwerdekammern ableiten.

1. Gewährung individuellen Rechtsschutzes

Im Vordergrund steht die Funktion der Beschwerdekammern, der von einer Ausgangsentscheidung der Agentur negativ betroffenen Partei Rechtsschutzmöglichkeiten zur Verfügung zu stellen.

---

[36] Siehe Artikel 35 der Verordnung Nr. 2100/94.

Diese Funktion der Beschwerdekammern lässt sich nicht nur aus dem oben genannten Zuständigkeitsbereich ableiten, sondern sie kommt auch in den Begründungserwägungen zu der Verordnung Nr. 40/94 zum Ausdruck. Dort heißt es nämlich, dass „den von den Entscheidungen des Amtes in Markensachen Betroffenen [...] ein rechtlicher Schutz zu gewährleisten [ist], welcher der Eigenart des Markenrechts voll gerecht wird. Zu diesem Zweck ist vorgesehen, dass die Entscheidungen der Prüfer und der verschiedenen Abteilungen des Amtes mit der Beschwerde anfechtbar sind." Über diese Beschwerde zu entscheiden, ist Aufgabe der Beschwerdekammern. Außerdem unterstreichen die Begründungserwägungen zu der neuen Verordnung Nr. 6/2002 die Bedeutung der den Beschwerdekammern übertragenen Funktion der Gewährung individuellen Rechtsschutzes. Dies geschieht dadurch, dass der Verordnungsgeber eine Begründung dafür liefert, dass im Bereich des gemeinschaftlichen Geschmacksmusterrechts Rechtsschutz nicht dezentral durch mitgliedstaatliche Gerichte, sondern vielmehr durch die Beschwerdekammern und die Gerichte der Gemeinschaft gewährt wird.[37]

2. Entlastung der Gerichte der Europäischen Gemeinschaft

Zweitens sollen infolge der Gewährung effektiven Rechtsschutzes durch die Beschwerdekammern das Gericht erster Instanz und der Europäische Gerichtshof entlastet werden. Entscheidet vorab eine Beschwerdekammer über den Rechtsstreit und wird nicht gegen jede Beschwerdeentscheidung Klage erhoben, so wird das Gericht erster Instanz mit weniger Fällen betraut als in einer Situation, in der die Parteien direkt Klage zum Gericht erster Instanz erheben können. Den Beschwerdekammern kommt insofern eine wichtige Filterfunktion zu.[38]

Die lässt sich wie folgt veranschaulichen: Anstatt den direkten Klageweg zu den Gemeinschaftsgerichten zu eröffnen, sehen die Verordnungen Nr. 40/94 und Nr.

---

[37] Begründungserwägungen zu Verordnung Nr. 6/2002 (Hervorhebungen durch Verfasserin): „(27) Ein Klageverfahren betreffend die Rechtsgültigkeit eines eingetragenen Gemeinschaftsgeschmacksmusters an einem einzigen Ort wäre gegenüber Verfahren vor unterschiedlichen einzelstaatlichen Gerichten *kosten- und zeitsparend.* (28) In diesem Zusammenhang ist insbesondere die Möglichkeit der Beschwerde vor einer Beschwerdekammer und in letzter Instanz vor dem Gerichtshof zu gewährleisten. Auf diese Weise würde sich eine *einheitliche Auslegung der Voraussetzungen für die Rechtsgültigkeit* von Gemeinschaftsgeschmacksmustern herausbilden. (29) Es ist von wesentlicher Bedeutung, dass die Rechte aus einem Gemeinschaftsgeschmacksmuster in der *gesamten Gemeinschaft wirksam durchgesetzt* werden können."

[38] Siehe zu den diesbezüglichen Erwägungen vor Verabschiedung der Verordnung Nr. 40/94 Alexander von Mühlendahl, Das künftige Markenrecht der Europäischen Gemeinschaft, GRUR Int. 1989, S. 353, 358; Achim Bender, Die Beschwerdekammern des Harmonisierungsamtes für den Binnenmarkt im Gemeinschaftsmarkensystem, MarkenR 1999, S. 11; Reinhard Ingerl, Die Gemeinschaftsmarke, Stuttgart 1996, S. 142; Dorothee Fischer-Appelt, Agenturen der Europäischen Gemeinschaft, Berlin 1999, S. 129 und 314; zum Rechtsschutz durch die Gemeinschaftsgerichte sowie die nationalen Gerichte im Bereich der Gemeinschaftsmarke siehe auch Alexander von Mühlendahl, Europäisches Markenrecht – Rechtsmittel gegen die Entscheidungen des Harmonisierungsamtes für den Binnenmarkt, GRUR 2001, S. 667; Roland Knaak, Die Durchsetzung der Rechte aus der Gemeinschaft, GRUR 2001, S. 21; Karin Klüpfel, Die Nichtigkeitsklage vor dem Europäischen Gericht erster Instanz gegen Entscheidungen des Harmonisierungsamtes für den Binnenmarkt, MarkenR 2000, S. 237; Sabine Hackspiel, Das Verfahren in Markensachen, MittdtschPatAnw 2001, S. 532, 538 ff.

2100/94 die Zwischenschaltung eines Beschwerdeverfahrens vor den Beschwerdekammern vor.[39] Auf diese Weise entsteht ein dreistufiger Instanzenzug. Wird eine Beschwerde gegen eine der oben genannten Ausgangsentscheidungen eingelegt, so fällen zunächst die Beschwerdekammern eine Entscheidung, sofern nicht die Dienstelle, welche die Ausgangsentscheidung erlassen hat, Abhilfe schafft.[40] Gegen die Entscheidung der Beschwerdekammer kann Klage beim Gericht erster Instanz eingelegt werden.[41] Gegen das Urteil des Gerichts erster Instanz wiederum ist der Rechtsweg zum Europäischen Gerichtshof eröffnet.[42]

Folge dieses dreistufigen Instanzenzuges ist, dass die Gemeinschaftsgerichte weniger Fälle im gemeinschaftlichen Marken- und Sortenrecht zu entscheiden haben. Zwar fehlen exakte Vergleichsdaten, um diese These zu belegen. Denn das Gericht erster Instanz war von Anfang an nur nach vorgeschalteter Entscheidung durch die Beschwerdekammern für Marken- und Sortenrechtsfälle zuständig. Dementsprechend besteht nicht die Möglichkeit, die Anzahl der Gerichtsentscheidungen vor Einsetzung der Beschwerdekammern und die Anzahl der gerichtlichen Urteile nach deren Einsetzung zu vergleichen. Allerdings veranschaulichen auch die absoluten Zahlen der vom Gericht erster Instanz in Markensachen zu entscheidenden Fälle das Ausmaß, in dem die Beschwerdekammern die Gemeinschaftsgerichte entlasten. So fällten zum Beispiel im Jahre 2000 die Beschwerdekammern insgesamt 361 Entscheidungen in sogenannten *ex parte*-Verfahren[43]. 267 Entscheidungen von diesen insgesamt 361 Entscheidungen beschwerte die beteiligte Partei. Dennoch wurden im Jahre 2000 nur 29 Klagen bei dem Gericht erster Instanz gegen Entscheidungen der Beschwerdekammern in *ex parte*-Verfahren erhoben. Nun ist die Anzahl der von den Beschwerdekammern im Jahre 2000 getroffenen Entscheidungen und der im Jahre 2000 erhobenen Klagen in

[39] Dies gilt aber freilich nicht ausnahmslos. So kann etwa nach 67 Absatz 3, 74 Absatz 1 der Verordnung Nr. 2100/94 in ihrer geänderten Fassung gegen Entscheidungen des Sortenamtes nach Artikel 29 (Gewährung von Zwangsnutzungsrechten) und 100 Absatz 2 (Nutzungsrechte bei Wechsel der Inhaberschaft am gemeinschaftlichen Sortenschutz) der Verordnung Nr. 2100/94 direkt Klage beim Gericht erster Instanz erhoben werden, ohne dass zuvor Beschwerde bei der Beschwerdekammer eingelegt werden müsste.

[40] Artikel 57, 60 der Verordnung Nr. 40/94; Artikel 67, 70 der Verordnung Nr. 2100/94.

[41] Artikel 63 Absatz 1 der Verordnung Nr. 40/94; Artikel 73 Absatz 1 der Verordnung Nr. 2100/94. Zwar heißt es nach dem Wortlaut der genannten Vorschriften, dass eine Klage zum „Gerichtshof" gegeben sei. Dies ist aber im institutionellen Sinne gemeint, und umfasst daher grundsätzlich sowohl das Gericht erster Instanz als auch den Europäischen Gerichtshof. Gemäß Artikel 3 Absatz 1 Buchstabe c) des Ratsbeschlusses 88/591 vom 24. Oktober 1988 zur Errichtung des Gerichts erster Instanz, geändert durch Beschluss 93/350 vom 8. Juni 1993 (ABl. L 319 vom 25. November 1988, S. 1-8, und ABl. L 144 vom 16. Juni 1993, S. 21), ist für Klagen gegen Beschwerdeentscheidungen des Harmonisierungsamtes das Gericht erster Instanz zuständig. Dies ergibt sich außerdem aus Begründungserwägung 13 der Verordnung Nr. 40/94. Siehe hierzu von der Groeben/Thiesing/Ehlermann-*Schwartz*, Kommentar zum EU-/EG-Vertrag, 5. Auflage, Band V, Baden-Baden 1997, Artikel 235, Rn 313; Hans Jung, Gemeinschaftsmarke und Rechtsschutz, in: Ole Due/Marcus Lutter/Jürgen Schwarze (Hrsg.), FS für Ulrich Everling, Band I, Baden-Baden 1995, S. 611, 615 f.

[42] Artikel 225 Absatz 1 (ex Artikel 168 a) EGV in Verbindung mit Artikel 49 der EG-Satzung des Europäischen Gerichtshofes.

[43] Ex parte-Verfahren sind solche Verfahren, bei denen nur eine Person - und nicht zwei - am Verfahren beteiligt ist. Dies ist immer dann der Fall, wenn eine Person Antrag auf Eintragung einer Gemeinschaftsmarke stellt, dieser Antrag vom Prüfer des Harmonisierungsamtes abgelehnt wird, und der Antragsteller Beschwerde gegen die ablehnende Entscheidung des Prüfers einlegt.

Markenrechtssachen nicht gänzlich deckungsgleich. Die Klagefrist beträgt zwei Monate, so dass Klagen gegen die im Dezember eines Jahres ergangenen Entscheidungen der Beschwerdekammern erst in die Statistik des darauffolgenden Jahres eingehen, während die Entscheidung der Beschwerdekammer bereits in der Statistik des gegenwärtigen Jahres berücksichtigt wurde. An dem grundsätzlichen Verhältnis zwischen beschwerenden Beschwerdeentscheidungen und dagegen erhobenen Klagen ändert sich jedoch wenig. Denn, um bei dem obigen Beispiel zu bleiben, auch im Jahr 2001 überragte die Anzahl der belastenden Entscheidungen der Beschwerdekammern mit 355 bei weitem die Anzahl der eingereichten Klagen von 26. Wie der im Anhang 1 aufgestellten Statistik zu entnehmen ist, gilt ähnliches für andere Zeiträume und für sogenannte *inter partes*-Verfahren[44]. Nun ist nicht feststellbar, wie viele Klagen gegen belastende Ausgangsentscheidungen des Harmonisierungsamtes erhoben worden wären, würden die Beschwerdekammern nicht existieren. Es liegt aber überaus nahe, dass deutlich mehr als 29 Klagen im Jahr 2000 und mehr als 26 Klagen im Jahr 2001 in *ex parte*-Verfahren eingelegt worden wären.

Die Zahlen haben daher gezeigt, dass die Hauptentscheidungslast bei den Beschwerdekammern liegt und dass aufgrund dieses Filters die Arbeitslast der Gemeinschaftsgerichte erheblich reduziert wird.

Eine weitere Frage ist freilich, in welchem Ausmaß eine Entlastung der Gerichte durch die Beschwerdekammern im Interesse der Effektivität des Rechtsschutzes des Einzelnen[45] sowie im Interesse der Allgemeinheit an einem kohärenten und gut funktionierenden System der Gemeinschaftsmarke wünschenswert ist. Ob das derzeitige Ausmaß der Entlastung des Gerichts erster Instanz und des Europäischen Gerichtshofes diesen Interessen hinreichend Rechnung trägt oder ob eine höhere Anzahl an Klagen zu den Gemeinschaftsgerichten erstrebenswert wäre, hängt maßgeblich davon ab, inwieweit die Entscheidungen der Beschwerdekammern korrekturbedürftig sind. Mit diesem Aspekt befasst sich der 3. Teil der vorliegenden Arbeit.

3. Selbstkontrolle des Amtes

Eine dritte Funktion der Beschwerdekammern betrifft das amtsinterne Verhältnis. Die Beschwerdekammern dienen der Selbstkontrolle des Amtes. Die Beschwerdekammern wurden als Abteilungen des Harmonisierungs- und Sortenamtes eingerichtet, um einen internen Kontrollmechanismus bereitzustellen. Bei gleichzeitiger Gewährung effektiven Rechtsschutzes für die betroffenen Parteien soll es den Dienststellen, welche die belastende Ausgangsentscheidung getroffen haben, ermöglicht werden, ihre ursprüngliche Entscheidung zu korrigieren, ohne dass ihre Entscheidungen formal von dritter Seite aufgehoben oder abgeändert würden.

---

[44] Als inter partes-Verfahren werden solche Verfahren bezeichnet, in denen sich zwei Personen in dem Beschwerdeverfahren gegenüberstehen. Dies ist etwa dann der Fall, wenn Beschwerde gegen eine Entscheidung der Widerspruchsabteilung des Amtes eingelegt wird, denn dort hatte eine zweite Person der Eintragungn einer Gemeinschaftsmarke gegenüber dem Antragsteller widersprochen.

[45] Zur Forderung nach der umfassenden Geltung eines Rechsgrundsatzes des effektiven Rechtsschutzes auf der Ebene der Gemeinschaft Kerstin Estler, Zur Effektivität des einstweiligen Rechtsschutzes, Frankfurt am Main 2003 (Diss. 2002), S. 122.

Diese Zielsetzung der internen Verwaltungskontrolle bei Berücksichtigung von Gesichtspunkten individuellen Rechtsschutzes kann aus den Vorschriften über das Abhilfeverfahren abgeleitet werden. Gemäß Artikel 60 Absatz 1 Satz 1 der Verordnung Nr. 40/94 und Artikel 70 Absatz 1 Satz 1 der Verordnung Nr. 2100/94 ist die Ausgangsdienststelle verpflichtet, ihre ursprüngliche Entscheidung auf eine Beschwerde hin zu ändern, wenn sie die Beschwerde für zulässig und begründet erachtet. Von diesem Grundsatz werden allerdings Ausnahmen gemacht, soweit andernfalls kein hinreichender Rechtsschutz für die betroffenen Parteien gewährleistet wäre. So geht aus Artikel 60 Absatz 1 Satz 2 der Verordnung Nr. 40/94 und Artikel 70 Absatz 1 Satz 2 der Verordnung Nr. 2100/94 hervor, dass die Möglichkeit der Abhilfe nur in *ex parte*-Verfahren gegeben sein soll. Anderenfalls, nämlich in *inter partes*-Verfahren, würde die Gegenpartei von der Abhilfeentscheidung in ihren Rechten verletzt, ohne dass ihr dagegen Rechtsbehelfe zur Verfügung stünden. Eine solche Situation wäre aber mit Rechtsschutzüberlegungen nicht zu vereinen. Auch die weitere Ausnahme des jeweiligen Absatzes 2 der vorgenannten Artikel lässt sich aus dem Gesichtspunkt des individuellen Rechtsschutzes erklären. Danach soll das Abhilfeverfahren obsolet werden, wenn die Dienststelle, welche die Ausgangsentscheidung erlassen hat, nicht innerhalb eines Monats eine Abhilfeentscheidung trifft.[46] Dieser Vorschrift ist der Gedanke zu entnehmen, dass die Möglichkeit der Abhilfe im Interesse des effektiven Rechtsschutzes der belasteten Partei verwirken soll, wenn von ihr nicht binnen eines zumutbaren Zeitraums Gebrauch gemacht wurde.

4. Förderung einer einheitlichen Entscheidungspraxis

In engem Zusammenhang mit dem Aspekt der Selbstkontrolle steht die Funktion der Beschwerdekammern, Einheitlichkeit und Kontinuität in der Entscheidungspraxis der Agentur zu gewähren.[47]

Dies kommt zunächst dadurch zum Ausdruck, dass sich der Verordnungsgeber dagegen entschieden hat, die Eintragung der Gemeinschaftsmarke und die Überprüfung ablehnender Entscheidungen durch mitgliedstaatliche Behörden oder Gerichte vornehmen zu lassen. Eine Ausnahme ist allerdings für Verfalls- und Nichtigkeitserklärungen einer Gemeinschaftsmarke gemacht worden. Diese Erklärungen können entweder durch Antrag beim Harmonisierungsamt oder aber alternativ durch Widerklage vor dem mitgliedstaatlichen Gericht erlangt werden.[48] Für diesen Bereich ist al-

---

[46] Artikel 70 Absatz 2 der Verordnung Nr. 2100/94 bringt insoweit eine zusätzliche Besonderheit mit sich. Das Sortenamt kann nämlich in Fällen, in denen binnen eines Monats nicht über die Vorlage zur Abhilfe entschieden worden ist, eine Entscheidung darüber fällen, ob die angefochtene Entscheidung nicht nach Artikel 67 Absatz 2 der Verordnung Nr. 2100/94 ausgesetzt wird, die Beschwerde mithin keine aufschiebende Wirkung entfaltet. Im übrigen ist freilich gleichfalls die Beschwerde unverzüglich der Beschwerdekammer wieder vorzulegen.

[47] Siehe zu den diesbezüglichen Erwägungen vor Verabschiedung der Verordnung Nr. 40/94 Alexander von Mühlendahl, Das künftige Markenrecht der Europäischen Gemeinschaft, GRUR Int. 1989, S. 353, 358; Achim Bender, Die Beschwerdekammern des Harmonisierungsamtes für den Binnenmarkt im Gemeinschaftsmarkensystem, MarkenR 1999, S. 11; Reinhard Ingerl, Die Gemeinschaftsmarke, Stuttgart 1996, S. 142.

[48] Dazu von der Groeben/Thiesing/Ehlermann-*Schwartz*, Artikel 235, Rn 316-322.

so keine Einheitlichkeit und Kontinuität der Entscheidungspraxis gewährleistet. Daraus folgt aber im Umkehrschluss, dass für alle anderen Bereiche, also insbesondere für die Kontrolle ablehnender Entscheidungen über den Antrag auf Eintragung einer Gemeinschaftsmarke, eine einheitliche Zulassungspraxis durch die Beschwerdekammern gefördert werden soll.[49]

Auch im Verhältnis zum Gericht erster Instanz lässt sich feststellen, dass die Beschwerdekammern besser geeignet sind, eine einheitliche Spruchpraxis zu garantieren. Dies ist insbesondere auf eine enge Verknüpfung der Befugnisse der Beschwerdekammern und derjenigen der Ausgangsinstanzen der Agentur zurückzuführen. So besteht zwischen den Beschwerdekammern und den Prüfern eine besondere funktionale Kontinuität.[50] Sowohl die Prüfer als auch die Beschwerdekammern sollen dazu beitragen, das Binnenmarktziel zu verwirklichen, indem sie dem System der Gemeinschaftsmarke Geltung und Durchsetzung verschaffen.[51] Vor diesem Hintergrund wurde das Beschwerdeverfahren so gestaltet, dass es die Kontrollbefugnisse von Prüfern und Beschwerdekammern ineinander verschränkt. Auf der einen Seite vermag der Prüfer einer Beschwerde Abhilfe zu verschaffen. Umgekehrt werden die Beschwerdekammern nach Artikel 62 Absatz 1 der Verordnung Nr. 40/94 im Rahmen der Zuständigkeit der Prüfer tätig werden, wenn sie über die Beschwerde entscheiden.[52]

5. Zusammenfassung

Zusammenfassend lässt sich feststellen, dass den Beschwerdekammern vier Funktionen zukommen: Gewährung individuellen Rechtsschutzes, Entlastung des Gerichts erster Instanz und des Europäischen Gerichtshofes, Ermöglichung einer agenturinternen Kontrolle angefochtener Ausgangsentscheidungen sowie Förderung der Einheitlichkeit und Kontinuität der Zulassungspraxis.[53]

---

[49] In diese Richtung wohl auch Dorothee Fischer-Appelt, Agenturen der Europäischen Gemeinschaft, Berlin 1999, S. 129 und 314.

[50] Urteil des Gerichts erster Instanz (Zweite Kammer) vom 8. Juli 1999, Rechtssache T-163/98 (Procter & Gamble Company gegen Harmonisierungsamt – *Baby-Dry*), Sammlung der Rechtsprechung 1999, Seite II-2383, Rn 38.

[51] Urteil des Gerichts erster Instanz (Zweite Kammer) vom 8. Juli 1999, Rechtssache T-163/98 (Procter & Gamble Company gegen Harmonisierungsamt – *Baby-Dry*), Sammlung der Rechtsprechung 1999, Seite II-2383, Rn 36, 37.

[52] Urteil des Gerichts erster Instanz (Zweite Kammer) vom 8. Juli 1999, Rechtssache T-163/98 (Procter & Gamble Company gegen Harmonisierungsamt – *Baby-Dry*), Sammlung der Rechtsprechung 1999, Seite II-2383, Rn 39-42.

[53] Ähnliches wurde für die *appellate bodies* in dem System administrativer Kontrolle in den USA festgestellt. Siehe dazu Rebecca L. Donnellan, The Exhaustion Doctrine Should Not Be a Doctrine With Exceptions, West Virgina Law Review, Band 103, 2001, S. 361: „Policies favoring exhaustion can be broken into four general categories. The first two categories concern administrative interests. These include agency autonomy and allowing the agency to apply its expertise to the issue. The second two categories involve judicial interests. These include promoting judicial economy and aiding judicial review.“

II. Die Kompetenzen der Beschwerdekammern

Sind die Aufgaben der Beschwerdekammern herausgearbeitet worden, ist nunmehr zu klären, welche Kompetenzen den Beschwerdekammern zur Erfüllung dieser Aufgaben eingeräumt sind.

Bereits oben ist dargelegt worden, gegen welche Ausgangsentscheidungen des Harmonisierungs- und Sortenamtes Beschwerde eingelegt werden kann. Nunmehr soll im einzelnen geklärt werden, wie weit die Kompetenzen der Beschwerdekammern im Rahmen des genannten Zuständigkeitsbereiches reichen.

1. Differenzierung zwischen Prüfung und Entscheidung

Hinsichtlich der Kompetenzen der Beschwerdekammern ist zwischen zwei Verfahrensabschnitten zu unterscheiden: der Prüfung der Beschwerde und der Entscheidung über die Beschwerde.[54] Diese Differenzierung ergibt sich sowohl aus dem Wortlaut als auch aus der Systematik der Verordnungen Nr. 40/94 und Nr. 2100/94.

Die systematische Trennung zwischen dem Verfahrensabschnitt der Prüfung der Beschwerde und dem der Entscheidung über dieselbe lässt sich bereits der Tatsache entnehmen, dass diese beiden Aspekte in unterschiedlichen Artikeln geregelt sind. So betreffen Artikel 61 der Verordnung Nr. 40/94 und Artikel 71 der Verordnung Nr. 2100/94 die Prüfung der Beschwerde, während Artikel 62 der Verordnung Nr. 40/94 und Artikel 72 der Verordnung Nr. 2100/94 sich mit der Entscheidung über dieselbe befassen.

Diese Unterscheidung wird durch den Wortlaut der genannten Vorschriften bestätigt. Erstens lässt sich bereits den Überschriften entnehmen, dass es im einen Fall um die Prüfung[55] und im anderen Fall um die Entscheidung über die Beschwerde[56] geht. Zweitens deutet der Wortlaut der Regeln auf eine Aufteilung in zwei Verfahrensabschnitte hin. Während die Artikel 61 Absatz 2 der Verordnung Nr. 40/94 und 71 Absatz 2 der Verordnung Nr. 2100/94 mit den Worten „bei der Prüfung der Beschwerde“ beginnen, bestimmen Artikel 62 Absatz 1 der Verordnung Nr. 40/94 und Artikel 72 Absatz 2 der Verordnung 200/94, dass „[n]ach der Prüfung“ die Beschwerdekammer über die Beschwerde „entscheidet“.

Im Folgenden sollen daher die Kompetenzen der Beschwerdekammern getrennt für den Verfahrensabschnitt der Prüfung der Beschwerde und die Phase der Entscheidung über dieselbe erörtert werden.

---

[54] Siehe auch Urteil des Gerichts erster Instanz (Zweite Kammer) vom 8. Juli 1999, Rechtssache T-163/98 (Procter & Gamble Company gegen Harmonisierungsamt – *Baby-Dry*), Sammlung der Rechtsprechung 1999, Seite II-2383, Rn 40.

[55] Die Überschrift der Artikel 61 der Verordnung Nr. 40/94 und 71 der Verordnung Nr. 2100/94 lautet „Prüfung der Beschwerde“.

[56] Die Überschrift der Artikel 62 der Verordnung Nr. 40/94 und 72 der Verordnung Nr. 2100/94 lautet „Entscheidung über die Beschwerde“.

2. Prüfung der Beschwerde

Bevor darauf eingegangen werden kann, welche Mittel den Beschwerdekammern bei der Prüfung von Beschwerden zustehen, ist zunächst zu klären, in welchem Umfang die Beschwerdekammern überhaupt zur Prüfung der Beschwerde befugt sind.

a) Ausmaß der Prüfung der Beschwerde

Hinsichtlich des Ausmaßes, zu dem die Beschwerdekammern zur Prüfung der Beschwerde befugt sind, geht aus den genannten Artikeln 61 der Verordnung Nr. 40/94 und 71 der Verordnung Nr. 2100/94 zunächst nur hervor, dass die Beschwerdekammern die Zulässigkeit und anschließend die Begründetheit der Beschwerde prüfen.

(1) Prüfung der Zulässigkeit der Beschwerde

Der Inhalt der Zulässigkeitsprüfung ist zwar nicht unmittelbar in den Artikeln 61 der Verordnung Nr. 40/94 und 71 der Verordnung Nr. 2100/94 geregelt. Er lässt sich jedoch den anderen Vorschriften des Titels VII der Verordnung Nr. 40/94 bzw. des Kapitels V der Verordnung Nr. 2100/94 entnehmen.

Erstens muss eine nach Artikel 57 Absatz 1 Satz 1 der Verordnung Nr. 40/94 oder Artikel 67 Absatz 1 und 3 der Verordnung Nr. 2100/94 beschwerdefähige Ausgangsentscheidung vorliegen. Die Ausgangsentscheidungen, die grundsätzlich mit der Beschwerde anfechtbar sind, sind in den genannten Vorschriften abschließend aufgezählt. Bei diesen Entscheidungen muss es sich gemäß Artikel 57 Absatz 2 der Verordnung Nr. 40/94 bzw. Artikel 67 Absatz 4 der Verordnung Nr. 2100/94 um eine Endentscheidung handeln,[57] oder die das Verfahren abschließende Entscheidung muss zumindest mitangefochten werden.

Zweitens bedarf es der Beschwerdeberechtigung derjenigen Person, welche die Beschwerde einlegt. Nach Artikel 58 Satz 1 der Verordnung Nr. 40/94 sind diejenigen beschwerdeberechtigt, die am Ausgangsverfahren beteiligt waren und durch die Ausgangsentscheidung beschwert sind. Der für das Verfahren vor dem Sortenamt geltende Artikel 68 Satz 1 der Verordnung Nr. 40/94 ist dagegen weiter gefasst. Beschwerdeberechtigt sind nicht nur die Adressaten der belastenden Ausgangsentscheidung, sondern auch andere natürliche und juristische Personen, die durch die Ausgangsentscheidung unmittelbar und individuell betroffen sind.

Drittens müssen die Form- und Fristbestimmungen der Artikel 59 der Verordnung Nr. 40/94 und 69 der Verordnung Nr. 2100/94 eingehalten werden. Hinsichtlich der Einlegung der Beschwerde gilt die Schriftform, und die Einlegungsfrist beträgt zwei Monate. Bezüglich der Begründung der Beschwerde bedarf es ebenfalls der Schriftform. Die Begründungsfrist beläuft sich auf vier Monate. Dabei richtet sich der

[57] Die Abgrenzung zwischen der Endentscheidung und der Zwischenentscheidung wurde in Hinblick auf eine Entscheidung über die Zuerkennung eines Anmeldetags problematisch (Entscheidung der Dritten Beschwerdekammer vom 8. Juli 1998, Beschwerdesache R 10/1997-3 (LCI International Telecom Corp. – *All American Plan*), Rn 24-25). Die Dritte Beschwerdekammer bejahte das Vorliegen einer Endentscheidung (Rn 25). Dazu auch Achim Bender, Die Beschwerdekammern des Harmonisierungsamtes für den Binnenmarkt im Gemeinschaftsmarkensystem, MarkenR 1999, S. 11, 15.

Zeitpunkt, ab dem die jeweilige Frist zu laufen beginnt, nach der Art des Beschwerdeführers. Hat der Adressat der Ausgangsentscheidung Beschwerde eingelegt, so beginnt die Frist mit der Zustellung der anzufechtenden Entscheidung. Handelt es sich bei dem Beschwerdeführer um eine andere individuell und unmittelbar durch die Entscheidung betroffene Person – was nur bei Verfahren vor dem Sortenamt möglich ist – so richtet sich der Fristbeginn nach der Bekanntmachung der entsprechenden Ausgangsentscheidung.[58]

Viertens muss das in den Artikeln 60 der Verordnung Nr. 40/94 bzw. 70 der Verordnung Nr. 2100/94 vorgesehene Abhilfeverfahren durchgeführt worden oder ein Monat nach Eingang der Beschwerdebegründung verstrichen sein.

(2) Prüfung der Begründetheit der Beschwerde

Anders als der Inhalt der Prüfung der Zulässigkeit der Beschwerde variiert der Inhalt der Begründetheitsprüfung freilich stark von Fall zu Fall. Es hängt vom Einzelfall ab, welche materiellen Normen für die Zu- bzw. Aberkennung des ursprünglichen beantragten Marken- oder Sortenrechts entscheidungserheblich sind. Unabhängig davon bleibt allerdings die Frage nach dem Umfang der materiellen Prüfungskompetenz der Beschwerdekammern. Oder anders formuliert: Inwieweit sind die Beschwerdekammern zur Überprüfung der angefochtenen Ausgangsentscheidung befugt?

Die Prüfungskompetenz der Beschwerdekammern ist grundsätzlich unbegrenzt. Dies gilt aber nicht ausnahmslos. Es ist insbesondere auf drei Schranken hinzuweisen.

(a) Formelle Fehlerhaftigkeit der Anmeldung der Gemeinschaftsmarke

Eine Einschränkung betrifft die Frage, ob die Beschwerdekammern befugt sind, die formelle Fehlerhaftigkeit der Anmeldung einer Gemeinschaftsmarke zu prüfen, wenn der Prüfer in seiner Entscheidung keine formellen Mängel der Anmeldung festgestellt hat.

Die Beschwerdekammer hatte eine derartige Überprüfung in dem Fall *Form von Handseife* vorgenommen.[59] Dem Fall lag folgender Sachverhalt zugrunde. Die Antragstellerin hatte einen Antrag auf Eintragung einer zweidimensionalen „Bildmarke“ gestellt. Aus der später eingereichten Beschreibung der Marke ging die Marke jedoch als „3D-Bilmarke“ hervor. Beantragte Art der Marke und die Beschreibung derselben wichen also voneinander ab. Der Prüfer hatte diesen formellen Mangel nicht gerügt. Dennoch hat die Beschwerdekammer in der Beschwerdeinstanz die Eintragung der Gemeinschaftsmarke unter anderem aufgrund dieses formellen Fehlers abge-

[58] Außerdem besteht die Besonderheit, dass die Beschwerde erst als eingelegt gilt, wenn die Beschwerdegebühr entrichtet worden ist, siehe Artikel 59 Satz 2 der Verordnung Nr. 40/94 und Artikel 83 Absatz 2 in Verbindung mit 113 Absatz 2 der Verordnung Nr. 2100/94 (siehe dazu Entscheidung der Beschwerdekammer des Sortenamtes vom 14. September 1999, Sache A 2/1998 (Swedish University of Agricultural Sciences - *Jubileum*)).

[59] Entscheidung der Dritten Beschwerdekammer des Harmonisierungsamts vom 15. März 1999, Beschwerdesache R 74/1998-3 (Procter & Gamble – *Form von Handseife*) (über die Anmeldung Nr. 230680 einer Gemeinschaftsmarke betreffend die Darstellung einer Seife).

lehnt.[60] Zur Begründung für die Befugnis zur Prüfung dieses Gesichtspunktes führte die Beschwerdekammer unter anderem an, dass sie nach Artikel 74 Absatz 1 Satz 1 der Verordnung Nr. 40/94 den Sachverhalt von Amts wegen ermitteln dürfe.[61] Dementsprechend dürfe sie auch die formellen Voraussetzungen der Anmeldung von Amts wegen prüfen.

Das Gericht erster Instanz hat jedoch entsprechend dem Vortrag der klagenden Partei abweichend entschieden. Die Beschwerdekammern seien nicht befugt, die formelle Fehlerhaftigkeit der Anmeldung zu prüfen, wenn der Prüfer insofern keine Mängel festgestellt hatte.[62] Das Gericht erster Instanz begründete seinen Standpunkt in dreierlei Hinsicht. Erstens führe die Prüfung durch die Beschwerdekammer dazu, dass der Partei die Wahl genommen werde, ob sie einen neuen Antrag auf Eintragung der Gemeinschaftsmarke stellen oder die Beschwerdekammern mit dem Fall befassen lassen möchte. Dabei entfällt insbesondere für die Partei die Möglichkeit, frühzeitig einen neuen Eintragungsantrag zu stellen und auf diese Weise das Prioritätsrecht zu sichern.[63] Zweitens entscheide die Beschwerdekammer über einen Gesichtspunkt, mit dem sich die Klägerin noch nicht befasst hat und auch noch nicht befassen konnte, da er nicht Gegenstand der Ausgangsentscheidung war. Es fehle insofern an einer Beschwer der Klägerin durch die Ausgangsentscheidung.[64] Drittens ließe sich auch nicht argumentieren, dass die Beschwerdekammer wegen Artikel 62 Absatz 1 der Verordnung Nr. 40/94 über diesen Punkt hätte entscheiden dürfen, wonach sie über dieselben Befugnisse wie der Prüfer verfügt. Denn insofern entscheide die Beschwerdekammer über die Begründetheit einer Beschwerde, die in diesem Umfang bei ihr nicht eingelegt worden sei.[65]

Dem Gericht erster Instanz ist in seiner Entscheidung zuzustimmen, den Beschwerdekammern die Befugnis abzusprechen, die formelle Fehlerhaftigkeit der Anmeldung einer Gemeinschaftsmarke zu prüfen, wenn der Prüfer in seiner Entscheidung keine formellen Mängel der Anmeldung festgestellt hat. Ein dahingehendes Urteil trägt nämlich den eingangs erörterten Aufgaben der Beschwerdekammern Rechnung. Erstens wird die Einheitlichkeit der Entscheidungspraxis des Harmonisierungsamtes gefördert, wenn die Beschwerdekammern nicht von Amts wegen die For-

---

[60] Entscheidung der Dritten Beschwerdekammer des Harmonisierungsamts vom 15. März 1999, Beschwerdesache R 74/1998-3 (Procter & Gamble – *Form von Handseife*) (über die Anmeldung Nr. 230680 einer Gemeinschaftsmarke betreffend die Darstellung einer Seife), Rn 14-23.

[61] Urteil des Gerichts erster Instanz (Zweite Kammer) vom 16. Februar 2000, Rechtssache T-122/99 (Procter & Gamble gegen Harmonisierungsamt - *Form von Handseife*), Sammlung der Rechtsprechung 2000, Seite II-265, Rn 25.

[62] Urteil des Gerichts erster Instanz (Zweite Kammer) vom 16. Februar 2000, Rechtssache T-122/99 (Procter & Gamble gegen Harmonisierungsamt - *Form von Handseife*), Sammlung der Rechtsprechung 2000, Seite II-265, Rn 29-34.

[63] Urteil des Gerichts erster Instanz (Zweite Kammer) vom 16. Februar 2000, Rechtssache T-122/99 (Procter & Gamble gegen Harmonisierungsamt - *Form von Handseife*), Sammlung der Rechtsprechung 2000, Seite II-265, Rn 29-30.

[64] Urteil des Gerichts erster Instanz (Zweite Kammer) vom 16. Februar 2000, Rechtssache T-122/99 (Procter & Gamble gegen Harmonisierungsamt - *Form von Handseife*), Sammlung der Rechtsprechung 2000, Seite II-265, Rn 31-32.

[65] Urteil des Gerichts erster Instanz (Zweite Kammer) vom 16. Februar 2000, Rechtssache T-122/99 (Procter & Gamble gegen Harmonisierungsamt - *Form von Handseife*), Sammlung der Rechtsprechung 2000, Seite II-265, Rn 34.

malien der Anmeldung überprüfen. Zweitens werden das Gericht erster Instanz und der Europäische Gerichtshof entlastet, wenn der Antragsteller nicht erstmals durch die Entscheidung der Beschwerdekammer beschwert wird. Drittens entspricht es dem Gedanken des individuellen Rechtsschutzes, wenn eine behördliche Ausgangsentscheidung nur insoweit überprüft wird, wie sie sich nachteilig auf den Antragsteller auswirkt und wie sie daher vom Antragsteller angefochten worden ist. Auch wäre eine Befugnis zur Kontrolle der formellen Ordnungsgemäßheit der Anmeldung durch die Beschwerdekammer der Selbstkontrolle des Harmonisierungsamtes nicht in stärkerem Maße dienlich als die Versagung dieser Befugnis. Hat nämlich der Beschwerdeführer einen Mangel, den der Prüfer übersehen hat, nicht gerügt, so ist sehr unwahrscheinlich, dass der Prüfer nunmehr den Fehler feststellen und seine ursprüngliche Entscheidung aus diesem Grunde revidieren wird. Vor diesen Hintergrund erscheint es sinnvoll, den Beschwerdekammern die Befugnis zur Prüfung formeller Fehler bei der Anmeldung einer Gemeinschaftsmarke abzusprechen, die weder der Prüfer beanstandet noch der Beschwerdeführer gerügt hat.

(b) Ermessensentscheidungen des Präsidenten

Eine weitere Einschränkung der Prüfungskompetenz der Beschwerdekammern betrifft die Kontrolle von Ermessensentscheidungen des Präsidenten des Amtes.

Mit einer solchen Situation war die Beschwerdekammer des Sortenamtes in der Sache *Egypt* befasst.[66] Der Beschwerdesache lag folgender Sachverhalt zugrunde. Der Beschwerdeführer hatte beim Gemeinschaftlichen Sortenamt die Liliensorte *Egypt* zur Erlangung eines gemeinschaftlichen Sortenschutzrechts angemeldet. Um die Eintragungsfähigkeit beurteilen zu können, bedurfte es der technischen Prüfung der entsprechenden Zwiebeln des Beschwerdeführers durch das Sortenamt. Das Sortenamt hatte dem Beschwerdeführer daher einen Zeitrahmen gesetzt, binnen dessen die Zwiebeln zur technischen Prüfung einzureichen waren. Der Beschwerdeführer hatte innerhalb dieses Zeitraums jedoch nur solches Material zur Verfügung gestellt, dass den gesetzlichen Anforderungen nicht entsprach. In einem Telefonat mit dem Amt erwähnte der Rechtsanwalt des Beschwerdeführers, dass seinem Mandanten wegen eines Lagerbrandes kein geeignetes Prüfmaterial in dem fraglichen Zeitraum zur Verfügung stünde. Er versäumte aber trotz entsprechenden Hinweises des Amtes, vor Fristablauf einen schriftlichen Antrag auf Verlängerung der Frist bzw. Verschiebung des Zeitpunktes der technischen Prüfung zu stellen. Vielmehr stellte der Rechtsanwalt einen solchen Antrag erst nach Fristablauf. Das Sortenamt lehnte durch seinen Präsidenten eine Verschiebung der technischen Prüfung und dementsprechend die Eintragung der Sorte mangels Einreichung geeigneten Prüfmaterials binnen des gesetzten Zeitrahmens ab.

Die Beschwerdekammer bestätigte die Ausgangsentscheidung des Sortenamtes. Zur Begründung führte die Beschwerdekammer an, dass der Beschwerdeführer einen schriftlichen Antrag auf Aufschiebung der technischen Prüfung hätte stellen müssen, was er jedoch unterlassen hat.[67] Das Sortenamt sei auch nicht verpflichtet gewesen,

[66] Entscheidung der Beschwerdekammer des Gemeinschaftlichen Sortenamtes vom 28. Mai 2002, Sache A 5/2000 (Mak Leek Inc - *Egypt*).
[67] Entscheidung der Beschwerdekammer des Gemeinschaftlichen Sortenamtes vom 28. Mai 2002, Sache A 5/2000 (Mak Leek Inc - *Egypt*), S. 6.

den verspäteten Antrag zu berücksichtigen. Bei der Entscheidung des Präsidenten, unter welchen Voraussetzungen ein Verschieben der technischen Prüfung zu gewähren sei, handele es sich um eine Ermessensentscheidung. Die Beschwerdekammern dürften diese allenfalls auf einen Ermessensmissbrauch hin überprüfen; ein solcher läge allerdings nicht vor.[68]

Die Entscheidung der Beschwerdekammer lässt sich gleichfalls mit den oben herausgearbeiteten Funktionen der Kammer erklären. Der individuelle Rechtsschutz wurde nicht verkürzt, da mit der dem Antragsteller eingeräumten Möglichkeit, die Frist durch schriftlichen Antrag vor Fristablauf zu verschieben, bereits über die gesetzlich vorgesehenen Mittel hinausgegangen wurde.[69] Die Gerichte wurden entlastet. Anderenfalls hätte nämlich erstmalig die Beschwerdekammer die weiteren materiellen Voraussetzungen der Eintragung der Sorte geprüft. Wäre der Beschwerdeführer in Folge dessen durch die Beschwerdeentscheidung in weitergehendem Umfang beschwert worden, hätte dies die Wahrscheinlichkeit einer Klage erhöht. Die Selbstkontrolle des Amtes reicht zwar weniger weit, wenn die Ausgangsentscheidung nur auf Ermessensfehler hin überprüft wird. Dies ist allerdings unschädlich, solange es sich – wie hier – um den seltenen Ausnahmefall handelt, dass das Amt durch seinen Präsidenten dem Verfahrensbeteiligten zusätzliche Verfahrensrechte einräumt, anstatt ein bestehendes Recht zu verkürzen. Es sei jedoch angemerkt, dass meines Erachtens die Zurückhaltung der Beschwerdekammer im vorliegenden Fall für den Ausgang der Beschwerdeentscheidung nicht erforderlich gewesen wäre. Die Beschwerdekammer hätte wohl auch unter dem Deckmantel einer vollständigen, nicht auf Ermessenfehler reduzierten Prüfung zu derselben ablehnenden Entscheidung gelangen können. Schließlich war rechtlich nicht zu beanstanden, dass dem Antragsteller keine über die in der Verordnung Nr. 2100/94 vorgesehenen Verfahrensrechte hinausgehenden Rechte eingeräumt worden waren.

(c) Präklusion

Der dritte Aspekt betrifft die Befugnis der Beschwerdekammern, ihren Prüfungsumfang selbst zu limitieren. Dabei handelt es sich um die Befugnis, eine Präklusion von nicht nur Beweismitteln, sondern auch Tatsachen herbeizuführen. Diese folgt aus dem Zusammenhang der Artikel 61 Absatz 2 und 74 Absatz 2 der Verordnung Nr. 40/94 bzw. der Artikel 71 Absatz 2 und 76 Satz 2 der Verordnung Nr. 2100/94. Nach Artikel 61 Absatz 2 der Verordnung Nr. 40/94 und Artikel 71 Absatz 2 der Verordnung Nr. 2100/94 kann die Beschwerdekammer bei der Prüfung der Beschwerde den Beteiligten eine Frist setzen, binnen derer sie zu Bescheiden des Amtes oder zu den Schriftsätzen der anderen Beteiligten Stellung nehmen müssen. Haben die Beteiligten binnen der gesetzten Frist der Beschwerdekammer keine neuen Tatsachen oder Beweismittel mitgeteilt, so kann die Beschwerdekammer gemäß Artikel 74 Absatz 2 der

[68] Entscheidung der Beschwerdekammer des Gemeinschaftlichen Sortenamtes vom 28. Mai 2002, Sache A 5/2000 (Mak Leek Inc - *Egypt*), S. 7.

[69] Nach der Gesetzeslage in Artikel 55 Absatz 4 und Artikel 80 der Verordnung Nr. 2100/94 hätte ansonsten Antrag auf Wiedereinsetzung in den vorigen Stand gestellt werden müssen, der allerdings mit strengeren Voraussetzungen (insbesondere der Nachholung der versäumten Handlung binnen zwei Monaten nach Wegfall des Hindernisses) versehen ist.

Verordnung 40/94 bzw. 76 Satz 2 der Verordnung Nr. 2100/94 ein nach Fristablauf eingehendes Vorbringen der Beteiligten ungeprüft lassen.[70]

b) Mittel zur Prüfung der Beschwerde

Weiter ist nunmehr zu klären, welche Mittel den Beschwerdekammern zur Prüfung der Zulässigkeit und Begründetheit der Beschwerde zur Verfügung stehen.

(1) Entbehrlichkeit einer mündlichen Verhandlung

Zunächst sei darauf hingewiesen, dass die Beschwerdekammern ihre Entscheidungen regelmäßig ohne vorherige mündliche Verhandlung fällen. Im Vordergrund steht vielmehr ein schriftliches Verfahren.

Für das Verfahren vor den Beschwerdekammern des Harmonisierungsamtes geht dies insbesondere aus Artikel 61 Absatz 2 der Verordnung Nr. 40/94 hervor, demzufolge die Beschwerdekammern für die Prüfung der Beschwerde die Beteiligten so oft wie erforderlich auffordern können, eine Stellungnahme zu Bescheiden des Amtes oder zu Schriftsätzen anderer Beteiligter einzureichen. Der Inhalt dieser Regelung erklärt sich vor dem Hintergrund, dass sich die Beteiligten zwar mehrfach schriftlich äußern,[71] eine mündliche Verhandlung aber ausbleibt. Dies wird durch die allgemeine Vorschrift des Artikels 75 Absatz 1 der Verordnung Nr. 40/94 bestätigt. Danach ordnet die Beschwerdekammer von Amts wegen oder auf Antrag eines Verfahrensbeteiligten[72] eine mündliche Verhandlung nur an, wenn sie eine solche für sachdienlich erachtet.[73] Nach Auskunft des Harmonisierungsamtes wird dies in der Praxis allerdings nur selten der Fall sein:

> „Die Beschwerdekammern sind nicht verpflichtet, einem Antrag einer Partei auf eine mündliche Anhörung stattzugeben. Sie sind befugt, ein mündliches Verfahren einzuleiten, aber nur soweit sie es für notwendig erachten. In der Regel ist ein Verfahren vor den Beschwerdekammern ein rein schriftliches Verfahren."[74]

[70] Auf diese Möglichkeit hinweisend: Urteil des Gerichts erster Instanz (Zweite Kammer) vom 8. Juli 1999, Rechtssache T-163/98 (Procter & Gamble Company gegen Harmonisierungsamt - *Baby-Dry*), Sammlung der Rechtsprechung 1999, Seite II-2383, Rn 44.

[71] Für das Verfahren vor der Beschwerdekammer des Sortenamtes besteht insoweit die Besonderheit, dass sich die Beteiligten nach Artikel 71 Absatz 2 Satz 2 der Verordnung Nr. 2100/94 auch mündlich erklären können.

[72] So wurde etwa der Antrag des Beschwerdeführers auf mündliche Verhandlung in der Sache *Prinzip der Bequemlichkeit* (Entscheidung der Dritten Beschwerdekammer vom 23. März 2000, R 392/1999-3 (Erpo Möbelwerk GmbH - *Prinzip der Bequemlichkeit*), Rn 35) mit der Begründung abgelehnt, dass alle Tatsachen und Argumente bereits vorgetragen seien und es nur noch um die Beurteilung von Rechtsfragen ginge.

[73] Die Einschränkung der Sachdienlichkeit gilt allerdings nicht für Verfahren vor der Beschwerdekammer des Sortenamtes. Nach Artikel 77 Absatz 1 der Verordnung Nr. 2100/94 ist eine mündliche Verhandlung von Amts wegen oder auf Antrag eines Verfahrensbeteiligten anzuordnen.

[74] http://oami.eu.int/de/marque/faq/faq10.htm. Dazu auch Achim Bender, Die Gemeinschaftsmarke, Neueste Entwicklungen in Rechtsprechung und Praxis, MarkenR 2002, S. 37, 39.

Die entsprechenden Vorschriften für das Verfahren vor der Beschwerdekammer des Sortenamtes sind zwar weniger stark auf ein schriftliches Verfahren fixiert. So sieht etwa Artikel 71 Absatz 2 Satz 2 der Verordnung Nr. 2100/94 ausdrücklich vor, dass sich die Beteiligten auch mündlich erklären können. Wie oben anhand der Sache *Egypt* dargestellt worden ist, gilt dies allerdings nur für Stellungnahmen zu dem Vorbringen anderer Verfahrensbeteiligter einschließlich des Sortenamtes selbst, nicht aber für das Stellen von Anträgen. Letztere müssen aus Gründen der Rechtssicherheit schriftlich gestellt werden.[75] Auch findet eine mündliche Verhandlung immer schon dann statt, wenn ein Verfahrensbeteiligter dies beantragt. Der zusätzlichen Voraussetzung der Sachdienlichkeit bedarf es anders als im Verfahren vor den Beschwerdekammern des Harmonisierungsamtes nach Artikel 77 Absatz 1 der Verordnung Nr. 2100/94 nicht. Dennoch ist es in der Entscheidungspraxis der Beschwerdekammer des Sortenamtes – die sich allerdings auf bislang fünf Endentscheidungen reduziert – erst in einem Fall zu einer mündlichen Verhandlung gekommen.[76]

Die Tatsache, dass regelmäßig von einer mündlichen Verhandlung abgesehen wird, ändert jedoch nichts daran, dass nach den Artikeln 73 Satz 2 der Verordnung Nr. 40/94 und 75 Satz 2 der Verordnung Nr. 2100/94 den Parteien die Möglichkeit gegeben werden muss, sich zu den Gründen zu äußern, auf welche die Entscheidung der Beschwerdekammer gestützt werden soll. Dabei genügt es allerdings, wenn sich die betroffene Partei zu dem Sachverhalt äußern konnte, der für die Anwendung der in Frage stehenden Rechtsvorschrift von Bedeutung ist.[77] Das Erfordernis des rechtlichen Gehörs nach den Artikeln 73 Satz 2 der Verordnung Nr. 40/94 und 75 Satz 2 der Verordnung Nr. 2100/94 hindert die Beschwerdekammern dementsprechend nicht daran, ihre Entscheidungen auf vor dem Prüfer nicht erörterte Argumente zu stützen.[78]

(2) Zulässige Beweismittel

Die zulässigen Beweismittel für die Prüfung der Beschwerde sind in Artikel 76 Absatz 1 der Verordnung Nr. 40/94 bzw. 78 Absatz 1 der Verordnung Nr. 2100/94

---

[75] Entscheidung der Beschwerdekammer des Gemeinschaftlichen Sortenamtes vom 28. Mai 2002, Sache A 5/2000 (Mak Leek Inc gegen Sortenamt - *Egypt*), S. 6.

[76] Entscheidung der Beschwerdekammer des Sortenamtes vom 25. Januar 2000, Sache A 1/1999 (Novarties Seeds B.V. gegen Sortenamt – *Enara*).

[77] Urteil des Gerichts erster Instanz vom 5. Juni 2002, Rechtssache T-198/00 (Hershey Foods Corporation gegen Harmonisierungsamt – *Kiss device*), Sammlung der Rechtsprechung 2002, Seite II-2567, Rn 25.

[78] Urteil des Gerichts erster Instanz vom 5. Juni 2002, Rechtssache T-198/00 (Hershey Foods Corporation gegen Harmonisierungsamt – *Kiss device*), Sammlung der Rechtsprechung 2002, Seite II-2567, Rn 25. Zur Begründung wird angeführt, dass nach dem Grundsatz der funktionellen Kontinuität zwischen dem Prüfer und den Beschwerdekammern letztere die Prüfung der Anmeldung wieder aufnehmen können, ohne durch die Begründung des Prüfers eingeschränkt zu sein. Die Grenze des Zulässigen wird allerdings überschritten, wenn dem Beschwerdeführer nicht die Gelegenheit gegeben worden ist, sich zu einem absoluten Eintragungshindernis zu äußern, dessen Voraussetzungen von den Beschwerdekammern später als erfüllt angesehen werden (Urteil des Gerichts erster Instanz vom 27. Februar 2002, Rechtssache T-79/00 (Rewe Zentral AG gegen Harmonisierungsamt - *Lite*), Sammlung der Rechtsprechung 2002, Seite II-705, Rn 13-15).

aufgezählt. Zwar betreffen die genannten Vorschriften ihrem Wortlaut nach das „Amt" im allgemeinen. Sie finden jedoch auch auf die Beschwerdekammern Anwendung. Dies ergibt sich bereits aus dem Grundsatz, dass die allgemeinen Verfahrensregeln für alle Dienststellen des Amtes gelten, soweit keine Spezialregelungen für einzelne Dienststellen getroffen worden sind. Für das Harmonisierungsamt ist dieser Grundsatz in Regel 50 der Durchführungsverordnung Nr. 2868/95 ausdrücklich niedergelegt worden. Danach gelten die Vorschriften für das Verfahren vor der Dienststelle, welche die mit der Beschwerde angefochtene Entscheidung erlassen hat, für das Beschwerdeverfahren entsprechend, es sei denn es bestehen ausdrückliche abweichende Regeln für das Beschwerdeverfahren. Eine ähnliche Regel enthält Artikel 51 Satz 1 der Durchführungsverordnung Nr. 1239/95[79] für das Sortenamt. Sonderregeln für die den Beschwerdekammern zur Verfügung stehenden Beweismitteln existieren nicht.

Bei den zulässigen Beweismitteln handelt es sich um die Vernehmung der Beteiligten, die Einholung von Auskünften, die Vorlegung von Urkunden und Beweisstücken, die Vernehmung von Zeugen, die Begutachtung durch Sachverständige sowie die Abgabe schriftlicher Erklärungen unter Eid oder an Eides statt. Für das Verfahren vor der Beschwerdekammer des Sortenamtes ist zusätzlich der Augenschein erwähnt. Vor diesem Hintergrund stellt sich die Frage, ob auch die Beschwerdekammern des Harmonisierungsamtes Augenschein nehmen können. Dies wird im Ergebnis zu bejahen sein. Denn eine dahingehende Befugnis kann entweder aus dem in Artikel 76 Satz 1 der Verordnung Nr. 40/94 genannten Beweismittel der „Vorlegung von Beweisstücken" abgeleitet werden. Aber auch wenn man es ablehnt, die „Vorlegung von Beweisstücken" mit der „Einnahme des Augenscheins" gleichzusetzen, ist im Ergebnis davon auszugehen sein, dass sich die Beschwerdekammern des zusätzlichen Beweismittels des Augenscheins bedienen dürfen. Die in Artikel 76 Absatz 1 der Verordnung Nr. 40/94 enthaltene Aufzählung der Beweismittel ist nämlich keineswegs abschließend. Nach dem ausdrücklichen Wortlaut dieser Vorschrift soll sich das Amt „insbesondere" der genannten Beweismittel bedienen können. Dies schließt jedoch nicht aus, dass noch andere als die erwähnten Beweismittel verwendet werden dürfen. Dies würde etwa die Einnahme des Augenscheins einschließen.[80]

Die in den Artikeln 76 Absatz 1 der Verordnung Nr. 40/94 und 78 Absatz 1 der Verordnung Nr. 2100/94 aufgelisteten Beweismittel entsprechen weitestgehend denjenigen Beweismitteln, die dem Gericht erster Instanz und dem Europäischen Gerichtshof zur Verfügung stehen. Dabei wird in Artikel 45 § 2 der Verfahrensordnung des

[79] Verordnung (EG) Nr. 1239/95 der Kommission vom 31. Mai 1995 zur Durchführung der Verordnung (EG) Nr. 2100/94 des Rates im Hinblick auf das Verfahren vor dem Gemeinschaftlichen Sortenamt, ABl. L 121 vom 1. Juni 1995, S. 37, geändert durch Verordnung (EG) 448/96 (ABl. L 62 vom 13. März 1996, S. 3).

[80] Es sei angemerkt, dass auch die in Artikel 78 Absatz 1 der Verordnung Nr. 2100/94 enthaltene Liste die Beweismittel nicht abschließend nennt. Bislang ist allerdings nicht ersichtlich, dass die Beschwerdekammer andere als die aufgelisteten Beweismittel benutzt hätte. Dasselbe gilt für die Beschwerdekammern des Harmonisierungsamts. Dies wurde durch eine Anfrage bei der Rechtsabteilung des Harmonisierungsamtes bestätigt (Memorandum von Susanna Laitinen vom 12. Juli 2002).

Europäischen Gerichtshofes[81] und Artikel 65 der Verfahrensordnung des Gerichts erster Instanz[82] ausdrücklich auch der Augenschein genannt. Der einzige Unterschied zwischen den Beweismitteln der Beschwerdekammern und der Gerichte liegt darin, dass die Beschwerdekammern zusätzlich schriftliche Erklärungen, die unter Eid oder an Eides statt abgegeben werden, einholen können.

Die grundsätzliche Übereinstimmung der den Beschwerdekammern und den Gerichten zur Verfügung stehenden Beweismittel macht vor dem Hintergrund Sinn, dass das Gericht erster Instanz und der Europäische Gerichtshof die Entscheidungen der Beschwerdekammern kontrollieren. Hätten die Beschwerdekammern nämlich wesentlich andere Ermittlungsbefugnisse als das Gericht erster Instanz, das die Entscheidung der Beschwerdekammer in tatsächlicher und rechtlicher Hinsicht überprüft, so würden die beiden Instanzen aufgrund unterschiedlicher Beweislagen zu abweichenden Ergebnissen gelangen.[83] Rechtfertigende Gründe für eine derartige Abweichung wären nicht ersichtlich.

Es bleibt also die Frage, ob die zusätzliche Möglichkeit der Beschwerdekammern, schriftliche Erklärungen, die unter Eid oder an Eides statt abgegeben worden sind, entgegenzunehmen, auf Bedenken stößt. Dies ist im Ergebnis zu verneinen. Dieses zusätzliche Beweismittel der Beschwerdekammern lässt sich nämlich dadurch erklären, dass vor den Beschwerdekammern regelmäßig keine mündlichen Verhandlungen stattfinden. Um diesen Unterschied auszugleichen, können sich die Beschwerdekammern schriftlicher Erklärungen der Beteiligten oder der Zeugen bedienen. Das Beweismittel führt dabei allerdings nicht dazu, dass einer der Parteien im Vergleich zum gerichtlichen Verfahren die Beweisführung erleichtert würde. Es wird nämlich allein dasjenige schriftlich den Beschwerdekammern übermittelt, von dem das Gericht erster Instanz mündlich Notiz nehmen kann. Die Beweislage wird also nicht verändert. Das zusätzliche Beweismittel der schriftlichen Erklärung an Eides statt in dem Verfahren vor den Beschwerdekammern ist somit unbedenklich.

(3) Berechtigung zur Ermittlung von Amts wegen

Vor dem Hintergrund der eben herausgearbeiteten Beweismittel stellt sich die weitere Frage, ob die Beschwerdekammern von Amts wegen zur Tatsachenermittlung befugt sind. Insoweit sei klarstellend zwischen zwei Aspekten unterschieden.[84] Sind

[81] Verfahrensordnung des Gerichtshofes der Europäischen Gemeinschaften vom 19. Juni 1991, ABl. L 176 vom 4. Juli 1991, S. 7-32.

[82] Verfahrensordnung des Gerichts erster Instanz der Europäischen Gemeinschaften vom 2. 5.1991, ABl. L 136 vom 30. Mai 1991, S. 1-23.

[83] Es sei allerdings angemerkt, dass der Europäische Gerichtshof in Bezug auf Entscheidungen der Beschwerdekammern des Harmonisierungsamtes und des Sortenamtes reine Rechtsmittelinstanz ist. Tatsachen werden daher von dem Gerichtshof nicht mehr ermittelt. Vielmehr wird allein die Richtigkeit der Rechtsanwendung in den vorigen Instanzen beurteilt.

[84] Jens Dammann, System der Grundfreiheiten, S. 10 (unveröffentliches Manuskript), unterscheidet für das Beweisrecht des EuGH zwischen der Berechtigung des EuGH zur Beweisaufnahme von Amts wegen (siehe insbesondere Artikel 47 Satz 1 VerfO des EuGH, wonach der EuGH von Amts wegen oder auf Antrag der Parteien die Vernehmung von Zeugen beantragen kann), der Berechtigung des EuGH zur Ermittlung anderer als der von der Partei vorgetragenen Tatsachen (siehe insbesondere Artikel 21 Absatz 1 Satzung des Europäischen Gerichtshofes, wonach der EuGH die Erteilung aller

die Beschwerdekammern allein berechtigt, über solche Tatsachen von Amts wegen Beweis zu erheben, die von den Verfahrensbeteiligten vorgebracht worden sind? Oder wird den Beschwerdekammern das Recht eingeräumt, andere als die von den Parteien vorgetragenen Tatsachen zu ermitteln? Im Einklang mit der Rechtslage hinsichtlich der Ermittlungsbefugnis des Gerichts erster Instanz und des Europäischen Gerichtshofs[85] ist letzteres zu bejahen. Bei der so verstandenen Befugnis zur Ermittlung von Amts wegen handelt es sich freilich um eine Berechtigung, aus der keineswegs eine Pflicht zur Tatsachenermittlung folgt.[86]

Die grundsätzliche Befugnis der Beschwerdekammern zur Ermittlung von Amts wegen folgt bereits aus dem Wortlaut des Artikels 74 Absatz 1 Satz 1 der Verordnung Nr. 40/94 bzw. des Artikels 76 Satz 1 der Verordnung Nr. 2100/94. In diesen Vorschriften heißt es ausdrücklich, dass das Amt den Sachverhalt von Amts wegen ermittelt. Nach dem oben Gesagten gelten die Vorschriften mangels abweichender Regelungen auch für die Beschwerdekammern.

Dass diese Befugnis auch solche Ermittlungen erfasst, die nicht von den Parteien ausdrücklich beantragt worden sind, ergibt sich zunächst aus einem Umkehrschluss zu Artikel 74 Absatz 1 Satz 2 der Verordnung Nr. 40/94. Wird bezüglich relativer Hindernisse zur Eintragung einer Gemeinschaftsmarke die Beschwerdekammer explizit bei ihrer Ermittlung auf das Vorbringen und die Anträge der Parteien beschränkt,[87] so folgt daraus, dass in allen anderen Bereichen die Kammer über die Beweisanträge und den Tatsachenvortrag der Beteiligten hinaus von Amts wegen den Sachverhalt ermitteln darf.

Gegen eine solche weitgehende Befugnis zur Ermittlung von Amts wegen könnte jedoch Artikel 9 Absatz 2 der Verfahrensordnung der Beschwerdekammern des Harmonisierungsamtes angeführt werden.[88] Diese Vorschrift lautet dahingehend, dass die Beschwerdekammern darauf hinweisen können, dass „bestimmte Fragen nicht mehr strittig zu sein scheinen". Aus dem Hinweis auf unstreitige Tatsachen mag weiter geschlussfolgert werden, dass die Beschwerdekammern insoweit an den Tatsachenvortrag der Parteien gebunden sind und selbst nicht von Amts wegen ermitteln dürfen. Eine solche Schlussfolgerung würde aber über den Aussagegehalt der genannten Vorschrift hinausgehen. Die genannte Vorschrift steht nämlich im Zusammenhang mit der Vorbereitung der mündlichen Verhandlung und appelliert insofern an ein pro-

---

Auskünfte verlangen kann, die er für wünschenswert hält) und die Verpflichtung des EuGH zur Tatsachenermittlung unter bestimmten Voraussetzungen.

[85] Jens Dammann, System der Grundfreiheiten, S. 10 (unveröffentliches Manuskript).

[86] Jens Dammann, System der Grundfreiheiten, S. 10 (unveröffentliches Manuskript).

87 Diese Vorschrift umfasst auch die Beweismittel. Dass heißt, dass soweit es um relative Eintragungshindernisse geht, allein auf die von den Parteien vorgelegten Beweismittel abgestellt werden kann. Siehe hierzu Urteil des Gerichts erster Instanz vom 13. Juni 2002, Rechtssache T-232/00 (Chef Revival USA gegen Harmonisierungsamt – *Cheff/Chef*), Sammlung der Rechtsprechung 2002, Seite II-2749, Rn 45.

[88] Verordnung (EG) Nr. 216/96 der Kommission vom 5. Februar 1996 über die Verfahrensordnung vor den Beschwerdekammern des Harmonisierungsamts für den Binnenmarkt (Marken, Muster und Modelle)
ABl. L 28 vom 6. Februar 1996, S. 11-13.

zessökonomisches Verhalten der Beteiligten. Durch die Kompetenz der Beschwerdekammern auf unstreitige Fragen vor einer anberaumten mündlichen Verhandlung hinzuweisen, soll es ihnen ermöglicht werden, die Verhandlung auf das Wesentliche zu konzentrieren. Mit der Regelung wird dagegen nicht bezweckt, andere Befugnisse der Beschwerdekammern, wie diejenige zur Ermittlung von Amts wegen, einzuschränken.

In der Tat deuten vielmehr weitere Verfahrensvorschriften auf eine vom Tatsachenvortrag der Verfahrensbeteiligten unabhängige Befugnis der Beschwerdekammern zur Ermittlung von Amts wegen hin. Ohne Anspruch auf Vollständigkeit sei nur auf folgende Artikel hingewiesen.

Gemäß Artikel 76 Absatz 3 der Verordnung Nr. 40/94 und Artikel 78 Absatz 3 der Verordnung Nr. 2100/94 bestimmen die Beschwerdekammern von Amts wegen, ob sie die mündliche Vernehmung eines Beteiligten, Zeugen oder Sachverständigen für erforderlich halten, und ordnen eine entsprechende Vernehmung von Amts wegen an.[89] Die Befugnis zur Anordnung der mündlichen Vernehmung von Amts wegen weist aber darauf hin, dass die Beschwerdekammern in der Tatsachenermittlung nicht allein an die Beweisanträge der Beteiligten gebunden sein sollen.

Des Weiteren sei die bereits in einem anderen Zusammenhang erwähnte Vorschrift des Artikels 61 Absatz 2 der Verordnung Nr. 40/94 bzw. des Artikels 71 Absatz 2 Satz 1 der Verordnung Nr. 2100/94 hervorgehoben, derzufolge die Beschwerdekammern die Beteiligten „so oft wie erforderlich" zu Stellungnahmen auffordern können. Diese Regelung bringt die Herrschaft der Beschwerdekammern über das Verfahren zum Ausdruck. Freilich betrifft diese Vorschrift nicht ausdrücklich die Beweiserhebung. Vielmehr regelt sie das vorgelagerte Stadium, in dem zu ermitteln ist, welche Tatsachen, seien sie bewiesen oder nicht, für die weitere Prüfung des Falles relevant sind. Die fraglichen Vorschriften weisen den Beschwerdekammern jedoch die wichtige Befugnis zu, darüber zu entscheiden, ob und gegebenenfalls in welchem Umfang überhaupt eine weitergehende Sachverhaltsermittlung notwendig ist. Diese Befugnis würde ihrer Bedeutung beraubt, könnten die Beschwerdekammern im Folgenden nur die von den Beteiligten vorgetragenen Tatsachen ermitteln.

Schließlich deutet Artikel 11 der Verfahrensordnung der Beschwerdekammern des Harmonisierungsamtes auf eine weitgehende Befugnis zur Ermittlung von Amts wegen hin. Nach dieser Vorschrift kann der Präsident des Harmonisierungsamtes von Amts wegen zur Äußerung zum Fall aufgefordert werden. Dazu heißt es in der Präambel der Verfahrensordnung:

> „Die an Beschwerdeverfahren Beteiligten sind unter Umständen nicht in der Lage oder willens, den Beschwerdekammern Fragen von allgemeinem Interesse im Zusammenhang mit einem anhängigen Fall zur Kenntnis zu bringen. Die Beschwerdekammern sollten deshalb das Recht haben, den Präsidenten des Amts von Amts wegen oder auf dessen Wunsch einzuladen, um sich zu Fragen von allgemeinem Interesse zu äußern, die einen vor den Beschwerdekammern anhängigen Fall betreffen."

[89] Siehe auch Artikel 39 der Verordnung Nr. 40/94, wonach das Harmonisierungsamt routinemäßig von Amts wegen einen Gemeinschaftsrecherchebericht erstellt.

Aus dem Gesamtbild der genannten Vorschriften lässt sich somit schlussfolgern, dass die Beschwerdekammern nicht nur den von den Beteiligten unterbreiteten Beweisangeboten und von ihnen vorgetragenen Tatsachen nachgehen dürfen, sondern auch darüber hinaus zur Ermittlung des Sachverhalts von Amts wegen befugt sind.

3. Entscheidung über die Beschwerde

Nach der Prüfung der Beschwerde entscheidet die Beschwerdekammer über die Beschwerde. Der Beschwerdekammer stehen nach Artikel 62 Absatz 1 der Verordnung Nr. 40/94 bzw. Artikel 72 Satz 1 der Verordnung Nr. 2100/94 zwei grundsätzliche Entscheidungsalternativen zur Verfügung. Die Beschwerdekammern werden entweder „im Rahmen der Zuständigkeit der Dienststelle tätig, die die angefochtene Entscheidung erlassen hat". Oder sie verweisen die Angelegenheit zur weiteren Entscheidung an diese Dienststelle zurück. Im Folgenden soll die Reichweite der Entscheidungskompetenz der Beschwerdekammern in Hinblick auf diese beiden Alternativen untersucht werden.

a) Erstentscheidungskompetenz

Die Befugnis der Beschwerdekammern, im Rahmen der Zuständigkeit der Dienststelle tätig zu werden, welche die angefochtene Entscheidung erlassen hat, deutet auf eine Erstentscheidungskompetenz der Beschwerdekammern hin. Bei der Entscheidung über die Beschwerde führen die Beschwerdekammern die Ausgangsentscheidung nicht allein einer rechtlichen Kontrolle zu. Sie entscheiden also nicht nur, ob die in der angefochtenen Entscheidung enthaltenen Erwägungen rechtlich korrekt sind oder nicht. Vielmehr entscheiden die Beschwerdekammern ebenso wie die Dienststelle, welche die angefochtene Entscheidung erlassen hat, über den ursprünglichen Antrag des Beteiligten selbst. Dies hat zur Folge, dass neue Sachvorträge der Verfahrensbeteiligten zu ihren Anträgen von den Beschwerdekammern zu berücksichtigen sind, auch wenn die Ausgangsdienststelle mit diesem Vortrag nicht befasst war.

Die Reichweite der Erstentscheidungskompetenz mag anhand der folgenden beiden Beispiele aus der Entscheidungspraxis der Beschwerdekammern und des Gerichts erster Instanz illustriert werden.

(1) Baby-Dry

In der Rechtssache *Baby-Dry*[90] hatte das Gericht erster Instanz über die Frage zu entscheiden, ob ein Verstoß gegen Artikel 62 Absatz 1 der Verordnung Nr. 40/94 dadurch begründet wird, dass die Beschwerdekammer einen von den Beteiligten erst im Beschwerdeverfahren vorgetragenen Gesichtspunkt bei ihrer Entscheidung unberücksichtigt lässt.

Der Rechtssache lag folgender Sachverhalt zugrunde. Die Antragstellerin hatte die Eintragung der Wortmarke *Baby-Dry* für Wegwerf- und Stoffwindeln beim Har-

[90] Urteil des Gerichts erster Instanz (Zweite Kammer) vom 8. Juli 1999, Rechtssache T-163/98 (Procter & Gamble Company gegen Harmonisierungsamt – *Baby-Dry*), Sammlung der Rechtsprechung 1999, Seite II-2383, Rn 30-45.

monisierungsamt beantragt. Der Prüfer des Amtes lehnte jedoch ihre Eintragung als Gemeinschaftsmarke ab. Die beantragte Marke sei bloß beschreibenden Charakters, so dass das absolute Eintragungshindernis des Artikels 7 Absatz 1 Buchstabe c) der Verordnung Nr. 40/94 einer Eintragung entgegenstünde. Der beschreibende Charakter ließe sich daraus ableiten, dass die Marke aus einer einfachen Kombination der keine Unterscheidungskraft besitzenden Wörter *baby* und *dry* zusammengesetzt sei und daher ausschließlich aus einer Angabe bestehe, die im Verkehr zur Bezeichnung der Bestimmung von Waren wie jenen dienen könne, für welche die Eintragung beantragt werde, nämlich ein Baby trocken zu halten.[91]

Gegen die ablehnende Entscheidung des Prüfers legte die Antragstellerin Beschwerde ein, in der sie sich erstmalig auf Artikel 7 Absatz 3 der Verordnung Nr. 40/94 berief. Nach dieser Vorschrift findet das absolute Eintragungshindernis des Absatzes 1 Buchstabe c) keine Anwendung, wenn die Gemeinschaftsmarke für die Waren, für welche die Eintragung beantragt wird, infolge ihrer Benutzung Unterscheidungskraft erlangt hat. Die Beschwerdekammer lehnte es jedoch ab, sich überhaupt mit dem neu vorgetragenen Gesichtspunkt der durch Benutzung erlangten Unterscheidungskraft zu befassen.[92] Zur Begründung führte die Beschwerdekammer an, dass die Beschwerdeführerin es versäumt habe, den Aspekt der erlangten Unterscheidungskraft in dem Verfahren vor dem Prüfer aufzuwerfen. Die Beschwerdekammer solle aber nicht aus solchen Gründen in die Entscheidung des Prüfers eingreifen, welche die Beschwerdeführerin in dem Verfahren in der ersten Instanz hätte vorbringen können, aber nicht vorgebracht hat. Der Beschwerdeführerin bliebe die Möglichkeit, einen neuen Eintragungsantrag unter Berufung auf die erlangte Unterscheidungskraft zu stellen.[93]

Gegen die Entscheidung der Beschwerdekammer erhob die Beschwerdeführerin Klage beim Gericht erster Instanz. Das Harmonisierungsamt änderte nunmehr seinen Vortrag und stimmte der Klägerin insoweit zu, als dass die Beschwerdekammer das Vorbringen zu Artikel 7 Absatz 3 der Verordnung Nr. 40/94 nicht hätte grundsätzlich unberücksichtigt lassen dürfen.[94] Das Gericht erster Instanz bestätigte die Befugnis und Pflicht der Beschwerdekammern zur Berücksichtigung solcher Gesichtspunkte, die in dem Verfahren vor dem Prüfer unerwähnt geblieben waren.[95] Zur Begrün-

---

[91] Entscheidung der Ersten Beschwerdekammer vom 31. Juli 1998 in der Beschwerdesache 35/1998-1 (Procter & Gamble – *Baby-Dry*), Rn 4.

[92] Entscheidung der Ersten Beschwerdekammer vom 31. Juli 1998 in der Beschwerdesache 35/1998-1 (Procter & Gamble – *Baby-Dry*), Rn 22.

[93] Entscheidung der Ersten Beschwerdekammer vom 31. Juli 1998 in der Beschwerdesache 35/1998-1 (Procter & Gamble – *Baby-Dry*), Rn 22.

[94] Urteil des Gerichts erster Instanz (Zweite Kammer) vom 8. Juli 1999, Rechtssache T-163/98 (Procter & Gamble Company gegen Harmonisierungsamt – *Baby-Dry*), Sammlung der Rechtsprechung 1999, Seite II-2383, Rn 31.

[95] Anders gelagert ist insofern der Fall *SAT.2* (Urteil des Gerichts erster Instanz vom 2. Juli 2002, Rechtssache T-323/00 (SAT.1 SatellitenFernsehen GmbH gegen Harmonisierungsamt – *SAT.2*), Sammlung der Rechtsprechung 2002, Seite II-2839). In dem Verfahren hatte der Prüfer es unterlassen, den Antrag *ausdrücklich* für die Dienstleistungen einer weiteren Klasse (Klasse 35) zurückzuweisen. Da der Prüfer den Antrag jedoch pauschal für alle beanspruchten Dienstleistungen zurückgewiesen hatte, umfasste die Entscheidung des Prüfers nach Auffassung des Gerichts erster Instanz auch die weitere, nicht ausdrücklich erwähnte Klasse 35 (Rn 14). Die Beschwerdekammer versäumte es jedoch, sich in ihrer Beschwerdeentscheidung mit der Ablehnung der Eintragung der Marke für die

dung für die Erstentscheidungskompetenz der Beschwerdekammern führte das Gericht erster Instanz drei Argumente an.

Erstens existiere eine funktionale Kontinuität zwischen dem Prüfer und den Beschwerdekammern. Sowohl der Prüfer als auch die zum Amt gehörenden Beschwerdekammern tragen zum Ziel der Verwirklichung des Binnenmarktes bei, indem sie dem System der Gemeinschaftsmarke Durchsetzung verschaffen.[96]

Zweitens bestünde ein enger Zusammenhang zwischen der Tätigkeit der Prüfer und der Beschwerdekammern. Dieser kommt in den Vorschriften über die Einlegung und die Vorprüfung der Beschwerde zum Ausdruck. So legt ein Antragsteller, der die Entscheidung des Prüfers anfechten will, beim Amt Beschwerde ein. Der Prüfer kann sodann der Beschwerde abhelfen. Wird der Beschwerde nicht innerhalb eines Monats abgeholfen, so wird sie der Beschwerdekammer zur Prüfung und Entscheidung vorgelegt.[97]

Drittens ergebe sich aus den Bestimmungen über die Prüfung und Entscheidung der Beschwerde sowie der Systematik der Verordnung Nr. 40/94, dass die Beschwerdekammer bei der Entscheidung über eine Beschwerde über die gleichen Befugnisse wie der Prüfer verfüge.[98] Dieses dritte Argument lässt sich letztendlich auf ein Argument mit dem Wortlaut des Artikels 62 Absatz 1 der Verordnung Nr. 40/94 reduzieren. Dass die Beschwerdekammern „im Rahmen der Zuständigkeit" der Prüfer tätig werden, besagt, dass den Beschwerdekammern „die gleichen Befugnisse" wie den Prüfern zukommen. Diese wörtliche Auslegung wird jedoch ergänzt durch die vorgenannten aussagekräftigeren systematischen und teleologischen Argumente der funktionalen Kontinuität und des engen Zusammenhangs zwischen den Tätigkeitsbereichen der Prüfer und der Beschwerdekammern.

(2) Form von Handseife

In der Entscheidung *Form von Handseife*[99] hatte das Gericht erster Instanz unter anderem[100] darüber zu entscheiden, ob die Beschwerdekammern befugt sind, von

---

Klasse 35 auseinanderzusetzen. Dies rügte das Gericht erster Instanz (Rn 14). Die Beschwerdekammer hätte sich mit diesem Aspekt auseinandersetzen müssen, da er von der Ausgangsentscheidung des Prüfers mitumfasst war (Rn 14). Die Rechtssache *SAT.2* ist insofern anders gelagert als der Fall *Baby-Dry*, als in ersterer der fragliche Aspekt zumindest konkludent bereits Gegenstand der Entscheidung des Prüfers war, während in der Rechtssache *Baby-Dry* der fragliche Aspekt gerade noch nicht Gegenstand der Entscheidung des Prüfers war, sondern erst in dem Verfahren vor den Beschwerdekammern in den Rechtsstreit eingeführt wurde.

[96] Urteil des Gerichts erster Instanz (Zweite Kammer) vom 8. Juli 1999, Rechtssache T-163/98 (Procter & Gamble Company gegen Harmonisierungsamt – *Baby-Dry*), Sammlung der Rechtsprechung 1999, Seite II-2383, Rn 36-38.

[97] Urteil des Gerichts erster Instanz (Zweite Kammer) vom 8. Juli 1999, Rechtssache T-163/98 (Procter & Gamble Company gegen Harmonisierungsamt – *Baby-Dry*), Sammlung der Rechtsprechung 1999, Seite II-2383, Rn 39.

[98] Urteil des Gerichts erster Instanz (Zweite Kammer) vom 8. Juli 1999, Rechtssache T-163/98 (Procter & Gamble Company gegen Harmonisierungsamt – *Baby-Dry*), Sammlung der Rechtsprechung 1999, Seite II-2383, Rn 40-43.

[99] Urteil des Gerichts erster Instanz (Zweite Kammer) vom 16. Februar 2000, Rechtssache T-122/99 (Procter & Gamble gegen Harmonisierungsamt - *Form von Handseife*), Sammlung der Rechtsprechung 2000, Seite II-265.

Amts wegen solche absoluten Eintragungshindernisse zu prüfen und über sie zu entscheiden, die weder vom Prüfer noch vom Beschwerdeführer erwähnt worden sind.

Der Prozessverlauf lässt sich wie folgt zusammenfassen. Der Prüfer hatte die Eintragung der beantragten Marke unter Berufung auf das absolute Eintragungshindernis des Artikels 7 Absatz 1 Buchstabe e) Ziffer i) der Verordnung Nr. 40/94 abgelehnt. Das Zeichen bestehe ausschließlich aus einer Form, die durch die Art der Ware selbst bedingt sei. Es habe eine ähnliche Form wie Seifenstücke im allgemeinen und weise eine Gestalt auf, wie sie sich aus dem normalen Gebrauch der Ware ergebe.[101] In dem auf die Entscheidung des Prüfers folgenden Beschwerdeverfahren nahm die Beschwerdekammer darüber hinaus zwei weitere absolute Eintragungshindernisse als gegeben an, obwohl sich keiner der Beteiligten auf diese weiteren Hindernisse berufen hatte. So führte die Beschwerdekammer in ihrer Entscheidung aus, dass die geltend gemachte Form keine Unterscheidungskraft im Sinne von Artikel 7 Absatz 1 Buchstabe b) der Verordnung Nr. 40/94 besitze. Denn ihre Einbuchtung auf der Längsseite, ihr einziges Unterscheidungsmerkmal, sei nicht so ausgeprägt, dass ein aufmerksamer und umsichtiger Durchschnittsverbraucher die Waren als von der Klägerin stammend erkennen könne.[102] Außerdem sei die angemeldete Form gemäß Artikel 7 Absatz 1 Buchstabe e) Ziffer ii) der Verordnung Nr. 40/94 lediglich zur Erreichung einer technischen Wirkung erforderlich, da die Einbuchtung dazu diene, die Seife besser festhalten zu können.[103]

In der dagegen eingelegten Klage vertrat die Klägerin die Auffassung, dass die Beschwerdekammer nicht zur Heranziehung dieser beiden weiteren absoluten Eintragungshindernisse befugt gewesen sei.[104] Das Harmonisierungsamt vertrat in dem Klageverfahren die gegenteilige Ansicht. Die Beschwerdekammer könne auf der Grundlage von tatsächlichen und erst recht von rechtlichen Umständen entscheiden, die von Amts wegen festgestellt worden seien.[105]

---

[100] Oben ist bereits auf einen weiteren wichtigen Gesichtspunkt der Entscheidung *Form von Handseife* hingewiesen worden. Es wurde begründet, warum die Beschwerdekammern nicht befugt sind, die formelle Fehlerhaftigkeit der Anmeldung zu rügen, wenn weder der Prüfer noch die Beschwerdeführerin einen solchen Mangel geltend gemacht haben.

[101] Urteil des Gerichts erster Instanz (Zweite Kammer) vom 16. Februar 2000, Rechtssache T-122/99 (Procter & Gamble gegen Harmonisierungsamt - *Form von Handseife*), Sammlung der Rechtsprechung 2000, Seite II-265, Rn 18.

[102] Entscheidung der Dritten Beschwerdekammer vom 15. März 1999, R 74/1998-3 (Procter & Gamble – *Form von Handseife*), Rn 25; Urteil des Gerichts erster Instanz (Zweite Kammer) vom 16. Februar 2000, Rechtssache T-122/99 (Procter & Gamble gegen Harmonisierungsamt - *Form von Handseife*), Sammlung der Rechtsprechung 2000, Seite II-265, Rn 17.

[103] Entscheidung der Dritten Beschwerdekammer vom 15. März 1999, R 74/1998-3 (Procter & Gamble – *Form von Handseife*), Rn 27; Urteil des Gerichts erster Instanz (Zweite Kammer) vom 16. Februar 2000, Rechtssache T-122/99 (Procter & Gamble gegen Harmonisierungsamt - *Form von Handseife*), Sammlung der Rechtsprechung 2000, Seite II-265, Rn 19.

[104] Urteil des Gerichts erster Instanz (Zweite Kammer) vom 16. Februar 2000, Rechtssache T-122/99 (Procter & Gamble gegen Harmonisierungsamt - *Form von Handseife*), Sammlung der Rechtsprechung 2000, Seite II-265, Rn 24.

[105] Urteil des Gerichts erster Instanz (Zweite Kammer) vom 16. Februar 2000, Rechtssache T-122/99 (Procter & Gamble gegen Harmonisierungsamt - *Form von Handseife*), Sammlung der Rechtsprechung 2000, Seite II-265, Rn 25.

Das Gericht erster Instanz bestätigte die Kompetenz der Beschwerdekammer zur Berücksichtigung neuer Eintragungshindernisse von Amts wegen. Eine Begründung dieser Position lässt das Urteil allerdings vermissen.[106] Das Gericht verweist lediglich auf das oben diskutierte Urteil in der Rechtssache *Baby-Dry*, demzufolge die Beschwerdekammer sich nicht darauf beschränken durfte, das auf Artikel 7 Absatz 3 der Verordnung Nr. 40/94 gestützte Vorbringen der Klägerin nur deshalb zurückzuweisen, weil es nicht schon vor dem Prüfer in das Verfahren eingeführt worden war. Mit dieser Bezugnahme auf das *Baby-Dry*-Urteil verkennt das Gericht erster Instanz jedoch, dass die beiden Rechtssachen unterschiedliche Fragestellungen betreffen. In der *Baby-Dry*-Entscheidung ging es um die Frage, ob die Beschwerdekammern ein neues Vorbringen der Parteien zu Artikel 7 der Verordnung Nr. 40/94 zu berücksichtigen haben. In der *Form von Handseife*-Entscheidung kam es dagegen entscheidend darauf an, ob die Beschwerdekammer selbst von Amts wegen neue Eintragungshindernisse im Sinne des Artikels 7 der Verordnung Nr. 40/94 ihrer Entscheidung zugrunde legen darf. Ein bloßer Verweis auf das *Baby-Dry*-Urteil begründet daher noch nicht die Entscheidungsbefugnis der Beschwerdekammern für den Fall, dass nicht einmal die Parteien ein neues Vorbringen eingereicht haben.

Im Ergebnis ist dem Gericht erster Instanz freilich darin zuzustimmen, dass die Beschwerdekammern zur Entscheidung über neue Eintragungshindernisse von Amts wegen befugt sind. Wie oben dargestellt, steht den Beschwerdekammern nämlich grundsätzlich die Befugnis zur Ermittlung von Amts wegen zu. Diese Befugnis umfasst nach dem oben Gesagten gerade auch die Ermittlung solcher Gesichtspunkte, die die Parteien nicht vorgetragen haben. Insofern ist dem Harmonisierungsamt nur beizupflichten, wenn es in dem Klageverfahren in der Sache *Form von Handseife* mit der Befugnis der Beschwerdekammern argumentiert, nach Artikel 61 Absatz 2 der Verordnung Nr. 40/94 „so oft wie erforderlich" Stellungnahmen einzuholen und nach Artikel 74 Absatz 1 der Verordnung Nr. 40/94 den Sachverhalt von Amts wegen zu ermitteln.[107] Das Urteil des Gerichts erster Instanz in der Rechtssache *Baby-Dry* ist allerdings nur insoweit relevant, als der hier angenommenen Befugnis der Beschwerdekammern zur Ermittlung von Amts wegen nicht entgegengehalten werden kann, dass nicht schon der Prüfer mit demselben Gesichtspunkt befasst war. Denn nach der *Baby-Dry*-Entscheidung genügt es gerade, wenn ein Aspekt erst im Beschwerdeverfahren in den Rechtsstreit eingeführt wird. Neu an der *Form von Handseife*-Entscheidung ist dagegen, dass nicht nur die Parteien, sondern auch die Beschwerdekammern selbst diesen Gesichtspunkt in das Verfahren einführen dürfen.

---

[106] Urteil des Gerichts erster Instanz (Zweite Kammer) vom 16. Februar 2000, Rechtssache T-122/99 (Procter & Gamble gegen Harmonisierungsamt - *Form von Handseife*), Sammlung der Rechtsprechung 2000, Seite II-265, Rn 26-28.

[107] Urteil des Gerichts erster Instanz (Zweite Kammer) vom 16. Februar 2000, Rechtssache T-122/99 (Procter & Gamble gegen Harmonisierungsamt - *Form von Handseife*), Sammlung der Rechtsprechung 2000, Seite II-265, Rn 25.

(3) Zusammenfassung

Die Beschwerdekammern sind in Hinblick auf die absoluten Eintragungshindernisse des Artikels 7 der Verordnung Nr. 40/94 befugt und verpflichtet[108] auch solches Vorbringen der Beteiligten zu berücksichtigen, mit dem die Prüfer nicht befasst waren. Dies gilt unabhängig davon, ob die Beschwerdeführerin in der Lage gewesen wäre, den Vortrag bereits in dem Verfahren vor dem Prüfer einzubringen. Darüber hinaus haben die Beschwerdekammern die Kompetenz, von Amts wegen absolute Eintragungshindernisse im Rahmen des Beschwerdeverfahrens zu prüfen und über deren Vorliegen zu entscheiden. Ob die Beteiligten des Beschwerdeverfahrens sich auf diese Hindernisse berufen haben, ist dabei unerheblich.

Es bleibt freilich die Frage nach Ausnahmen zu den in den Entscheidungen *Baby-Dry* und *Form von Handseife* festgestellten Befugnissen der Beschwerdekammern. Die in der *Baby-Dry*-Entscheidung formulierte Befugnis zur Entscheidung über Gesichtspunkte, die von den Parteien erst im Rahmen des Beschwerdeverfahrens eingeführt werden, gilt grundsätzlich uneingeschränkt. Ausnahmen sind dagegen von der Kompetenz, neue Gesichtspunkte von Amts wegen einzubringen, zu machen. So ist bereits oben im Zusammenhang mit der Prüfungskompetenz der Beschwerdekammern dargestellt worden, dass die formelle Fehlerhaftigkeit der Anmeldung nicht von Amts wegen überprüft werden darf. Auf die Ebene der Entscheidung übertragen bedeutet dies, dass die Beschwerdekammern nicht von Amts wegen Aspekte der formellen Fehlerhaftigkeit der Anmeldung in den Rechtsstreit einführen dürfen. Ebenso wird wegen Artikel 74 Absatz 1 2. Halbsatz der Verordnung Nr. 40/94 eine Einschränkung für die relativen Eintragungshindernisse vorzunehmen sein. Ist insofern nach dem oben Gesagten eine Befugnis zur Tatsachenermittlung von Amts wegen nicht gegeben, so erscheint es nur konsequent, den Beschwerdekammern insoweit auch die Kompetenz, von Amts wegen neue relative Eintragungshindernisse zu berücksichtigen, abzusprechen.

b) Zurückverweisung

Möchte die Beschwerdekammer nicht im Rahmen der Zuständigkeit der Dienststelle, welche die angefochtene Entscheidung erlassen hat, tätig werden, so kann sie alternativ die Angelegenheit zur weiteren Entscheidung an die Dienststelle zurückverweisen. Entscheidet sich die Beschwerdekammer für eine solche Zurückverweisung, so ist die Dienststelle nach Artikel 62 Absatz 2 der Verordnung Nr. 40/94 bzw. nach Artikel 72 Satz 2 der Verordnung Nr. 2100/94 durch die rechtliche Beurteilung der Beschwerdekammer gebunden, soweit der Tatbestand derselbe bleibt.

Den Artikeln 62 der Verordnung Nr. 40/94 und 72 der Verordnung Nr. 2100/94 sind keine Kriterien darüber zu entnehmen, welches Mittels, Selbstentscheidung oder Zurückverweisung, sich die Beschwerdekammer im Einzelfall bedienen soll. Die ge-

[108] Der Aspekt der auf Artikel 62 Absatz 1 Satz 1 der Verordnung Nr. 40/94 gestützten Entscheidungspflicht wird betont in: Urteil des Gerichts erster Instanz vom 2. Juli 2002, Rechtssache T-323/00 (SAT.1 SatellitenFernsehen GmbH gegen Harmonisierungsamt – *SAT.2*), Sammlung der Rechtsprechung 2002, Seite II-2839, Rn 19.

nannten Vorschriften stellen die beiden Mittel ihrem Wortlaut nach gleichrangig nebeneinander. Die Beschwerdekammern werden entweder im Rahmen der Zuständigkeit der Ausgangsdienststelle tätig oder verweisen die Angelegenheit an diese Dienststelle zurück. Es kommen weder ein Vorrang des einen noch ein Ausschluss des anderen Mittels unter bestimmten Umständen zum Ausdruck. Artikel 8 der Verfahrensordnung der Beschwerdekammern nimmt hinsichtlich der Befugnis der Beschwerdekammern zur Selbstentscheidung eine geringfügige Einschränkung vor. Nach dieser Vorschrift entscheidet die Beschwerdekammer selbst, sofern dem nicht besondere Gründe entgegenstehen. Das Recht zur Zurückverweisung bleibt dagegen uneingeschränkt. Selbst soweit die Verfahrensordnung eine Ausnahme für besondere Gründe vorsieht, bleibt indessen unklar, welche Gründe als besondere im Sinne des Artikels 8 der Verfahrensordnung einzustufen sind.

(1) Entscheidungspraxis

Ein Blick in die Entscheidungspraxis der Beschwerdekammern des Harmonisierungsamtes ergibt folgendes Bild: Es lassen sich drei Fallgruppen herauskristallisieren, in denen die Beschwerdekammern typischer Weise an den Prüfer oder die Widerspruchsabteilung zurückverweisen.[109]

Dabei handelt es sich erstens um Fälle, in denen die Beschwerde Erfolg hat, die angefochtene Ausgangsentscheidung also aufgehoben wird. In diesen Fällen erscheint es sachdienlich, die Sache an die Dienststelle, welche die Ausgangsentscheidung erlassen hat, zurückzuverweisen. Dies mag an folgendem Beispiel verdeutlicht werden. Lehnt der Prüfer die Eintragung einer Gemeinschaftsmarke ab und hat die gegen die ablehnende Entscheidung des Prüfers eingelegte Beschwerde Erfolg, so führt dies zur Aufhebung der ablehnenden Entscheidung. Damit ist aber die Eintragung der Gemeinschaftsmarke noch nicht bewirkt. Um dies jedoch zu ermöglichen, macht es Sinn, die Sache an den Prüfer zurückzuverweisen, der – unter Bindung an die rechtlichen Vorgaben der Beschwerdekammer – dann regelmäßig die Eintragung der ursprünglich beantragten Gemeinschaftsmarke herbeiführen wird.[110]

Zweitens neigen die Beschwerdekammern dazu, dann die Sache an die Dienststelle, welche die Ausgangsentscheidung erlassen hat, zurückzuverweisen, wenn dieser ein wesentlicher Verfahrensfehler unterlaufen ist. Die folgenden Beispiele aus der Entscheidungspraxis der Beschwerdekammern des Harmonisierungsamtes mögen dies illustrieren: In der Beschwerdesache R 359/1999-3[111] wurde die Zurückverweisung an den Prüfer damit begründet, dass dessen Entscheidungsbegründung unzureichend war.

---

[109] Bei Achim Bender, Die Beschwerdekammern des Harmonisierungsamtes für den Binnenmarkt im Gemeinschaftsmarkensystem, MarkenR 1999, S. 11, 17 heißt es, dass die Zurückverweisung „sicher den Regelfall darstellen“ wird.

[110] Siehe zum Beispiel Entscheidung der Dritten Beschwerdekammer des Harmonisierungsamtes vom 13. März 2000, Beschwerdesache R 453/1999-3 (Intepac Technologies – *Airflopac*); Entscheidung der Dritten Beschwerdekammer des Harmonisierungsamtes vom 23. März 2000, Beschwerdesache R 392/1999-3 (Erpo Möbelwerk GmbH – *Prinzip der Bequemlichkeit*).

[111] Entscheidung der Dritten Beschwerdekammer des Harmonisierungsamtes vom 16. März 2000, Beschwerdesache R 259/1999-3 (Stichting Intercontrol – *IKZ*).

In der Beschwerdesache R 383/1999-1[112] wurde die Sache an den Prüfer zurückverwiesen, weil diesem durch ein Versehen der Poststelle Beweismittel der Beteiligten nicht vorgelegt worden waren, so dass der Prüfer jene Beweismittel seiner Entscheidung nicht zugrundelegen konnte. In einem anderen Fall, der Beschwerdesache R 603/2000-4,[113] hatte die Widerspruchsabteilung die Frist, die sie einem Beteiligten gesetzt hatte, nicht verstreichen lassen, sondern vielmehr die Entscheidung vor Ablauf der Frist getroffen. Schließlich sind der Fallgruppe der Verfahrensfehler diejenigen Fälle zuzuordnen, in denen die beweisbelastete Partei nicht in klarer und unmissverständlicher Weise auf die Notwendigkeit der Beibringung von Beweismitteln hingewiesen wurde.[114]

Drittens haben die Beschwerdekammern die Möglichkeit, in solchen Fällen sich für eine Zurückverweisung zu entscheiden, in denen ein entscheidungserheblicher Aspekt – wie etwa die durch Gebrauch erlangte Unterscheidungskraft gemäß Artikel 7 Absatz 3 der Verordnung Nr. 40/94 – von dem Prüfer nicht geprüft worden ist. Von dieser Möglichkeit wird in der Praxis insbesondere dann Gebrauch gemacht werden, wenn die Beteiligten zu diesem Gesichtspunkt noch keine Beweismittel angeführt haben.[115]

(2) Exkurs: Vergleich mit dem Europäischen Patentamt

Zur Bestimmung abstrakter Kriterien für die Entscheidung zwischen Selbstentscheidung und Zurückverweisung scheint auf den ersten Blick ein Vergleich zu den Beschwerdekammern des Europäischen Patentamtes angebracht.[116] In Hinblick auf die Beschwerdekammern des aufgrund eines separaten völkerrechtlichen Vertrages geschaffenen Europäischen Patentamtes existieren nämlich ähnliche Regelungen über die Entscheidungskompetenz, wie sie oben für die Beschwerdekammern des Harmonisierungsamtes und des Sortenamtes beschrieben worden sind. So heißt es in Artikel 111 Absatz 1 der Europäischen Patentrechtskonvention ebenso wie in Artikel 62 der Verordnung Nr. 40/94 und Artikel 72 der Verordnung Nr. 2100/94, dass die Kammern entweder selbst entscheiden oder den Fall zurückverweisen können. Im übrigen enthält die Verfahrensordnung der Beschwerdekammern des Europäischen Patentamtes

---

[112] Entscheidung der Ersten Beschwerdekammer vom 28. Februar 2000, Beschwerdesache R 383/1999-1 (SDGI Holdings – *The Spine Specialist*).

[113] Entscheidung der Vierten Beschwerdekammer vom 29. August 2002, Beschwerdesache R 603/2000-4 (Productos del Café, S.A. gegen Kochlöffel GmbH– *STAR*).

[114] Siehe zum Beispiel Entscheidung der Zweiten Beschwerdekammer vom 2. September 2002, Beschwerdesache R 931/2000-2 (Chambre de Commerce Internationale gegen International Christian Chamber of Commerce – *ICCC International Christian Chamber of Commerce*); Entscheidung der Vierten Beschwerdekammer vom 28. August 2002, Beschwerdesache R 102/2001-4 (adp Gauselmann GmbH gegen WNBA Enterprises L.L.C. – *mercury*).

[115] Siehe zum Beispiel Entscheidung der Zweiten Beschwerdekammer vom 22. März 2000, Beschwerdesache R 83/1999-2 (Primark Holdings – *Prima*), Rn 16; Entscheidung der Ersten Beschwerdekammer vom 22. März 2000, Beschwerdesache R 473/1999-1 (Staverton Limited – *Landscape*), Rn 13.

[116] Grundlegend zur Legitimität der rechtsvergleichenden Auslegung Jens Dammann, The Role of Comparative Law in Statutory and Constitutional Interpretation, St. Thomas Law Review, Band 14, 2002, S. 513.

eine mit Artikel 8 der Verfahrensordnung der Beschwerdekammern des Harmonisierungsamtes vergleichbare Regelung.

Diese Vorschriften sind in der Entscheidungspraxis der Beschwerdekammern des Europäischen Patentamtes bezüglich der Frage präzisiert worden, wann ein Fall an die Ausgangsinstanz zurückzuverweisen ist. So ist entschieden worden, dass die Beschwerdekammern immer schon dann den Fall zur weiteren Entscheidung zurückverweisen sollen, wenn neue Tatsachen oder Beweise im Beschwerdeverfahren in den Rechtsstreit eingeführt werden:[117]

> „Nach Auffassung der Kammer liegt der wesentliche Zweck einer Beschwerde im Rahmen des in Teil VI des Übereinkommens beschriebenen „Beschwerdeverfahrens" darin, zu untersuchen, ob eine von einem erstinstanzlichen Organ erlassene Entscheidung sachlich richtig ist - siehe insbesondere Artikel 106 (1) EPÜ. Es ist eigentlich nicht die Aufgabe einer Beschwerdekammer, Fragen zu prüfen und zu entscheiden, die erstmals im Beschwerdeverfahren gestellt werden. Auf den Grundsatz der Entscheidung in zwei Instanzen ist in vielen früheren Entscheidungen der Beschwerdekammern hingewiesen worden." [118]

Diese Entscheidungspraxis der Beschwerdekammern des Europäischen Patentamtes lässt sich jedoch nicht auf den Kontext des Harmonisierungsamtes und des Sortenamtes übertragen. Sie beruht nämlich auf der Überlegung, dass dem Antragsteller zwei Kontrollinstanzen zur Verfügung gestellt werden sollen. Diese Argumentation ist vor dem Hintergrund zu sehen, dass anders als gegen Entscheidungen der Beschwerdekammern des Harmonisierungsamtes und des Sortenamtes gegen solche des Europäischen Patentamtes der Rechtsweg zu den Gerichten nicht gegeben ist. Eine Klagemöglichkeit gegen Beschwerdeentscheidungen des Europäischen Patentamtes besteht nicht. Da gegen Entscheidungen der Beschwerdekammern des Harmonisierungsamtes und des Sortenamtes Klage beim Gericht erster Instanz eingereicht werden kann, steht insofern ohnehin eine weitere Tatsacheninstanz bereit. Es besteht daher nicht die Notwendigkeit für eine Zurückverweisung an die Ausgangsinstanz, wann immer neue Aspekte im Beschwerdeverfahren in den Rechtsstreit eingebracht werden. Dies wird

---

[117] Entscheidung der Beschwerdekammer des Europäischen Patentamtes vom 24. Juni 1984, T-161/82, Rn 7: „Im Verfahren vor der Prüfungsabteilung ist dieser Aspekt im Zusammenhang mit dem Gegenstand des damals gültigen Anspruchs überhaupt noch nicht geprüft worden. Um der Anmelderin nicht das Recht auf eine Prüfung durch zwei Instanzen zu nehmen, hält es die Kammer für angebracht, die Anmeldung zur Weiterbearbeitung an die Prüfungsabteilung zurückzuverweisen."; Entscheidung der Beschwerdekammer des Europäischen Patentamtes vom 15. November 1991, T-228/89, Rn 3: „In accordance with the established jurisprudence of the Boards (see e.g. T 161/82, OJ EPO 1984, 551, point 7) the Board of Appeal therefore, in order not to deprive the Appellant of his right to an examination in two instances, deems it necessary to exercise its power under Article 111(1) EPC to remit the application to the Examining Division so that they may examine and decide whether the remaining Claims 2 to 24 satisfy the requirements of the EPC."; siehe auch Entscheidung der Beschwerdekammer des Europäischen Patentamtes vom 21. März 1986, T-273/84; dazu Romuald Singer, The European Patent Convention, A Commentary, London 1995, 111.03.

[118] Entscheidung der Beschwerdekammer des Europäischen Patentamtes vom 7. Juli 1989, T 26/88, Rn 12.

bestätigt durch die oben erörterte Erstentscheidungskompetenz der Beschwerdekammern des Harmonisierungsamtes, wonach die Beschwerdekammern durchaus über solches Vorbringen selbst entscheiden dürfen, das erst im Beschwerdeverfahren in das Streitverfahren eingebracht wird. Die Funktionen und Kompetenzen der Beschwerdekammern des Harmonisierungsamtes und Sortenamtes gehen insofern über diejenigen der Beschwerdekammern des Europäischen Patentamtes hinaus.

Vor dem Hintergrund dieser grundlegenden Unterschiede zwischen dem Europäischen Patentamt und dem Harmonisierungsamt bzw. Sortenamt erscheint eine Bezugnahme auf die Entscheidungspraxis der Beschwerdekammern des Europäischen Patentamtes hinsichtlich der Reichweite des Zurückverweisungsrechts wenig aussagekräftig. Zwar ist nach dem oben Gesagten nicht auszuschließen, dass auch die Beschwerdekammern des Harmonisierungsamtes in der Praxis den Rechtsstreit an die Ausgangsdienststelle zurückverweisen, wenn erst im Beschwerdeverfahren neue Tatsachen in den Rechtsstreit eingeführt werden. Dies wird aber in erster Linie nur dann praktiziert werden, wenn über den neu eingebrachten Aspekt Beweise zu erheben sind, und eine Beweisführung und entsprechende Beweiserhebung noch nicht begonnen worden ist.[119] Der qualitative Unterschied zu der Praxis der Beschwerdekammern des Europäischen Patentamtes liegt danach darin, dass die Beschwerdekammern des Harmonisierungsamtes nicht *stets* eine Zurückverweisung veranlassen *sollen*, wenn ein Tatsachenvortrag erst im Beschwerdeverfahren neu in den Rechtsstreit eingeführt wird. Vielmehr *können* die Beschwerdekammern des Harmonisierungsamtes so verfahren, wenn eine Zurückverweisung in dem Einzelfall sachdienlich und verfahrensökonomisch erscheint.

c) Grenzen der Entscheidungskompetenz

Abschließend sei erwähnt, dass zumindest in einer Hinsicht die Entscheidungskompetenzen der Beschwerdekammern hinter den Kompetenzen des Europäischen Gerichtshofes zurückbleiben. So sind die Beschwerdekammern nicht befugt, eine Vorschrift sekundären Gemeinschaftsrechts unangewendet zu lassen, weil die Beschwerdekammer sie für unvereinbar mit höherrangigem Gemeinschaftsrecht hält. Es ist vielmehr allein Aufgabe des Gerichts erster Instanz bzw. des Europäischen Gerichtshofes die Gemeinschaftsrechtskonformität eines Sekundärrechtsaktes zu prüfen.

Diese Grenzen in der Entscheidungskompetenz der Beschwerdekammern sind in der Rechtssache *Kik* deutlich geworden. Die Beschwerdeführerin hatte geltend gemacht, dass die Sprachenregelung des Artikels 115 Absatz 3 der Verordnung Nr. 40/94 und Artikels 1 Regel 1 Absatz 1 Buchstabe j der Verordnung Nr. 2868/95 mit höherangigem Gemeinschaftsrecht unvereinbar sei. Die Sprachenregelung für das Harmonisierungsamt weicht insofern von der für die Organe der Gemeinschaft ab, als dass nicht alle Amtssprachen der Europäischen Gemeinschaft, sondern nur fünf der Amtssprachen als offizielle Sprache des Harmonisierungsamtes anerkannt sind. Dabei

---

[119] Siehe zum Beispiel Entscheidung der Zweiten Beschwerdekammer vom 22. März 2000, Beschwerdesache R 83/1999-2 (Primark Holdings – *Prima*), Rn 16; Entscheidung der Ersten Beschwerdekammer vom 22. März 2000, Beschwerdesache R 473/1999-1 (Staverton Limited – *Landscape*), Rn 13.

handelt es sich nach Artikel 115 Absatz 2 der Verordnung Nr. 40/94 um Deutsch, Englisch, Französisch, Italienisch und Spanisch. Zwar kann die Anmeldung einer Gemeinschaftsmarke in jeder Amtssprache der Gemeinschaft eingereicht werden. Handelt es sich dabei allerdings nicht um eine offizielle Sprache des Amtes, so muss der Antragsteller gemäß Artikel 115 Absatz 3 der Verordnung Nr. 40/94 eine der fünf offiziellen Sprachen des Harmonisierungsamtes als zweite Sprache benennen. Im Falle von Widerspruchs-, Verfalls- und Nichtigkeitsverfahren wird diese zweite Sprache zur Verfahrenssprache. Gegen die Pflicht zur Bestimmung einer zweiten Sprache, die Sprache des Amtes ist, wehrte sich die Beschwerdeführerin in dem Fall *Kik*. Die Beschwerdeführerin war der Auffassung, dass die genannten sekundärrechtlichen Vorschriften mit dem Diskriminierungsverbot des Artikels 12 Satz 1 (ex Artikels 6 Satz 1) EGV, mit dem Grundprinzip der Gleichberechtigung der Amtssprachen, mit Artikel 6 EWGV sowie mit dem Kartellverbot nach Artikel 81 (ex Artikel 85) EGV unvereinbar seien.

Die Beschwerdekammer nahm zumindest hilfsweise[120] insofern eine Entscheidung in der Sache vor, als ihrer Ansicht nach eine Unvereinbarkeit mit höherangigem Gemeinschaftsrecht abzulehnen war. Dies betraf die Aspekte des Diskriminierungsverbotes[121], des Artikels 6 EWGV[122] und des Kartellverbots[123]. Hinsichtlich der Frage der Vereinbarkeit mit dem Grundprinzip der Gleichberechtigung der Amtsprachen[124] hielt sich die Beschwerdekammer dagegen mit einer Entscheidung in der Sache zurück, auch wenn sie diesen Grundsatz durch die Regelung des Artikels 115 Absatz 3 der Verordnung Nr. 40/94 als eingeschränkt sah.[125] Das Fehlen einer sachlichen und rechtlichen Kompetenz der Beschwerdekammern, Normen gemeinschaftlicher Sekundärrechtsakte unangewendet zu lassen, wird mit mehreren Argumenten begründet. Erstens fehle es insofern an einer ausdrücklichen Kompetenzübertragung.[126] Die durch die Verordnung übertragenen Befugnisse der Beschwerdekammern deckten zwar noch eine vertragskonforme Auslegung des entscheidungserheblichen Sekundärrechts, nicht aber die praktische Außerkraftsetzung der Norm durch Nichtanwendung derselben.[127]

---

[120] Entscheidung der Dritten Beschwerdekammer vom 19. März 1999, Beschwerdesache R 65/1998-3 (Christina Kik – *Kik*), Rn 39: „Deshalb konnte sich die Kammer zu den von der Beschwerdeführerin aufgeworfenen Fragen nicht äußern. Im übrigen kam es darauf für die hiesige Entscheidung auch gar nicht an."

[121] Entscheidung der Dritten Beschwerdekammer vom 19. März 1999, Beschwerdesache R 65/1998-3 (Christina Kik – *Kik*), Rn 24-25.

[122] Entscheidung der Dritten Beschwerdekammer vom 19. März 1999, Beschwerdesache R 65/1998-3 (Christina Kik – *Kik*), Rn 36-37.

[123] Entscheidung der Dritten Beschwerdekammer vom 19. März 1999, Beschwerdesache R 65/1998-3 (Christina Kik – *Kik*), Rn 38.

[124] Das Prinzip der Gleichberechtigung aller Amtssprachen gilt nach Artikel 290 (ex Artikel 217) für die Organe der Gemeinschaft und fußt auf dem Gleichbehandlungsgrundsatz sowie den Prinzipien der Transparenz und Bürgernähe (Entscheidung der Dritten Beschwerdekammer vom 19. März 1999, Beschwerdesache R 65/1998-3 (Christina Kik – *Kik*), Rn 27).

[125] Entscheidung der Dritten Beschwerdekammer vom 19. März 1999, Beschwerdesache R 65/1998-3 (Christina Kik – *Kik*), Rn 27.

[126] Entscheidung der Dritten Beschwerdekammer vom 19. März 1999, Beschwerdesache R 65/1998-3 (Christina Kik – *Kik*), Rn 30 und 31.

[127] Entscheidung der Dritten Beschwerdekammer vom 19. März 1999, Beschwerdesache R 65/1998-3 (Christina Kik – *Kik*), Rn 32.

Zweitens sei es allein Aufgabe des Europäischen Gerichtshofes bzw. des Gerichts erster Instanz, über die Gültigkeit eines Sekundärrechtsaktes zu befinden.[128] Drittens komme eine gegenteilige Auffassung schon deshalb nicht in Betracht, weil die Beschwerdekammer - gäbe sie dem Antrag der Beschwerdeführerin statt, indem sie die fraglichen Vorschriften unangewendet ließe - ansonsten eine rechtskräftige Entscheidung herbeiführen würde. Ist die Beschwerdeführerin nämlich durch die Entscheidung der Beschwerdekammer nicht beschwert, so stünde gegen die Entscheidung der Beschwerdekammer kein weiterer Rechtsbehelf offen. Auf diese Weise würde die Beschwerdekammer sekundärrechtliche Normen praktisch außer Kraft setzen, ohne dass diese Entscheidung rechtlich überprüft werden könnte.[129] Die Entscheidung der Beschwerdekammer in der Sache *Kik* wurde vom Gericht erster Instanz bestätigt.[130] Eine Befugnis der Beschwerdekammern, gemeinschaftliches Sekundärrecht unangewendet zu lassen, würde gegen die im Gemeinschaftsrecht geltende Rechtmäßigkeitsvermutung verstoßen.[131]

Der Beschwerdekammer und dem Gericht erster Instanz ist in ihrer Ansicht zuzustimmen, dass es nicht Aufgabe der Beschwerdekammer sein kann, eine sekundärrechtliche Norm unangewendet zu lassen. Dies gilt insbesondere vor dem Hintergrund, dass regelmäßig keine Rechtsschutzmöglichkeiten gegen eine derartige Entscheidung der Beschwerdekammer bestehen. Die derzeitige Lösung des Dilemmas liegt darin, dass die Beschwerdekammer – mitunter gegen ihre rechtliche Überzeugung – die fragliche Vorschrift anwendet und den Antrag des Beschwerdeführers ablehnt in der Hoffnung, dass dieser gegen die Entscheidung der Beschwerdekammer Klage erhebt. Diese Situation erscheint aus Gründen des Rechtschutzes nicht unbedenklich. So stellte die Beschwerdekammer selbst in ihrer Entscheidung in der Sache *Kik* fest, dass „dies [...] unbefriedigend [erscheine]“[132].

Meines Erachtens drängt sich der Gedanke auf, den Beschwerdekammern ein Vorlagerecht nach Artikel 234 (ex Artikel 177) EGV einzuräumen.

Freilich scheidet eine direkte Anwendung des Artikels 234 (ex Artikels 177) EGV nach dem Wortlaut der derzeitigen Fassung des Vertrages aus,[133] da es sich bei

[128] Entscheidung der Dritten Beschwerdekammer vom 19. März 1999, Beschwerdesache R 65/1998-3 (Christina Kik – *Kik*), Rn 34. Dies beruht insbesondere auf der in Artikel 220 (ex Artikel 164) EGV verankerten Aufgabe, die Wahrung des Rechts bei Auslegung und Anwendung des Vertrages zu sichern.

[129] Entscheidung der Dritten Beschwerdekammer vom 19. März 1999, Beschwerdesache R 65/1998-3 (Christina Kik – *Kik*), Rn 35.

[130] Urteil des Gerichts erster Instanz vom 12. Juli 2001, Rechtssache T-120/99 (Christina Kik gegen Harmonisierungsamt - *Kik*), Sammlung der Rechtsprechung 2001, Seite II-2235, Rn 55, 56.

[131] Urteil des Gerichts erster Instanz vom 12. Juli 2001, Rechtssache T-120/99 (Christina Kik gegen Harmonisierungsamt - *Kik*), Sammlung der Rechtsprechung 2001, Seite II-2235, Rn 55: „Damit wäre der Grundsatz der Rechtmäßigkeitsvermutung verletzt worden, wonach die Gemeinschaftsregelung so lange voll wirksam bleibt, bis ihre Rechtswidrigkeit nicht durch ein zuständiges Gericht festgestellt worden ist.“

[132] Entscheidung der Dritten Beschwerdekammer vom 19. März 1999, Beschwerdesache R 65/1998-3 (Christina Kik – *Kik*), Rn 33.

[133] Meinhard Hilf, Die Organisationsstruktur der Europäischen Gemeinschaften, Rechtliche Gestaltungsmöglichkeiten und Grenzen, Berlin 1982, S. 162.

den Beschwerdekammern nicht um „Gerichte eines Mitgliedstaates“ im Sinne des Absatzes 2 des Artikels 234 (ex Artikel 177) EGV handelt.

Zu denken wäre aber an die Begründung eines Vorlagerechts der Beschwerdekammern aus Artikel 234 (ex Artikel 177) EGV im Wege der Rechtsfortbildung. Für eine derartige Erweiterung des Anwendungsbereichs des Artikels 234 (ex Artikels 177) EGV sprechen folgende Erwägungen: Erstens würde ein Vorlagerecht der Beschwerdekammern im Interesse des Rechtsschutzes der betroffenen Parteien verhindern, dass die Beschwerdekammern Entscheidungen entgegen ihren rechtlichen Überzeugungen fällen müssten. Zweitens würde ein derartiges Vorlagerecht insofern die Prozesssituation vereinheitlichen, als die mitgliedstaatlichen Markengerichte zur Vorlage an den Europäischen Gerichtshof berechtigt sind, soweit sie im Rahmen einer Widerklage über den Verfall oder die Nichtigkeit einer Gemeinschaftsmarke zu entscheiden haben. Bedenkt man, dass derselbe Antrag auf Verfall bzw. Nichtigkeit auch beim Harmonisierungsamt gestellt werden kann mit der Folge, dass die Beschwerdekammern - bei Einlegung einer Beschwerde - über die entsprechende Entscheidung zu entscheiden hätten, so ist nicht recht ersichtlich, warum im einen Fall – nämlich wenn der Antrag im Wege der Widerklage vor einem nationalen Gericht geltend gemacht wird – eine Vorlage zum EuGH in Betracht kommen soll, während eine solche Möglichkeit im anderen Fall – nämlich wenn der Antrag beim Harmonisierungsamt gestellt wird – ausscheiden soll. Drittens ist zu berücksichtigen, dass auch die Gründungsväter in der Sache wohl grundsätzlich eine Entscheidungskompetenz des Gerichtshofes für gegeben hielten. So ist zum einen in Artikel 234 Absatz 1 lit c (ex Artikel 177 Absatz 1 lit c) EGV vorgesehen, dass der Gerichtshof im Wege der Vorabentscheidung über die Auslegung der Satzungen der durch den Rat geschaffenen Einrichtungen entscheidet, soweit diese Satzungen dies vorsehen. Zum anderen gelangt man freilich zu demselben Ergebnis unter Anwendung von Artikel 234 Absatz 1 lit b (ex Artikel 177 Absatz 1 lit b) EGV, da es sich bei der Verordnung Nr. 40/94 um eine „Handlung der Organe der Gemeinschaft“ handelt, über deren Gültigkeit und Auslegung der Europäische Gerichtshof zu entscheiden hat.

3. Teil: Institutionelle Schwächen zur Erfüllung der Aufgaben

Bisher ist dargelegt worden, dass den Beschwerdekammern weitreichende Prüfungs- und Entscheidungskompetenzen zustehen. Während die Prüfungskompetenzen, wie zum Beispiel die Berechtigung zur Ermittlung von Amts wegen, genauso weit reichen wie die Kompetenzen des Gerichts erster Instanz und des Europäischen Gerichtshofes, so geht die Entscheidungskompetenz der Beschwerdekammern des Harmonisierungsamtes sogar über die entsprechenden Befugnisse der Gemeinschaftsgerichte hinaus. Dies gilt insbesondere für die oben erläuterte Erstentscheidungskompetenz.[134] Diese weitreichenden Kompetenzen dienen der Erfüllung der Aufgaben des individuellen Rechtsschutzes, der Entlastung des Gerichts erster Instanz und des Europäischen Gerichtshofes, der Selbstkontrolle der Ämter sowie der Einheitlichkeit ihrer Entscheidungspraxis.

Gleichzeitig weisen die Beschwerdekammern institutionelle Strukturen auf, die es ihnen erschweren könnten, die übertragenen Aufgaben in einer Weise zu erfüllen, die den betroffenen Interessen der Beteiligten hinreichend Rechnung trägt. Diese institutionellen Schwächen sollen im Folgenden erörtert werden.

I. Grenzen der Unabhängigkeit

Zunächst soll auf die Grenzen der persönlichen und sachlichen Unabhängigkeit der Mitglieder der Beschwerdekammern eingegangen werden. Dabei geht es um den Grad der Unabhängigkeit der Mitglieder der Beschwerdekammern innerhalb des Harmonisierungsamtes bzw. Sortenamtes selbst. Davon zu unterscheiden sind die Wechselwirkungen der Beschwerdekammern mit den Organen der Europäischen Gemeinschaft und den Mitgliedstaaten, die noch weiter unten zu thematisieren sein werden.

1. Grenzen der persönlichen und sachlichen Unabhängigkeit

Artikel 131 der Verordnung Nr. 40/94 und Artikel 47 der Verordnung Nr. 2100/94 regeln die Unabhängigkeit der Mitglieder der Beschwerdekammern. So lauten ihr Absatz 2 bzw. 3: „Die Mitglieder der Beschwerdekammern genießen Unabhängigkeit. Bei ihren Entscheidungen sind sie an keinerlei Weisungen gebunden."

---

[134] Die oben erörterten Urteile in den Rechtssachen *Baby-Dry* und *Form von Handseife* haben gezeigt, dass die Beschwerdekammer nicht allein Instanzen reiner Rechtsaufsicht darstellen. Wären die Beschwerdekammern allein zur Rechtsaufsicht befugt, hätten ihre Befugnisse auf eine Überprüfung der Entscheidung der Prüfer in rechtlicher und tatsächlicher Hinsicht beschränkt werden müssen. Das Gericht erster Instanz hat in den oben besprochenen Fällen jedoch bestätigt, dass die Kompetenzen der Beschwerdekammern über diesen Standard hinausgehen, nämlich insbesondere auch ein neuer Tatsachenvortrag der Beteiligten zu prüfen ist. Der Unterschied zwischen den Kompetenzen des Gerichts erster Instanz und den Beschwerdekammern wird in der letzten Passage des Urteils in der Sache *Baby-Dry* besonders deutlich. Dort heißt es ausdrücklich, dass im gerichtlichen Verfahren ein neuer Tatsachenvortrag der Antragstellerin vom Gericht erster Instanz nicht zu berücksichtigen wäre (Gericht erster Instanz, Urteil vom 8. Juli 1999, Rechtssache T-163/98 (Procter & Gamble gegen Harmonisierungsamt - *Baby-Dry)*, Sammlung der Rechtsprechung 1999, Seite II-2383, Rn 46-51).

Diese Formulierung mag auf eine uneingeschränkte persönliche und sachliche Unabhängigkeit der Mitglieder der Beschwerdekammern hindeuten. Im Zusammenspiel mit anderen Vorschriften derselben Verordnungen wird jedoch deutlich, dass der Unabhängigkeit der Mitglieder sowohl in persönlicher als auch in sachlicher Hinsicht Grenzen gesetzt sind. Die Grenzen der Unabhängigkeit der Mitglieder der Beschwerdekammern sind in Hinblick auf das Verhältnis zu den anderen Mitgliedern der Beschwerdekammern, dem Präsidenten des Amtes, den Vorsitzenden der Beschwerdekammern sowie dem Verwaltungsrat des Amtes zu untersuchen.

a) Einwirkungsmöglichkeiten anderer Mitarbeiter

Zwar sind keine formalen Möglichkeiten anderer Mitarbeiter des Harmonisierungsamtes bzw. Sortenamtes vorgesehen, um in die persönliche und sachliche Unabhängigkeit der Mitglieder der Beschwerdekammern einzugreifen. Vielmehr ist zur Vermeidung von Interessenkonflikten zum Beispiel ausdrücklich untersagt, dass die Mitglieder der Beschwerdekammern gleichzeitig Mitglied derjenigen Dienststellen sind, deren Entscheidungen die Beschwerdekammern überprüfen. So dürfen etwa die Mitglieder der Beschwerdekammern des Harmonisierungsamtes nicht gleichzeitig als Prüfer oder als Mitglied der Widerspruchsabteilungen, der Markenverwaltungsabteilung oder der Nichtigkeitsabteilungen tätig sein.

Dennoch ist von einer zumindest indirekten Einflussnahme derselben auszugehen. Dies lässt sich wie folgt verdeutlichen. Die Beschwerdekammern sind organisatorisch in das Harmonisierungsamt bzw. Sortenamt integriert. So heißt es etwa in der oben erläuterten *Baby-Dry*-Entscheidung, dass die Beschwerdekammern zum Harmonisierungsamt gehören.[135] Praktisch äußert sich die organisatorische Integration der Beschwerdekammern darin, dass die Mitglieder der Beschwerdekammern in demselben Gebäude arbeiten wie die Mitarbeiter anderer Dienststellen des Harmonisierungsamtes. Diese räumliche Situation führt zu einem Austausch unter den Mitarbeitern des Amtes, einschließlich denjenigen der Beschwerdekammern. Man bedenke nur, dass die Mitarbeiter gemeinsame Kaffe- und Mittagspausen verbringen und in angrenzenden Büroräumen arbeiten. Vor diesem Hintergrund ist schwer vorstellbar, dass die Mitglieder der Beschwerdekammern frei von jedem Einfluss der Mitarbeiter anderer Dienststellen bleiben.

b) Einwirkungsmöglichkeiten des Präsidenten

Weitgehender und daher bedenklicher sind die Einflussnahmemöglichkeiten des Präsidenten des Amtes.

Dem Präsidenten stehen verschiedene Mittel zur Verfügung, durch welche die persönliche und sachliche Unabhängigkeit der Mitglieder der Beschwerdekammern eingeschränkt werden kann.

---

[135] Urteil des Gerichts erster Instanz (Zweite Kammer) vom 8. Juli 1999, Rechtssache T-163/98 (Procter & Gamble Company gegen Harmonisierungsamt - *Baby-Dry*), Sammlung der Rechtsprechung 1999, Seite II-2383, Rn 37.

(1) Einwirkungsmöglichkeiten auf die persönliche Unabhängigkeit

In Hinblick auf die persönliche Unabhängigkeit der Mitglieder der Beschwerdekammern lassen sich drei Einflussnahmemöglichkeiten des Präsidenten unterscheiden.

(a) Erlass zweckmäßiger Maßnahmen

Erstens hat der Präsident die Befugnis, solche Verwaltungsentscheidungen zu erlassen, die auch die Belange der Beschwerdekammern betreffen können. Diese Befugnis basiert auf Artikel 119 Absatz 2 Buchstabe a) der Verordnung Nr. 40/94 bzw. Artikel 42 Absatz 2 Buchstabe a) der Verordnung Nr. 2100/94, denenzufolge der Präsident alle für die Tätigkeit des Amtes zweckmäßigen Maßnahmen trifft.

Als Beispiel für die Ausübung dieser Befugnis bei gleichzeitiger Einwirkung auf die Beschwerdekammern mag der Beschluss Nr. ADM-00-10 des Präsidenten des Harmonisierungsamtes über die Organisation der Beschwerdekammern dienen.[136] In diesem Beschluss regelte der Präsident insbesondere, auf welche Weise der Vorsitzende und die Mitglieder der Beschwerdekammern in die Verwaltung der Beschwerdekammern organisatorisch eingebunden werden.[137] Außerdem teilte er den Beschwerdekammern zusätzliches Personal zu, dessen Organisation und Eingliederung in die Struktur des Amtes sowie insbesondere in die Struktur der Beschwerdekammern in dem Beschluss festgelegt wird.[138] Dasselbe gilt für die Organisation eines wissenschaftlichen Dienstes für die Beschwerdekammern.[139]

Nun mag man geneigt sein, zu argumentieren, dass ein solcher Beschluss trotz seiner Konsequenzen für die Beschwerdekammern die persönliche Unabhängigkeit ihrer Mitglieder unberührt lässt. So findet sich in den Begründungserwägungen des fraglichen Beschlusses des Präsidenten ein Hinweis darauf, dass Artikel 131 der Verordnung Nr. 40/94 unbeschadet bleiben soll.[140]

Dennoch verdeutlicht insbesondere die Diskussion, die dem Erlass des die Einbeziehung der Mitglieder der Beschwerdekammern regelnden Artikels 2 des Beschlusses des Präsidenten vorausging, dass dem Präsidenten durchaus weitreichende Befugnisse zustehen, die in einer Weise genutzt werden können, die mit der Unabhängigkeit der Mitglieder der Beschwerdekammern in Konflikt seht. Vor Inkrafttreten des Beschlusses Nr. ADM-00-10 galt der Beschluss Nr. ADM-97-3 des Präsidenten vom 21. Februar 1997, geändert durch Beschluss Nr. ADM-98-35.[141] In dessen Artikel 2

[136] Beschluss Nr. ADM-00-10 des Präsidenten des Harmonisierungsamtes vom 23. Mai 2000 über die Organisation der Beschwerdekammern, http://oami.eu.int/DE/aspects/decisions/10-00.htm.

[137] Artikel 2 des Beschlusses Nr. ADM-00-10 des Präsidenten des Harmonisierungsamtes vom 23. Mai 2000 über die Organisation der Beschwerdekammern, http://oami.eu.int/DE/aspects/decisions/10-00.htm.

[138] Beschluss Nr. ADM-00-10 des Präsidenten des Harmonisierungsamtes vom 23. Mai 2000 über die Organisation der Beschwerdekammern, http://oami.eu.int/DE/aspects/decisions/10-00.htm.

[139] Beschluss Nr. ADM-00-10 des Präsidenten des Harmonisierungsamtes vom 23. Mai 2000 über die Organisation der Beschwerdekammern, http://oami.eu.int/DE/aspects/decisions/10-00.htm.

[140] Beschluss Nr. ADM-00-10 des Präsidenten des Harmonisierungsamtes vom 23. Mai 2000 über die Organisation der Beschwerdekammern, http://oami.eu.int/DE/aspects/decisions/10-00.htm.

[141] Beschluss Nr. ADM-97-3 des Präsidenten des Harmonisierungsamtes vom 21. Februar 1997 über die Organisation der Beschwerdekammern. Der Beschluss ist inzwischen nicht mehr auf der Webseite

hieß es, dass der Vizepräsident für Rechtsangelegenheiten der unmittelbare Vorgesetzte der Vorsitzenden der Beschwerdekammern und dass die Vorsitzenden der Beschwerdekammern unmittelbare Vorgesetzte der jeweiligen Mitglieder ihrer Kammer seien.[142] Eine solche Regelung könnte mit der persönlichen Unabhängigkeit der Mitglieder der Beschwerdekammern unvereinbar sein. Dementsprechend erhob ein damaliges Mitglied der Beschwerdekammern, *Luis Manuel Chaves Fonseca Ferrão,* Klage beim Gericht erster Instanz gerichtet auf Aufhebung des Beschlusses Nr. ADM-97-3. Gleichzeitig stellte er einen Antrag auf einstweilige Anordnung, um die Aussetzung des Vollzugs desselben Beschlusses zu erreichen.[143] Vor dem Gericht erster Instanz argumentierte der Antragsteller, dass die zweistufige hierarchische Unterordnung die Unabhängigkeit der Mitglieder der Beschwerdekammern unterlaufen würde.[144] Das Harmonisierungsamt verteidigte dagegen die Beschlüsse seines Präsidenten mit der Begründung, dass die eingeführte Hierarchie lediglich in Hinblick auf organisatorische Aspekte des Arbeitsverhältnisses gelte. Die Unabhängigkeit der Mitglieder der Beschwerdekammern bliebe daher unberührt.[145] Darüber hinaus führte das Harmonisierungsamt an, dass ein unmittelbarer Eingriff in die Unabhängigkeit der Mitglieder der Beschwerdekammern jedenfalls erst durch weitere auf die angefochtenen Beschlüsse gestützte Maßnahmen herbeigeführt werden könne.[146] Der Präsident des Ge-

---

http://oami.eu.int/DE/aspects/decisions.htm eingetragen. Dies ist dadurch zu erklären, dass inzwischen ein neuer Beschluss über die Organisation der Beschwerdekammern, nämlich Beschluss Nr. ADM-00-10, erlassen worden ist. So heißt es in Artikel 6 (Aufhebung von Beschlüssen) des Beschlusses Nr. ADM-00-10: „Der Beschluss Nr. ADM-97-3 des Präsidenten des Amtes vom 21. Februar 1997 über die Organisation der Beschwerdekammern, geändert durch den Beschluss Nr. ADM-98-35 des Präsidenten des Amtes vom 9. Dezember 1998, wird aufgehoben."

[142] Beschluss des Präsidenten des Gerichts Erster Instanz vom 19. Juni 1997, Rechtssache T-159/97 R (Luis Manuel Chaves Fonseca Ferrão gegen Harmonisierungsamt für den Binnenmarkt (Marken, Muster und Modelle), Sammlung der Rechtsprechung 1997, Seite II-1049, Rn 4.

[143] Beschluss des Präsidenten des Gerichts Erster Instanz vom 19. Juni 1997, Rechtssache T-159/97 R (Luis Manuel Chaves Fonseca Ferrão gegen Harmonisierungsamt), Sammlung der Rechtsprechung 1997, Seite II-1049, Rn 7.

[144] Beschluss des Präsidenten des Gerichts Erster Instanz vom 19. Juni 1997, Rechtssache T-159/97 R (Luis Manuel Chaves Fonseca Ferrão gegen Harmonisierungsamt), Sammlung der Rechtsprechung 1997, Seite II-1049, Rn 14. „According to the applicant, that twofold hierarchical subordination is such as to interfere with the independence inherent in the duties incumbent on the members of the Boards of Appeal, 'by virtue of' the wide discretion which a superior is called upon to exercise when taking al kinds of administrative decisions within a hierarchical structure. That independence, expressly conferred on the members of the Boards of Appeal by Article 131 of Regulation No 40/94 should, rather, be shielded from 'any outside interference throughout the duration – five years – of each member's term of office without interruption."

[145] Beschluss des Präsidenten des Gerichts Erster Instanz vom 19. Juni 1997, Rechtssache T-159/97 R (Luis Manuel Chaves Fonseca Ferrão gegen Harmonisierungsamt), Sammlung der Rechtsprechung 1997, Seite II-1049, Rn 16. „The defendant averts that the applicant enjoys full independence in practice and that 'he is subject to the Office's hierarchy exclusively with regard to the purely administrative aspects of his employment relationship, such as leave or missions. The provisions of the contested decision are dictated only by the need to ensure the proper functioning of the Office and thus do not undermine in any way the status of the members of the Boards of Appeal."

[146] Beschluss des Präsidenten des Gerichts Erster Instanz vom 19. Juni 1997, Rechtssache T-159/97 R (Luis Manuel Chaves Fonseca Ferrão gegen Harmonisierungsamt), Sammlung der Rechtsprechung 1997, Seite II-1049, Rn 17. „Moreover, the defendant points out that any

richts erster Instanz wies den Antrag auf Erlass einer einstweiligen Verfügung ab, ohne auf die Frage einzugehen, ob der angefochtene Beschluss tatsächlich in die Unabhängigkeit der Mitglieder der Beschwerdekammern eingreift.[147] Nach Auffassung des Gerichts fehlte es an der Eilbedürftigkeit mangels Beweise seitens des Antragstellers.[148] Gegen die ablehnende Entscheidung des Präsidenten des Gerichts erster Instanz legte *Luis Manuel Chaves Fonseca Ferrão* Beschwerde beim Präsidenten des Europäischen Gerichtshofs ein, der die Beschwerde jedoch zurückwies.[149] In der Beschwerdeentscheidung hatte sich der Präsident des Europäischen Gerichtshofes lediglich mit formalen Fragen, wie dem Umfang der Begründungspflicht des Gerichts erster Instanz im einstweiligen Verfahren, auseinander zusetzen.[150] Zur möglichen Verletzung der Unabhängigkeit der Mitglieder der Beschwerdekammern durch den angefochtenen Beschluss nahm der Präsident des Europäischen Gerichtshofs dagegen keine Stellung. Insoweit wird die Entscheidung des Gerichts erster Instanz im Hauptsacheverfahren abzuwarten sein.

Obwohl demnach der vorläufige Rechtsschutz für den Antragsteller keinen Erfolg hatte, hat der Präsident des Harmonisierungsamtes inzwischen Artikel 2 des angefochtenen Beschlusses Nr. ADM-97-3 mit dem neuen Beschluss Nr. ADM-00-10 maßgebend geändert. Artikel 2 sieht nicht mehr vor, dass der Vizepräsident für Rechtsangelegenheiten der unmittelbare Vorgesetzte der Vorsitzenden der Beschwerdekammern und die Vorgesetzten wiederum unmittelbare Vorgesetzte der Mitglieder ihrer Kammern sind. Vielmehr heißt es nunmehr in Artikel 2 lediglich:

> „(2) Der gemäß Artikel 1 bestimmte Vorsitzende berichtet dem Vizepräsidenten für Rechtsangelegenheiten über sämtliche Verwaltungsangelegenheiten.
>
> (3) Innerhalb der einzelnen Beschwerdekammern ist der Kammervorsitzende für Verwaltungsangelegenheiten verantwortlich."

---

alleged damage to the applicant's independence could derive only from specific decisions taken by the Office on the basis of the contested act, such as a systematic refusal by his superiors to grant him permission to participate in seminars or to take leave in order to exert psychological pressure on him with the aim of having certain cases decided in a certain manner. In such an event, the applicant could bring an action before the Community judicature in order to defend his independence against the prejudice caused by any such misuse of power."

[147] Dasselbe gilt für einen späteren Fall in dem ebenfalls Artikel 2 des Beschlusses Nr. ADM-97-3 angegriffen wird. In diesem Fall ging es jedoch letztendlich vorrangig um prozessuale Fragen (Beschluss des Gerichts erster Instanz vom 8. Juni 1998, Rechtssache T-148/97 (David T. Keeling gegen Harmonisierungsamt), Sammlung der Rechtsprechung 1998, Seite II-2217.

[148] Beschluss des Präsidenten des Gerichts Erster Instanz vom 19. Juni 1997, Rechtssache T-159/97 R (Luis Manuel Chaves Fonseca Ferrão gegen Harmonisierungsamt), Sammlung der Rechtsprechung 1997, Seite II-1049, Rn 19-27.

[149] Beschluss des Präsidenten des Gerichtshofes vom 10. September 1997, Rechtssache C-248/97 P (R) (Luis Manuel Chaves Fonseca Ferrão gegen Harmonisierungsamt), Sammlung der Rechtsprechung 1997, Seite I-4729.

[150] Beschluss des Präsidenten des Gerichtshofes vom 10. September 1997, Rechtssache C-248/97 P (R) (Luis Manuel Chaves Fonseca Ferrão gegen Harmonisierungsamt), Sammlung der Rechtsprechung 1997, Seite I-4729, Rn 20-23.

Die Diskussion um die Einbeziehung der Vorsitzenden und der Mitglieder der Beschwerdekammern hat gezeigt, dass die Befugnis des Präsidenten des Harmonisierungsamtes zum Erlass zweckmäßiger Maßnahmen im Sinne des Artikels 119 Absatz 2 Buchstabe a) der Verordnung Nr. 40/94 Einflussmöglichkeiten auf die persönliche Unabhängigkeit der Mitglieder der Beschwerdekammern eröffnet. Die Effektivität des Rechtsschutzes der Mitglieder der Beschwerdekammern gegen derartige Maßnahmen des Präsidenten hängt - wie die Entscheidung in der Sache *Ferrão* gezeigt hat - von der Beweisbarkeit einer Rechtsverletzung ab.

(b) Beschäftigungsbedingungen

Eine weitere Einflussnahmemöglichkeit des Präsidenten bieten die im Statut der Beamten und sonstigen Bediensteten der Europäischen Gemeinschaften[151] verankerten Befugnisse. Nach Artikel 119 Absatz 2 Buchstabe e) der Verordnung Nr. 40/94 bzw. Artikel 42 Absatz 2 Buchstabe c) der Verordnung Nr. 2100/94 übt der Präsident gegenüber dem Personal die in Artikel 112 Absatz 2 der Verordnung Nr. 40/94 bzw. Artikel 31 Absatz 2 der Verordnung Nr. 2100/94 vorgesehenen Befugnisse aus. Artikel 112 Absatz 2 der Verordnung Nr. 40/94 und Artikel 31 Absatz 2 der Verordnung Nr. 2100/94 verweisen wiederum auf das Statut der Beamten der Europäischen Gemeinschaft und die Beschäftigungsbedingungen für die sonstigen Bediensteten.

Dabei soll zwar zur Wahrung der Unabhängigkeit der Mitglieder der Beschwerdekammern die Befugnis des Präsidenten nach Artikel 112 Absatz 1 der Verordnung Nr. 40/94 bzw. Artikel 31 Absatz 2 der Verordnung Nr. 2100/94 nur insoweit ausgeübt, als die in Artikel 131 Absatz 2 der Verordnung Nr. 40/94 bzw. Artikel 43 der Verordnung Nr. 2100/94 verankerte Unabhängigkeit unbeschadet bleibt. Auch erkennt der Präsident grundsätzlich diese Einschränkung an. Dies verdeutlicht ein Blick in die Begründungserwägungen zu dem Beschluss des Präsidenten Nr. ADM-00-10 in dem es heißt:

> „[...] dass Artikel 131 Absatz 2 der Verordnung vorsieht, dass die Mitglieder der Beschwerdekammern Unabhängigkeit genießen und bei ihren Entscheidungen an keinerlei Weisung gebunden sind, dass Artikel 112 Absatz 1 der Verordnung vorsieht, dass die Vorschriften des Statuts der Beamten der Europäischen Gemeinschaften, der Beschäftigungsbedingungen für die sonstigen Bediensteten der Europäischen Gemeinschaften und der von den Organen der Europäischen Gemeinschaften im gegenseitigen Einvernehmen erlassenen Regelungen zur Durchführung dieser

---

[151] Verordnung (EWG, Euratom, EGKS) Nr. 259/68 des Rates vom 29. Februar 1968 zur Festlegung des Statuts der Beamten der Europäischen Gemeinschaften und der Beschäftigungsbedingungen für die sonstigen Bediensteten dieser Gemeinschaften sowie zur Einführung von Sondermaßnahmen, die vorübergehend auf die Beamten der Kommission anwendbar sind, ABl. L 56 vom 4. März 1968, S. 1-7; zuletzt geändert durch Verordnung (EG, EGKS, Euratom) Nr. 2581/2001 des Rates vom 17. Dezember 2001 zur Angleichung der Dienst- und Versorgungsbezüge der Beamten und sonstigen Bediensteten der Europäischen Gemeinschaften sowie der Berichtigungskoeffizienten, die auf diese Dienst- und Versorgungsbezüge anwendbar sind – mit Wirkung vom 1. Juli 2001, ABl. L 345 vom 29. Dezember 2001, S. 1-4. Eine frühere konsolidierte Fassung enthält ABl. C 100 vom 28. September 1972, S. 5-63.

Vorschriften unbeschadet der Anwendung des Artikels 131 auf die Mitglieder der Beschwerdekammern für das Personal des Amtes gelten […]"

Dennoch verbleiben dem Präsidenten Kompetenzen, die es ihm ermöglichen, auf die individuellen Arbeitsverhältnisse Einfluss zu nehmen. Dies gilt zum Beispiel für organisatorische Maßnahmen wie die Gewährung von Urlaubstagen oder die Erlaubnis an Tagungen und Fortbildungsveranstaltungen teilzunehmen.[152]

Von Bedeutung ist in diesem Zusammenhang insbesondere, dass dem Präsidenten die Disziplinargewalt gegenüber den Mitgliedern der Beschwerdekammern zusteht. Zwar fehlt es insoweit an einer ausdrücklichen sekundärrechtlichen Regelung. Artikel 112 Absatz 2 in Verbindung mit 119 Absatz 2 Buchstabe e) der Verordnung Nr. 40/94 sowie Artikel 31 Absatz 2 in Verbindung mit Artikel 42 Absatz 2 Buchstabe c) der Verordnung Nr. 2100/94 ist jedoch zu entnehmen, dass der Präsident die Disziplinargewalt über das Personal der Ämter ausübt. Mangels Sonderregelung gilt dies auch für die Mitglieder der Beschwerdekammern.

Sonderregelungen wurden lediglich in Hinblick auf die Ernennung und vorzeitige Entlassung der Mitglieder der Beschwerdekammern geschaffen. Die Mitglieder der Beschwerdekammern werden gemäß der Artikel 120, 131 der Verordnung Nr. 40/94 vom Rat für eine Amtsperiode von fünf Jahren ernannt.[153] Entscheidet mithin ein anderes Organ als das Harmonisierungsamt selbst über die Ernennung der Mitglieder der Beschwerdekammern, so unterstreicht dies die Unabhängigkeit derselben.[154] Dies gilt in besonderem Maße für den Rat, der auch die unabhängigen Mitglieder anderer Organe der Gemeinschaft ernennt wie etwa die Mitglieder der gerichtlichen Kammern, die nach dem neuen Artikel 225 a des Vertrages von Nizza errichtet werden können. Eine Ausnahme von der Zuständigkeit des Rates wird allerdings für diejenigen Mitglieder der Beschwerdekammern des Sortenamtes gemacht, die nicht Vorsitzende oder ihre Stellvertreter sind. Nach Artikel 47 Absatz 2 der Verordnung Nr. 2100/94 werden diese vom Verwaltungsrat für einen Zeitraum von fünf Jahren aus der auf Vorschlag des Amtes erstellten Liste von qualifizierten Mitgliedern ausgewählt. Auch entscheidet nach Artikel 131 Absatz 1 Satz 2 der Verordnung Nr. 40/94 und Artikel 47 Absatz 5 der Verordnung Nr. 2100/94 der Europäische Gerichtshof - und nicht etwa der Präsident des jeweiligen Amtes - auf Antrag der Kommission nach Anhörung des Verwaltungsrates des Sortenamtes bzw. auf Antrag des Rates über die frühzeitige Entlassung eines Mitgliedes der Beschwerdekammern aus wichtigem Grund.

---

[152] Zum Dienstrecht im allgemeinen siehe etwa Dieter Rogalla, Dienstrecht der Europäischen Gemeinschaften, 2. Auflage, Köln 1992.
[153] Dazu noch ausführlicher unten im 4. Teil unter I. 2.
[154] Zu den Forderungen nach einer Stärkung der Unabhängigkeit der Richter des Europäischen Gerichtshofes durch Verlängerung der Amtsperiode und Ausschluss der Wiederwahl siehe etwa Manfred Zuleeg, Verhandlungen des sechzigsten Deutschen Juristentages, München 1994, Band II/2, N 74, 76; Calliess/Ruffert-*Wegener*, Artikel 223 Rn 2; siehe auch Dorothee Fischer-Appelt, Agenturen in der Europäischen Gemeinschaft, Berlin 1999, S. 314.

In Hinblick auf die Frage der Disziplinargewalt fehlt es aber sowohl an einer ausdrücklichen Sonderregelung für die Mitglieder der Beschwerdekammern, als auch an einem dahingehenden Verweis, dass die Vorschriften über den Präsidenten des jeweiligen Amtes auch auf die Mitglieder der Beschwerdekammern Anwendung finden sollen. Die Disziplinargewalt über den Präsidenten übt nach Artikel 120 Absatz 4 der Verordnung Nr. 40/94 sowie nach Artikel 43 Absatz 4 der Verordnung Nr. 2100/94 der Rat aus. Ähnlich wie für den oben erläuterten Fall der Ernennung wäre daher möglich gewesen, dass der Verordnungsgeber einen Verweis auf diese Vorschriften für den Geltungsbereich der Mitglieder der Beschwerdekammern vorsieht. Von dieser Möglichkeit wurde jedoch gerade kein Gebrauch gemacht. Daraus ist im Umkehrschluss zu folgern, dass in Hinblick auf die Disziplinargewalt die allgemeinen Vorschriften über das Personal des Harmonisierungsamtes und des Sortenamtes Anwendung finden sollen. Danach steht dem Präsidenten des Amtes die Disziplinargewalt zu.

In ihrer Gesamtheit bieten daher auch die durch das Statut eingeräumten Kompetenzen sowie die Ausübung der Disziplinargewalt dem Präsidenten Möglichkeiten, die persönliche Unabhängigkeit der Mitglieder der Beschwerdekammern zu beeinträchtigen.

(c) Mitbestimmungsrecht bei der Zuteilung der Mitglieder

Schließlich werden dem Präsidenten des Harmonisierungsamtes dadurch Einwirkungsmöglichkeiten auf die persönliche Stellung der Mitglieder der Beschwerdekammern an die Hand gegeben, dass er über die Zuteilung der einzelnen Mitglieder zu den verschiedenen Beschwerdekammern mitbestimmt. Zwar entscheidet der Präsident nicht allein über diese Zuteilung. Vielmehr erfolgt sie durch das sogenannte Präsidium. Dieses setzt sich gemäß Artikel 1 Absatz 2 Satz 1 der Verfahrensordnung der Beschwerdekammern aus dem Präsidenten des Amts als Vorsitzenden, dem für die Beschwerdekammern zuständigen Vizepräsidenten des Amts, den Vorsitzenden der Beschwerdekammern und drei weiteren Mitgliedern der Beschwerdekammern zusammen, die von der Gesamtheit der Mitglieder der Beschwerdekammern mit Ausnahme der Vorsitzenden für das betreffende Geschäftsjahr gewählt werden. Dabei wird dem Präsidenten jedoch eine besondere Stellung eingeräumt. So ist das Präsidium nur beschlussfähig, wenn mindestens fünf seiner Mitglieder einschließlich des Präsidenten oder des Vizepräsidenten des Amts anwesend sind. Auch gibt nach Satz 4 der genannten Vorschrift bei Stimmengleichheit die Stimme Präsidenten als Vorsitzenden des Präsidiums den Ausschlag.

Dieses Mitbestimmungsrecht des Präsidenten bei der Zuteilung von Mitgliedern zu den einzelnen Beschwerdekammern steht nur dem Präsidenten des Harmonisierungsamtes zu. Der Präsident des Sortenamtes ist dagegen nicht an dem Zuteilungsverfahren der Beschwerdekammer des Sortenamtes beteiligt. Gemäß Artikel 46 Absatz 2 der Verordnung Nr. 2100/94 sowie nach Artikel 48 Absatz 1 Satz 2 der Durchführungsverordnung Nr. 1239/95 wählt dort nämlich der Vorsitzende der Kammer die weiteren Mitglieder der Kammer aus.

(2) Einwirkungsmöglichkeiten auf die sachliche Unabhängigkeit

Neben den bereits diskutierten Einwirkungsmöglichkeiten des Präsidenten auf die persönliche Unabhängigkeit der Mitglieder der Beschwerdekammern bestehen außerdem Bedenken hinsichtlich der Unbeschadetheit der sachlichen Unabhängigkeit derselben. Insofern sei insbesondere auf drei Möglichkeiten der Einflussnahme seitens des Präsidenten hingewiesen.

(a) Änderung der Verfahrensordnung der Beschwerdekammern

Erstens kann der Präsident auf die Arbeitsweise der Beschwerdekammern in sachlicher Hinsicht Einfluss nehmen, indem er auf eine Änderung der Verfahrensordnung der Beschwerdekammern oder anderer für die Beschwerdekammern wesentlicher Vorschriften hinwirkt. Zwar ist der Präsident insofern nicht (letzt-)entscheidende Instanz. Dies ist hinsichtlich der Verfahrens- und Durchführungsverordnungen vielmehr die Kommission. Dem Präsidenten steht insofern jedoch ein Vorschlagsrecht zu.[155] Nach Artikel 119 Absatz 2 Buchstabe b) der Verordnung Nr. 40/94 und nach Artikel 42 Absatz 2 Buchstabe g) der Verordnung Nr. 2100/94 ist der Präsident befugt, der Kommission Entwürfe für Änderungen der jeweiligen Grundverordnung sowie der Durchführungsverordnungen, die insbesondere das Verfahren vor den Beschwerdekammern und die Gebühren regeln, vorzulegen. Diese Befugnis zur Vorlage von Änderungsentwürfen räumt dem Präsidenten aufgrund des Rechts, die Änderungen zu formulieren, weitgehende Gestaltungsmöglichkeiten ein.

(b) Stellungnahme zu Fragen allgemeinen Interesses

Für den Präsidenten des Harmonisierungsamtes besteht darüber hinaus die Möglichkeit, dadurch auf ein bei den Beschwerdekammern anhängiges Verfahren einzuwirken, dass er sich zu dem anhängigen Fall äußert.

So heißt es in Artikel 11 der Verfahrensordnung der Beschwerdekammern, dass sich der Präsident im Rahmen eines vor der Beschwerdekammer anhängigen Verfahrens zu Fragen von allgemeinem Interesse schriftlich oder mündlich äußern kann. Zwar kann sich der Präsident nicht unaufgefordert in das laufende Verfahren einschalten. Vielmehr bedarf es einer vorherigen Aufforderung seitens der Beschwerdekammer. Fordert diese den Präsidenten nicht von Amts wegen auf, sich zu äußern, kann der Präsident jedoch seinerseits einen schriftlichen und begründeten Antrag auf Aufforderung zur Äußerung bei der Beschwerdekammer stellen.[156]

---

[155] Bevor der Präsident den Entwurf der Kommission vorlegt, muss er den Verwaltungsrat des Harmonisierungsamtes anhören, Artikel 119 Absatz 2 Buchstabe b) der Verordnung Nr. 40/94 bzw. Artikel 42 Absatz 2 Buchstabe g) der Verordnung Nr. 2100/94.

[156] Die Bedeutung dieser Vorschrift wird dadurch unterstrichen, dass auf sie in den Begründungserwägungen der Verordnung Bezug genommen wird: „Die an Beschwerdeverfahren Beteiligten sind unter Umständen nicht in der Lage oder willens, den Beschwerdekammern Fragen von allgemeinem Interesse im Zusammenhang mit einem anhängigen Fall zur Kenntnis zu bringen. Die Beschwerdekammern sollten deshalb das Recht haben, den Präsidenten des Amts von Amts wegen oder auf dessen Wunsch einzuladen, um sich zu Fragen von allgemeinem Interesse zu äußern, die einen vor den Beschwerdekammern anhängigen Fall betreffen."

Nun mag man versucht sein zu argumentieren, dass dieses Recht des Präsidenten nicht die sachliche Unabhängigkeit der Mitglieder der Beschwerdekammern beeinträchtigt, können die Mitglieder derselben doch selbst entscheiden, ob sie dem Präsidenten im Einzelfall das Recht zur Äußerung bewilligen und ihm in der Sache folgen. In der Tat ist mir ein Fall bekannt, in dem sich die Beschwerdekammer inhaltlich über die Stellungnahme des Präsidenten des Harmonisierungsamtes hinweggesetzt und gegenteilig entschieden hat. Dabei handelt es sich um die Beschwerdesache *Giacomelli Sport*[157]. Die Beschwerdekammer hatte den Präsidenten des Amtes dazu aufgefordert, sich zu der Frage zu äußern, ob es sich bei den üblicherweise von den Betreibern von Sporteinzelhandelsgeschäften oder Lebensmitteleinzelhändlern u.ä. erbrachten (Verkaufs-)Dienstleistungen um Dienstleistungen handelt, für die Gemeinschaftsmarken eintragen werden können.[158] Der Präsident sprach sich in seiner Stellungnahme gegen die Eintragbarkeit von Gemeinschaftsmarken für Einzelhandelsdienstleistungen aus. Dabei stützte er seine Schlussfolgerung im wesentlichen auf zwei Argumente. Erstens müsse die Klassifikation der Dienstleistung, für die die Gemeinschaftsmarke eingetragen wird, hinreichend bestimmt und spezifisch sein, was bei Einzelhandelsdienstleistungen nicht der Fall sei. Dieses Bestimmtheitserfordernis lasse sich zum einen aus dem Verwaltungszweck der Klassifikationen der Dienstleistung und zum anderen daraus ableiten, dass die Gemeinschaftsmarke kein absolut geschütztes Recht darstelle. Zweitens berief sich der Präsident auf die Gemeinsamen Erklärungen des Rates und der Kommission, in welchen sich letztere bereits vor Verabschiedung der Verordnung Nr. 40/94 gegen die Eintragungsfähigkeit einer Marke für die Tätigkeit des Einzelhandels ausgesprochen hatten.[159] Trotz der Stellungnahme des Präsidenten bejahte die Beschwerdekammer die Eintragungsfähigkeit von Gemeinschaftsmarken für Verkaufsdienstleistungen des Einzelhandels.[160] Die Erklärungen des Rates und der Kommission vor Erlass der Verordnung entfalteten keine rechtliche Bindungswirkung.[161] Auch stünden die Verkaufsdienstleistungen eines Einzelhändlers entgegen der Auffassung des Prüfers sehr wohl im Interesse des Verbrauchers.[162] Des Weiteren gebe es keinerlei Vorschrift, derzufolge die Annahme zur Eintragung einer Marke für klar beschriebene Dienstleistungen an eine Bedingung hinsichtlich der

---

[157] Entscheidung der Zweiten Beschwerdekammer vom 17. Dezember 1999, Beschwerdesache R 46/1998-2 (Giacomelli Sport S.P.A.- Giacomelli *Sport*). Dazu Ute Stork, Giacomelli Sport – Frischer Wind in Sachen Einzelhandelsdienstleistungen, MittdtschPatAnw 2000, S. 399; Eric Schahl/Jean-Philippe Bresson, European Union: Protecting a Retail Sales Service with the Community Trade Mark, Trademark World 2002, Nr. 144, S. 12; Marianne Grabrucker, Zur Praxis der Eintragung einer Dienstleistungsmarke für den Einzelhandel – ein internationaler Überblick, GRUR Int. 2002, S. 989.

[158] Entscheidung der Zweiten Beschwerdekammer vom 17. Dezember 1999, Beschwerdesache R 46/1998-2 (Giacomelli Sport S.P.A.- Giacomelli *Sport*), Rn 7.

[159] Entscheidung der Zweiten Beschwerdekammer vom 17. Dezember 1999, Beschwerdesache R 46/1998-2 (Giacomelli Sport S.P.A.- *Giacomelli Sport*), Rn 9.

[160] Dies begrüßend Ute Stork, Giacomelli Sport – Frischer Wind in Sachen Einzelhandelsdienstleistungen, Mitteilungen deutscher Patentanwälte 2000, S. 399.

[161] Entscheidung der Zweiten Beschwerdekammer vom 17. Dezember 1999, Beschwerdesache R 46/1998-2 (Giacomelli Sport S.P.A.- *Giacomelli Sport*), Rn 16 und 23.

[162] Entscheidung der Zweiten Beschwerdekammer vom 17. Dezember 1999, Beschwerdesache R 46/1998-2 (Giacomelli Sport S.P.A.- *Giacomelli Sport*), Rn 17-21.

Klassifikation geknüpft sei.[163] Allerdings war die Beschwerdekammer trotz der grundsätzlichen Anerkennung von Einzelhandelsdienstleistungen in der fraglichen Beschwerdesache der Auffassung, dass die Beschwerdeführerin die Dienstleistungen nicht klar genug[164] beschrieben habe,[165] und wies deshalb unter Aufhebung der Entscheidung des Prüfers die Sache zur weiteren Entscheidung an den Prüfer zurück.

Dennoch spricht folgende Überlegung dafür, dass sich die Beschwerdekammern in der Mehrheit der Fälle[166] dem Willen des Präsidenten beugen. Auch wenn nämlich zwischen dem Präsidenten des Harmonisierungsamtes und den Mitgliedern der Beschwerdekammern kein uneingeschränktes Ober-/Unterordnungsverhältnis besteht, so stehen dem Präsidenten nach dem oben Gesagten dennoch verschiedene Möglichkeiten der Einflussnahme auf die Mitglieder der Beschwerdekammern zu. Vor diesem Hintergrund ist aber davon auszugehen, dass die Mitglieder der Beschwerdekammern nur in seltenen Ausnahmefällen geneigt sein werden, einen Antrag des Präsidenten auf Äußerung abzulehnen, steht doch das Verhältnis zu dem Präsidenten und dessen Gunst in anderen Angelegenheiten auf dem Spiel. Dies wird etwa dadurch belegt, dass just diejenigen Mitglieder der Beschwerdekammern, die Klagen gegen den Beschluss Nr. ADM-97-3 des Präsidenten erhoben haben, inzwischen aus dem Dienst ausgeschieden sind.

Im übrigen ist zu berücksichtigen, dass dem Präsidenten gerade dann erlaubt wird, sich zu äußern, wenn es um grundlegende und damit wichtige Angelegenheiten geht. Dies bedeutet allerdings, dass die sachliche Unabhängigkeit der Mitglieder der Beschwerdekammern insofern besonders empfindlich berührt wird. Beispielhaft lässt sich dies anhand der Sache *Simply Soda*[167] verdeutlichen, in der die Beschwerdekam-

---

[163] Entscheidung der Zweiten Beschwerdekammer vom 17. Dezember 1999, Beschwerdesache R 46/1998-2 (Giacomelli Sport S.P.A.- *Giacomelli Sport*), Rn 24.

[164] Der Antragsteller hatte die Eintragung der Marke für „das Zusammenbringen vielfältiger Waren – ohne Transport – zugunsten Dritter, um Verbrauchern die Ansicht und den Kauf der Waren zu ermöglichen," nach Klasse 35 beantragt.

[165] Entscheidung der Zweiten Beschwerdekammer vom 17. Dezember 1999, Beschwerdesache R 46/1998-2 (Giacomelli Sport S.P.A.- *Giacomelli Sport*), Rn 26.

[166] Leider sind die Auswirkungen von den Äußerungen des Präsidenten auf die Entscheidungen der Beschwerdekammern zahlenmäßig schwer verifizierbar. In den bisher ergangenen Gerichtsentscheidungen wurden Äußerungen seitens des Präsidenten des Harmonisierungsamtes nicht erwähnt. In den Beschwerdeentscheidungen der Kammern wird in der überwiegenden Zahl der Fälle allein die Tatsache wiedergegeben, dass sich der Präsident geäußert hat. Da die Webseite des Harmonisierungsamtes über keine Suchfunktion nach Stichwörtern verfügt, kann allerdings nicht festgestellt werden, in wie vielen Fällen der Präsident beteiligt war. Auch bleibt der Inhalt der Äußerung meistens unbekannt (Eine Ausnahme bildet die oben erwähnte Entscheidung der Zweiten Beschwerdekammer vom 17. Dezember 1999, Beschwerdesache R 46/1998-2 (Giacomelli Sport S.P.A.- *Giacomelli Sport)*.). Daher kann häufig nicht nachvollzogen werden, wie sich die Stellungnahme des Präsidenten auf die Entscheidung der Beschwerdekammer ausgewirkt hat. Es ist in diesen Fällen nicht erkennbar, ob sich die Beschwerdekammer der Meinung des Präsidenten in der Sache angeschlossen hat oder nicht. Außerdem wird in den Entscheidungen der Beschwerdekammer nicht davon berichtet, ob der Präsident einen Antrag gestellt hatte, der aber von der Beschwerdekammer ablehnt worden ist. Es kann daher nicht festgestellt werden, in wie vielen Fällen ein Antrag seitens des Präsidenten negativ beschieden wurde.

[167] Entscheidung der Dritten Beschwerdekammer vom 8. März 2000, Beschwerdesache R 201/1999-3 (Cosco Wholesale Corporation – *Simply Soda*).

mer den Präsidenten um Stellungnahme ersuchte, ob die Pariser Verbandsübereinkunft auf das Gemeinschaftsmarkensystem Anwendung fände und ob die *telle quelle*-Klausel[168] dahingehend auszulegen sei, dass die Eintragung einer identischen Marke für identische Waren in einem Unterzeichnerstaat den Inhaber berechtige, eine parallele Gemeinschaftsmarke zu erwirken.[169] Leider ist der Beschwerdeentscheidung nicht zu entnehmen, wie die Stellungnahme des Präsidenten (bzw. des Vizepräsidenten im Namen des Präsidenten)[170] inhaltlich ausgefallen ist. Anhand der Entscheidungsbegründung der Beschwerdekammer zu diesem Gesichtspunkt[171] wird jedoch ersichtlich, dass es sich bei der Rechtsfrage um eine solche handelt, die über den vorliegend zu entscheidenden Fall hinaus von grundsätzlicher Bedeutung ist, geht es dabei um die Art und Weise, in der die Pariser Verbandsübereinkunft und das TRIPs-Übereinkommen im Rahmen des Gemeinschaftsmarkesystems Berücksichtigung finden. Gibt der Präsident zu einer derart grundlegenden Rechtsfrage eine Stellungnahme vor Erlass der Beschwerdeentscheidung ab, so ist jedoch regelmäßig davon auszugehen, dass die entscheidende Beschwerdekammer dem Urteil des Präsidenten folgen wird.

(c) Zurückhaltung bei der Überprüfung bestimmter Entscheidungen

Schließlich existiert für den Präsidenten des Sortenamtes eine weitere Weise, in der dieser durch seine Autorität zumindest indirekt das Entscheidungsverhalten der Beschwerdekammern beeinflussen kann. Dabei handelt es sich um solche Konstellationen, in denen die Beschwerdekammer Entscheidungen des Präsidenten zu überprüfen hat.

Beispielhaft sei insofern das bereits oben diskutierte Verfahren in der Sache *Egypt*[172] erwähnt. In dem fraglichen Verfahren hatte der Präsident für den Ausschuss des Sortenamtes entschieden, dass ein Verschieben der technischen Prüfung unter den in dem fraglichen Fall vorliegenden Umständen nicht in Betracht kommt. Dies führte zur Zurückweisung des Sortenschutzantrags gemäß Artikel 61 Absatz 1 Buchstabe b) der Verordnung Nr. 2100/94. Zur Einschaltung des Präsidenten kam es dadurch, dass zwar an sich nach Artikel 35 Ansatz 2 Satz 1 der Verordnung Nr. 2100/94 der Ausschuss Entscheidungen nach Artikel 61 der Verordnung Nr. 2100/94 fällt. Gemäß Artikel 35 Absatz 2 Satz 2 der Verordnung Nr. 2100/94 in Verbindung mit Artikel 9 Satz 1 der Durchführungsverordnung Nr. 1239/95 kann sich der Präsident jedoch insofern

---

[168] Artikel 6 quinquies, Unterabsatz A-1 lautet: „Toute marque de fabrique ou de commerce régulièrement enregistrée dans le pays d'origine sear admise au dépôt et protégée telle quelle dans les autres pays de l'Union, sous les réserves indiquées au present article." [Jede im Ursprungsland vorschriftsmäßig eingetragene Fabrik- oder Handelsmarke soll so, wie sie ist, unter den Vorbehalten dieses Artikels in den anderen Verbandsländern zur Hinterlegung zugelassen und geschützt werden.].

[169] Entscheidung der Dritten Beschwerdekammer vom 8. März 2000, Beschwerdesache R 201/1999-3 (Cosco Wholesale Corporation – *Simply Soda*), Rn 7.

[170] Entscheidung der Dritten Beschwerdekammer vom 8. März 2000, Beschwerdesache R 201/1999-3 (Cosco Wholesale Corporation – *Simply Soda*), Rn 10.

[171] Entscheidung der Dritten Beschwerdekammer vom 8. März 2000, Beschwerdesache R 201/1999-3 (Cosco Wholesale Corporation – *Simply Soda*), Rn 27-32.

[172] Entscheidung der Beschwerdekammer des Gemeinschaftlichen Sortenamtes vom 28. Mai 2002, Sache A 5/2000 (Mak Leek Inc gegen Sortenamt - *Egypt*).

in den Entscheidungsprozess des Ausschusses einschalten, als dass es darum geht, die Kohärenz der unter seiner Verantwortung getroffenen Entscheidungen zu gewährleisten. Dementsprechend entschied in der Sache *Egypt* letztendlich der Präsident über die Möglichkeit der Verschiebung der technischen Prüfung. In dem anschließenden Beschwerdeverfahren oblag es dann der Beschwerdekammer, die Entscheidung des Präsidenten zu überprüfen.

Dass die Konstellation, eine Entscheidung des Präsidenten zu überprüfen, die Beschwerdekammer nicht unbeeindruckt ließ, zeigt sich darin, dass die Beschwerdekammer mit Zurückhaltung reagierte. Anders als in den anderen Entscheidungen nahm die Beschwerdekammer von einer vollständigen Überprüfung der Ausgangsentscheidung im Sinne einer Fach- und Rechtsaufsicht Abstand. Die Beschwerdekammer übte Zurückhaltung und limitierte ihren Kontrollmaßstab dahingehend, dass sie die Entscheidung des Präsidenten nur auf einen Ermessensmissbrauch hin überprüfte. Dies bedeutet aber nichts anderes, als dass die Beschwerdekammer Entscheidungen des Präsidenten - von krassen Ausnahmefällen des Ermessensmissbrauchs abgesehen[173] - aufrechterhält, anstatt selbst als unabhängige Instanz über den ursprünglichen Antrag des Beschwerdeführers zu entscheiden.

c) Einflussmöglichkeiten der Vorsitzenden der Beschwerdekammern

Was das Verhältnis zwischen den Vorsitzenden der Beschwerdekammern zu den anderen Mitgliedern der Kammer anbetrifft, so scheinen die dem Vorsitzenden zustehenden Befugnisse auf den ersten Blick kaum geeignet zu sein, die sachliche und persönliche Unabhängigkeit der Mitglieder der Beschwerdekammern maßgeblich zu beeinträchtigen.

Dies ist insbesondere darauf zurückzuführen, dass bei Beratungen und Abstimmungen innerhalb der Beschwerdekammern der Meinung und Stimme des Vorsitzenden kein stärkeres Gewicht beigemessen wird als derjenigen der anderen Mitglieder der Beschwerdekammer.

So bestimmt Artikel 12 der Verfahrensordnung der Beschwerdekammern des Harmonisierungsamtes,[174] dass zunächst der Berichterstatter den übrigen Mitgliedern

---

[173] Der Begriff des „Ermessensmissbrauchs" ist ein spezifisch gemeinschaftsrechtlicher, der in Anlehnung an das aus dem französischen Recht bekannte Konzept des „détournement de pouvoir" entwickelt worden ist. Danach ist die Ermessensmissbräuchlichkeit einer Handlung zu bejahen, wenn aufgrund objektiver, schlüssiger und übereinstimmender Indizien anzunehmen ist, dass sie zumindest vorwiegend zu anderen als den angegebenen Zwecken oder zur Umgehung eines im Vertrag vorgesehenen Verfahrens erlassen wurde (siehe etwa EuGH, Urteil vom 5. Mai 1966, verb. Rs. 18 u. 35/66 (Guttmann gegen Kommission), Sammlung der Rechtsprechung 1966, Seite 153, 176; EuGH, Urteil vom 21. Juni 1984, Rechtssache 69/83 (Charles Lux gegen Rechnungshof), Sammlung der Rechtsprechung 1983, S. 2447, Rn 30; EuGH, Urteil vom 5. März 1998, Rechtssache C-180/96 (Vereinigtes Königreich gegen Kommission), Sammlung der Rechtsprechung 1996, Seite I-2265, Rn 64). Der subjektiv rechtswidrige Zweck muss also anhand objektiver Kriterien bestimmbar sein. Dies wird aber nur in krassen Ausnahmefällen möglich sein (Sabine Hackspiel, Das Verfahren in Markensachen, MittdtschPatAnw 2001, S. 532, 539; Calliess/Ruffert-*Cremer*, Art. 230, Rn 77).

[174] Für Beratungen und Abstimmungen innerhalb der Beschwerdekammer des Sortenamtes enthält die Durchführungsverordnung Nr. 2139/95 keine detaillierten Regelungen. In Artikel 11 Absatz 4 der

der Beschwerdekammer den Entscheidungsentwurf vorlegt und allen eine angemessene Frist setzt, innerhalb derer Einwände erhoben oder Änderungen vorgeschlagen werden können. Nur wenn nicht alle Mitglieder der Beschwerdekammer der gleichen Ansicht über die zu treffende Entscheidung sind, findet eine mündliche Beratung statt. An der Beratung sind alle Mitglieder der Beschwerdekammer gleichermaßen beteiligt. Der Vorsitzende hat lediglich die über die Kompetenz der anderen Mitglieder hinausgehende Möglichkeit, die Anwesenheit anderer Bediensteter wie Geschäftsstellenbeamter oder Dolmetscher zuzulassen. Dies wirkt sich allerdings nicht auf die sachliche Unabhängigkeit der anderen Mitglieder aus. Geschäftsstellenbeamte und Dolmetscher werden lediglich dazu beitragen, sprachliche Schwierigkeiten zu beseitigen. Und in der Beratung selbst kommt dem Vorsitzenden keine vorrangige Stellung zu, da er nach Artikel 13 Absatz 1 der Verfahrensordnung der Beschwerdekammern des Harmonisierungsamtes grundsätzlich zuletzt gehört wird. Anderes soll nur für den Fall gelten, dass der Vorsitzende der Kammer in dem Verfahren Berichterstatter ist. Zwar bestimmt der Vorsitzende nach Artikel 4 Absatz 1 der Verfahrensordnung den Berichterstatter für das jeweilige Beschwerdeverfahren. Dabei ist es ihm auch möglich, sich selbst zum Berichterstatter zu ernennen. Nun könnte man überlegen, ob diese Befugnis den Vorsitzenden dazu befähigt, in besonders wichtigen oder umstrittenen Fällen sich selbst zum Berichterstatter zu machen und auf diese Weise besonderen Einfluss auf den Inhalt der Beschwerdeentscheidung auszuüben. Gegen eine solche Annahme spricht allerdings, dass die Bestimmung des Berichterstatters im Vorfeld der Prüfung der Beschwerde erfolgt. Zu diesem Zeitpunkt ist aber in der Regel noch nicht erkennbar, ob der jeweilige Fall zu Meinungsverschiedenheiten innerhalb der Kammer führen wird. Daher sind die Regeln über die Beratung letztlich nicht geeignet, die sachliche Unabhängigkeit der Mitglieder der Beschwerdekammern negativ zu berühren.

Auch die auf die Beratung folgende Abstimmung verspricht einen fairen Ablauf. So sieht Artikel 13 Absatz 2 der Verfahrensordnung der Beschwerdekammern des Harmonisierungsamtes vor, dass der Vorsitzende zuletzt abstimmt. Dies soll ausnahmslos gelten, also auch in denjenigen Fällen, in denen der Vorsitzende Berichterstatter ist.

Das Verhältnis zwischen Vorsitzenden und einfachen Mitgliedern der Beschwerdekammern des Harmonisierungsamtes war jedoch in der Vergangenheit nicht unumstritten. So hatte der Präsident ursprünglich in seinem Beschluss Nr. ADM-97-3 vorgesehen, dass die Vorsitzenden unmittelbare Vorgesetzte der anderen Mitglieder der Beschwerdekammer sind. In der Folgezeit der oben erörterten Rechtssache *Ferrão* wurde diese Vorschrift allerdings aufgehoben. Die Stellung des Vorsitzenden als unmittelbaren Vorgesetzten gilt nach Artikel 5 des Beschlusses Nr. ADM-00-10 nunmehr nur noch hinsichtlich der der Beschwerdekammer zugeteilten rechtskundigen Mitarbeiter[175] und Sekretariatsmitarbeiter[176], nicht aber im Verhältnis zu den Mitglie-

---

Verordnung Nr. 1230/95 heißt es dazu lediglich, dass die Beschwerdekammer ihre Entscheidungen mit der Mehrheit der Mitglieder trifft.

[175] Artikel 5 Absatz 1 des Beschlusses Nr. ADM-00-10: Jeder Beschwerdekammer werden entsprechend der tatsächlichen Arbeitsbelastung rechtskundige Mitarbeiter beigegeben. Unmittelbarer Vor-

dern der Beschwerdekammer selbst. Für das Verhältnis zu Letzteren ist nunmehr ausschließlich der allgemein gefasste Artikel 2 Absatz 3 des Beschlusses Nr. ADM-00-10 des Präsidenten maßgebend, demzufolge der Kammervorsitzende für Verwaltungsangelegenheiten innerhalb der einzelnen Beschwerdekammern verantwortlich ist. Bislang ist nicht ersichtlich, dass diese Zuständigkeit des Vorsitzenden die Unabhängigkeit der Mitglieder der Beschwerdekammer beeinträchtigt.

Allerdings bestehen insoweit hinsichtlich der Vereinbarkeit der Kompetenzen des Vorsitzenden der Beschwerdekammer mit der Unabhängigkeit der anderen Mitgliedern der Beschwerdekammer Bedenken, als der Vorsitzende jeweils die anderen Mitglieder für die Entscheidung einer zugewiesenen Beschwerde auswählt. So ist durch Artikel 1 Absatz 5 des Beschlusses Nr. 2001-1 des Präsidiums der Beschwerdekammern[177] dem Vorsitzenden von Beschwerdekammern, die aus mehr als zwei weiteren Mitgliedern bestehen, die Befugnis eingeräumt, über die Zusammensetzung der Kammer für jede einzelne Beschwerdesache zu entscheiden. Von dieser Befugnis macht derzeit insbesondere der Vorsitzende der Zweiten und der Vierten Beschwerdekammer Gebrauch.[178] Darüber hinaus gehört es zu der regelmäßigen Aufgabe und Befugnis des Vorsitzenden der Beschwerdekammer des Sortenamtes, die anderen Mitglieder der Kammer sowie den Berichterstatter nach Artikel 46 Absatz 2 der Verordnung Nr. 2100/94 in Verbindung mit 48 Absatz 1 der Kommissionsverordnung Nr. 1239/95 zu bestimmen. Wie weiter unten auszuführen sein wird, erscheint diese institutionelle Ausgestaltung nicht nur unter rechtsstaatlichen Gesichtspunkten problematisch. Vielmehr ist nicht auszuschließen, dass sie sich auch auf die Unabhängigkeit der Mitglieder der Beschwerdekammern von ihrem Vorsitzenden negativ auswirkt. Zwar mag man auf den ersten Blick geneigt sein, zu argumentieren, dass die anderen Mitglieder wenig Interesse haben, um die besondere Gunst ihres Vorsitzenden zu werben, erhalten sie ihre Bezahlung doch unabhängig von der Anzahl der von ihnen mitentschiedenen Fälle. Es steht aber zumindest die fachliche Reputation innerhalb des Amtes auf dem Spiel. Diese mag nicht unbeachtlich sein, bedenkt man, dass zumindest die rechtlich qualifizierten Mitglieder gegebenenfalls Ambitionen haben, in der Zukunft für den Posten des Vorsitzenden einer Beschwerdekammer ins Gespräch zu kommen.

---

gesetzter der rechtskundigen Mitarbeiter ist der Vorsitzende der Kammer, dem der rechtskundige Mitarbeiter zugeteilt worden ist.

[176] Artikel 5 Absatz 2 des Beschlusses Nr. ADM-00-10: Jeder Beschwerdekammer werden entsprechend der tatsächlichen Arbeitsbelastung Sekretariats- und weitere Mitarbeiter beigegeben. Unmittelbarer Vorgesetzter der Sekretariats- und weiteren Mitarbeiter ist der Vorsitzende der Kammer, dem der Mitarbeiter zugeteilt worden ist.

[177] Beschluss Nr. 2001-1 des Präsidiums der Beschwerdekammern vom 30. März 2001 zur Bestimmung der Mitglieder der Ersten, der Zweiten und der Dritten Beschwerdekammer und ihrer Vertreter sowie zur Festlegung objektiver Kriterien für die Geschäftsverteilung der Beschwerdekammern im Geschäftsjahr 2001, http://oami.eu.int/DE/aspects/pdf/BoA01-01.pdf.

[178] http://oami.eu.int/de/admin/organig.htm.

d) Einflussmöglichkeiten des Verwaltungsrates

Schließlich stellt sich die Frage nach der Unabhängigkeit der Mitglieder der Beschwerdekammern vom Verwaltungsrat des Harmonisierungsamtes bzw. des Sortenamtes. Dem Verwaltungsrat kommt eine einflussreiche Rolle bei der Ernennung der Vorsitzenden und der Mitglieder der Beschwerdekammern zu. So erstellt der Verwaltungsrat des Harmonisierungsamtes nach Artikel 131 Absatz 1 Satz 1 in Verbindung mit Artikel 120 Absatz 1 Satz 1 der Verordnung Nr. 40/94 die Kandidatenlisten, von welchen der Vorsitzende und die anderen Mitglieder der Beschwerdekammern vom Rat für eine Amtszeit von fünf Jahren ernannt werden. Der Verwaltungsrat des Sortenamtes wird im Verfahren für die Ernennung des Vorsitzenden der Beschwerdekammer nur angehört, darf also nicht selbst die Liste von maximal drei Kandidaten erstellen. Hinsichtlich der Ernennung der anderen Mitglieder der Beschwerdekammer, die nicht Vorsitzende oder ihre Stellvertreter sind, reichen die Befugnisse des Verwaltungsrates des Sortenamtes jedoch über diejenige des Harmonisierungsamtes hinaus. Der Verwaltungsrat wählt nämlich die anderen Mitglieder der Beschwerdekammer selbst aus. Auch wird der Verwaltungsrat des Sortenamtes bei Entscheidungen über die Entlassung von Mitgliedern der Beschwerdekammern vor Ablauf ihrer Amtszeit nach Artikel 47 Absatz 5 der Verordnung Nr. 2100/94 angehört.

Vor dem Hintergrund dieser Befugnisse des Verwaltungsrates stellt sich nunmehr die Frage, ob die Unabhängigkeit der Mitglieder der Beschwerdekammern berührt wird. Bedenken mögen insofern entstehen, als die Abstimmungen im Verwaltungsrat durch die Vertreter der Mitgliedstaaten erfolgen. In Parallele zur Diskussion um die Unabhängigkeit der Richter des Europäischen Gerichtshofes,[179] die von den Regierungen der Mitgliedstaaten im gegenseitigen Einvernehmen ernannt werden, könnte die Unabhängigkeit als gefährdet angesehen werden. Dies gilt insbesondere, wenn man bedenkt, dass die Mitglieder der Beschwerdekammern um ihre Wiederernennung nach Ablauf ihrer fünfjährigen Amtszeit bemüht sein werden.

Diese Bedenken lassen sich letztendlich jedoch zerstreuen. Zwar ist die Amtszeit mit fünf Jahren noch kürzer als die sechsjährige Amtszeit der Richter des Europäischen Gerichtshofes, so dass die Mitglieder der Beschwerdekammer zur Verlängerung ihrer Amtszeit in gleicher Weise von einer Wiederernennung abhängig sind.[180]

---

[179] Siehe dazu Manfred Zuleeg, Verhandlungen des sechzigsten Deutschen Juristentages, München 1994, Band II/2, N 74, 76; Werner Feld, The Court of the European Communities: New Dimension in International Adjudication, The Hague 1964, S. 16-21; von der Groeben/Thiesing/Ehlermann-*Krück*, Kommentar zum EU-/EG-Vertrag, Artikel 167, Rn 7, Fn 5 mit weiteren Hinweisen auf Valerio Gremitieri, Il processo communitario, Mailand 1973, S. 52; Otto Riese, Über den Rechtsschutz innerhalb der Europäischen Gemeinschaften, EuR 1966, S. 24, 49; Konrad Zweigert, in: Zehn Jahre Rechtsprechung des Gerichtshofs der Europäischen Gemeinschaften, Kölner Schriften zum Europarecht, Band 1, Köln 1965, S. 580, 583 f.; Günter Geisseler, in: Zehn Jahre Rechtsprechung des Gerichtshofs der Europäischen Gemeinschaften, Kölner Schriften zum Europarecht, Band 1, Köln 1965, S. 599, 601 f.; Hans-Ulrich Bächele, Die Rechtsstellung der Richter am Gerichtshof der Europäischen Gemeinschaften, Berlin 1961, S. 126-130; Ernst-Werner Fuss, Zur Rechtsstaatlichkeit der Europäischen Gemeinschaften, DÖV 1964, S. 577, 579.

[180] Man mag allenfalls geneigt sein, zu argumentieren, dass bereits die Tatsache, dass die Mitglieder der Beschwerdekammern überhaupt zur Widerwahl stehen, mit ihrer Unabhängigkeit unvereinbar ist

Ein wesentlicher Unterschied liegt jedoch darin, dass der mit den Vertretern der Mitgliedstaaten abstimmende Verwaltungsrat nicht allein über die Ernennung der Mitglieder entscheidet. Vielmehr sind nach dem oben Gesagten insbesondere der Rat und hinsichtlich des Vorsitzenden der Beschwerdekammer des Sortenamtes und seines Stellvertreters außerdem die Kommission eingeschaltet. Allerdings sei darauf hingewiesen, dass die genannten Vorschriften über die Ernennung der Mitglieder der Beschwerdekammern es zulassen, dass die vom Verwaltungsrat bzw. von der Kommission nach Anhörung des Verwaltungsrates dem Rat vorgelegte Kandidatenliste aus lediglich einer Person besteht. Dies wurde für die Auswahl eines Vorsitzenden der Beschwerdekammer des Harmonisierungsamtes so auch schon praktiziert.[181] In Fällen, in denen dem Rat eine Liste mit nur einem Kandidaten zugeleitet wird, reduziert sich demnach die Entscheidungskompetenz des Rates auf eine Annahme oder Ablehnung des vorgeschlagenen Kandidaten.

Ein weiterer Unterschied besteht darin, dass das politische Interesse der Mitgliedstaaten an der Besetzung des Amtes des Richters am Europäischen Gerichtshof mit einer bestimmten Persönlichkeit weitaus stärker ausgeprägt ist, als das politische Interesse an der Besetzung der Positionen der Beschwerdekammern. Dies zeigt sich schon darin, dass in der bisherigen Praxis der Stellenbesetzung am Europäischen Gerichtshof regelmäßig von jedem Mitgliedstaat ein Richter mit dessen Staatsangehörigkeit vertreten ist. Anders verhält es sich dagegen bei der Besetzung der Beschwerdekammern des Harmonisierungsamtes und des Sortenamtes.

2. Auswirkungen auf die Erfüllung der Aufgaben

Obige Ausführungen zu den Grenzen der Unabhängigkeit der Mitglieder der Beschwerdekammern lassen sich wie folgt zusammenfassen. Erstens steht die organisatorische Eingliederung der Beschwerdekammern in die Struktur des Harmonisierungsamtes und des Sortenamtes einer uneingeschränkten Gewährleistung der Unabhängigkeit der Mitglieder der Beschwerdekammern entgegen. Zweitens sind dem Präsidenten Befugnisse eingeräumt, deren Ausübung sowohl mit der persönlichen als auch mit der sachlichen Unabhängigkeit der Mitglieder der Beschwerdekammern in Konflikt treten kann. Drittens stößt die beschriebene Befugnis der Vorsitzenden der Beschwerdekammern zur Bestimmung der anderen Mitglieder für die Entscheidung einer zugewiesenen Beschwerde auf Bedenken.

Vor diesen Hintergrund stellt sich die Frage, inwiefern die genannten Grenzen der Unabhängigkeit der Mitglieder der Beschwerdekammern die Erfüllung der Aufgaben der Beschwerdekammern erschweren oder gar vereiteln.

(siehe Calliess/Ruffert-*Wegener*, Art. 223, Rn 2, zu entsprechenden Forderungen für die Richter des Europäischen Gerichtshofes). Zu Bedenken gegen die persönliche Unabhängigkeit der sog. *Administrative Law Judges* in den USA siehe etwa Redish,Martin H./Marshall, Lawrence C., Adjudicatory Independence and the Values of Procedural Due Process, 95 Yale L.J., Band 95, 1986, S. 455, 499.

[181] Siehe Sachverhalt des Beschlusses des Gerichts Erster Instanz (Dritte Kammer) vom 11. Juli 1996, Rechtssache T-30/96 (José Gomes de Sá Pereira gegen Rat der Europäischen Union), Sammlung der Rechtsprechung 1996, Seite II-785.

a) Gewährung individuellen Rechtsschutzes

Man betrachte zunächst die Aufgabe, individuellen Rechtsschutz zu gewähren. Die Qualität des Rechtsschutzes ist in Frage gestellt, wenn die Beschwerdekammern nicht als neutrale Dritte über die Richtigkeit der Ausgangsentscheidung entscheiden,[182] sondern den Einwirkungen des Amtes ausgesetzt sind. In dieser Situation besteht das Risiko, dass die Beschwerdekammern als Kontrollinstanz nicht allein sachliche Erwägungen in ihren Entscheidungsprozeß einfließen lassen. Vielmehr herrscht die Gefahr, dass solche Aspekte Berücksichtigung finden, die denjenigen, die auf die Mitglieder der Beschwerdekammern Einfluss nehmen, gewogen sind.

b) Entlastung der Gerichte

Die Beeinträchtigung der Erfüllung der Aufgabe der Gewährung individuellen Rechtsschutzes wirkt sich wiederum negativ auf die Aufgabe der Entlastung der Gerichte aus. Dies mag wie folgt verdeutlicht werden. Wird eine Partei durch eine Entscheidung der Beschwerdekammer über die Beschwerde belastet, so kann die Partei entweder der Auffassung sein, die Beschwerde sei zu Unrecht zurückgewiesen worden. Oder die Partei kann der Meinung sein, die Beschwerde sei zu Recht ohne Erfolg geblieben. In letzterem Fall mögen die geringen Erfolgsaussichten einer Klage die Partei in der Regel veranlassen, von der Erhebung einer Klage gegen die Beschwerdeentscheidung abzusehen. Hat die beschwerte Partei dagegen den Eindruck, die Beschwerde sei zu Unrecht zurückgewiesen worden, so wird sie eher geneigt sein, Klage zu heben. Freilich werden regelmäßig noch weitere Erwägungen in die Entscheidung über die Klageerhebung einfließen. So sind insbesondere die Höhe der Kosten und die voraussichtliche Länge des Klageverfahrens Faktoren, welche die Entscheidung über die Klageerhebung beeinflussen werden. Unabhängig davon verringert aber eine als unfair von den Parteien verstandene Beschwerdeentscheidung die Belastung der Gerichte nicht in demselben Maße wie eine als fair und unparteiisch aufgenommene Entscheidung. Bei Beeinträchtigung der Unabhängigkeit der Mitglieder der Beschwerdekammern wird aber nach dem oben Gesagten das Risiko des Erlasses falscher Entscheidungen[183] oder zumindest das Risiko, dass die Verfahrensbeteiligten die Entscheidung als unrichtig auffassen, erhöht. Folglich wird das Ziel der Entlastung der Gerichte verfehlt.

c) Selbstkontrolle des Amtes und Einheitlichkeit der Entscheidungspraxis

Schwieriger gestaltet sich die Frage, ob durch die Beschränkungen der Unabhängigkeit der Mitglieder der Beschwerdekammern die Ziele der Selbstkontrolle der Ämter und der Einheitlichkeit der Entscheidungspraxis beeinträchtigt werden. Man könnte geneigt sein, zu argumentieren, dass die Einheitlichkeit der Entscheidungspraxis und die interne Kontrolle nicht negativ beeinflusst werden. Schließlich könnte die

---

[182] Siehe etwa Jarass/Pieroth, Grundgesetz für die Bundesrepublik Deutschland, Artikel 92, Rn 5, zum Begriff des Richters: „Richter sind durch organisatorische Selbständigkeit, persönliche und sachliche Unabhängigkeit [...] sowie Neutralität und Distanz („als unbeteiligte Dritte") gegenüber den Verfahrensbeteiligten [...] gekennzeichnet."

[183] Hierzu Jens Dammann, System der Grundfreiheiten, S. 37 (unveröffentliches Manuskript).

amtsinterne Einflussnahme auf die Beschwerdekammern sogar dazu förderlich sein, dass das Amt einschließlich seiner Beschwerdekammern nach außen hin als Vertreter ein und derselben Meinung in Erscheinung tritt. Allerdings überzeugt diese Auffassung in zweierlei Hinsicht nicht. Erstens ist nicht zwingend, dass sich die Einflussnahme inhaltlich derart gestaltet, dass die von der Ausgangsdienststelle gefällte Entscheidung bestätigt wird. Es steht daher keineswegs fest, dass das Ergebnis ein hoher Grad an Einheitlichkeit in der Entscheidungspraxis ist. Zweitens erscheint hinsichtlich des Aspekts der Selbstkontrolle sehr zweifelhaft, ob überhaupt noch von einer *Kontrolle* gesprochen werden kann. So besteht nämlich die Gefahr, dass die Beschwerdekammern nicht so sehr die angefochtene Entscheidung auf ihre Richtigkeit hin überprüfen, sondern vielmehr damit beschäftigt sind, die Vorstellungen anderer Dienststellen des Amtes und insbesondere des Präsidenten wiederzugeben.

d) Zusammenfassung

Zusammenfassend lässt sich feststellen, dass den Beschwerdekammern zumindest die Gewährung individuellen Rechtsschutzes und die Entlastung der Gemeinschaftsgerichte dadurch erschwert wird, dass der persönlichen und sachlichen Unabhängigkeit ihrer Mitglieder institutionelle Grenzen gesetzt sind.

II. Gesetzlicher Richter

In Hinblick auf die institutionellen Schwächen der Beschwerdekammern zur Erfüllung der ihnen übertragenen Aufgaben sind des Weiteren solche Regelungen über den Aufbau der Beschwerdekammern und das Verfahren vor denselben zu analysieren, die sich unter dem Aspekt des Grundsatzes des gesetzlichen Richters zusammenfassen lassen.

In einem ersten Schritt sind diejenigen Vorschriften darzustellen, die das Verfahren der Zusammensetzung der Beschwerdekammern sowie die Kriterien für die Geschäftsverteilung betreffen. In einem zweiten Schritt soll die Vereinbarkeit dieser Vorschriften mit einem gemeinschaftsrechtlichen Grundsatz des gesetzlichen Richters[184] untersucht werden. Abschließend ist auf die Frage einzugehen, wie sich eine Verletzung des Grundsatzes auf die Erfüllbarkeit der den Beschwerdekammern übertragenen Aufgaben auswirkt.

1. Zusammensetzung der Beschwerdekammern und Geschäftsverteilung

Einleitend werden daher nunmehr die Kriterien für die Zuteilung der Mitglieder der Beschwerdekammern zu den einzelnen Beschwerdekammern, die Kriterien für die Geschäftsverteilung, die Maßstäbe für die Beilegung von Meinungsverschiedenheiten in diesen Bereichen, die Kriterien für die Zuteilung der Mitglieder durch den Vorsitzenden der Beschwerdekammern, die Möglichkeiten der Änderungen der Geschäftsverteilung und der Besetzung der Beschwerdekammern im Laufe des Geschäftsjahres

[184] Einen solchen Grundsatz anerkennend Peter Szczekalla, Anmerkung zu EuGH, Urteil vom 4.5.1995 – Rs. C-7/94 (Landesamt für Ausbildungsförderung Nordrhein-Westphalen/Lubor Gaal), EuZW 1995, S. 671, 672.

sowie die Vorschriften über die Veröffentlichung der Geschäftsverteilung und Besetzung der Kammern beschrieben.

a) Grundsätzliches Verfahren

Wie oben bereits angedeutet, gestaltet sich das Verfahren zur Besetzung der Beschwerdekammern und zur Zuteilung der eingehenden Beschwerden zu den Kammern folgendermaßen.

Die Mitglieder der Beschwerdekammern werden gemäß Artikel 120, 131 Absatz 1 der Verordnung Nr. 40/94 vom Rat der Europäischen Gemeinschaft von einer Liste von höchstens drei Kandidaten ausgewählt und ernannt. Im Rahmen des Sortenamtes gilt dies gemäß Artikel 47 Absatz 1 Satz 1 der Verordnung Nr. 2100/94 allerdings nur für den Vorsitzenden der Kammer,[185] nicht für die anderen Mitglieder. Die anderen Mitglieder werden dagegen nach Artikel 47 Absatz 2 der Verordnung Nr. 2100/94 vom Verwaltungsrat des Sortenamtes selbst ohne vorherige Kandidatenliste ins Amt berufen. Soweit eine Kandidatenliste zu führen ist, wird diese im Fall des Harmonisierungsamtes vom Verwaltungsrat des Harmonisierungsamtes und im Fall des Sortenamtes von der Kommission nach Anhörung des Verwaltungsrates des Sortenamtes zusammengestellt.

Die Besetzung der einzelnen Kammern mit Vorsitzenden und anderen Mitgliedern wird beim Harmonisierungsamt und beim Sortenamt unterschiedlich gehandhabt.

Für das Harmonisierungsamt ist das Zuteilungsverfahren in Artikel 1 Absatz 1 Satz 1 und Absatz 2 Satz 1 der Verfahrensordnung der Beschwerdekammern geregelt.[186] Dort heißt es, dass vor Beginn eines jeden Geschäftsjahres die Mitglieder der

---

[185] Der ursprüngliche Vorschlag zu einem Artikel 46 Absatz 1 einer Verordnung des Rates über den gemeinschaftlichen Sortenschutz hatte vorgesehen, dass die Kommission den Vorsitzenden und die anderen Mitglieder der Beschwerdekammer des Sortenamtes ernennt, ABl. C 244 vom 28. September 1990, S. 1, 12.

[186] Artikel 1 der Verfahrensordnung der Beschwerdekammern des Harmonisierungsamtes
Geschäftsverteilung und Präsidium
(1) Vor Beginn eines jeden Geschäftsjahrs wird der Geschäftsverteilungsplan für die Beschwerdekammern nach objektiven Kriterien aufgestellt, und es werden die Mitglieder der einzelnen Beschwerdekammern und ihre Vertreter bestimmt. Jedes Mitglied einer Beschwerdekammer kann zum Mitglied mehrerer Beschwerdekammern oder zum Vertreter in mehreren Beschwerdekammern bestimmt werden. Falls erforderlich, können diese Maßnahmen im Laufe des Geschäftsjahrs geändert werden.
(2) Die in Absatz 1 genannten Maßnahmen werden vom Präsidium getroffen, das sich zusammensetzt aus dem Präsidenten des Amts als Vorsitzenden, dem für die Beschwerdekammern zuständigen Vizepräsidenten des Amts, den Vorsitzenden der Beschwerdekammern und drei weiteren Mitgliedern der Beschwerdekammern, die von der Gesamtheit der Mitglieder der Beschwerdekammern mit Ausnahme der Vorsitzenden für das betreffende Geschäftsjahr gewählt werden. Das Präsidium ist beschlussfähig, Wenn mindestens fünf seiner Mitglieder einschließlich des Präsidenten oder des Vizepräsidenten des Amts und zwei der Kammervorsitzenden anwesend sind. Das Präsidium entscheidet mit Stimmenmehrheit. Bei Stimmengleichheit gibt die Stimme des Vorsitzenden den Ausschlag. Das Präsidium kann sich eine Verfahrensordnung geben.
(3) Bei Meinungsverschiedenheiten über die Geschäftsverteilung zwischen den Beschwerdekammern entscheidet das in Absatz 2 bezeichnete Präsidium.

einzelnen Beschwerdekammern und ihre Vertreter vom Präsidium des Harmonisierungsamtes bestimmt werden. Das Präsidium setzt sich derzeit aus dem Präsidenten des Amtes als Vorsitzenden, dem für die Beschwerdekammern zuständigen Vizepräsidenten des Amts, den Vorsitzenden der bereits bestehenden Beschwerdekammern und drei weiteren Mitgliedern der Beschwerdekammern zusammen. Gemäß Satz 2 des Artikels 1 Absatz 1 der Verfahrensordnung kann allerdings jedes Mitglied einer Beschwerdekammer zugleich Mitglied oder Vertreter einer anderen Beschwerdekammer sein.

Dem Sortenamt gehört bislang nur eine Beschwerdekammer an. Der eine Vorsitzende und sein Stellvertreter stehen folglich fest. Die anderen Mitglieder werden jedoch nicht im vorhinein bestimmt. Vielmehr wählt nach Artikel 46 Absatz 2 der Verordnung Nr. 2100/94 der Vorsitzende für jeden einzelnen Fall die anderen Mitglieder der Beschwerdekammer aus.

Was die Zuweisung der eingegangenen Beschwerden an die Beschwerdekammern anbetrifft, so ist für das Sortenamt kein Geschäftsverteilungsplan erforderlich, da bislang nur eine Beschwerdekammer eingerichtet worden ist. Für die Beschwerdekammern des Harmonisierungsamtes richtet sich die Geschäftsverteilung nach Artikel 1 Absatz 1 Satz 1 der Verfahrensordnung der Beschwerdekammern. Danach wird vor Beginn eines jeden Geschäftsjahrs der Geschäftsverteilungsplan für die Beschwerdekammern nach objektiven Kriterien aufgestellt.

b) Kriterien für Zuteilung und Geschäftsverteilung

Die Kriterien, an denen die Entscheidungen über die Geschäftsverteilung und die Zuteilung der Mitglieder der Beschwerdekammern auszurichten sind, sind nur ansatzweise geregelt. So enthält die Verfahrensordnung der Beschwerdekammern des Harmonisierungsamtes keine Aussage über die Maßstäbe für die Zuteilung der Mitglieder an die einzelnen Beschwerdekammern. Bezüglich der Aufstellung des Geschäftsverteilungsplans ist lediglich vorgesehen, dass diese anhand objektiver Kriterien erfolgen soll. Konkretere Vorgaben werden jedoch nicht gemacht. Allein in den Begründungserwägungen zu der Verfahrensordnung finden sich zwei Beispiele. Danach mag die Geschäftsverteilung entweder anhand von Waren- und Dienstleistungsklassen oder anhand der Anfangsbuchstaben der Beschwerdeführer durchgeführt werden.[187] Mangels detaillierterer Vorgaben bleibt letztlich aber dem Präsidium überlas-

(4) Solange nicht mehr als drei Beschwerdekammern eingerichtet sind, setzt sich das in Absatz 2 bezeichnete Präsidium zusammen aus dem Präsidenten des Amts als Vorsitzenden, dem für die Beschwerdekammern zuständigen Vizepräsidenten des Amts, dem oder den Vorsitzenden der bereits bestehenden Beschwerdekammern und einem weiteren Mitglied der Beschwerdekammern, das von der Gesamtheit der Mitglieder der Beschwerdekammern mit Ausnahme des oder der Vorsitzenden für das betreffende Geschäftsjahr gewählt wird. Das Präsidium ist beschlussfähig, wenn mindestens drei seiner Mitglieder einschließlich des Präsidenten oder des Vizepräsidenten des Amts anwesend sind.

[187] „Zu Beginn eines jeden Geschäftsjahrs sollte vor einem hierzu eingesetzten Präsidium für die Beschwerdekammern ein Geschäftsverteilungsplan nach objektiven Kriterien wie Waren- und Dienstleistungsklassen oder Anfangsbuchstaben der Beschwerdeführer aufgestellt werden."

sen, wie die Zuteilung der Mitglieder an die einzelnen Beschwerdekammern und die Geschäftsverteilung im einzelnen regelt werden.[188]

c) Meinungsverschiedenheiten über Zuteilung und Geschäftsverteilung

Auch fehlt es an Kriterien, anhand derer über einen Streit über die Geschäftsverteilung oder die Zuteilung der Mitglieder der Beschwerdekammern zu entscheiden ist. Wiederum legt die Verfahrensordnung der Beschwerdekammern des Harmonisierungsamtes allein fest, wer im Streitfalle entscheidet. Dies gilt jedoch nur in bezug auf Meinungsverschiedenheiten über die Geschäftsverteilung. Nach Artikel 1 Absatz 3 der Verfahrensordnung ist es Aufgabe des oben erwähnten Präsidiums über derartige Streitigkeiten zu richten. Hinsichtlich möglicher Meinungsverschiedenheiten über die Zuteilung der Mitglieder an die einzelnen Beschwerdekammern fehlt eine gesetzliche Regelung gänzlich.

d) Zuteilung der Mitglieder durch den Vorsitzenden

Seit 2001 besteht die Besonderheit, dass aufgrund eines Überhangs an Mitgliedern der Beschwerdekammern den einzelnen Kammern mehr als drei Mitglieder zugeteilt sind. Um festzulegen, welche Mitglieder über die jeweilige der Kammer zugewiesene Beschwerde entscheiden, ist durch Artikel 1 Absatz 5 des Beschlusses Nr. 2001-1 des Präsidiums der Beschwerdekammern dem Vorsitzenden der jeweiligen Beschwerdekammer die Befugnis eingeräumt worden, über die Zusammensetzung der Kammer für jede einzelne Beschwerdesache zu entscheiden.[189] Eine entsprechende Regelung ist für das Geschäftsjahr 2002 getroffen worden.[190] Hinsichtlich des Sortenamtes ist ein solches Vorgehen nach dem oben Gesagten sogar als Regelfall vorgesehen. So heißt es in Artikel 46 Absatz 2 der Verordnung Nr. 2100/94, dass der Vorsitzende der Beschwerdekammer für jeden einzelnen Fall zwei weitere Mitglieder und ihre Stellvertreter von einer vom Verwaltungsrat des Sortenamtes aufgestellten Liste auswählt.

---

[188] Derzeit werden Beschwerden nach Artikel 3 des Beschlusses Nr. 2001-2 des Präsidiums in der chronologischen Reihenfolge ihres Eingangs in der gemeinsamen Geschäftsstelle der Beschwerdekammern abwechselnd einer Beschwerdekammer nach der anderen zugewiesen. Anderes soll nach Artikel 4 dieses Beschlusses nur dann gelten, wenn mehrere Beschwerden gegen dieselben Entscheidungen erhoben werden oder wenn mehrere Beschwerden gegen unterschiedliche Entscheidungen gemeinsame tatsächliche oder rechtliche Elemente aufweisen. In diesen Fällen kann es sachdienlich sein, die Beschwerden derselben Beschwerdekammer zur Prüfung und Entscheidung zuzuweisen.

[189] Beschluss Nr. 2001-1 des Präsidiums der Beschwerdekammern vom 30. März 2001 zur Bestimmung der Mitglieder der Ersten, der Zweiten und der Dritten Beschwerdekammer und ihrer Vertreter sowie zur Festlegung objektiver Kriterien für die Geschäftsverteilung der Beschwerdekammern im Geschäftsjahr 2001, http://oami.eu.int/DE/aspects/pdf/BoA01-01.pdf.

[190] Siehe Artikel 1 Absatz 5 des Beschlusses Nr. 2001-2 des Präsidiums der Beschwerdekammern vom 21. Dezember 2001 zur Bestimmung der Mitglieder der Ersten, der Zweiten, Dritten und Vierten Beschwerdekammer und ihrer Vertreter sowie zur Festlegung von Verfahren für die Geschäftsverteilung der Beschwerdekammern im Arbeitsjahr 2002 (http://oami.eu.int/DE/aspects/pdf/BoA01-02.pdf).

e) Änderungen im Laufe des Geschäftsjahres

Eine weitere Besonderheit besteht darin, dass nach Artikel 1 Absatz 1 Satz 3 der Verfahrensordnung der Beschwerdekammern des Harmonisierungsamtes, falls erforderlich, die Maßnahmen der Geschäftsverteilung und der Zuteilung der Mitglieder zu den einzelnen Beschwerdekammern im Laufe des Geschäftsjahres geändert werden können. Kriterien für die Prüfung der Erforderlichkeit legt die Verfahrensordnung nicht fest. Insbesondere ist nicht ersichtlich, wie streng oder gering die Anforderungen an eine Änderung der genannten Maßnahmen sind.

f) Veröffentlichung

Schließlich ist festzustellen, dass sowohl die personelle Zusammensetzung der Beschwerdekammern als auch die Kriterien für die Geschäftsverteilung veröffentlicht werden. Die Veröffentlichung erfolgt im Amtsblatt des Harmonisierungsamtes. Gleichzeitig sind die entsprechenden Beschlüsse des Präsidiums auf der Webseite des Harmonisierungsamtes einsehbar. So bestimmt sich derzeit die personelle Zusammensetzung der Beschwerdekammern und die Geschäftsverteilung nach dem Beschluss Nr. 2001-2 des Präsidiums der Beschwerdekammern vom 21. Dezember 2001 zur Bestimmung der Mitglieder der Ersten, der Zweiten, Dritten und Vierten Beschwerdekammer und ihrer Vertreter sowie zur Festlegung von Verfahren für die Geschäftsverteilung der Beschwerdekammern im Arbeitsjahr 2002.[191]

2. Vereinbarkeit mit dem Grundsatz des gesetzlichen Richters

Vor diesem Hintergrund stellt sich nunmehr die Frage, inwiefern die obigen Verfahren und Strukturen mit einem gemeinschaftsrechtlichen Grundsatz des gesetzlichen Richters vereinbar sind.

a) Anerkennung eines gemeinschaftsrechtlichen Grundsatzes

Vorab ist auf die Frage einzugehen, ob und in welchem Umfang das Gebot des gesetzlichen Richters auf Gemeinschaftsebene anerkannt ist. Mit dem Grundsatz des gesetzlichen Richters wird herkömmlich die Forderung nach einer abstrakt-generellen Vorausbestimmung der Besetzung der Richterbank beschrieben. Der Grundsatz bezweckt, der Gefahr sachfremder Einflüsse auf die Rechtsprechung vorzubeugen.[192]

Das geschriebene Gemeinschaftsrecht kennt den Begriff des gesetzlichen Richters nicht.[193] Auch der Europäische Gerichtshof hat bislang keinen allgemeinen Rechtsgrundsatz[194] des Gemeinschaftsrechts entwickelt, den er explizit mit den Worten des gesetzlichen Richters tituliert.[195]

[191] http://oami.eu.int/DE/aspects/pdf/BoA01-02.pdf.

[192] Siehe etwa BVerfGE 6, 45, 50 f.; BVerfGE 9, 223, 226 f.; Ulrich Reichl, Probleme des gesetzlichen Richters in der Verwaltungsgerichtsbarkeit, Frankfurt 1994 (Diss. 1993), S. 46.

[193] Rüdiger Stotz, Der gesetzliche Richter in Europa, EuZW 1995, S. 749.

[194] Von den allgemeinen Rechtsgrundsätzen zu unterscheiden sind die allgemeinen Grundsätze des Gemeinschaftsrechts. Letztere regeln Probleme, die dem Gemeinschaftsrecht immanent sind und da-

Dies bedeutet allerdings nicht, dass der Europäische Gerichtshof nicht dennoch Fälle, die ihm zur Entscheidung vorgelegt werden, in einer Weise lösen würde, die der Sache nach – wenn auch ohne Verwendung der entsprechenden Terminologie - einem Grundsatz des gesetzlichen Richters, wie er aufgrund von Artikel 101 Grundgesetz aus dem deutschen Verfassungsrecht bekannt ist,[196] zumindest nahe käme.[197] Dafür sprechen folgende Überlegungen.

Der Grundsatz des gesetzlichen Richters ist eine wichtige Ausprägung der rechtsstaatlichen Rechtssicherheit und des rechtsstaatlichen Objektivitätsgebots.[198] Wird der Grundsatz des gesetzlichen Richters aus dem Rechtsstaatsprinzip abgeleitet und genießt das Rechtsstaatsprinzip auch auf Gemeinschaftsebene als allgemeiner Rechtsgrundsatz Geltung,[199] so liegt es nahe, dass der Europäische Gerichtshof nicht abgeneigt wäre, auch andere Ausprägungen desselben Grundsatzes anzuerkennen.[200]

Des Weiteren ist zu berücksichtigen, dass der Grundsatz des gesetzlichen Richters Ausdruck der Erfordernisse der Unabhängigkeit und Unparteilichkeit des Richters ist.[201] Auch diese Prinzipien sind dem Gemeinschaftsrecht bekannt, wie etwa durch die Regelung des Artikels 223 (ex Artikels 167) EGV über die Unabhängigkeit der Richter des Europäischen Gerichtshofes deutlich wird.[202] Nun mag man argumentieren, dass eine Anerkennung des Grundsatzes vom gesetzlichen Richter nicht mehr er-

---

her ausschließlich dem Geist und System des EGV zu entnehmen sind. Die allgemeinen Rechtsgrundsätze stellen dagegen eine Reaktion auf Rechtsfragen dar, die in allen vergleichbaren Rechtsordnungen auftauchen können und dementsprechend unter Rückgriff auf die allgemeinen Rechtsgrundsätze zu entwickeln sind, die den Rechtsordnungen der Mitgliedstaaten gemeinsam sind. So von der Groeben/Thiesing/Ehlermann-*Krück*, EGV, Artikel 164 Rn 22.

[195] Rüdiger Stotz, Der gesetzliche Richter in Europa, EuZW 1995, S. 749.

[196] Zum Schutzbereich des Artikels 101 GG und zur Gesetzlichkeit des Richters im deutschen Verwaltungsprozessrecht siehe Ulrich Reichl, Probleme des gesetzlichen Richters in der Verwaltungsgerichtsbarkeit, Frankfurt 1994 (Diss. 1993), S. 45-186.

[197] Die Rechtsfigur des gesetzlichen Richters im Grundsatz als im Gemeinschaftsrecht für anerkannt haltend Peter Szczekalla, Anmerkung zu EuGH, Urteil vom 4.5.1995 – Rs. C-7/94 (Landesamt für Ausbildungsförderung Nordrhein-Westphalen/Lubor Gaal), EuZW 1995, S. 671, 672.

[198] Jarass/Pieroth, Grundgesetz für die Bundesrepublik Deutschland, Artikel 101, Rn 1; Ulrich Reichl, Probleme des gesetzlichen Richters in der Verwaltungsgerichtsbarkeit, Frankfurt 1996 (Diss.), S. 45 ("Ausfluss und zugleich Garant der Rechtsstaatlichkeit auf dem Gebiet der Gerichtsverfassung").

[199] Der EuGH spricht von dem Grundsatz der Rechtsstaatlichkeit. Siehe EuGH, Urteil des Gerichtshofes vom 13. Februar 1978, Rs. 101/78 (Granaria B.V. gegen Hoofproduktischap voor Akkerbouwprodukten), Sammlung der Rechtsprechung 1979, S. 62, Rn 5: „Aus dem im Vertrag zugrunde gelegten System der Gesetzgebung und Rechtsprechung ergibt sich somit, dass im Hinblick auf die Wahrung des Grundsatzes der Rechtsstaatlichkeit in der Gemeinschaft zwar den Einzelnen eine Möglichkeit eröffnet wird, die Gültigkeit von Verordnungen vor Gericht in Frage zu stellen, dass dieser Grundsatz aber ebenfalls für alle dem Gemeinschaftsrecht unterstehenden Personen und Stellen die Verpflichtung mit sich bringt, die volle Wirksamkeit von Verordnungen insoweit anzuerkennen, als diese nicht von einem zuständigen Gericht für ungültig erklärt worden sind."

[200] So sind bislang als Ausprägung des Grundsatzes der Rechtsstaatlichkeit etwa der Grundsatz der Verhältnismäßigkeit, der Vorbehalt des Gesetzes, der Vertrauensschutz, die Rechtssicherheit und der Bestimmtheitsgrundsatz vom EuGH anerkannt worden. Zur Rechtssicherheit siehe etwa EuGH, Urteil vom 30. März 2000, Rs. 178/97 (Barry Banks u.a. gegen Théâtre Royal de la Monnaie), Sammlung der Rechtsprechung 2000, I-2005, Rn 41.

[201] Rüdiger Stotz, Der gesetzliche Richter in Europa, EuZW 1995, S. 749.

[202] Dazu Kerstin Estler, Zur Effektivität des einstweiligen Rechtsschutzes, Frankfurt am Main 2003 (Diss. 2002), S. 136; von der Groeben/Thiesing/Ehlermann-*Krück*, Artikel 167, Rn 8-12.

forderlich ist, wenn die Unparteilichkeit der Richter aufgrund anderer Rechtssätze bereits gewahrt wird.[203] Meines Erachtens schließen sich die beiden Prinzipien aber keineswegs aus, sondern ergänzen sich vielmehr. Der Glaube an die Notwendigkeit eines unabhängigen Richters kann gerade mit dem Glauben an einen Grundsatz des gesetzlichen Richters einhergehen. So stellen etwa im deutschen Verfassungsrecht Verstöße gegen den Grundsatz des unabhängigen Richters nach den Artikeln 92 und 97 GG zugleich eine Verletzung des Grundsatzes des gesetzlichen Richters im Sinne des 101 GG dar und werden auf diese Weise zu subjektiv im Wege der Verfassungsbeschwerde angreifbaren Rechten aufgewertet.[204]

Dass der Europäische Gerichtshof bislang noch keine gefestigte Rechtsprechung in diesem Bereich hinterlassen hat, kann nicht als Indiz für die Ablehnung eines Grundsatzes des gesetzlichen Richters gewertet werden. Die Zurückhaltung des Gerichtshofes ist nämlich im wesentlichen auf zwei Gründe zurückzuführen. Erstens fehlte es dem Europäischen Gerichtshof - anders als etwa dem Bundesverfassungsgericht[205] - bislang an Gelegenheiten, einen entsprechenden Grundsatz in seiner Rechtsprechung detailliert zu entwickeln, da entsprechende Rechtsfragen in den zu entscheidenden Rechtssachen kaum relevant wurden. Zweitens gehört es zur Methodik des Europäischen Gerichtshofes, primär den vorliegenden Fall zu entscheiden, anstatt in allgemeine Ausführungen zu verfallen, die über das unmittelbar entscheidungserhebliche Maß hinausgehen. So erfolgte, selbst soweit sich der Europäische Gerichtshof bisher mit Aspekten des Grundsatzes des gesetzlichen Richters zu befassen hatte, die rechtliche Auseinandersetzung eher beiläufig. Als Beispiel mag das Vorlageverfahren in der Rechtssache *Gaal*[206] dienen. In dem Verfahren hatte der Bevollmächtigte der deutschen Regierung die Rechtmäßigkeit der Besetzung der Kammer mit der Begründung in Frage gestellt, dass Artikel 221 Absatz 2 Satz 2 (ex Artikel 165 Absatz 2 Satz 2) EGV das Bestehen von Kammern mit fünf Richtern vorsehe, während aus dem Beschluss Nr. 94/C 304/03[207] hervorgehe, dass die Sechste Kammer aus sechs Richtern bestehe.[208] Dies finde aber im Vertrag keine Grundlage.[209] Außerdem ändere der Umstand, dass die Sechste Kammer zur Entscheidung der vorliegenden Rechtssache tatsächlich nur mit fünf Richtern besetzt sei, nichts daran, dass sie fehlerhaft gebildet

---

[203] So Rüdiger Stotz, Der gesetzliche Richter in Europa, EuZW 1995, S. 749.

[204] So etwa Jarass/Pieroth, Grundgesetz für die Bundesrepublik Deutschland, Artikel 101, Rn 5, siehe auch Thomas Roth, Das Grundrecht auf den gesetzlichen Richter, Berlin 2000 (Diss. 1999), S. 50 ff.

[205] BVerfGE 17, 294, 298 f.; 19, 52, 59 f.; 30, 149, 152 f.; 31, 47, 54; 82, 286, 298 f.; siehe auch BVerwGE 50, 11, 16 und BGH, NJW 1994, S. 1735.

[206] Urteil des Europäischen Gerichtshofs vom 4. Mai 1995, Rechtssache C-7/94 (Landesamt für Ausbildungsförderung des Landes Nordrhein-Westphalen gegen Lubor Gaal), Sammlung der Rechtsprechung 1995, Seite I-1031.

[207] Beschluss Nr. 94/C 304/03 des Europäischen Gerichtshofes vom 10. Oktober 1994, ABlEG. Nr. C 304, S. 1.

[208] Urteil des Europäischen Gerichtshofs vom 4. Mai 1995, Rechtssache C-7/94 (Landesamt für Ausbildungsförderung des Landes Nordrhein-Westphalen gegen Lubor Gaal), Sammlung der Rechtsprechung 1995, Seite I-1031, Rn 11.

[209] Urteil des Europäischen Gerichtshofs vom 4. Mai 1995, Rechtssache C-7/94 (Landesamt für Ausbildungsförderung des Landes Nordrhein-Westphalen gegen Lubor Gaal), Sammlung der Rechtsprechung 1995, Seite I-1031, Rn 11.

sei.[210] Dabei bliebe der Regierung insbesondere unbekannt, auf welchen Kriterien die Besetzung des Spruchkörpers beruht habe.[211] Generalanwalt Tesauro[212] und ihm folgend der Europäische Gerichtshof[213] hielten die Rügen der Bundesregierung für unbegründet. Die erste Rüge handelte der Gerichtshof kurz mit einem Wortlautargument ab: Der Vertrag regele nur, aus welcher Anzahl an Richtern eine Kammer des Gerichtshofes im Zeitpunkt der Entscheidung eines Falles zu bestehen habe. Dies hindere den Gerichtshof nicht daran, den Spruchkörper grundsätzlich mit mehr Richtern zu besetzen.[214] Im übrigen betonte der Gerichtshof, dass jedenfalls die Rechte der Beteiligten nicht beeinträchtigt seien.[215] Ähnlich hatte der Generalanwalt unter Berufung auf die interne Organisationsgewalt des Gerichtshofes argumentiert.[216]

Betont der Gerichtshof danach, dass durch die interne Besetzung der Spruchkörper und durch die Geschäftsverteilung jedenfalls keine subjektiv-einklagbaren Rechte verletzt werden, so bedeutet dies aber nicht, dass nicht dennoch rechtliche Anforderungen an die interne Justizorganisation gestellt werden. So hat der Gerichtshof

---

[210] Urteil des Europäischen Gerichtshofs vom 4. Mai 1995, Rechtssache C-7/94 (Landesamt für Ausbildungsförderung des Landes Nordrhein-Westphalen gegen Lubor Gaal), Sammlung der Rechtsprechung 1995, Seite I-1031, Rn 14.

[211] Urteil des Europäischen Gerichtshofs vom 4. Mai 1995, Rechtssache C-7/94 (Landesamt für Ausbildungsförderung des Landes Nordrhein-Westphalen gegen Lubor Gaal), Sammlung der Rechtsprechung 1995, Seite I-1031, Rn 14.

[212] Schlussanträge des Generalanwalts Tesauro vom 9. Februar 1995, Rechtssache C-7/94 (Landesamt für Ausbildungsförderung des Landes Nordrhein-Westphalen gegen Lubor Gaal), Sammlung der Rechtsprechung 1995, Seite I-1031, Rn 5: „Die Rüge der deutschen Regierung hat zur Verzögerung des Verfahrensablaufs geführt, ist jedoch offensichtlich unbegründet. Im vorliegenden Fall ist der Spruchkörper eine Kammer, die aus fünf Richtern besteht, wie es Artikel 165 EG-Vertrag vorsieht. Es fällt ganz offensichtlich in die interne Organisationsgewalt des Gerichtshofes, die fünf Richter, aus denen der Spruchkörper besteht, unter den sechs Richtern der Kammer selbst zu bestimmen."

[213] Urteil des Europäischen Gerichtshofs vom 4. Mai 1995, Rechtssache C-7/94 (Landesamt für Ausbildungsförderung des Landes Nordrhein-Westphalen gegen Lubor Gaal), Sammlung der Rechtsprechung 1995, Seite I-1031: „[Rn.] 13 Die von der deutschen Regierung angeführte Bestimmung, die im Vertrag enthalten war, als der Gerichtshof aus dreizehn Richtern bestand, soll es diesem ermöglichen, nicht als Plenum, was ein Quorum von sieben Richtern erfordert (Artikel 15 der EWG-Satzung des Gerichtshofes), sondern als Spruchkörper mit drei oder fünf Richtern "bestimmte Gruppen von Rechtssachen [zu] entscheiden". Wie sich aus seinem Wortlaut ergibt, erlaubt Artikel 165 Absatz 2 Satz 2 die Bildung von Kammern, die eine Anzahl von Rechtssachen mit drei oder fünf Richtern entscheiden. Dagegen verbietet es diese Bestimmung nicht, dass die drei oder fünf Richter, die eine bestimmte Rechtssache zu *entscheiden* haben, aus Gründen der gerichtlichen Organisation des Gerichtshofes zu einem Spruchkörper gehören, der mit einer höheren Zahl von Richtern *besetzt ist.* [...] [Rn.] 15 Es genügt die Feststellung, dass die deutsche Regierung die konkrete Besetzung der Kammer in der vorliegenden Rechtssache nicht gerügt hat. Im übrigen hat die Kammer nicht feststellen können, inwiefern ihre Besetzung in der vorliegenden Rechtssache die Rechte der Beteiligten beeinträchtigen könnte."

[214] Urteil des Europäischen Gerichtshofs vom 4. Mai 1995, Rechtssache C-7/94 (Landesamt für Ausbildungsförderung des Landes Nordrhein-Westphalen gegen Lubor Gaal), Sammlung der Rechtsprechung 1995, Seite I-1031, Rn 13.

[215] Urteil des Europäischen Gerichtshofs vom 4. Mai 1995, Rechtssache C-7/94 (Landesamt für Ausbildungsförderung des Landes Nordrhein-Westphalen gegen Lubor Gaal), Sammlung der Rechtsprechung 1995, Seite I-1031, Rn 15.

[216] Schlussanträge des Generalanwalts Tesauro vom 9. Februar 1995, Rechtssache C-7/94 (Landesamt für Ausbildungsförderung des Landes Nordrhein-Westphalen gegen Lubor Gaal), Sammlung der Rechtsprechung 1995, Seite I-1031, Rn 5.

in Reaktion auf die Diskussion um die Pflicht des Gerichtshofes zur Veröffentlichung der Entscheidungen über die Verteilung der Rechtssachen auf Kammern[217] in der Folgezeit der *Gaal*-Entscheidung sehr wohl die Besetzungsregeln der Kammern veröffentlicht.[218]

Für die Anerkennung eines gemeinschaftsrechtlichen Grundsatzes des gesetzlichen Richters sprechen schließlich zwei weitere Gesichtspunkte. Erstens zeigt ein Blick auf die Verfassungsüberlieferungen der Mitgliedstaaten, dass der Mehrzahl dieser Verfassungen Bestimmungen der Art, dass niemandem der gesetzliche Richter entzogen werden darf, bekannt sind. Zwar besteht in anderen Mitgliedstaaten eine größere Flexibilität bei der gerichtsinternen Geschäftsverteilung, als dies in Deutschland aufgrund der Vorgaben des Artikels 101 Absatz 1 Satz 2 des Grundgesetzes der Fall ist. Aber das Ideal der abstrakt-generellen Vorausbestimmung ist auch den anderen Mitgliedstaaten grundsätzlich nicht fremd.[219] Zweitens belegen die Verfahrensordnungen des Europäischen Gerichtshofes und des Gerichts erster Instanz die Anerkennung einer entsprechenden Zielsetzung auch für die Gemeinschaftsgerichtsbarkeit.[220]

b) Überprüfung der Vorschriften über die Beschwerdekammern

In Anknüpfung an die obigen Ausführungen zur Besetzung der Beschwerdekammern und zum Geschäftsverteilungsplan der Beschwerdekammern des Harmonisierungsamtes erscheinen folgende institutionelle Strukturen in rechtsstaatlicher Hinsicht bedenklich.

---

[217] Eine solche Pflicht aufgrund des Grundsatzes des gesetzlichen Richters bejahend Calliess/Ruffert-*Wegener*, Artikel 221, Rn 5; Peter Szczekalla, Anmerkung zu EuGH, Urteil vom 4.5.1995 – Rs. C-7/94 (Landesamt für Ausbildungsförderung Nordrhein-Westphalen/Lubor Gaal), EuZW 1995, S. 671, 672; siehe auch Gerhard Mößlang, Ist der EuGH als gesetzlicher Richter i.S. des Art. 101 I 2 GG in Frage gestellt?, EuZW 1996, S. 69, 70; eine Veröffentlichung nicht für erforderlich haltend Hans-Werner Rengeling/Andreas Middeke/Martin Gellermann, Rechtsschutz in der EU: Durchsetzung des Gemeinschaftsrechts vor europäischen und deutschen Gerichten, München 1994, S. 331, Rn 616; Patrick Grzybek, Prozessuale Grundrechte im Europäischen Gemeinschaftsrecht, Baden-Baden 1993, S. 82 f.; Hans Jung, Änderungen der Verfahrensordnung des Gerichtshofs der Europäischen Gemeinschaften, EuR 1980, S. 372, 377. Für das Gericht erster Instanz stellt sich die Frage der Veröffentlichungspflicht nicht, da nach Artikel 12 der Verfahrensordnung des Gerichts erster Instanz eine solche ohnehin vorgeschrieben ist.

[218] ABl. C 54 vom 4. März 1995, S. 2-3; darauf hinweisend Rüdiger Stotz, Der gesetzliche Richter in Europa, EuZW 1995, S. 749.

[219] Rüdiger Stotz, Der gesetzliche Richter in Europa, EuZW 1995, S. 749, der jedoch feststellt, dass in Großbritannien das Prinzip des gesetzlichen Richters unbekannt sei. Dabei bleibt allerdings offen, ob seiner Ansicht nach die Geltung des Prinzips der abstrakt-generellen Vorherbestimmung der Besetzung der Richterbank – auch wenn es nicht als „principle of the legally competent court" bezeichnet wird – ausdrücklich abgelehnt worden ist.

[220] Calliess/Ruffert-*Wegener*, Artikel 221, Rn 5, allerdings ohne weitere Begründung. Siehe auch Rüdiger Stotz, Der gesetzliche Richter in Europa, EuZW 1995, S. 749: „Die in den Verträgen sowie den Satzungen und der Verfahrensordnung des Gerichtshofs niedergelegten Prozessregeln spiegeln einen europaweit geltenden Standard wider, der einen effektiven Rechtsschutz unter Wahrung rechtsstaatlicher Prinzipien garantiert."

(1) Fehlende Kriterien für Zuteilung der Mitglieder

Zunächst stößt es unter rechtsstaatlichen Gesichtspunkten auf Bedenken, dass die Verfahrensordnung der Beschwerdekammern des Harmonisierungsamtes keine Aussage über die Maßstäbe für die Zuteilung der Mitglieder an die einzelnen Beschwerdekammern trifft. Dies gilt insbesondere insoweit als einzelne Kammern mit mehr als der erforderlichen Zahl an Mitgliedern besetzt sind, so dass es einer weiteren Entscheidung darüber bedarf, in welcher Besetzung die Beschwerdekammer im Einzelfall entscheidet.

Dies verdeutlicht zunächst ein Vergleich mit der Handhabung desselben Problems bei der Besetzung von Kammern beim Europäischen Gerichtshof. Zwar erlaubt Artikel 221 Absatz 2 Satz 2 (ex Artikel 165 Absatz 2 Satz 2) EGV zunächst nur, dass der Gerichtshof überhaupt Kammern aus seiner Mitte bildet. Auch Artikel 9 § 1 der Verfahrensordnung des Europäischen Gerichtshofes[221] legt lediglich das zusätzliche Erfordernis fest, dass die Besetzung der Kammern im Amtsblatt der Europäischen Gemeinschaften veröffentlicht wird.[222] Diese durch das geschriebene Recht gesetzten Rahmenbedingungen verpflichten den Europäischen Gerichtshof jedoch nicht ausdrücklich dazu, auch die Kriterien der Besetzung offen zulegen. Dennoch hat es der Europäische Gerichtshof in Reaktion auf den in der Rechtssache *Gaal* geäußerten Einwand der Bundesregierung für erforderlich gehalten, eine dahingehende Regelung zu treffen.[223] So heißt es etwa in Ziffer 2 des Beschlusses des Gerichtshofes in seiner Sitzung vom 15. Januar 1995, dass die Erste und die Vierte Kammer (denen vier Richter zugeteilt sind) für jede Rechtssache, die ihnen zugewiesen ist, mit dem Präsidenten, dem Berichterstatter und einem dritten Richter besetzt ist, der in der Reihenfolge einer Liste bestimmt wird, die der Reihenfolge nach dem Dienstalter entspricht und deren Beginn in jeder allgemeinen Sitzung um einen Namen verschoben wird.

Obwohl sich für die Vierte Beschwerdekammer des Harmonisierungsamtes, die ebenfalls mit vier Mitgliedern besetzt ist, von denen aber nur jeweils drei Mitglieder eine zugewiesene Sache entscheiden dürfen, dasselbe Problem stellt, fehlt es an einer Ziffer 2 des Beschlusses des Gerichtshofes entsprechenden Bestimmung. Dem Vorsitzenden der Vierten Beschwerdekammer sind bei seiner Entscheidung, welche zwei weiteren Mitglieder mit ihm über eine Beschwerde entscheiden, keine objektiven Kriterien vorgegeben.

Dass dies aber nach rechtsstaatlichen Grundsätzen geboten wäre, zeigt ein Hinweis auf die Rechtslage in Deutschland. Zwar ist die Überbesetzung einer Kammer oder eines Senats mit einem Mitglied oder mit zwei Mitgliedern unter der Voraussetzung der Unvermeidbarkeit grundsätzlich zulässig. Sie ist allerdings unzulässig, wenn die Zahl der ordentlichen Mitglieder es gestattet, dass in zwei personell vonein-

[221] Verfahrensordnung des Gerichtshofes der Europäischen Gemeinschaften vom 19. Juni 1991, ABl. L. 176 vom 4. Juli 1991, S. 7.

[222] Dazu von der Groeben/Thiesing/Ehlermann, Artikel 165, Rn 15. Jeweils zum 6. Oktober eines Jahres entscheidet der Gerichtshof neu über die Zusammensetzung seiner Kammern.

[223] Siehe die Beschlüsse des Gerichtshofes in seiner Sitzung vom 25. Januar 1995 (95/C 54/03), ABl. C 54 vom 4. März 1995, S. 2-3.

ander verschiedenen Sitzgruppen verhandelt und entschieden wird,[224] oder wenn der Vorsitzende drei Spruchkörper mit je verschiedenen Beisitzern bilden kann[225]. Auch sind nach der Rechtsprechung des Bundesgerichtshofes[226] und des Bundesverfassungsgerichts[227] Ermessensentscheidungen des Vorsitzenden unzulässig. Das Fehlen jeglicher Kriterien für die Auswahl der weiteren Mitglieder bei der Entscheidung von Beschwerden durch die Vierten Beschwerdekammer des Harmonisierungsamtes kommt aber einer solchen allgemeinen Ermessensentscheidung gleich.

(2) Bestimmung der anderen Mitglieder durch den Vorsitzenden

Des Weiteren erscheint die Regelung bedenklich, dass die Mitglieder der Beschwerdekammer des Sortenamtes, die nicht Vorsitzende sind, nicht vor Beginn des Geschäftsjahres anhand objektiver Kriterien dem Spruchkörper zugeordnet werden, sondern vielmehr der Vorsitzende für jede eingelegte Beschwerde die anderen Mitglieder bestimmt.[228] Der Grund dafür liegt darin, dass die anderen Mitglieder nach der für die Entscheidung der konkreten Beschwerde erforderlichen technischen Qualifikation ausgesucht werden sollen.

Die Vielfalt der technischen Gebiete, die durch die verschiedenen Mitglieder des Spruchkörpers abzudecken ist, erklärt freilich die Notwendigkeit einer Überbesetzung. Es bleibt aber die Frage, ob es erforderlich ist, dass der Vorsitzende die anderen Mitglieder auswählt, nachdem die zu entscheidende Beschwerde bereits der Beschwerdekammer zur Prüfung und Entscheidung zugewiesen worden ist. Da die Beteiligten und der Sachverhalt in diesem Verfahrensstadium bereits bekannt sind, scheint die Objektivität und Neutralität der Entscheidung des Vorsitzenden über die Bestimmung der anderen Mitglieder gefährdet.

Unter dem Gesichtpunkt der Rechtsstaatlichkeit wären zweierlei Änderungen geboten. Erstens wäre durchaus denkbar, dass bereits vor Beginn des Geschäftsjahres mehrere mögliche Besetzungen der Beschwerdekammer je nach den technischen Anforderungen des Falles zusammengestellt werden. Eine eingelegte Beschwerde wäre dann durch den Vorsitzenden der Beschwerdekammer nur noch einem technischen

---

[224] Jarass/Pieroth, Grundgesetz für die Bundesrepublik Deutschland, Artikel 101, Rn 11; BVerfGE 19, 145, 147; BVerfGE 22, 282, 285. Siehe auch BGH NJW 1994, S. 1735 und BVerfG NJW 1995, S. 2703 zu den Anforderungen an die vom Vorsitzenden eines überbesetzten Zivilsenats des BGH nach § 21 g Absatz 2 GVG aufzustellenden Mitwirkungsgrundsätze (dazu Rüdiger Stotz, Der gesetzliche Richter in Europa, EuZW 1995, S. 749). Siehe auch Thomas Roth, Das Grundrecht auf den gesetzlichen Richter, Berlin 2000 (Diss. 1999), S. 185 ff.

[225] Jarass/Pieroth, Grundgesetz für die Bundesrepublik Deutschland, Artikel 101, Rn 11; BVerfGE 17, 194, 301; BVerfGE 18, 344, 350.

[226] BGH, NJW 1993, S. 1596; BGH, NJW 1994, S. 1735. Dazu Thomas Roth, Das Grundrecht auf den gesetzlichen Richter, Berlin 2000 (Diss. 1999), S. 189 f.

[227] Anders zunächst der Zweite Senat des Bundesverfassungsgerichts (siehe BVerfGE 18, 344, 353; 22, 282, 286; 112, 120 f.), demzufolge eine fehlerfreie Ausübung des dem Vorsitzenden eingeräumten Ermessens für eine Vereinbarkeit mit Art. 101 Abs. 1 S. 2 GG ausreichen sollte. Diese Rechtsprechung des Zweiten Senats wurde jedoch durch eine Plenumsentscheidung des Bundesverfassungsgerichts (BVerfGE 95, 322, 328 ff.) revidiert. Dazu Thomas Roth, Das Grundrecht auf den gesetzlichen Richter, Berlin 2000 (Diss. 1999), S. 185 ff.

[228] Derzeit wählt der Vorsitzende aus einer Liste von 41 qualifizierten Mitgliedern aus. Siehe http://www.cpvo.eu.int/D/default.html.

Gebiet zuzuordnen. Die Besetzung des Spruchkörpers würde infolge dieser Zuordnung unter Rückgriff auf den zu Beginn aufgestellten Belegungsplan erfolgen. Zweitens erscheint es geboten, die verschiedenen personellen Besetzungen der Beschwerdekammer nicht durch den Vorsitzenden allein, sondern, ähnlich wie es für die Beschwerdekammern des Harmonisierungsamtes gehandhabt wird, durch ein Gremium vornehmen zu lassen.

(3) Möglichkeit der Änderung von Maßnahmen

Außerdem könnte die Regelung des Artikels 1 Absatz 1 Satz 3 der Verfahrensordnung der Beschwerdekammern des Harmonisierungsamtes, derzufolge Maßnahmen der Geschäftsverteilung erforderlichenfalls im Laufe eines Geschäftsjahres geändert werden können, mit rechtsstaatlichen Grundsätzen unvereinbar sein. Die Unvereinbarkeit dieser Regelung hängt maßgeblich davon ab, wie weitreichend sie verstanden wird.

Geht es allein darum, unvermeidliche Ungenauigkeiten des Geschäftsverteilungsplanes auszugleichen, die sich etwa aufgrund des Ausscheidens, der Krankheit, der Verhinderung, des Urlaubs oder des Wechsels von Mitgliedern ergeben können, so wird Artikel 1 Absatz 1 Satz 3 der Verfahrensordnung der Beschwerdekammern des Harmonisierungsamtes nicht zu beanstanden sein.[229] Eröffnet die Vorschrift dagegen Möglichkeiten für darüberhinausgehende Abweichungen vom ursprünglichen Geschäftsverteilungsplan und fehlt es an objektiven Kriterien, anhand derer die Neuerungen zum ursprünglichen Geschäftsverteilungsplan bestimmt werden, so wäre dies unter rechtsstaatlichen Gesichtspunkten bedenklich.[230] Letzteres lässt sich mit einem Vergleich zu der Rechtslage für den Europäischen Gerichtshof und für die deutschen Gerichte begründen:

Für die Geschäftsverteilung beim Europäischen Gerichtshof ist keine dem Artikel 1 Absatz 1 Satz 3 der Verfahrensordnung der Beschwerdekammern des Harmonisierungsamtes vergleichbare Vorschrift vorgesehen. Es ist lediglich geregelt, was im Fall der Verhinderung oder Abwesenheit eines Richters in einer einzelnen Rechtssache passiert. Entsteht eine gerade Zahl an Richtern, so scheidet nach Artikel 26 § 1 der Verfahrensordnung der rangniedrigste Richter aus. Wird die zur Beschlussfähigkeit erforderliche Zahl unterschritten, so wird im Falle von Entscheidungen durch das Plenum die Sitzung vertagt und bei Kammerentscheidungen durch den Präsidenten des Gerichtshofes ein anderer Richter bestimmt. Es ist dagegen nicht die Möglichkeit vorgesehen, den Geschäftsverteilungsplan in grundsätzlicher Weise während des laufenden Geschäftsjahres zu ändern.

Ähnlich stellt sich die Rechtslage zum deutschen Verfassungsrecht dar. Die Geschäftsverteilungspläne müssen, um den Anforderungen des Artikels 101 GG zu genügen, grundsätzlich die Geschäftsverteilung im voraus, vollständig und nach ob-

---

[229] So für die Vereinbarkeit derartiger Änderungen mit dem Grundsatz des gesetzlichen Richters Jarass/Pieroth, Grundgesetz für die Bundesrepublik Deutschland, Artikel 101, Rn 10.

[230] Ein weitgehendes Verständnis der Norm ist aber keineswegs abwägig, da die Vertretung von einzelnen Mitgliedern der Kammer aufgrund von Urlaub, Krankheit, unabweisbaren Verpflichtungen sowie aufgrund der Ausschlussgründe nach Artikel 132 der Verordnung Nr. 40/94 in Artikel 2 Absatz 1 der Verfahrensordnung der Beschwerdekammern des Harmonisierungsamtes gesondert geregelt ist.

jektiven Kriterien regeln.[231] Davon ausgenommen sind freilich unvermeidbare Änderungen aufgrund von Krankheit oder sonstiger Verhinderung einzelner Richter.[232]

Es erscheint aber durchaus naheliegend, dass die genannte Vorschrift des Artikels 1 Absatz 1 Satz 3 der Verfahrensordnung der Beschwerdekammern des Harmonisierungsamtes dahingehend auszulegen ist, dass auch andere Gründe als solche der Krankheit oder des Urlaubs für eine Änderung der Geschäftsverteilung zugelassen werden. Denn Vertretungen einzelner Mitglieder der Kammer aufgrund von Urlaub, Krankheit, unabweisbarer Verpflichtungen sowie der Ausschlussgründe des Artikels 132 der Verordnung Nr. 40/94 sind in Artikel 2 Absatz 1 der Verfahrensordnung der Beschwerdekammern des Harmonisierungsamtes gesondert geregelt. Anderenfalls würde der fraglichen Vorschrift des Artikels 1 Absatz 1 Satz 3 der Verfahrensordnung der Beschwerdekammern des Harmonisierungsamtes kein eigenständiger Anwendungsbereich verbleiben.

In Übereinstimmung mit obiger Kritik an dem Fehlen fester Kriterien für die Geschäftsverteilung und Zuteilung der Mitglieder ist daher auch in Hinblick auf mögliche Änderungen solcher Maßnahmen im Laufe des Geschäftsjahres zu beanstanden, dass anders als nach Artikel 26 der Verfahrensordnung des Europäischen Gerichtshofes nicht festgelegt ist, nach welchen objektiven Kriterien die alternative Besetzung bzw. Geschäftsverteilung erfolgt.[233]

(4) Sonstiges

Im Gegensatz zu der Diskussion um die Geschäftsverteilung beim Europäischen Gerichtshof stellt der Aspekt der Veröffentlichung der Geschäftsverteilungspläne und der Veröffentlichung der Besetzung der Beschwerdekammern dagegen kein Problem dar. Die entsprechenden Beschlüsse werden regelmäßig veröffentlicht.

Auch erscheint die gleichzeitige Zugehörigkeit der Mitglieder zu verschiedenen Beschwerdekammern unbedenklich, da die Zuteilung zu mehr als einer Kammer vorab für das gesamte Geschäftsjahr erfolgt.

---

[231] Jarass/Pieroth, Grundgesetz für die Bundesrepublik Deutschland, Artikel 101, Rn 10.

[232] Jarass/Pieroth, Grundgesetz für die Bundesrepublik Deutschland, Artikel 101, Rn 10.

[233] Die Regelungen des Artikels 6 der Verfahrensordnung der Beschwerdekammern des Harmonisierungsamtes schaffen insofern keinen hinreichenden Ausgleich, denn es werden keine objektiven Kriterien genannt, anhand derer das nachrückende Mitglied ausgewählt wird. Einzige Ausnahme ist die der Unterzeichnung der Beschwerdeentscheidung in Absatz 3 des Artikels 6 der Verfahrensordnung der Beschwerdekammern. (Artikel 6 lautet: „(1) Ändert sich die Zusammensetzung einer Beschwerdekammer nach einer mündlichen Verhandlung, so wird den Beteiligten mitgeteilt, dass auf Antrag eine neue mündliche Verhandlung vor der Beschwerdekammer in ihrer neuen Zusammensetzung stattfindet. Eine neue mündliche Verhandlung findet auch dann statt, wenn dies von dem neuen Mitglied beantragt wird und die übrigen Mitglieder der Beschwerdekammer damit einverstanden sind. (2) Das neue Mitglied ist wie die übrigen Mitglieder an bereits getroffene Zwischenentscheidungen gebunden. (3) Ist ein Mitglied verhindert, nachdem die Beschwerdekammer bereits zu einer abschließenden Entscheidung gelangt ist, so wird kein Vertreter bestellt. Ist der Vorsitzende verhindert, so wird die Entscheidung vom dienstältesten Mitglied der Beschwerdekammer und bei gleichem Dienstalter vom ältesten Mitglied im Namen des Vorsitzenden unterzeichnet.")

3. Auswirkungen auf die Erfüllbarkeit der übertragenen Aufgaben

Die Unzulänglichkeiten hinsichtlich der rechtsstaatlichen Anforderungen an die Geschäftsverteilung und Bildung der Kammern, insbesondere das Fehlen von Kriterien für die Entscheidung über die Zuteilung der Mitglieder zu den einzelnen Kammern, die Auswahl anderer Mitglieder der Beschwerdekammer durch ihren Vorsitzenden und die weitgehende Möglichkeit der Änderung von Maßnahmen während des Geschäftsjahres, wirken sich in ähnlicher Weise auf der Erfüllbarkeit der den Beschwerdekammern übertragenen Aufgaben aus wie die oben genannten Missstände hinsichtlich der Unabhängigkeit der Mitglieder der Beschwerdekammern.

So wird wiederum die Qualität des Rechtsschutzes und die Entlastung der Gerichte in Frage gestellt, wird den betroffenen Parteien keine von interner Einflussnahme freie Kontrollinstanz zur Verfügung gestellt. Die Ziele der Selbstkontrolle der Verwaltung und der Einheitlichkeit der Entscheidungspraxis werden dagegen zwar weniger stark beeinträchtigt; aber die Funktionstauglichkeit eines solchen Systems zur wenn auch nur internen Kontrolle bleibt fraglich.

III. Mündliche Verhandlung

Schließlich könnte eine ordnungsgemäße Erfüllung der Aufgaben der Beschwerdekammern dadurch erschwert werden, dass die Beschwerdekammern mit den Verfahrensbeteiligten im Regelfall nur im schriftlichen Kontakt stehen.

Wie oben bereits ausgeführt worden ist, äußern sich die Beteiligten vor den Beschwerdekammern in erster Linie schriftlich und nur ausnahmsweise mündlich zu dem Sach- und Streitstand. Nach Artikel 75 Absatz 1 der Verordnung Nr. 40/94 ordnet die Beschwerdekammer von Amts wegen oder auf Antrag eines Verfahrensbeteiligten eine mündliche Verhandlung nur an, wenn sie eine solche für sachdienlich erachtet. Die Sachdienlichkeit wird aber nur in Ausnahmefällen zu bejahen sein,[234] nämlich dann, wenn aufgrund der Begründung des gestellten Antrags auf mündliche Verhandlung zu erwarten ist, dass eine solche zusätzliche entscheidungsrelevante Erkenntnisse bringt.[235] Dies gilt in eingeschränkter Form nach dem oben Gesagten auch für das Verfahren vor der Beschwerdekammer des Sortenamtes.[236]

Nun mag man versucht sein, unter Berufung auf einen an Artikel 6 Absatz 1 der Europäischen Menschenrechtskonvention ausgerichteten allgemeinen Rechtsgrundsatz des Gemeinschaftsrechts für die Rechtswidrigkeit derartiger Regelungen zu

---

[234] http://oami.eu.int/de/marque/faq/faq10.htm. Die erste mündliche Verhandlung fand in dem Verfahren der Beschwerdesache R 283/1999-3 am 12. Februar 2001 statt (Entscheidung der Dritten Beschwerdekammer vom 25. April 2001, Beschwerdesache R 283/1999-3 (Hollywood S.A.S. gegen Souza Cruz - *Hollywood/Hollywood*).

[235] Entscheidung der Dritten Beschwerdekammer vom 25. April 2001, Beschwerdesache 49/2000-3 (Lucia Strickwarenfabrik AG gegen Miles Handelsgesellschaft International mbH – *Luciano/Lucia*), Rn 56. Dazu Achim Bender, Die Gemeinschaftsmarke, Neueste Entwicklungen in Rechtsprechung und Praxis, MarkenR 2002, S. 37, 39.

[236] So findet etwa eine mündliche Verhandlung immer schon dann statt, wenn ein Verfahrensbeteiligter dies beantragt. Der zusätzlichen Voraussetzung der Sachdienlichkeit bedarf es anders als im Verfahren vor den Beschwerdekammern des Harmonisierungsamtes nach Artikel 77 Absatz 1 der Verordnung Nr. 2100/94 nicht.

argumentieren.[237] So gewährt Artikel 6 Absatz 1 der Europäischen Menschenrechtskonvention den Verfahrensbeteiligten einen Anspruch, in billiger Weise öffentlich und innerhalb einer angemessenen Frist gehört zu werden.[238] In der entsprechenden englischen Sprachfassung heißt es prägnant, dass dem Betroffenen ein Recht auf ein *fair and public hearing* zustehe. Daraus könnte man ableiten wollen, dass ein bloß schriftliches Verfahren diesen Anforderungen nicht genüge.[239]

Es ist jedoch zweifelhaft ob ein gemeinschaftsrechtlicher allgemeiner Rechtsgrundsatz des rechtlichen Gehörs[240] mit dem Inhalt gelten soll, dass den Verfahrensbeteiligten stets Möglichkeit zur mündlichen Äußerung einzuräumen ist.

---

[237] Siehe zu der Orientierung des EuGH an Artikel 6 EMRK bei der Entwicklung von Verfahrensgrundrechten Calliess/Ruffert-*Kingreen*, Kommentar zu EU-Vertrag und EG-Vertrag, Artikel 6 EUV, Rn 194 ff. und 197 ff.

[238] Artikel 6 Absatz 1 der Europäischen Menschenrechtskonvention lautet: Jedermann hat Anspruch darauf, dass seine Sache in billiger Weise öffentlich und innerhalb einer angemessenen Frist gehört wird, und zwar von einem unabhängigen und unparteiischen, auf Gesetz beruhenden Gericht, das über zivilrechtliche Ansprüche und Verpflichtungen oder über die Stichhaltigkeit der gegen ihn erhobenen strafrechtlichen Anklage zu entscheiden hat. Das Urteil muss öffentlich verkündet werden, jedoch kann die Presse und die Öffentlichkeit während der gesamten Verhandlung oder eines Teiles derselben im Interesse der Sittlichkeit, der öffentlichen Ordnung oder der nationalen Sicherheit in einem demokratischen Staat ausgeschlossen werden, oder wenn die Interessen von Jugendlichen oder der Schutz des Privatlebens der Prozessparteien es verlangen, oder, und zwar unter besonderen Umständen, wenn die öffentliche Verhandlung die Interessen der Rechtspflege beeinträchtigen würde, in diesem Fall jedoch nur in dem nach Auffassung des Gerichts erforderlichen Umfang.

[239] Kritisch zur Vereinbarkeit der Beschlussregelungen in §§ 84 Abs. 1, 124 a Abs. 2 S. 1, 125 Abs. 2 S. 2, 130 a S. 1 VwGO mit Art. 6 Abs. 1 EMRK Wolfgang Roth, Der Anspruch auf öffentliche Verhandlung nach Art. 6 Abs. 1 EMRK im verwaltungsgerichtlichen Rechtsmittelverfahren, EuGRZ 1998, S. 495-508. Zu den österreichischen Verwaltungsenaten siehe Heinz Bachler, Art. 6 EMRK und die öffentliche mündliche Verhandlung im Berufungsverfahren - Theorie und Praxis im Verfahren vor den unabhängigen Verwaltungsenaten, ÖJZ 1993, S. 537; Franz Merli, Art. 6 EMRK und das österreichische Verwaltungsrechtsschutzsystem, ZaöRV 1988, S. 251. Monika Ende, Die Bedeutung des Art. 6 Abs. 1 EMRK für den gemeineuropäischen Grundrechtsschutz, Kritische Vierteljahresschrift für Gesetzgebung und Rechtswissenschaft 1996, S. 371; Jochen Frowein/Wolfgang Peukert, Europäische Menschenrechtskonvention: EMRK-Kommentar, 2. Aufl. 1996, Artikel 6 Rn 97 und 117 f.

[240] Er stellt aber jedenfalls nach der ständigen Rechtsprechung des Gerichtshofes einen allgemeinen Grundsatz des Gemeinschaftsrechts dar, wonach die Adressaten von Entscheidungen der öffentlichen Behörden, die ihre Interessen, wie im vorliegenden Fall, spürbar berühren, Gelegenheit erhalten müssen, ihren Standpunkt sachgerecht darzulegen (Urteil des Gerichtshofes vom 23. Oktober 1974, Rechtssache 17/74 (Transocean Marine Paint gegen Kommission), Sammlung der Rechtsprechung 1974, S. 1063, Rn 15). Der allgemeine Rechtsgrundsatz diesen Inhalts gilt auch für Entscheidungen der Beschwerdekammern und kommt in Artikel 73 der Verordnung Nr. 40/94 zum Ausdruck (Urteil des Gerichts erster Instanz vom 27. Februar 2002, Rechtssache T-79/00 (Rewe Zentral AG gegen Harmonisierungsamt - *Lite*), Sammlung der Rechtsprechung 2002, Seite II-705, Rn 14 – in diesem Verfahren war der Beschwerdeführerin nicht die Gelegenheit gegeben worden sich zu einem absoluten Eintragungshindernis der Gemeinschaftsmarke *Lite* zu äußern. Im Ergebnis wurde die Klage jedoch trotz der Verletzung des Grundsatzes des rechtlichen Gehörs abgewiesen, da ein anderes Eintragungshindernis von der Beschwerdekammer zu recht angenommen worden war. Das Gericht entschied aber auf eine Kostenteilung. Siehe auch Urteil des Gerichts erster Instanz vom 27. Februar 2002, Rechtssache 34/00 (Eurocool Logistik GmbH gegen Harmonisierungsamt – *Eurocool*), Sammlung der Rechtsprechung 2002, Seite II-683, Rn 26.

Der Europäische Gerichtshof hatte sich in dem Verfahren *van Landewyck gegen Kommission* mit der Rüge auseinanderzusetzen, dass einige der Verfahrensbeteiligten im weiteren Verlauf des Verfahrens von der Kommission nicht mündlich gehört worden seien.[241] Die Anhörungsrechte der Beteiligten richteten sich in dem fraglichen Verfahren nach sekundärrechtlichen Regelungen. Relevant war insbesondere Artikel 19 Absatz 2 der Verordnung Nr. 17, demzufolge einem Antrag von Personen oder Personenvereinigungen auf ihre mündliche Anhörung nur dann stattzugeben ist, wenn sie ein ausreichendes Interesse glaubhaft gemacht haben. Zu diesem Zweck muss die Kommission nach Artikel 5 der Verordnung Nr. 99/63 den Beteiligten zuvor Gelegenheit geben, sich schriftlich innerhalb einer von ihr zu bestimmenden Frist zu äußern. In der Rechtssache *van Landewyck* wies der Europäische Gerichtshof die Verfahrensrüge unter Berufung auf die genannten sekundärrechtlichen Vorschriften zurück.[242] Ein Verstoß gegen die Vorschriften lag nicht vor, da die Kommission die fraglichen Personen zur schriftlichen Äußerung aufgefordert hatte, und diese der Aufforderung durch schriftliche Stellungnahme nachgekommen waren, ohne allerdings ein ausreichendes Interesse an einer mündlichen Anhörung glaubhaft zu machen.[243]

Der Europäische Gerichtshof hatte in der Rechtssache *Landewyck* nicht geprüft, ob Artikel 5 der Verordnung Nr. 99/63 seinerseits mit dem primärrechtlichen allgemeinen Rechtsgrundsatz des rechtlichen Gehörs vereinbar ist. Insofern lässt sich aus dem Urteil schwerlich der allgemeine Rechtsgrundsatz ableiten, dass grundsätzlich nur ein Recht auf schriftliche, nicht aber mündliche Äußerung bestehe.[244] Im Ergebnis ist jedoch freilich davon auszugehen, dass die Gewährung einer bloß schriftlichen Gelegenheit zur Stellungnahme dem Grundsatz des rechtlichen Gehörs genügt.[245] So deutet etwa die Tatsache, dass der Europäische Gerichtshof in seinem Urteil von einer Prüfung der Vereinbarkeit von Artikel 5 der Verordnung Nr. 99/63 mit dem allgemeinen Rechtsgrundsatz auf rechtliches Gehör abgesehen hat, darauf hin, dass der Gerichtshof von der Gemeinschaftsrechtskonformität der sekundärrechtlichen Regelung ausging. Im übrigen entspricht dies der Rechtslage im deutschen Verfassungsrecht. Artikel 103 Absatz 1 GG gewährleistet die hinreichende Möglichkeit, sich

---

[241] EuGH, Urteil vom 29.10.1980, Verb. Rs. 209 bis 215 und 218/78 (van Landewyck gegen Kommission), Sammlung der Rechtsprechung 1980, S. 3125.

[242] EuGH, Urteil vom 29.10.1980, Verb. Rs. 209 bis 215 und 218/78 (van Landewyck gegen Kommission), Sammlung der Rechtsprechung 1980, S. 3125, Rn 17.

[243] EuGH, Urteil vom 29.10.1980, Verb. Rs. 209 bis 215 und 218/78 (van Landewyck gegen Kommission), Sammlung der Rechtsprechung 1980, S. 3125, Rn 18.

[244] Insofern ist die Äußerung in Calliess/Ruffert-*Kingreen*, Kommentar zum EU-Vertrag und EG-Vertrag, Artikel 6 EUV, Rn 195, "einer mündlichen Verhandlung bedarf es [...] allerdings nicht" unter Hinweis auf die *Landewyck*-Entscheidung ungenau.

[245] Anderes könnte jedoch aufgrund des Grundsatzes der Öffentlichkeit gelten. Nach Artikel 6 EMRK ist der Grundsatz der Öffentlichkeit nämlich nach herrschender Auffassung in erster Instanz verbindlich (siehe dazu Jochen Frowein/Wolfgang Peukert, Europäische Menschenrechtskonvention: EMRK-Kommentar, 2. Aufl. 1996, Artikel 6 Rn 117 f.). Für die Rechtsmittelinstanz hat der Europäische Gerichtshof für Menschenrecht jedoch entschieden, dass eine öffentliche Verhandlung in zweiter Tatsacheinstanz entbehrlich ist, wenn der Fall ohne Beeinträchtigung des Prinzips eines fairen Verfahrens nach Aktenlage entschieden werden kann. Dabei wird allerdings vorausgesetzt, dass in erster Instanz eine Verhandlung durchgeführt wurde (Urteil des Gerichtshofes vom 29. Oktober 1991, Rs. 22/1990/213/275 (Helmers gegen Schweden), A212-A, Rn 36). Ein entsprechendes Verfahrensrecht ist jedoch auf der Ebene der europäischen Gemeinschaft (noch) nicht anerkannt.

grundsätzlich vor Erlass einer Entscheidung mindestens schriftlich in tatsächlicher und rechtlicher Hinsicht zur Sache zu äußern.[246] Ein Anspruch auf mündliche Verhandlung besteht dabei nicht.[247]

Eine Erschwerung der Erfüllung der Aufgaben der Beschwerdekammern käme nur insoweit in Betracht, als die Qualität des Rechtsschutzes aufgrund des in den überwiegenden Fällen rein schriftlichen Verfahrens als gemindert anzusehen wäre. Die Gefahr ist allerdings als gering einzustufen. Der Vortrag, der für eine mündliche Verhandlung beabsichtigt ist, lässt sich regelmäßig auch schriftlich vornehmen. Auch ist im Bereich des Markenrechts nur selten eine Beweisaufnahme mit Zeugen und Parteivernehmung erforderlich. Vielmehr steht bei der Beweisaufnahme der Urkundsbeweis im Vordergrund, geht es regelmäßig um die Beurteilung einer Wort- oder Bildmarke. Diese Beweismittel können jedoch auch in einem schriftlichen Verfahren aufgrund der Aktenlage gewürdigt werden.[248]

IV. Zusammenfassung

Insbesondere die Grenzen der Unabhängigkeit der Mitglieder der Beschwerdekammern erschweren die Erfüllung der den Beschwerdekammern übertragenen Aufgaben. Darüber hinaus wirken sich das Fehlen von Kriterien für die Entscheidung über die Zuteilung der Mitglieder zu den einzelnen Kammern, die Auswahl der Mitglieder der Beschwerdekammern durch den Vorsitzenden der Beschwerdekammer und die Möglichkeit der Änderung der Geschäftsverteilung während des Geschäftsjahres negativ aus. Die Betonung der Schriftlichkeit des Verfahrens ist dagegen aufgrund der Besonderheiten des Marken- und Sortenrechts letztendlich nicht zu beanstanden.

---

[246] BVerfGE 69, 145, 148; Wolfgang Roth, Der Anspruch auf öffentliche Verhandlung nach Art. 6 Abs. 1 EMRK im verwaltungsgerichtlichen Rechtsmittelverfahren, EuGRZ 1998, S. 495, 496; Jarass/Pieroth, Grundgesetz für die Bundesrepublik Deutschland, Artikel 103, Rn 14.

[247] Jarass/Pieroth, Grundgesetz für die Bundesrepublik Deutschland, Artikel 103, Rn 14; BVerfGE 36, 85, 87; BVerfGE 60,175, 210 f.; BVerfGE 89, 381, 391; BVerwGE 57, 271, 272.

[248] Siehe auch Urteil des Gerichts erster Instanz vom 27. Februar 2002, Rechtssache T-79/00 (Rewe Zentral AG gegen Harmonisierungsamt - *Lite*), Sammlung der Rechtsprechung 2002, Seite II-705, Rn 13-15. In diesem Verfahren war der Beschwerdeführerin nicht die Gelegenheit gegeben worden, sich zu dem absoluten Eintragungshindernis des Artikels 7 Absatz 1 Buchstabe c) zu äußern. Das Gericht erster Instanz stellte insofern einen Verstoß gegen den Grundsatz des rechtlichen Gehörs fest. Zur Begründung wurde angeführt, dass die Adressaten von Entscheidungen der öffentlichen Behörden, die ihre Interessen, wie im vorliegenden Fall, spürbar berührten, Gelegenheit erhalten müssen, ihren Standpunkt sachgerecht darzulegen. Es sei der Vollständigkeit halber angemerkt, dass im Ergebnis die Klage dennoch abgewiesen wurde. Die Beschwerdekammern hatten nämlich ein anderes Eintragungshindernis zu recht angenommen. Bemerkenswert ist, dass nicht die Notwendigkeit einer mündlichen Verhandlung gesehen wurde. Die Parteien selbst hielten offensichtlich die Gewährung rechtlichen Gehörs im Rahmen eines schriftlichen Verfahrens für ausreichend. Ähnlich das Urteil des Gerichts erster Instanz vom 27. Februar 2002, Rechtssache 34/00 (Eurocool Logistik GmbH gegen Harmonisierungsamt – *Eurocool*), Sammlung der Rechtsprechung 2002, Seite II-683, Rn 26.

4. Teil: Defizite der politischen Kontrolle der Agenturen

Nun könnte man weiter argumentieren, dass die herausgearbeiteten Schwächen in der Struktur der Beschwerdekammern durch eine weitgehende politische Kontrolle abgefedert werden. Dies gilt insbesondere in Hinblick auf die Grenzen der Unabhängigkeit der Mitglieder der Beschwerdekammern. Einbußen in der Unabhängigkeit und eine entsprechend stärkere Eingliederung in die Verwaltungsstrukturen des Harmonisierungsamtes und des Sortenamtes ließen sich mit einer strikten politischen Kontrolle des jeweiligen Amtes rechtfertigen. Wie in diesem 4. Teil zu zeigen sein wird, ist eine politische Kontrolle der auf die Mitglieder der Beschwerdekammer Einfluss nehmenden Instanzen, insbesondere des Präsidenten des Amtes, jedoch nur schwach ausgeprägt.

I. Rechenschaft gegenüber Kommission, Rat und Europäischem Parlament

Im Folgenden soll zunächst die Reichweite der Rechenschaftspflichten gegenüber der Kommission, dem Rat und dem Europäischen Parlament erörtert werden.

1. Einflussnahmemöglichkeiten der Kommission

Die Verordnungen Nr. 40/94 und Nr. 2100/94 eröffnen verschiedene Formen der Einflussnahme der Kommission gegenüber den Präsidenten bzw. gegenüber den Ämtern als solchen.

a) Befugnisse der Kommission

Die Kommission ist in unterschiedlicher Weise in die Funktionsweise des Harmonisierungsamtes und des Sortenamtes eingebunden. Dabei stehen der Kommission nicht immer eigene Handlungsbefugnisse zu. Häufig gehört sie lediglich zu den Organen der Gemeinschaft, die von dem Amt in bestimmten Angelegenheiten unterrichtet wird.

(1) Finanz- und Haushaltsangelegenheiten

So darf die Kommission in manchen Finanz- und Haushaltsangelegenheiten selbst Stellungnahmen abgeben, während sie in anderen Finanz- und Haushaltsangelegenheiten lediglich unterrichtet wird. Zum Beispiel übermittelt der Haushaltsausschuss des Harmonisierungsamtes nach Artikel 135 Absatz 2 der Verordnung Nr. 40/94 bzw. der Verwaltungsrat nach Artikel 109 Absatz 2 der Verordnung Nr. 2100/94 der Kommission den Voranschlag des Haushaltes, soweit in den Haushaltsvoranschlägen ein Gemeinschaftszuschuss vorgesehen ist. In ähnlicher Weise wird der Kommission der Jahresabschluss zugeleitet.[249] In beiden Fällen steht der Kommission dabei jedoch kein unmittelbares Beanstandungsrecht gegenüber dem Harmonisierungsamt bzw. Sortenamt zu. Allerdings kann die Kommission in Hinblick auf den

[249] Siehe etwa Artikel 111 Absatz 2 der Verordnung Nr. 2100/94.

Haushaltsvoranschlag gegenüber der Haushaltsbehörde der Gemeinschaft eine Stellungnahme abgeben oder einen abweichenden Voranschlag machen.

Beteiligt ist die Kommission am Erlass von internen Finanzvorschriften des Harmonisierungsamtes gemäß Artikel 138 der Verordnung Nr. 40/94, indem sie vor Verabschiedung dieser Vorschriften eine Stellungnahme abgibt.

Hervorzuheben ist außerdem, dass die Kommission nach Artikel 118 Absatz 1 2. Alternative der Verordnung Nr. 40/94 bzw. nach Artikel 44 Absatz 1 2. Alternative der Verordnung Nr. 2100/94 damit betraut ist, die Rechtmäßigkeit der Handlungen des Haushaltsausschusses bzw. der auf den Haushalt bezogenen Handlungen des Verwaltungsrates des Sortenamtes zu überwachen.

(2) Allgemeine Verwaltungsangelegenheiten

Ein weiterer Fall der bloßen Unterrichtung der Kommission ist in Artikel 119 Absatz 2 Buchstabe d der Verordnung Nr. 40/94 und Artikel 42 Absatz 1 Buchstabe b der Verordnung Nr. 2100/94 geregelt. Nach diesen Vorschriften legt der Präsident des Harmonisierungsamtes bzw. Sortenamtes der Kommission jährlich einen Tätigkeitsbericht vor.

Allerdings ist die Kommission in die Verwaltung des Harmonisierungsamtes dadurch eingegliedert, dass sie einen Vertreter in den jeweiligen Verwaltungsrat des Amtes gemäß Artikel 122 Absatz 1 der Verordnung Nr. 40/94 und gemäß Artikel 37 Absatz 1 der Verordnung Nr. 2100/94 entsendet.[250]

(3) Legislative Befugnisse

Wichtig ist darüber hinaus die Rolle der Kommission beim Erlass von Rechtsakten, welche die Durchführung der Verordnungen Nr. 40/94 und Nr. 2100/94 betreffen.[251]

Gestützt auf die Artikel 140, 141 der Verordnung Nr. 40/94 und Artikel 114, 115 der Verordnung Nr. 2100/94 entwirft die Kommission unter anderem eine Durchführungsverordnung und eine Verfahrensordnung für die Beschwerdekammern. Stimmt der Entwurf mit einer späteren Stellungnahme des aus Vertretern der Mitgliedstaaten und einem Vertreter der Kommission bestehenden Ausschusses überein, so erlässt die Kommission die Maßnahme. Ansonsten unterbreitet die Kommission dem Rat einen Vorschlag, der dann über dessen Umsetzung entscheidet.

---

[250] Für das Harmonisierungsamt sind die einzelnen Befugnisse des Verwaltungsrates in den Artikeln 119 Absatz 2 Buchstabe b, 120 Absatz 1 und insbesondere 121 der Verordnung Nr. 40/94 aufgelistet. So wird der Kommission über die Entsendung eines Vertreters in den Verwaltungsrat u.a. ermöglicht, den Präsidenten im Zuständigkeitsbereich des Amtes zu beraten und eine Liste von Kandidaten für den Präsidenten und die Mitglieder der Beschwerdekammern zu erstellen.

[251] In der Präambel zur Verordnung Nr. 40/94 heißt es: „Zur Durchführung der Verordnung, insbesondere hinsichtlich der Annahme und Änderung einer Gebührenordnung und einer Durchführungsverordnung, sind Durchführungsmaßnahmen erforderlich. Diese Maßnahmen sollten von der Kommission, unterstützt von einem Ausschuss der Vertreter der Mitgliedstaaten, nach den Verfahrensvorschriften von Artikel 2, Verfahren III Variante b) des Beschlusses 87/373/EWG des Rates vom 13. Juli 1987 zur Festlegung der Modalitäten für die Ausübung der der Kommission übertragenen Durchführungsbefugnisse erlassen werden [...].“

Außerdem ist die Kommission befugt, Vorschläge zur Änderung der Verordnung Nr. 40/94, und zwar insbesondere hinsichtlich des Systems der Einreichung von Anmeldungen gemäß Artikel 25 Absatz 4 der Verordnung Nr. 40/94 sowie hinsichtlich des Funktionierens des Recherchesystems nach Artikel 39 Absatz 7 der Verordnung Nr. 40/94, zu unterbreiten.

(4) Befugnisse gegenüber dem Präsidenten

Kontrollbefugnisse gegenüber dem Präsidenten des Harmonisierungsamtes stehen der Kommission zunächst nach Artikel 118 der Verordnung Nr. 40/94 und nach Artikel 44 der Verordnung Nr. 2100/94 zu. In diesen Vorschriften heißt es sehr weitgehend, dass die Kommission die Rechtmäßigkeit derjenigen Handlungen des Präsidenten überwacht, für die im Gemeinschaftsrecht keine Rechtsaufsicht durch ein anderes Organ vorgesehen ist.[252] Welche praktische Bedeutung diesen Regelungen für die Kontrolle des Präsidenten des Harmonisierungsamtes und des Sortenamtes durch die Kommission zukommt, wird weiter unten zu erörtern sein.

Außerdem ist die Kommission an dem Ernennungs- bzw. Entlassungsprozess des Präsidenten der beiden Ämter beteiligt. So schlägt sie gemäß Artikel 43 der Verordnung Nr. 2100/94 eine Liste vor, von welcher der Präsident des Sortenamtes ernannt wird. Entsprechend kommt der Kommission ein Vorschlagsrecht für die Entlassung des Präsidenten zu. Dabei ist das Kontrollrecht der Kommission gegenüber dem Präsidenten des Sortenamt stärker ausgeprägt als gegenüber dem Präsidenten des Harmonisierungsamtes. In bezug auf Letzteren ist die Kommission nämlich nur über die Entsendung eines Vertreters in den Verwaltungsrat des Harmonisierungsamtes an den entsprechenden Handlungen beteiligt.

(5) Sonstige Befugnisse

Der Vollständigkeit halber sei noch erwähnt, dass die Kommission nach Regel 101 der Durchführungsverordnung Nr. 2868/95 auf Veranlassung des Präsidenten des Harmonisierungsamtes prüft, ob ein Staat die Gegenseitigkeit gewährt. Ist dies der Fall, so veranlasst die Kommission eine entsprechende Veröffentlichung im Amtsblatt der Europäischen Gemeinschaften. Des Weiteren ist die Kommission nach Artikel 91 der Verordnung Nr. 40/94 in die Organisation und Koordination der nationalen Gemeinschaftsgerichte eingebunden.

Im Rahmen des Sortenschutzes kommen der Kommission darüber hinaus materiellrechtliche Befugnisse zu. So entscheidet die Kommission etwa nach Artikel 12 Absatz 1 Buchstabe c) der Verordnung Nr. 2100/94, ob Angehörige von Drittstaaten berechtigt sind, einen Antrag auf gemeinschaftlichen Sortenschutz zu stellen. Und nach Artikel 29 der Verordnung Nr. 2100/94 kann die Kommission für eine Personenmehrheit einen Antrag auf Erteilung von Zwangsnutzungsrechten stellen.

---

[252] Dieser Aspekt wird betont von Xénophon Yataganas, Delegation of Regulatory Authority in the European Union: The Relevance of the American Model of Independent Agencies, Jean Monnet Working Paper, No. 3/01, http://www.jeanmonnetprogram.org/papers/01/010301.html, S. 52 f.

b) Effektivität der Kontrolle durch die Kommission

Vor diesem Hintergrund stellt sich die Frage, als wie weitreichend die oben genannten Befugnisse der Kommission gegenüber dem Harmonisierungsamt und dem Sortenamt einzustufen sind.

Die Befugnisse der Kommission im Rahmen der Haushaltsangelegenheiten sind insofern als begrenzt zu bewerten, als sie vor dem Hintergrund der grundsätzlichen haushaltsrechtlichen Unabhängigkeit und Selbstständigkeit des Harmonisierungsamtes und des Sortenamtes stehen.[253] Zwar ist in der gemeinschaftsrechtlichen Literatur zu recht auf Spannungen zwischen Unabhängigkeit und Kontrolle im Zusammenhang mit dem Haushaltsrecht der Agenturen hingewiesen worden.[254] Dies gilt aber primär für das Verhältnis zwischen Agenturen und der Kontrolle durch das Europäische Parlament. In Hinblick auf das Verhältnis zur Kommission ist wohl zwingend davon auszugehen, dass die praktische Wirksamkeit der Kontrolle durch die Kommission je geringer ist, desto weniger die Agentur von Zuwendungen aus dem allgemeinen Gemeinschaftshaushalt abhängt, den die Kommission mitverwaltet. Das Harmonisierungsamt und das Sortenamt gehören zu der Gruppe der Agenturen, die aufgrund von Gebührenerhebungen in erheblichem Ausmaße über eigenständige Einnahmequellen verfügen.[255] Entsprechend begrenzt ist die praktische Wirkung der oben beschriebenen Kontrolle durch die Kommission. Soweit sich die Befugnisse der Kommission auch auf die selbständigen Einnahmen des Amtes beziehen, reduziert sich die Prüfungskompetenz nach Artikel 118 Absatz 1 2. Alternative der Verordnung Nr. 40/94 und Artikel 44 Absatz 1 2. Alternative der Verordnung Nr. 2100/94 auf eine reine Rechtskontrolle. Die zentrale Frage der Höhe des Haushalts wird durch eine sol-

---

[253] Siehe Begründungserwägungen zu Verordnung Nr. 40/94: „Es wird für notwendig erachtet, dem Amt einen eigenen Haushalt zuzubilligen, um eine völlige Selbständigkeit und Unabhängigkeit zu gewährleisten. Die Einnahmen des Haushalts umfassen in erster Linie das Aufkommen an Gebühren, die von den Benutzern des Systems zu zahlen sind. Das Haushaltsverfahren der Gemeinschaft findet jedoch auf eventuelle Zuschüsse aus dem Gesamthaushaltsplan der Europäischen Gemeinschaften Anwendung. Außerdem ist es angezeigt, dass die Überprüfung der Kontenabschlüsse vom Rechnungshof vorgenommen wird.“ Zum Haushalt der Agenturen siehe Arbeitsdokument über die dezentralen Einrichtungen des Haushaltsausschusses des Europäischen Parlaments vom 18. Juni 2002, http://www.europarl.eu.int/committees/budg/budg2003/pdf/469357_de.pdf.

[254] Zu den Haushaltsverfahren der Agenturen siehe Dorothee Fischer-Appelt, Agenturen der Europäischen Gemeinschaft, Berlin 1999, S. 278-303. Die Autorin beobachtet folgendes Verhältnis zwischen der Abhängigkeit vom Gemeinschaftshaushalt und parlamentarischer Kontrolle: Je größer die finanzielle Selbständigkeit (d.h. Unabhängigkeit vom Gemeinschaftshaushalt) der Agentur ist, desto geringer fällt die Kontrolle durch das Parlament aus (S. 299); aus dem Blickwinkel der demokratischen Legitimation der Agentur sollte das Verhältnis jedoch invers sein: die Kontrolle durch das Parlament müßte um so größer sein, desto größer die Unabhängigkeit von der Kommission ist (S. 299, so auch die Position des Europäischen Parlaments: Bericht des Haushaltsausschusses (Bereichterstatter D. Theato), A-0416/92, vom 10. Dezember 1992, S. 9, Pt. 13: „...the greater the degree of autonomy that the body enjoys from the Commission, the stronger the role of scrutiny and control that Parliament should exercise.“).

[255] Siehe http://www.cpvo.eu.int/D/default.html für das Sortenamt und http://oami.eu.int/de/admin/bc-budget2002.htm für das Harmonisierungsamt. Eduardo Chiti, The Emergence of a Community Administration: The Case of European Agencies, Common Market L. Rev., Band 37, 2000, S. 309, 318, Fußnote 40.

che Kontrolle aber in der Regel unberührt bleiben. Vielmehr werden regelmäßig bloße Verfahrensfragen betroffen sein.

Soweit die Kommission am Erlass von Rechtsakten beteiligt ist, werden ihre Einwirkungsmöglichkeiten dadurch relativiert, dass ihr keine Alleinentscheidungskompetenz zusteht. Nach dem oben beschriebenen Verfahren muss der Entwurf der Kommission von der Stellungnahme eines Ausschusses inhaltlich bestätigt werden. Dieser Ausschuss setzt sich aber vorwiegend aus Vertretern der Mitgliedstaaten zusammen. Das einzige Kommissionsmitglied hat zudem kein Stimmrecht.

In ähnlicher Weise sind die Einwirkungsmöglichkeiten der Kommission durch Entsendung eines Vertreters in den Verwaltungsrat praktisch limitiert. Der Vertreter der Kommission steht alleine mehreren Vertretern der Mitgliedstaaten gegenüber. Inwieweit er sich bei Meinungsverschiedenheiten gegenüber den Vertretern der Mitgliedstaaten durchzusetzen vermag, ist fraglich.

c) Effektivität der Rechtskontrolle

Es bleibt also die Frage nach der Effektivität der der Kommission nach Artikel 118 Absatz 1 1. Alternative der Verordnung Nr. 40/94 und Artikel 44 Absatz 1 1. Alternative der Verordnung Nr. 2100/94 eingeräumten Überwachungskompetenzen.

(1) Literatur

Die Stellungnahmen in der Literatur zur Reichweite dieser Kontrollbefugnisse unterscheiden sich nicht unerheblich.

Weitgehend ist insoweit die Äußerung von *Everson*, derzufolge gegen Entscheidungen des Harmonisierungsamtes zwar ein mehrstufiges Beschwerdesystem vorgesehen sei, das endgültige Entscheidungsrecht jedoch bei der Kommission verbleibe.[256] Zwar nimmt *Everson* dabei nicht ausdrücklich auf das Verfahren nach Artikel 118 Absatz 1 1. Alternative der Verordnung Nr. 40/94 Bezug. Die Formulierungen deuten jedoch darauf hin, dass sie mit dem Recht zur endgültigen Entscheidung das Kontrollverfahren meint.

Chiti formuliert dagegen vorsichtiger. Durch Verordnung Nr. 40/94 werde keine Form der Hierarchie oder Weisung hinsichtlich der Aktivitäten des Harmonisierungsamtes hergestellt.[257] Dabei begründe das Verfahren nach Artikel 118 Absatz 1 der Verordnung Nr. 40/94 noch die weitgehendsten Befugnisse der Kommission gegenüber dem Harmonisierungsamt. Aber selbst diese reichten nicht aus, um die Autonomie des Harmonisierungsamtes gegenüber der Kommission in Frage zu stellen. Zur

---

[256] Michelle Everson, Independent Agencies: Hierarchy Beaters?, Europ. L. J., Band 1, 1995, S. 180, 195 und Fußnote 50: „The arbitration competences of the office are themselves so designed as to allow for a multi-level appeal procedure against its own decisions. [...] Although the Commission retains the final right of decision (OJ 1994 L 11/1)."

[257] Eduardo Chiti, The Emergence of a Community Administration: The Case of European Agencies, Common Market L. Rev., Band 37, 2000, S. 309, 319.

Begründung führt *Chiti* zwei Argumente an.[258] Erstens stünden die Kontrollrechte vor dem Hintergrund zweier von einander unabhängiger Institutionen. Zweitens könne die Kommission weder an Stelle des Harmonisierungsamtes handeln, noch Sanktionen gegen das Harmonisierungsamt verhängen.

Auch *Yataganas* ist der Ansicht, dass die Unabhängigkeit des Harmonisierungsamtes und des Sortenamtes durch Artikel 118 der Verordnung Nr. 40/94 und Artikel 44 der Verordnung Nr. 2100/94 nicht berührt wird.[259] Die Kontrolle durch die Kommission erfolge lediglich im Nachhinein. Außerdem übe die Kommission eine reine Rechtsaufsicht, aber keine Fachaufsicht aus.[260] Allerdings entfalte diese nachträgliche Kontrolle zugleich vorbeugende Wirkung, indem es die Bediensteten der beiden Ämter dazu motiviere, die prozessualen und materiellen Voraussetzungen einzuhalten und mit der Kommission eng zusammenzuarbeiten.[261] Daher vermittelten die genannten Vorschriften der Kommission letztendlich eine wichtige Befugnis, die sie zum Wächter der Rechtsmäßigkeit der Entscheidungen des Harmonisierungsamtes mache.[262]

(2) Stellungnahme

Zunächst sei darauf hingewiesen, dass zumindest in den Anfangsjahren der Tätigkeit des Harmonisierungsamtes in der Tat eine Einflussnahme seitens der Kommission auf das Harmonisierungsamt stattgefunden hat.[263] Dies hat den Präsidenten des Harmonisierungsamtes zu folgender Äußerung veranlasst:

> „Les services de la Commission, qui s'est battue pour que l'Office soit autonome en tout cas sur le plan administratif, semblent parfois avoir un

[258] Eduardo Chiti, The Emergence of a Community Administration: The Case of European Agencies, Common Market L. Rev., Band 37, 2000, S. 309, 319.

[259] Xénophon Yataganas, Delegation of Regulatory Authority in the European Union: The Relevance of the American Model of Independent Agencies, Jean Monnet Working Paper, No. 3/01, http://www.jeanmonnetprogram.org/papers/01/010301.html.

[260] Xénophon Yataganas, Delegation of Regulatory Authority in the European Union: The Relevance of the American Model of Independent Agencies, Jean Monnet Working Paper, No. 3/01, http://www.jeanmonnetprogram.org/papers/01/010301.html, S. 53: „The independence of the Offices remains intact, since the checks are carried out ex post and cannot question the appropriatness of the decicions concerned."

[261] Xénophon Yataganas, Delegation of Regulatory Authority in the European Union: The Relevance of the American Model of Independent Agencies, Jean Monnet Working Paper, No. 3/01, http://www.jeanmonnetprogram.org/papers/01/010301.html, S. 53: „This form of control is thus preventive, encouraging the Offices' managers to take care to comply with the substantive and procedural requirements and prompting them to cooperate closely with the Community executive."

[262] Xénophon Yataganas, Delegation of Regulatory Authority in the European Union: The Relevance of the American Model of Independent Agencies, Jean Monnet Working Paper, No. 3/01, http://www.jeanmonnetprogram.org/papers/01/010301.html, S. 53: „[The Commission] has important power, making it the guardian of the legality of acts of the Offices."

[263] Auf eine enge Zusammenarbeit zwischen der Kommission und dem Harmonisierungsamt in den Jahren 1996 und 1997 hinweisend Eduardo Chiti, The Emergence of a Community Administration: The Case of European Agencies, Common Market L. Rev., Band 37, 2000, S. 309, 319, Fn. 43.

vrai problème à accepter toutes les conséquences de la politique qu'ils ont mené avec tant de détermination."[264]

Es ist allerdings davon auszugehen, dass die Einflussnahme der Kommission in den Anfangsjahren der Tätigkeit des Harmonisierungsamtes weniger über die Rechtskontrolle nach Artikel 118 der Verordnung Nr. 40/94, sondern vielmehr auf informalem Weg erfolgte. Bislang ist in der Geschichte des Harmonisierungsamtes nämlich erst ein Verfahren nach Artikel 118 der Verordnung Nr. 40/94 durchgeführt worden.[265] Befand sich das Harmonisierungsamt noch im Anfangsstadium seiner Tätigkeit, so war das Bedürfnis zur Schaffung neuer administrativer Regelungen und die Möglichkeit der Einflussnahme auf die erst noch zu entwickelnden Verwaltungspraktiken besonders groß. Entsprechend stark war der Anreiz der Kommission, sich just zu diesem Zeitpunkt mit der Tätigkeit des Harmonisierungsamtes auseinanderzusetzen. Inzwischen hat die Regelungsdichte zugenommen, und Verwaltungspraktiken sind etabliert, so dass der Kommission weniger Raum zur informalen Einflussnahme gegeben ist.

Das Kontrollverfahren nach Artikel 118 Absatz 1 1. Alternative der Verordnung Nr. 40/94 und Artikel 44 Absatz 1 1. Alternative der Verordnung Nr. 2100/94 eröffnet der Kommission letztendlich nur eingeschränkte Einflussnahmemöglichkeiten. Seine Effektivität und Reichweite ist im wesentlichen in zweierlei Hinsicht begrenzt.

(a) Durchsetzbarkeit

Erstens ist die Durchsetzbarkeit der Änderungen oder Aufhebungen eingeschränkt, die die Kommission zum Abschluss des Verfahrens vorschlagen kann. Nach Absatz 2 des Artikels 118 der Verordnung Nr. 40/94 und des Artikels 44 der Verordnung Nr. 2100/94 kann die Kommission nur „verlangen", dass eine Handlung des Präsidenten des Harmonisierungsamtes geändert oder aufgehoben wird. Dies räumt der Kommission weder das Recht ein, selbst die Handlung durch eine neue zu ersetzen, noch die verlangte Änderung bzw. Aufhebung mit Sanktionsmitteln durchzusetzen.[266]

Dabei ist des Weiteren zu berücksichtigen, dass das Verfahren nach Artikel 118 der Verordnung Nr. 40/94 durch verhältnismäßig kurze Fristen geprägt ist. So muss der von der Handlung des Präsidenten unmittelbar und individuell Betroffene bereits fünfzehn Tage nach Kenntniserlangung von der Handlung die Kommission mit der Angelegenheit befassen.[267] Auch die Kommission muss schnell handeln, möchte sie die Änderung oder Aufhebung einer Handlung des Präsidenten erreichen. Artikel 118 Absatz 3 Satz 3 der Verordnung Nr. 40/94 verlangt, dass die Kommission innerhalb

[264] Jean-Claude Combaldieu, Histoire, experience et futur de l'Office de l'Harmonisation dans le Marché Intérieur (Marques, Dessins et Modèles), in: Alexander Kreher (Hrsg.), *The New European Agencies - Conference Report*, EUI Working Papers, RSC 96/49, Florenz 1996, S. 49-63, 57.

[265] So die Auskunft des Harmonisierungsamtes auf meine Anfrage per Email.

[266] Darauf hinweisend Eduardo Chiti, The Emergence of a Community Administration: The Case of European Agencies, Common Market L. Rev., Band 37, 2000, S. 309, 319.

[267] Artikel 118 Absatz 3 Satz 2 der Verordnung Nr. 40/94.

eines Monats eine Entscheidung trifft. Anderenfalls gilt nach Satz 4 derselben Vorschrift der Antrag bei der Kommission als abgelehnt. Diese engen Fristenregelungen verdeutlichen, dass aus rein praktischen Gründen, nämlich dass entweder der Betroffene oder die Kommission eine Frist versäumt, die Kontrolle durch die Kommission begrenzt ist.[268]

(b) Reichweite

Der zweite Punkte betrifft die Reichweite der Anwendbarkeit der Artikel 118 Absatz 1 1. Alt. der Verordnung Nr. 40/94 und Artikel 44 Absatz 1 1. Alt. der Verordnung Nr. 2100/94. Die Kommission kommt nämlich nur dann zum Zuge, wenn „im Gemeinschaftsrecht keine Rechtsaufsicht durch ein anderes Organ vorgesehen ist“[269]. Ob eine Klage vor dem Gericht erster Instanz oder ein Antrag nach Artikel 118 der Verordnung Nr. 40/94 bzw. Artikel 44 der Verordnung Nr. 2100/94 Vorrang hat, ist freilich nicht unumstritten. Dies gilt sowohl für das Verhältnis zu einer Klage nach Artikel 236 (ex Artikel 179) EGV als auch einer Klage nach Artikel 230 (ex Artikel 173) EGV.

(aa) Verhältnis zu Artikel 236 (ex Artikel 179) EGV

Die Kommission hat bislang den Standpunkt vertreten, dass ein Klageverfahren nach Artikel 236 (ex Artikel 179) EGV Vorrang vor einem Antrag nach Artikel 118 der Verordnung Nr. 40/94 hat. Ein Mitglied der Beschwerdekammern, *Luis Manuel Chaves Fonseca Ferrão*, hatte zunächst bei der Kommission einen Antrag nach Artikel 118 der Verordnung Nr. 40/94 gestellt, um sich gegen den Beschluss Nr. ADM-97-3 des Präsidenten zu wenden, demzufolge der Vorsitzende der Kammer unmittelbarer Vorgesetzter der anderen Mitglieder der Kammer sein sollte.[270] Die Kommission lehnte den Antrag jedoch als unzulässig ab.[271] Dahinter stand die Erwägung, dass einer Klage nach Artikel 236 (ex Artikel 179) EGV Vorrang zukomme.[272] Dies erklärt, warum ein weiteres Mitglied der Beschwerdekammern, *David T. Keeling*, später davon abgesehen hat, einen Antrag bei der Kommission zu stellen und stattdessen direkt Klage beim Gericht erster Instanz erhoben hat, und zwar sowohl eine Klage nach Ar-

[268] Das Kontrollverfahren gegen das Sortenamt gemäß Artikel 44 der Verordnung Nr. 2100/94 lässt dagegen längere Fristen von jeweils zwei Monaten zu.

[269] So der Wortlaut von Artikel 118 Absatz 1 der Verordnung Nr. 40/94 und Artikel 44 Absatz 1 der Verordnung Nr. 2100/94.

[270] Beschluss des Präsidenten des Gerichts Erster Instanz vom 19. Juni 1997, Rechtssache T-159/97 R (Luis Manuel Chaves Fonseca Ferrão gegen Harmonisierungsamt), Sammlung der Rechtsprechung 1997, Seite II-1049, Rn 5.

[271] Beschluss des Präsidenten des Gerichts Erster Instanz vom 19. Juni 1997, Rechtssache T-159/97 R (Luis Manuel Chaves Fonseca Ferrão gegen Harmonisierungsamt), Sammlung der Rechtsprechung 1997, Seite II-1049, Rn 5.

[272] So ausdrücklich die Wiedergabe der Argumentation der Kommission in diesem Verfahren im Beschluss des Gerichts erster Instanz vom 8. Juni 1998, Rechtssache T-148/97 (David T. Keeling gegen Harmonisierungsamt), Sammlung der Rechtsprechung 1998, Seite II-2217, Rn 16.

tikel 230 Absatz 4 (ex Artikel 173 Absatz 4) EGV[273] als auch nach Artikel 236 (ex Artikel 179) EGV[274].

Das Gericht erster Instanz hat sich dagegen noch nicht zu dem Vorrangverhältnis zwischen Artikel 118 der Verordnung 40/94 und Artikel 236 (ex Artikel 179) EGV geäußert.[275] In der Rechtssache *Keeling gegen Harmonisierungsamt* ging es vielmehr um das Verhältnis zwischen einer Klage nach Artikel 230 (ex Artikel 173) EGV und anderen Rechtsschutzmöglichkeiten, zu denen auch das Kontrollverfahren nach Artikel 118 der Verordnung Nr. 40/94 zählt.[276]

Im Ergebnis erscheint es überzeugend, einer Klage nach Artikel 236 (ex Artikel 179) EGV Vorrang gegenüber einem Antrag nach Artikel 118 der Verordnung Nr. 40/94 einzuräumen. Dafür sprechen insbesondere folgende Erwägungen:

Erstens besagt der Wortlaut des Artikels 118 Absatz 1 der Verordnung Nr. 40/94, dass das Verfahren gerade nur insoweit anwendbar sein soll, als keine Rechtsaufsicht durch ein anderes Organ vorgesehen ist. Eine Klage nach Artikel 236 (ex Artikel 179) EGV zum Gericht erster Instanz stellt aber gerade eine solche Rechtsaufsicht durch ein anderes Organ der Gemeinschaft dar. Zweitens ist nicht ersichtlich, dass mit der Einführung des Artikels 118 der Verordnung Nr. 40/94 eine Einschränkung bestehender Klagerechte bezweckt werden sollte.

Drittens sprechen der Sinn und Zweck des Artikels 236 (ex Artikel 179) EGV für einen Vorrang desselben gegenüber dem Kontrollverfahren nach Artikel 118 der Verordnung Nr. 40/94. Mit der Klagemöglichkeit nach Artikel 236 (ex Artikel 179) EGV sollten andere Rechtsbehelfe nämlich ausgeschlossen werden. Auf diese Weise soll garantiert werden, dass dienstrechtliche Klagen vorrangig an den im Beamtenstatut und den Beschäftigungsbedingungen für die sonstigen Bediensteten niedergelegten Bedingungen beurteilt werden. Insofern kommt Artikel 236 (ex Artikel 179) EGV

273 Beschluss des Gerichts erster Instanz vom 8. Juni 1998, Rechtssache T-148/97 (David T. Keeling gegen Harmonisierungsamt), Sammlung der Rechtsprechung 1998, Seite II-2217, Rn 8. Ferrão ist dagegen gegen den Beschluss des Präsidenten allein nach Artikel 236 (ex Artikel 179) EGV vorgegangen (Beschluss des Gerichts erster Instanz vom 8. Juni 1998, Rechtssache T-148/97 (David T. Keeling gegen Harmonisierungsamt), Sammlung der Rechtsprechung 1998, Seite II-2217, Rn 15; Beschluss des Präsidenten des Gerichts Erster Instanz vom 19. Juni 1997, Rechtssache T-159/97 R (Luis Manuel Chaves Fonseca Ferrão gegen Harmonisierungsamt), Sammlung der Rechtsprechung 1997, Seite II-1049).

274 Das Klageverfahren wurde als Rechtssachen T-297/97 registriert. Ein Beschluss oder Urteil des Gerichts erster Instanz in dieser Rechtssache existiert allerdings nicht. Entweder steht eine Entscheidung noch aus. Oder der Streit ist mittlerweile anderweitig gerichtlich oder außergerichtlich beigelegt worden (siehe den Hinweis in dem Beschluss des Gerichts erster Instanz vom 8. Juni 1998, Rechtssache T-148/97 (David T. Keeling gegen Harmonisierungsamt), Sammlung der Rechtsprechung 1998, Seite II-2217, Rn 15).

275 So ausdrücklich Beschluss des Gerichts erster Instanz vom 8. Juni 1998, Rechtssache T-148/97 (David T. Keeling gegen Harmonisierungsamt), Sammlung der Rechtsprechung 1998, Seite II-2217, Rn 33. Allerdings ist entschieden worden, dass Artikel 236 (ex Artikel 179) EGV auch auf die Beamten und Bediensteten des Harmonisierungsamtes (bzw. für die Bewerber auf derartige Positionen) Anwendung findet (Beschluss des Gerichts Erster Instanz (Dritte Kammer) vom 11. Juli 1996, Rechtssache T-30/96 (José Gomes de Sá Pereira gegen Rat der Europäischen Union), Sammlung der Rechtsprechung 1996, Seite II-785).

276 Beschluss des Gerichts erster Instanz vom 8. Juni 1998, Rechtssache T-148/97 (David T. Keeling gegen Harmonisierungsamt), Sammlung der Rechtsprechung 1998, Seite II-2217, Rn 28.

auch Vorrang gegenüber dem Verfahren nach Artikel 230 (ex Artikel 173) EGV zu.[277] Dieses Vorrangverhältnis würde aber gerade in sein Gegenteil verkehrt, würde das Kontrollverfahren nach Artikel 118 der Verordnung Nr. 40/94 ausgenommen werden. Gegen eine ablehnende Entscheidung der Kommission im Verfahren nach Artikel 118 der Verordnung Nr. 40/94 ist nämlich die Klage nach Artikel 230 (ex Artikel 173) EGV statthaft. Das (unerwünschte) Ergebnis wäre dann ein Vorrang einer Klage nach Artikel 230 (ex Artikel 173) EGV gegenüber einer Klage nach Artikel 236 (ex Artikel 179) EGV.

(bb) Verhältnis zu Artikel 230 (ex Artikel 173) EGV

Davon zu unterscheiden, ist freilich das Verhältnis von Artikel 118 der Verordnung Nr. 40/94 zu Artikel 230 (ex Artikel 173) EGV. Die Frage der direkten Klagemöglichkeit nach Artikel 230 (ex Artikel 173) EGV gegen Handlungen des Präsidenten des Harmonisierungsamtes stellte sich in der Rechtssache *Keeling gegen Harmonisierungsamt.*[278]

Keeling hatte in dem Verfahren die Ansicht geäußert, dass eine direkte Klage nach Artikel 230 (ex Artikel 173) durchaus geboten sei. Der Sinn und Zweck von Artikel 118 der Verordnung Nr. 40/94 habe bei Erlass der Vorschrift allein darin bestanden, die Handlungen des Präsidenten der Justiziabilität zuzuführen. Wird nämlich eine Entscheidung der Kommission herbeigeführt, so könne gegen diese wiederum über Artikel 230 (ex Artikel 173) EGV vorgegangen werden. Seit der Entscheidung des Europäischen Gerichtshofes in der Sache *Les Verts gegen Europäisches Parlament*[279], in der dem Kläger ein Klagerecht gegen das Parlament trotz dessen fehlender Nennung in der damaligen Fassung des Artikels 173 EGV zugebilligt wurde,[280] sei der Umweg über Artikel 118 der Verordnung Nr. 40/94 jedoch weder erforderlich, noch geboten.[281] Außerdem biete Artikel 118 der Verordnung Nr. 40/94 keinen mit den gerichtlichen Klageverfahren vergleichbaren individuellen Rechtsschutz.[282] *Keeling* verweist insofern auf das Fehlen geeigneter Prozessnormen für das Verfahren nach Artikel 118 der Verordnung Nr. 40/94 und die strengen Voraussetzungen, unter denen der Antrag überhaupt nur zulässig ist.[283]

---

[277] Beschluss des Gerichts Erster Instanz (Dritte Kammer) vom 11. Juli 1996, Rechtssache T-30/96 (José Gomes de Sá Pereira gegen Rat der Europäischen Union), Sammlung der Rechtsprechung 1996, Seite II-785; Grabitz/Hilf-*Karpenstein*, Das Recht der Europäischen Union, Kommentar, Artikel 236 EGV, Rn 1.

[278] Beschluss des Gerichts erster Instanz vom 8. Juni 1998, Rechtssache T-148/97 (David T. Keeling gegen Harmonisierungsamt), Sammlung der Rechtsprechung 1998, Seite II-2217, Rn 28.

[279] Urteil des Europäischen Gerichtshofes vom 23. April 1986, Rechtssache 294/83 (Parti ecologiste "Les Verts" gegen Europäisches Parlament), Sammlung der Rechtsprechung 1986, Seite 1339; siehe auch Urteil des Europäischen Gerichtshofes vom 22. Mai 1990, Rechtssache C-70/88 (Europäisches Parlament gegen Rat – *Tschernobyl*), Sammlung der Rechtsprechung 1990, Seite I-2041.

[280] Durch den EUV wurde die Parteifähigkeit des Europäischen Parlaments freilich ausdrücklich in Artikel 230 Absatz 3 verankert.

[281] Beschluss des Gerichts erster Instanz vom 8. Juni 1998, Rechtssache T-148/97 (David T. Keeling gegen Harmonisierungsamt), Sammlung der Rechtsprechung 1998, Seite II-2217, Rn 24.

[282] Beschluss des Gerichts erster Instanz vom 8. Juni 1998, Rechtssache T-148/97 (David T. Keeling gegen Harmonisierungsamt), Sammlung der Rechtsprechung 1998, Seite II-2217, Rn 24.

[283] Beschluss des Gerichts erster Instanz vom 8. Juni 1998, Rechtssache T-148/97 (David T. Keeling gegen Harmonisierungsamt), Sammlung der Rechtsprechung 1998, Seite II-2217, Rn 24: „The appli-

Das Harmonisierungsamt sprach sich freilich gegen die Anwendung von Artikel 230 (ex Artikel 173) EGV auf Handlungen des Präsidenten des Harmonisierungsamtes aus. Eine direkte Anwendung des Artikels scheide schon seinem Wortlaut nach aus, da der Präsident des Harmonisierungsamtes in der Vorschrift nicht genannt werde. Aber auch eine analoge Anwendung[284] komme mangels Regelungslücke nicht in Betracht. Es stünden andere Rechtsbehelfe zur Verfügung. So könne ein Klageverfahren nach Artikel 236 (ex Artikel 179) EGV angestrengt werden. Sollte dieses Verfahren im Einzelfall nicht möglich sein, verbleibt die Möglichkeit, einen Antrag gemäß Artikel 118 der Verordnung Nr. 40/94 zu stellen.[285] Bleibt auch ein solches Kontrollverfahren erfolglos, so könne dann immer noch gegen die Entscheidung der Kommission nach Artikel 230 (ex Artikel 173) EGV vorgegangen werden.[286] Dabei argumentiert das Harmonisierungsamt unter Berufung auf den Telos des Artikels 118 der Verordnung 40/94. Artikel 118 der Verordnung Nr. 40/94 werde obsolet, würde stets entweder eine Klage nach Artikel 236 (ex Artikel 179) EGV – soweit es um Rechtsstreitigkeiten aus dem Beschäftigungsverhältnis geht – oder eine Klage nach Artikel 230 (ex Artikel 173) EGV in den übrigen Fällen zulässig sein. Der gesetzgeberische Wille bei Einführung des Artikels 118 der Verordnung Nr. 40/94 habe darin bestanden, Klagen geringerer Bedeutung vor der gemeinschaftlichen Gerichtsbarkeit zu vermeiden.[287]

Das Gericht erster Instanz hat sich in der Sache gegen eine Anwendbarkeit des Verfahrens nach Artikel 230 (ex Artikel 173) EGV auf Handlungen des Präsidenten des Amtes und damit gegen einen Vorrang dieses Klageverfahrens gegenüber dem Verfahren nach Artikel 118 der Verordnung Nr. 40/94 ausgesprochen. So hat das Gericht *Keeling*'s Klage als unzulässig abgewiesen. Eine Klage nach Artikel 230 sei nur dann zulässig, wenn sie gegen eine Handlung der in Absatz 1 aufgelisteten Gemein-

---

cant further argues that the defendant exaggerates the scope of Article 118 of Regulation No 40/94. At the time when the draft regulation on the Community trade mark was submitted, the judgment in *Les Verts v. Parliament* had not yet been delivered. Article 118 was meant to provide a device by which the decisions of the Commission under that article would be amenable to judicial review. According to the applicant, it was out of an excess of caution that Article 118 was allowed to survive. The applicant submits, moreover, that the strict conditions laid down in Article 118 and the absence of proper procedural rules significantly curtail the legal protection which individuals enjoy under the treaty. It follows, according to the applicant, that Article 118 is unsuitable as a means of challenging acts of the President which are of direct and individual concern to natural or legal persons."

[284] Zur Anerkennung der Analogie als Auslegungstopos im Gemeinschaftsrecht siehe Manfred Zuleeg, Die Auslegung des Europäischen Gemeinschaftsrechts, EuR 1969, S. 97, 105; Jörg Ukrow, Richterliche Rechtsfortbildung durch den EuGH, Baden-Baden 1995, S. 123; Michael Potacs, Auslegung im öffentlichen Recht, Baden-Baden 1994, S. 199.

[285] Beschluss des Gerichts erster Instanz vom 8. Juni 1998, Rechtssache T-148/97 (David T. Keeling gegen Harmonisierungsamt), Sammlung der Rechtsprechung 1998, Seite II-2217, Rn 19.

[286] Beschluss des Gerichts erster Instanz vom 8. Juni 1998, Rechtssache T-148/97 (David T. Keeling gegen Harmonisierungsamt), Sammlung der Rechtsprechung 1998, Seite II-2217, Rn 20 a.E., 21.

[287] Beschluss des Gerichts erster Instanz vom 8. Juni 1998, Rechtssache T-148/97 (David T. Keeling gegen Harmonisierungsamt), Sammlung der Rechtsprechung 1998, Seite II-2217, Rn 20: „Article 118 of Regulation No 40/94 shows that the legislature's intention was to avoid 'minor actions before the Community judicature."

schaftsorgane gerichtet sei.[288] Handlungen des Präsidenten des Harmonisierungsamtes seien dort aber nicht erwähnt.[289] Mit seinem Urteil hat das Gericht erster Instanz auch eine analoge Anwendung des Artikels 230 (ex Artikels 173) EGV mangels planwidriger Regelungslücke implizit abgelehnt. Nach Ansicht des Gerichts bestünden nämlich grundsätzlich andere Rechtsschutzmöglichkeiten, insbesondere nach Artikel 118 der Verordnung Nr. 40/94 und nach Artikel 236 (ex Artikel 179) EGV.[290] Seien die rechtsschutzsuchenden Parteien damit gerade nicht schutzlos gestellt, sei anders als in dem *Les Verts*-Verfahren[291] eine Ausdehnung der Anwendbarkeit des Artikels 230 (ex Artikels 173) EGV nicht geboten.

Das Gericht erster Instanz ging zurecht davon aus, dass eine Klage nach Artikel 230 (ex Artikel 173) EGV gegen Handlungen des Präsidenten des Harmonisierungsamtes, sowohl unter direkter als auch analoger Anwendung, als unzulässig abzulehnen ist. Vorausgesetzt, dass eine Klage nach Artikel 236 (ex Artikel 179) EGV in dem konkreten Fall nicht einschlägig ist, ist zunächst eine Entscheidung der Kommission nach Artikel 118 der Verordnung Nr. 40/94 einzuholen, gegen die dann Klage nach Artikel 230 (ex Artikel 173) EGV erhoben werden kann. Dafür spricht, dass das Verfahren nach Artikel 230 (ex Artikel 173) EGV schon seinem Wortlaut nach gegen Handlungen des Präsidenten des Harmonisierungsamtes ausscheidet. Für eine Analogie fehlt es aus den oben genannten Gründen an einer planwidrigen Regelungslücke. Auch der von *Keeling* vorgebrachte Einwand, dass das Verfahren nach Artikel 118 der Verordnung Nr. 40/94 rechtsstaatlichen Anforderungen nicht genüge, überzeugt in diesem Zusammenhang letztendlich nicht. Denn im Falle einer ablehnenden Entscheidung lässt sich das Klageverfahren nach Artikel 230 (ex Artikel 173) EGV anschließen. Bestehen ernsthafte Bedenken der Vereinbarkeit von Artikel 118 der Verordnung Nr. 40/94 mit in allgemeinen Rechtsgrundsätzen anerkannten prozessualen Rechten, so wäre dies in dem nachfolgenden gerichtlichen Verfahren geltend zu machen.

(c) Zusammenfassung

Zusammenfassend lässt sich feststellen, dass die Wirkung der Kontrollrechte der Kommission aufgrund von Artikel 118 der Verordnung Nr. 40/94 bzw. Artikel 44 der Verordnung Nr. 2100/94 insofern begrenzt ist, als es zu einer Anwendung dieser Vorschrift überhaupt nur kommt, wenn ein Klageverfahren nach Artikel 236 (ex Artikel 179) EGV nicht einschlägig ist. Auch sind bei grundsätzlicher Anwendbarkeit des Verfahrens nach Artikel 118 der Verordnung Nr. 40/94 die Auswirkungen eines solchen weiter dadurch limitiert, dass die strengen Fristenregelungen und die schwachen

---

[288] Beschluss des Gerichts erster Instanz vom 8. Juni 1998, Rechtssache T-148/97 (David T. Keeling gegen Harmonisierungsamt), Sammlung der Rechtsprechung 1998, Seite II-2217, Rn 31.

[289] Beschluss des Gerichts erster Instanz vom 8. Juni 1998, Rechtssache T-148/97 (David T. Keeling gegen Harmonisierungsamt), Sammlung der Rechtsprechung 1998, Seite II-2217, Rn 32.

[290] Beschluss des Gerichts erster Instanz vom 8. Juni 1998, Rechtssache T-148/97 (David T. Keeling gegen Harmonisierungsamt), Sammlung der Rechtsprechung 1998, Seite II-2217, Rn 33.

[291] Urteil des Europäischen Gerichtshofes vom 23. April 1986, Rechtssache 294/83 (Parti ecologiste "Les Verts" gegen Europäisches Parlament), Sammlung der Rechtsprechung 1986, Seite 1339; siehe auch Urteil des Europäischen Gerichtshofes vom 22. Mai 1990, Rechtssache C-70/88 (Europäisches Parlament gegen Rat – *Tschernobyl*), Sammlung der Rechtsprechung 1990, Seite I-2041.

Mittel der Durchsetzbarkeit ein weitreicherendes Handeln der Kommission verhindern.

2. Einflussnahmemöglichkeiten des Rates

Die Einflussnahmemöglichkeiten des Rates sind auf zwei Bereiche beschränkt. Zum einen erlässt der Rat die Rechtssätze, die für die Errichtung und das Funktionieren des Harmonisierungsamtes und des Sortenamtes wesentlich sind. Zum anderen ist der Rat in die Ernennung, Entlassung und Disziplinierung des Präsidenten des Harmonisierungsamtes sowie die Ernennung und Entlassung der Mitglieder der Beschwerdekammern eingebunden.

Zum ersten Bereich gehört insbesondere der Erlass der Verordnungen Nr. 40/94 und Nr. 2100/94. Im übrigen beschließt der Rat gemäß Artikel 141 Absatz 2 der Verordnung Nr. 40/94 und gemäß Artikel 115 Absatz 3 Buchstabe b) der Verordnung Nr. 2100/94 über die von der Kommission vorgeschlagenen Maßnahmen zur Durchführung der Grundverordnungen, sofern die Stellungnahme des Ausschusses von dem ursprünglichen Vorschlag der Kommission abweicht. Im Bereich des gemeinschaftlichen Markenrechts wird des Weiteren der Bericht der Kommission über das Funktionieren des Recherchesystems nach Artikel 39 Absatz 7 der Verordnung Nr. 40/94 dem Rat zugeleitet, so dass Letzterer notwendige gesetzgeberische Änderungen vornehmen kann.[292]

Zum zweiten Bereich gehört die Aufgabe des Rates gemäß Artikel 120 Absatz 1 der Verordnung Nr. 40/94 den Präsidenten sowie die Mitglieder der Beschwerdekammern zu ernennen und Ersteren zu entlassen. Hinsichtlich der Mitglieder der Beschwerdekammern kann der Rat einen Antrag auf Entlassung nach Artikel 131 Absatz 1 Satz 2 der Verordnung Nr. 40/94 stellen, über den der Europäische Gerichtshof entscheidet. Die Befugnisse des Rates gegenüber dem Sortenamt sind dagegen begrenztere. So ernennt der Rat nach Artikel 43 Absatz 1 und 47 Absatz 1 Satz 1 der Verordnung Nr. 2100/94 allein den Präsidenten des Amtes sowie den Vorsitzenden der Beschwerdekammer und seinen Stellvertreter, nicht aber die anderen Mitglieder der Beschwerdekammer. Entlassen vermag der Rat gemäß Artikel 43 Absatz 1 Satz 2 der Verordnung Nr. 2100/94 allein den Präsidenten des Amtes; auch ist er nicht befugt, einen Antrag auf Entlassung der Mitglieder der Beschwerdekammern zu stellen.

Bei der Ernennung der jeweiligen Kandidaten ist der Rat allerdings nicht frei von Vorgaben. Vielmehr entscheidet der Rat anhand einer ihm vom Verwaltungsrat des Harmonisierungsamtes bzw. von der Kommission nach Anhörung des Verwaltungsrates des Sortenamtes vorgelegten Liste von maximal drei Kandidaten. Auch in der Entscheidung über die Entlassung der Beamten ist der Rat vom Vorschlag des Verwaltungsrates des Harmonisierungsamtes bzw. der Kommission und dem Verwaltungsrat des Sortenamtes abhängig. Zwar hat der Rat sowohl bei der Ernennung und der Entlassung die Letztentscheidungskompetenz. Die Reichweite seiner Entschei-

[292] Nach Artikel 19 Absatz 2 der Verordnung Nr. 2100/94 ist der Rat außerdem befugt, auf Vorschlag der Kommission in Bezug auf bestimmte Gattungen und Arten eine Verlängerung der Schutzfristen vorzusehen.

dungsmöglichkeiten wird allerdings von vornherein stark begrenzt. Dies mag an folgendem Beispiel verdeutlicht werden. In Absatz 1 des Artikels 120 der Verordnung 40/94 und des Artikels 43 der Verordnung Nr. 2100/94 heißt es, dass der Rat aufgrund einer Liste von *maximal* drei Personen über die Ernennung eines Kandidaten entscheidet. Entgegen der Ansicht eines Bewerbers, dessen Bewerbung bei der Aufstellung der Liste unberücksichtigt geblieben war,[293] lassen die genannten Vorschriften es daher durchaus zu, dass die Kandidatenliste lediglich aus einer Person besteht.[294] Die Entscheidungskompetenz des Rates beschränkt sich dann auf die Annahme oder Ablehnung des vorgeschlagenen Kandidaten. Eine Wahlmöglichkeit zwischen mehreren Kandidaten entfällt insoweit.

3. Einflussnahmemöglichkeiten des Europäischen Parlaments

In Hinblick auf die Einflussnahmemöglichkeiten des Europäischen Parlaments ist zwischen dem Gemeinschaftlichen Sortenamt und dem Harmonisierungsamt zu unterscheiden. Während das Europäische Parlament in keiner Weise in die Tätigkeit des Sortenamtes einbezogen ist,[295] erschöpft sich das Verhältnis zwischen dem Harmonisierungsamt und dem Europäischen Parlament in einer Informationspflicht des Präsidenten des Harmonisierungsamtes. So legt der Präsident nach Artikel 119 Absatz 2 Buchstabe d) der Verordnung Nr. 40/94 dem Präsidenten jährlich einen Tätigkeitsbericht vor. Und gemäß Artikel 137 Absatz 1 der Verordnung Nr. 40/94 übermittelt er dem Europäischen Parlament jährlich die Rechnung über die Einnahmen und Ausgaben des Harmonisierungsamtes. In beiden Fällen kommen dem Parlament aber keine weiteren Befugnisse, wie etwa solche zur Prüfung oder Rüge der vorgelegten Materialien, zu. Vielmehr erfolgt die Finanzkontrolle durch einen vom Haushaltsausschuss des Harmonisierungsamtes ernannten Finanzkontrolleur. Die Prüfung der Rechnung nimmt allein der Rechnungshof vor. Die Haushaltskontrolle durch das Europäische Parlament ist folglich sehr schwach ausgeprägt. Diese Einschätzung wird dadurch bestätigt, dass es sowohl seitens des Parlaments als auch seitens der Kommission Bestrebungen gegeben hat,[296] die Rechtslage dahingehend zu ändern, dass die Finanzkontrolle durch einen Kontrolleur der Kommission erfolgt, während die Kommission ihrerseits der politischen Kontrolle des Parlaments unterliegt.[297]

---

[293] Die entsprechende Klage des Bewerbers war bereits als unzulässig abgewiesen worden (Beschluss des Gerichts Erster Instanz (Dritte Kammer) vom 11. Juli 1996, Rechtssache T-30/96 (José Gomes de Sá Pereira gegen Rat der Europäischen Union), Sammlung der Rechtsprechung 1996, Seite II-785).

[294] Dies wurde für die Position des Vorsitzenden einer Beschwerdekammer so auch schon praktiziert: siehe Beschluss des Gerichts Erster Instanz (Dritte Kammer) vom 11. Juli 1996, Rechtssache T-30/96 (José Gomes de Sá Pereira gegen Rat der Europäischen Union), Sammlung der Rechtsprechung 1996, Seite II-785.

[295] Mit Ausnahme der Stellungnahme vor Erlass der Verordnung Nr. 2100/94.

[296] SEK (92) 2389 endg.; KOM (97) 489 endg. vom 6. Oktober 1997, S. 1c; KOM (98) 289 endg. vom 30. April 1998; ABl. C 194 vom 20. Juni 1998, S. 5; ebenso für das Sortenamt: KOM (97) 489 endg. vom 6. Oktober 1997; ABl. C 194 vom 20. Juni 1998, S. 7. Zum Widerstand des Harmonisierungsamtes siehe Ellen Vos, European Adminsitrative Reform and Agencies, EUI Working Paper RSC 2000/51, S. 13.

[297] Betrachtet man nicht nur das Harmonisierungsamt und das Sortenamt, sondern die Gesamtheit der europäischen Agenturen, so lässt sich feststellen, dass diejenigen Agenturen, die mit der größten finanziellen Autonomie versehen sind, der geringsten Kontrolle durch das Europäische Parlament un-

II. Rechenschaft gegenüber den Mitgliedstaaten

Hinsichtlich des Verhältnisses zwischen den Mitgliedstaaten und dem Harmonisierungsamt bzw. Sortenamt ist zwischen zwei Ebenen zu unterscheiden. Zum einen geht es um die Entsendung von Vertretern der Mitgliedstaaten in einzelne Dienststellen der Agentur, um auf diese Weise von innen heraus Einfluss auszuüben. Zum anderen könnte durch das Verhältnis der Zusammenarbeit zwischen den Ämtern und den Behörden der Mitgliedstaaten die Möglichkeit einer Einflussnahme von außen begründet werden.

1. Vertreter der Mitgliedstaaten im Verwaltungsrat

Bezüglich der internen Einflussnahmemöglichkeiten sei auf die Entsendung von Vertretern der Mitgliedstaaten in den Haushaltsausschuss des Harmonisierungsamtes, den Ausschuss für Gebühren, Durchführungsvorschriften und das Verfahren der Beschwerdekammern des Harmonisierungsamtes sowie in den Verwaltungsrat beider Ämter hingewiesen.

Zwar ist für die Beschwerdekammern selbst keine förmliche Repräsentation der Mitgliedstaaten vorgesehen. So erfolgt die Ernennung der Mitglieder der Beschwerdekammern weder nach Länderquoten noch nach einem rotierenden System, durch das gewährleistet würde, dass jeder Mitgliedstaat durch ein Mitglied in den Beschwerdekammern vertreten ist.[298]

Die Mitgliedstaaten sind jedoch in anderen Dienststellen, namentlich dem Verwaltungsrat beider Ämter, dem Haushaltsausschuss sowie dem Ausschuss für Gebühren, Durchführungsvorschriften und das Verfahren der Beschwerdekammern des Harmonisierungsamtes, vertreten. Die genannten Dienststellen setzen sich nach den Artikeln 122 Absatz 1, 133 Absatz 2 und 141 Absatz 1 der Verordnung Nr. 40/94 und nach Artikel 37 Absatz 1 der Verordnung Nr. 2100/94 jeweils aus je einem Vertreter jedes Mitgliedstaates und einem Kommissionsmitglied sowie deren jeweiligen Stellvertretern zusammen. Der Vertreter der Kommission ist jedoch bei Abstimmungsentscheidungen ausgeschlossen. Stimmberechtigt sind daher allein die Vertreter der Mit-

---

terliegen. Dies mag in zweierlei Hinsicht bedenklich erscheinen. Erstens widerspricht obige Beobachtung dem generellen Trend, die Legitimationskraft durch das Europäische Parlament bei fortschreitender Integration zu erhöhen. Zweitens würde es vor dem Hintergrund, dass die Kommission der politischen Kontrolle des Parlamentes unterliegt, nachvollziehbarer erscheinen, dem Europäischen Parlament weitreichendere Kontrollbefugnisse einzuräumen, wenn die Kontrolle durch die Kommission (wie dies bei der Haushaltsautonomie der Fall ist) schwach ausfällt. Hierzu Dorothee Fischer-Appelt, Agenturen der Europäischen Gemeinschaft, Berlin 1999, S. 297-303.

[298] Welche Schlussfolgerung kann aus dieser Beobachtung gezogen werden? Ein Erklärungsansatz könnte darin liegen, dass die Mitgliedstaaten die Beschwerdekammern für nicht einflussreich und wichtig genug hielten, um auf eine direkte Repräsentation ihres Landes in den Beschwerdekammern zu bestehen. Eine andere Deutung wäre, dass die Beschwerdekammern so stark von der mitgliedstaatlichen Ebene losgelöst sind und so unabhängig arbeiten, dass die Mitgliedstaaten es nicht für effektiv erachteten, über eine Vertretung in den Beschwerdekammern einen Bezug zur nationalen Ebene herzustellen. Die Mitgliedstaaten könnten es bevorzugt und für ausreichend gehalten haben, im Verwaltungsrat des Harmonisierungsamtes und des Sortenamtes vertreten zu sein.

gliedstaaten. Eine entsprechende explizite Regelung enthält die Verordnung Nr. 40/94 in Artikel 141 Absatz 2 Satz 5 für Abstimmungen des Ausschusses für Gebühren, Durchführungsvorschriften und das Verfahren der Beschwerdekammern. Hinsichtlich des Verwaltungsrates und des Haushaltsausschusses kommt dies allerdings nur indirekt zu Ausdruck. Nach Artikeln 124 Absatz 5, 133 Absatz 3 der Verordnung Nr. 40/94 und Artikel 41 Absatz 1 und 2 der Verordnung Nr. 2100/94 sind bei der Ermittlung der einfachen bzw. qualifizierten Mehrheit allein die Stimmen der Vertreter der Mitgliedstaaten zu berücksichtigen. Soll sich eine Stimmabgabe seitens des Vertreters der Kommission nicht auswirken, so bedeutet dies aber nichts anderes, als dass dieser an der Abstimmung nicht beteiligt ist.

Was die Bedeutung der genannten Dienststellen im Gefüge des Harmonisierungsamtes bzw. Sortenamtes anbetrifft, so kommt ihnen jeweils unterschiedliches Gewicht zu.

Von den Dienststellen, die sich aus Vertretern der Mitgliedstaaten zusammensetzen, ist der Ausschuss für Gebühren, Durchführungsvorschriften und das Verfahren der Beschwerdekammern die Dienststelle mit dem geringsten Einfluss. Nach der Präambel zur Verordnung Nr. 40/94 hat dieser Ausschuss die Aufgabe, die Kommission beim Erlass von Maßnahmen zur Durchführung der Verordnung zu unterstützen. Gemäß Artikel 141 Absatz 2 der Verordnung Nr. 40/94 besteht die Unterstützung darin, eine Stellungnahme zu dem von der Kommission übermittelten Entwurf für eine Durchführungsverordnung abzugeben. Letztendlich ist der Hintergrund für die Zwischenschaltung dieses Ausschusses wohl derjenige, sicherzustellen, dass die Interessen der Mitgliedstaaten vor Erlass einer Verordnung geäußert werden können. Anders als im üblichen Gesetzgebungsverfahren der Gemeinschaft, ist der Rat nämlich im Regelfall nicht an dem Verfahren zum Erlass der Gebührenordnung, Durchführungsverordnung oder Verfahrensordnung der Beschwerdekammern beteiligt. Vielmehr wird der Rat erst dann eingeschaltet, wenn die Stellungnahme des genannten Ausschusses von dem von der Kommission unterbreiteten Entwurf abweicht. Der Ausschuss hat also die Möglichkeit, in seiner Stellungnahme die Interessen der Mitgliedstaaten zum Ausdruck zu bringen.[299]

Bedeutsamer ist dagegen die Stellung des Haushaltsausschusses. Der Haushaltsausschuss ist diejenige Dienststelle des Harmonisierungsamtes, der weitreichende Kompetenzen in Finanz- und Haushaltsangelegenheiten zukommt. So ernennt der Haushaltsausschuss etwa den Finanzkontrolleur[300] und erlässt interne Finanzvorschriften.[301] Vor allem aber stellt der Haushaltsausschuss den Haushaltsplan einschließlich des Stellenplans fest[302] und erteilt dem Präsidenten Entlastung zur Ausführung des Haushaltsplans.[303]

---

[299] Der im Falle einer abweichenden Stellungnahme des Ausschusses anschließend eingeschaltete Rat kann sich für die Wahrung der Interessen der Mitgliedstaaten einsetzen, indem er den Erlass der von der Kommission vorgeschlagenen Maßnahme ablehnt.

[300] Artikel 136 der Verordnung Nr. 40/94.

[301] Artikel 138 der Verordnung Nr. 40/94.

[302] Artikel 135 Absatz 3 der Verordnung Nr. 40/94.

[303] Artikel 137 Absatz 2 der Verordnung Nr. 40/94.

Zentraler Aspekt für die mögliche interne Einflussnahme auf das Harmonisierungsamt bzw. das Sortenamt ist die Vertretung der Mitgliedstaaten im Verwaltungsrat. Der Verwaltungsrat ist neben dem Präsidenten primär für die Leitung der Agentur zuständig. Dies wird anhand der zahlreichen Befugnisse deutlich, die in den Artikeln 121 der Verordnung Nr. 40/94 und 36 der Verordnung Nr. 2100/94 aufgelistet sind. Beispielhaft sei die Befugnis des Verwaltungsrates des Harmonisierungsamtes genannt, die Kandidatenliste für die Ernennung des Präsidenten und die Mitglieder der Beschwerdekammern aufzustellen, den Präsidenten zu beraten und diesen im Falle seiner Verhinderung zu vertreten. Die Kompetenzen des Verwaltungsrates des Sortenamtes reichen sogar über diejenigen des Verwaltungsrates des Harmonisierungsamtes hinaus. Dies ist teilweise darauf zurückzuführen, dass der Verwaltungsrat des Sortenamtes auch diejenigen Aufgaben wahrnimmt, die beim Harmonisierungsamt dem Haushaltsausschuss übertragen worden sind. Aber auch in anderen Bereichen als Haushalts- und Finanzangelegenheiten sind dem Verwaltungsrat des Sortenamtes weitreichendere Befugnisse eingeräumt worden. Zum Beispiel prüft der Verwaltungsrat des Sortenamtes den Tätigkeitsbericht des Präsidenten und überwacht, ausgehend von dieser Prüfung und anderen ihm vorliegenden Informationen, die Tätigkeit des Amtes.

2. Kooperation auf administrativer Ebene

Bezüglich der externen Form der Einflussnahme sei zunächst die Zusammenarbeit des Harmonisierungsamtes und des Sortenamtes mit den Verwaltungsbehörden der Mitgliedstaaten erwähnt.

Das Verhältnis zwischen den mitgliedstaatlichen Behörden und dem Harmonisierungsamt bzw. Sortenamt ist durch gegenseitige Kooperation geprägt.[304] Die Tätigkeiten der nationalen Behörden und der Ämter der Gemeinschaft ergänzen sich im Einzelfall derart, dass die eine Behörde eine Entscheidung trifft, an deren Vorbereitung – etwa durch Informationsverschaffung - oder späteren Durchführung die andere Behörde beteiligt ist. Es fehlt daher an einer Hierarchie in dem Sinne, dass die mitgliedstaatlichen Marken- und Sortenämter dem europäischen Marken- und Sortenamt untergeordnet wären.[305] Zwar arbeiten die nationalen Behörden dem Harmonisierungsamt und dem Sortenamt in einzelnen Fällen zu. Die entsprechenden Verpflichtungen ergeben sich aus dem in Artikel 10 (ex Artikel 5) EGV[306] verankerten Prinzip der Gemeinschaftstreue in Verbindung mit den jeweiligen Vorschriften der Verord-

[304] Die administrative Zusammenarbeit im Bereich des gemeinschaftlichen Markenrechts mag als Beispiel dafür angesehen werden, was *von Bogdandy* als „horizontal networking" bezeichnet (Armin von Bogdandy, The European Union as a Supranational Federation: A Conceptual Attempt in the Light of the Amsterdam Treaty, Colum. J. Eur. L., Band 6, 2000, S. 27, 31).

[305] Eduardo Chiti, The Emergence of a Community Administration: The Case of European Agencies, Common Market L. Rev. 2000, Band 37, S. 309, 319-320.

[306] Nach Absatz 1 Satz 1 der genannten Vertragsbestimmung treffen die Mitgliedstaaten alle geeigneten Maßnahmen allgemeiner und besonderer Art zur Erfüllung der Verpflichungen, die sich aus Handlungen der Organe der Gemeinschaft ergeben. Nach Satz 2 erleichtern die Mitgliedstaaten darüber hinaus der Gemeinschaft die Erfüllung ihrer Aufgaben.

nungen Nr. 40/94 und Nr. 2100/94.[307] In anderen Fallgestaltungen schlägt das Verhältnis jedoch in das Gegenteil um. Das Harmonisierungsamt und das Sortenamt unterstützen dann die Tätigkeit der Ämter der Mitgliedstaaten. Dies mag an folgenden Beispielen verdeutlicht werden.

Nach Artikel 86 der Verordnung Nr. 40/94 und Artikel 91 Absatz 1 der Verordnung Nr. 2100/94 leisten sich das Harmonisierungsamt bzw. Sortenamt und die mitgliedstaatlichen Behörden gegenseitige Amtshilfe. Diese gegenseitige Hilfe äußert sich darin, dass das Harmonisierungsamt bzw. Sortenamt die Behörde des Mitgliedstaates auf dessen Antrag hin durch Erteilung von Auskünften oder durch die Gewährung von Akteneinsicht unterstützt. Dasselbe gilt für das umgekehrte Verhältnis, wenn das Harmonisierungsamt bzw. Sortenamt die mitgliedstaatliche Behörde um Auskunftserteilung ersucht. Ausnahmen werden freilich insoweit gemacht, als Vorschriften der Verordnungen Nr. 40/94 und Nr. 2100/94 oder das mitgliedstaatliche Recht einer Auskunftserteilung bzw. Akteneinsicht entgegenstehen.

Als weiteres Beispiel mag der gegenseitige Austausch von Veröffentlichungen dienen. Das Sortenamt und die zuständigen Sortenbehörden der Mitgliedstaaten übermitteln nach Artikel 90 Absatz 1 der Verordnung Nr. 2100/94 einander kostenlos für ihre eigenen Zwecke ein oder mehrere Exemplare ihrer Veröffentlichungen. Entsprechendes gilt nach Artikel 87 Absatz 1 der Verordnung Nr. 40/94 für das Harmonisierungsamt und die Zentralbehörden für den gewerblichen Rechtsschutz der Mitgliedstaaten. Es bedarf lediglich eines entsprechenden Ersuchens der mitgliedstaatlichen Behörde bzw. des Gemeinschaftsamtes. Gegenüber dem Harmonisierungsamt kann das Ersuchen im Einzelfall sogar durch eine grundsätzliche Vereinbarung über den Austausch oder die Übermittlung von Publikationen ersetzt werden.[308]

Im übrigen lassen sich in den Verordnungen Nr. 40/94 und Nr. 2100/94 zum einen solche Vorschriften finden, die eine Zuarbeit der nationalen Behörden hinsichtlich einer vom Harmonisierungsamt oder Sortenamt zu treffenden Entscheidung vorsehen. Als Beispiel dafür ist die Möglichkeit anführen, die Anmeldung für die Gemeinschaftsmarke nach Artikel 25 Absatz 1 Buchstabe b) der Verordnung Nr. 40/94 bei der Zentralbehörde für den gewerblichen Rechtsschutz eines Mitgliedstaates einzureichen. Die mitgliedstaatlichen Behörden treffen dann alle Maßnahmen, die erforderlich sind, damit die Anmeldung binnen zwei Wochen an das Harmonisierungsamt weitergeleitet wird.[309] Auch sind etwa für Maßnahmen der Zwangsvollstreckung nach Artikel 20 der Verordnung Nr. 40/94 und nach Artikel 86 Absatz 2 der Verordnung

[307] Insofern kann hier dahin gestellt bleiben, ob Artikel 10 (ex Artikel 5) EGV eine selbständige Rechtswirkung zukommt oder ob die Vorschrift so allgemein gehalten ist, daß sie nur in Verbindung mit anderen gemeinschaftsrechtlichen Normen Bindungswirkung entfaltet (dazu Schlußanträge des Generalanwalts Alber vom 6. Juni 2000, Rechtssache C-9/99 (Echirolles Distribution SA gegen Association du Dauphiné u.a.), Sammlung der Rechtsprechung 2000, Seite I-8207 Rn 21).

[308] Das Sortenamt und die mitgliedstaatlichen Sortenbehörden übermitteln einander nach Artikel 90 Absatz 1 der Verordnung Nr. 2100/94 außerdem sonstige sachdienliche Angaben über beantragte oder erteilte Schutzrechte.

[309] Ähnliches gilt im Bereich des gemeinschaftlichen Sortenrechts nach Artikel 52 Absatz 2 der Verordnung Nr. 2100/94 für die Ermittlung des Prioritätsrechts, wenn zwölf Monate vor dem Antrag beim Gemeinschaftlichen Sortenamt bereits ein Antrag in einem Mitgliedstaat gestellt wurde.

Nr. 2100/94 ausschließlich die mitgliedstaatlichen Behörden zuständig. Im Bereich des Sortenrechts können die mitgliedstaatlichen Behörden darüber hinaus bei der technischen Prüfung nach Artikel 55 Absatz 1 der Verordnung Nr. 2100/94, bei der Zustellung[310], der Beweisaufnahme[311] und der Ahnung von Verletzungen des Sortenrechts[312] eingebunden werden. Hervorzuheben ist schließlich die generalklauselartige Regelung des Artikels 30 Absatz 4 der Verordnung Nr. 2100/94, derzufolge das Sortenamt mit Zustimmung des Mitgliedstaates nationale Einrichtungen mit der Wahrnehmung bestimmter Verwaltungsaufgaben beauftragen oder eigene Dienststellen des Sortenamtes zu diesem Zweck einrichten kann.

Zum anderen enthält zumindest die Verordnung Nr. 40/94 Regelungen, in denen das Harmonisierungsamt vorbereitende Maßnahmen für Entscheidungen der mitgliedstaatlichen Behörden trifft. Dies gilt zum Beispiel für die Umwandlung einer Gemeinschaftsmarke in eine Anmeldung für eine nationale Marke. Diese in Artikel 108 der Verordnung Nr. 40/94 geregelte Umwandlung wird zunächst vom Harmonisierungsamt vorbereitet, indem es den Antrag auf Umwandlung entgegennimmt und veröffentlicht. Auch prüft das Harmonisierungsamt bereits einige der in Artikel 108 der Verordnung Nr. 40/94 festgelegten Voraussetzungen für die Umwandlung, bevor es den Antrag an die mitgliedstaatliche Behörde zur Endentscheidung weiterleitet. Ausdruck der Unterstützung der nationalen Behörden durch das Harmonisierungsamt ist des Weiteren die Regelung des Artikels 109 Absatz 3 Satz 3 der Verordnung Nr. 40/94, derzufolge das Harmonisierungsamt der nationalen Behörde auf Antrag alle Auskünfte erteilt, die das mitgliedstaatliche Markenamt benötigt, um über die Zulässigkeit des Umwandlungsantrages zu entscheiden.[313]

Betrachtet man die Fälle, in denen die nationalen Markenämter das Harmonisierungsamt und das Sortenamt unterstützen, und diejenigen Fälle, in denen umgekehrt die Gemeinschaftsämter den mitgliedstaatlich Behörden zuarbeiten, so ergibt sich ein Gesamtbild der gegenseitigen Unterstützung von mitgliedstaatlichen Markenämtern und dem Harmonisierungsamt sowie von mitgliedstaatlichen Sortenämtern und dem Gemeinschaftlichen Sortenamt.

Für die mögliche Einflussnahme der Mitgliedstaaten auf die Arbeit des Harmonisierungsamtes und des Sortenamtes bedeutet dies, dass die Mitgliedstaaten insbesondere den Fluss an Informationen, die sie regelmäßig an die Gemeinschaftsämter weiterleiten, steuern können. Auf diese Weise können sie den Kenntnisstand der betroffenen Dienststelle des Amtes zu einem gewissen Grade beeinflussen. Ferner können die mitgliedstaatlichen Zwangsvollstreckungsorgane auf den Grad der praktischen Durchsetzung des Rechts der Gemeinschaftsmarke Einfluss nehmen, indem sie die Vollstreckung mehr oder weniger effektiv gestalten. Da die Zusammenarbeit jedoch auf Gegenseitigkeit beruht, und die mitgliedstaatlichen Marken- und Sortenämter mithin auch von dem Erhalt von Auskünften seitens des Harmonisierungsamtes und des

---

310 Artikel 79 Satz 2 der Verordnung Nr. 2100/94.

311 Artikel 91 Absatz 2 der Verordnung Nr. 2100/94.

312 Artikel 107 der Verordnung Nr. 2100/94.

313 Dazu Eduardo Chiti, The Emergence of a Community Administration: The Case of European Agencies, Common Market L. Rev. 2000, Band 37, S. 309, 318-319.

Gemeinschaftlichen Sortenamtes abhängig sind, ist nicht damit zu rechnen, dass die Mitgliedstaaten die ihnen eingeräumten Befugnisse zum Nachteil des Harmonisierungsamtes und des Sortenamtes ausüben.

3. Kooperation im Bereich der Judikative

Es verbleibt der Bereich der Judikative, in dem die Mitgliedstaaten ebenfalls in die Anwendung und Durchsetzung des Rechts der Gemeinschaftsmarke und des gemeinschaftsrechtlichen Sortenschutzes eingebunden sind.[314]

a) Zuständigkeit der mitgliedstaatlichen Gerichte

Organisatorische werden die nationalen Gerichte über die bereits oben erwähnte gegenseitige Amts- und Rechtshilfe[315] dadurch einbezogen, dass die Mitgliedstaaten aufgefordert sind, einige ihrer Gerichte zu benennen, welche die nach den Verordnungen Nr. 40/94 und Nr. 2100/94 zugewiesenen Aufgaben wahrnehmen sollen, nämlich über bestimmte rechtliche Ansprüche im Bereich des gemeinschaftlichen Marken- und Sortenrechts zu entscheiden. So heißt es etwa in den Begründungserwägungen zur Verordnung Nr. 40/94[316] und in Artikel 91 der Verordnung Nr. 40/94, dass die Mitgliedstaaten eine möglichst geringe Zahl mitgliedstaatlicher Gerichte erster und zweiter Instanz zu sogenannten Gemeinschaftsmarkengerichte erklären sollen.[317]

Die so benannten mitgliedstaatlichen Gerichte sind dann nach Artikel 91 Absatz 1 der Verordnung Nr. 40/94 und Artikel 101 Absatz 1 der Verordnung Nr. 2100/94 für Klagen zuständig, welche die in den Artikeln 92 bis 101 der Verordnung Nr. 40/94 und den Artikeln 94 bis 100 der Verordnung Nr. 2100/94 genannten Ansprüche betreffen. Im Zentrum steht dabei die Aufgabe, über Ansprüche aus der Verletzung des Gemeinschaftsmarkenschutzes oder des gemeinschaftsrechtlichen Sortenschutzes zu entscheiden. Dabei umfasst der Aspekt der Verletzung des durch eine

---

[314] Siehe zur Durchsetzung der Rechte aus der Gemeinschaftsmarke durch die mitgliedstaatlichen Gerichte Roland Knaak, Die Rechtsdurchsetzung der Gemeinschaftsmarke und der älteren nationalen Recht, GRUR Int. 1997, S. 864; Roland Knaak, Die Durchsetzung der Rechte aus der Gemeinschaftsmarke, GRUR 2001, S. 21.

[315] Artikel 86 der Verordnung Nr. 40/94 und Artikel 91 der Verordnung Nr. 2100/94.

[316] Begründungserwägungen zur Verordnung Nr. 40/94: „Zum besseren Schutz der Gemeinschaftsmarken sollten die Mitgliedstaaten gemäß ihrer innerstaatlichen Regelung eine möglichst begrenzte Anzahl nationaler Gerichte erster und zweiter Instanz benennen, die für Fragen der Verletzung und der Gültigkeit von Gemeinschaftsmarken zuständig sind."

[317] Siehe http://oami.eu.int/pdf/aspects/Co026-ann.pdf: Während Deutschland 18 erstinstanzliche und 18 zweitinstanzliche Gerichte ernannt hat, haben die anderen Mitgliedstaaten (Belgien, Dänemark, Irland, Luxemburg, Niederlande, Österreich, Portugal, Schweden) jeweils ein erstinstanzliches und ein zweitinstanzliches Gericht zum Gemeinschaftsmarkengericht erklärt. In Großbritannien waren jeweils zwei Gerichte erforderlich, nämlich eines für den Zuständigkeitsbereich England, Wales und Nordirland und eines für den Zuständigkeitsbereich Schottland. Für Frankreich, Griechenland, Italien und Spanien steht eine Benennung offensichtlich noch aus. Die hohe Zahl der Gemeinschaftsmarkengerichte in Deutschland beruht auf der Länderkompetenz für die gerichtliche Zuständigkeit (Reinhard Ingerl, Die Gemeinschaftsmarke, Stuttgart 1996, S. 142; Roland Knaak, Die Durchsetzung der Rechte aus der Gemeinschaftsmarke, GRUR 2001, S. 21, 24).

Gemeinschaftsmarke erlangten Schutzes grundsätzlich alle Klagen wegen einer Verletzung der Gemeinschaftsmarke sowie solche wegen drohender Verletzung und Feststellungsklagen gerichtet auf die Feststellung der Verletzung. Des Weiteren bezieht er sich auf Klagen, mit denen eine Entschädigung für Handlungen begehrt wird, die nach der Veröffentlichung der Anmeldung der Marke begangen wurden und nach der Veröffentlichung der Eintragung aufgrund der Marke verboten wären.[318]

b) Rechtliche Folgerungen

Diese Aufgabenzuweisung zu den mitgliedstaatlichen Gerichten im Bereich des gemeinschaftlichen Marken- und Sortenrechts bringt freilich einige Schwierigkeiten mit sich.

(1) Abgrenzbarkeit der gerichtlichen Zuständigkeiten

Zunächst stellt sich die Frage nach der Abgrenzbarkeit der Zuständigkeit des Gerichts erster Instanz und des Europäischen Gerichtshofes auf der einen Seiten und der Zuständigkeit der mitgliedstaatlichen Gerichte auf der anderen Seite.

Das Gericht erster Instanz entscheidet im Bereich des gemeinschaftlichen Marken- und Sortenrechts nur über solche Klagen, die belastende Entscheidungen der Beschwerdekammern zum Gegenstand haben.[319] Den Beschwerdeentscheidungen der Beschwerdekammern liegen wiederum Fälle zugrunde, in denen es entweder um das Entstehen einer neuen Gemeinschaftsmarke bzw. eines neuen Sortenschutzes oder um das Fortbestehen einer bereits existierenden Marke bzw. eines bereits bestehenden Sortenschutzes geht. Letztlich befassen sich die Beschwerdekammern also mit der

---

[318] Nach Roland Knaak, Die Durchsetzung des Rechts aus der Gemeinschaftsmarke, GRUR 2001, S. 21 ist von „Gemeinschaftsmarkenverletzungsverfahren [...] bislang wenig zu hören“. Siehe zur Zuständigkeit der Gmeinschaftsmarkengerichte etwa Alexander von Mühlendahl/Dietrich Ohlgart/Verena Bomhard, Die Gemeinschaftsmarke, München 1998, S. 210 ff.; Reinhard Ingerl, Die Gemeinschaftsmarke, Stuttgart 1996, S. 153 ff.; Christian Rohnke, Gemeinschaftsmarken oder nationale Marken?, Strategische Überlegungen zur Rechtsdurchsetzung, GRUR Int. 2002, S. 979 ff.

[319] Siehe Begründungserwägungen zu Verordnung Nr. 40/94: „Den von den Entscheidungen des Amtes in Markensachen Betroffenen ist ein rechtlicher Schutz zu gewährleisten, welcher der Eigenart des Markenrechts voll gerecht wird. Zu diesem Zweck ist vorgesehen, dass die Entscheidungen der Prüfer und der verschiedenen Abteilungen des Amtes mit der Beschwerde anfechtbar sind. Sofern die Dienststelle, deren Entscheidung angefochten wird, der Beschwerde nicht abhilft, legt sie die Beschwerde einer Beschwerdekammer des Amtes vor, die darüber entscheidet. Die Entscheidungen der Beschwerdekammern sind ihrerseits mit der Klage beim Gerichtshof der Europäischen Gemeinschaften anfechtbar; dieser kann die angefochtene Entscheidung aufheben oder abändern.
Aufgrund des Beschlusses 88/591/EGKS, EWG, Euratom des Rates vom 24. Oktober 1988 zur Errichtung eines Gerichts erster Instanz der Europäischen Gemeinschaften, geändert durch den Beschluss 93/350/Euratom, EGKS, EWG vom 8. Juni 1993, übt das Gericht im ersten Rechtszug die Zuständigkeiten aus, die dem Gerichtshof durch die Verträge zur Gründung der Gemeinschaften, insbesondere bei Klagen gemäß Artikel 173 Absatz 2 des EG-Vertrags, und durch die zur Durchführung dieser Verträge erlassenen Rechtsakte übertragen worden sind, sofern nicht in dem Akt zur Errichtung einer Einrichtung der Gemeinschaft etwas anderes bestimmt ist. Die dem Gerichtshof durch diese Verordnung übertragenen Befugnisse zur Aufhebung und Abänderung der Beschlüsse der Beschwerdekammern werden infolgedessen im ersten Rechtszug vom Gericht erster Instanz gemäß dem oben genannten Beschluss ausgeübt.“

Eintragungsfähigkeit einer Gemeinschaftsmarke bzw. eines gemeinschaftsrechtlichen Sortenschutzes. Entscheiden das Gericht erster Instanz und der Europäische Gerichtshof in nächster Instanz über just diese Fälle, so lässt sich schlussfolgern, dass auch diese zuständig sind, über die Eintragungsfähigkeit der genannten Rechte zu urteilen.

Die mitgliedstaatlichen Gerichte sind dagegen nicht in der Lage, Entscheidungen der Beschwerdekammern aufzuheben oder abzuändern. Sie entscheiden also nicht über das Entstehen einer Gemeinschaftsmarke oder eines gemeinschaftlichen Sortenschutzrechts. Vielmehr urteilen die mitgliedstaatlichen Gerichte nach dem oben Gesagten insbesondere über Verletzungen der Gemeinschaftsmarke und des Sortenschutzes. Eine Ausnahme gilt jedoch insoweit, als die nationalen Gemeinschaftsmarkengerichte unter bestimmten Umständen über Widerklagen entscheiden, welche die Rechtsgültigkeit bereits bestehender Gemeinschaftsmarken betreffen. Dabei geht es insbesondere um den Verfall und die Nichtigkeit von Gemeinschaftsmarken. Insoweit können mitgliedstaatliche Gerichte über Aspekte des gemeinschaftlichen Markenrechts urteilen, mit denen auch das Harmonisierungsamt selbst befasst sein könnte. Diese Überlappung wurde bei Erlass der Verordnung Nr. 40/94 durchaus gesehen und hat sich im Erlass folgender beiden Regelungen niedergeschlagen: Erstens ist die Widerklage nach Artikel 96 Absatz 2 der Verordnung Nr. 40/94 abzuweisen, wenn das Amt insoweit bereits eine bestandskräftig gewordene Entscheidung getroffen hat. Zweitens ist das mitgliedstaatliche Gerichtsverfahren gemäß Artikel 96 Absatz 7 der Verordnung Nr. 40/94 auszusetzen, wenn der Beklagte beim Harmonisierungsamt Antrag auf Verfall bzw. Nichtigkeit stellt.[320] Für die Abgrenzbarkeit der gerichtlichen Zuständigkeiten verursacht die Zuständigkeit der mitgliedstaatlichen Gerichte für Widerklagen über den Verfall und die Nichtigkeit von Gemeinschaftsmarken letztendlich jedoch keine Schwierigkeiten. So bleibt es bei der Zuständigkeit der nationalen Gerichte – auch in der Rechtsmittelinstanz –, wenn eine derartige Widerklage vor einem mitgliedstaatlichen Gericht erhoben wird. Wird der Antrag auf Verfall oder Nichtigkeit dagegen beim Harmonisierungsamt gestellt, so sind die Beschwerdekammern zuständig, über die Entscheidungen der Nichtigkeitsabteilung des Amtes zu entscheiden. Gegen die Entscheidung der Beschwerdekammer steht wiederum der Rechtsweg zum Gericht erster Instanz und zum Europäischen Gerichtshof offen. Die gerichtliche Zuständigkeit in Verfalls- und Nichtigkeitssachen richtet sich also danach, bei welcher Behörde bzw. bei welchem Gericht der ursprüngliche Antrag eingereicht wurde. Aufgrund dieses klaren Kriteriums wird es praktisch zu keinen Abgrenzungsschwierigkeiten bei der Ermittlung der gerichtlichen Zuständigkeit kommen.

(2) Einheitlichkeit des Gemeinschaftsrechts

Vor diesem Hintergrund ist weiter zu fragen, ob trotz der beschriebenen Aufteilung zwischen den Zuständigkeiten der Gerichte der Gemeinschaft und denjenigen der Mitgliedstaaten sichergestellt ist, dass widersprüchliche Entscheidungen und folglich Beeinträchtigungen der Autonomie[321] und des einheitlichen Charakters[322] des Systems

---

[320] Im übrigen ist das Harmonisierungsamt freilich von der Erhebung solcher Widerklagen und dem Ausgang der Widerklagen zu unterrichten.

[321] Autonomie des Gemeinschaftsmarkenrechts bedeutet, dass das Gemeinschaftsmarktenrecht eine eigenständige Regelungsmaterie des Gemeinschaftsrechts darstellt, die von den nationalen Rechtsord-

der Gemeinschaftsmarke und des gemeinschaftlichen Sortenschutzes vermieden werden.

Die Autonomie der Gemeinschaftsmarke wird nicht nur in der Präambel der Verordnung Nr. 40/94 postuliert. Darüber hinaus ist inzwischen in ständiger Rechtsprechung des Gerichts erster Instanz anerkannt, dass das Recht der Gemeinschaftsmarke autonom von dem mitgliedstaatlichen Markenrecht ist. So war das Gericht erster Instanz bereits in mehreren Fällen mit der Argumentation der Parteien konfrontiert, dass die Unterscheidungskraft einer beantragten Gemeinschaftsmarke deswegen zu bejahen sei, weil die Unterscheidungskraft einer parallelen mitgliedstaatlichen Marke in einem oder mehreren Mitgliedstaaten anerkannt worden sei. Das Gericht erster Instanz hat insofern entschieden, dass diese Argumentation keineswegs zwingend sei. Das System der Gemeinschaftsmarke sei unabhängig von den mitgliedstaatlichen Markensystemen. Daher könne von der Eintragung einer Marke auf mitgliedstaatlicher Ebene nicht auf ihre Eintragungsfähigkeit als Gemeinschaftsmarke geschlossen werden.[323]

Es stellt sich also die Frage, ob durch die Auslagerung bestimmter Rechtsstreitigkeiten auf mitgliedstaatliche Gerichte die Selbständigkeit und Einheitlichkeit des Systems der Gemeinschaftsmarke gefährdet werden.

Eine solche Gefahr wäre etwa dann anzunehmen, wenn die mitgliedstaatlichen Gerichte über die Eintragungsfähigkeit einer Gemeinschaftsmarke zu entscheiden hätten. Man nehme an, dass das mitgliedstaatliche Gericht die Unterscheidungskraft hinsichtlich einer nationalen Marke bejaht und nunmehr über die Unterscheidungskraft einer entsprechenden Gemeinschaftsmarke zu richten hätte. Zwar gelten für die Beurteilung der Unterscheidungskraft auf Gemeinschaftsebene und mitgliedstaatlicher Ebene unterschiedliche Kriterien. So kommt es bei der Unterscheidungskraft einer nationalen Marke auf ihre Unterscheidungskraft in dem geographischen Gebiet dieses Mitgliedstaates an. Bei der Unterscheidungskraft einer Gemeinschaftsmarke ist dagegen ihre Unterscheidungskraft in dem gesamten Gemeinschaftsgebiet maßgebend. Da aber das Merkmal der Unterscheidungskraft ohnehin schwer zu objektivieren ist - hängt die Beurteilung dieser Frage letztlich an der Einschätzung der Richter über das mögliche Verständnis der Konsumenten bei Begegnung der beantragten Marke -, liegt

---

nungen der Mitgliedstaaten losgelöst ist (Alexander von Mühlendahl/Dietrich Ohlgart/Verena Bomhard, Die Gemeinschaftsmarke, München 1998, S. 8).

[322] Wie Artikel 1 Absatz 2 der Verordnung Nr. 40/94 zu entnehmen ist, bedeutet die Einheitlichkeit der Gemeinschaftsmarke, dass Gemeinschaftsmarken nur für das gesamte Gebiet der Gemeinschaft erworben, übertragen oder für verfallen oder nichtig erklärt werden können (Alexander von Mühlendahl/Dietrich Ohlgart/Verena Bomhard, Die Gemeinschaftsmarke, München 1998, S. 8; siehe auch Ursula Bumiller, Durchsetzung der Gemeinschaftsmarke in der Europäischen Union, München 1997, S. 4 ff.).

[323] Siehe aus der Rechtsprechung Urteil des Gerichts erster Instanz vom 5. Dezember 2000, Rechtssache T-32/00 (Messe München gegen Harmonisierungsamt - *electronica)*, Sammlung der Rechtsprechung 2000, Seite II-3829, Rn 47: „Die Gemeinschaftsregelung für Marken ist nämlich ein autonomes System, das aus einer Gesamtheit von ihm eigenen Zielsetzungen und Vorschriften besteht und dessen Anwendung von jedem nationalen System unabhängig ist."; siehe auch Urteil des Gerichts erster Instanz vom 31. Januar 2001, Rechtssache T-24/00 (Sunrider Corporation gegen Harmonisierungsamt - *Vitalite)*, Sammlung der Rechtsprechung 2001, Seite II-449, Rn 33; Urteil des Gerichts erster Instanz vom 30. März 2000, Rechtssache T-91/99 (Ford Motor Company gegen Harmonisierungsamt - *Options)*, Sammlung der Rechtsprechung 2000, Seite II-1925, Rn 23.

es nahe, dass das nationale Gericht hinsichtlich der Gemeinschaftsmarke zu demselben Ergebnis gelangen würde wie bei seiner Entscheidung über die Unterscheidungskraft der parallelen nationalen Marke. Die theoretische Unabhängigkeit des Systems der Gemeinschaftsmarke von den nationalen Markensystemen würde folglich praktisch zu schwinden drohen.

Die Lösung dieses Dilemmas liegt zunächst darin, dass die mitgliedstaatlichen Gerichte lediglich in solchen Bereichen tätig werden, die hinsichtlich der Gefährdung der Unabhängigkeit des Systems der Gemeinschaftsmarke und des Systems des gemeinschaftlichen Sortenschutzes weniger sensibel sind. So urteilen die nationalen Gemeinschaftsmarkengerichte nach dem oben Gesagten gerade nicht über die Eintragungsfähigkeit einer Gemeinschaftsmarke oder eines gemeinschaftlichen Sortenschutzrechts. Vielmehr schützen sie bereits bestehende Gemeinschaftsrechte gegen Verletzungen seitens Dritter. Einzige Ausnahme stellen insoweit Widerklagen über den Verfall oder die Nichtigkeit einer Gemeinschaftsmarke dar. Für den Bereich des Sortenrechts bringen die Vorschriften der Artikel 105, 106 der Verordnung Nr. 2100/94 klar zum Ausdruck, dass allein das Sortenamt und die Gerichte der Gemeinschaft über die Rechtsgültigkeit eines gemeinschaftlichen Sortenrechts entscheiden. Dies zeigt sich zum Beispiel darin, dass ein mitgliedstaatliches Gericht von der Rechtsgültigkeit eines gemeinschaftlichen Sortenrechts auszugehen hat.

Zur Gewährleistung der Einheitlichkeit des Gemeinschaftsrechts ist weiter sicherzustellen, dass die Entscheidungen eines mitgliedstaatlichen Gerichts im gesamten Gemeinschaftsgebiet Gültigkeit haben. Um dies zu erreichen, findet gemäß Artikel 90 der Verordnung Nr. 40/94 das Brüsseler Übereinkommens über die gerichtliche Zuständigkeit und die Vollstreckung gerichtlicher Entscheidungen in Zivil- und Handelssachen auch auf bei nationalen Gerichten eingereichte Klagen Anwendung, welche die Gemeinschaftsmarke betreffen.[324] Für Entscheidungen der mitgliedstaatlichen Gerichte im Bereich des gemeinschaftsrechtlichen Sortenschutzes gilt nach Artikel 101 Absatz 1 der Verordnung Nr. 2100/94 entsprechendes durch die Anwendung des Lugano-Übereinkommens über die gerichtliche Zuständigkeit und die Vollstreckung gerichtlicher Entscheidungen in Zivil- und Handelssachen[325].

Schließlich ist zu vermeiden, dass sich in Rechtsstreitigkeiten über denselben Tatbestand zwischen denselben Parteien voneinander abweichende Gerichtsurteile ergeben. Soweit mehrere Klagen innerhalb desselben Mitgliedstaates erhoben werden, kann dies über die Vorschriften der anderweitigen Rechtshängigkeit des jeweiligen mitgliedstaatlichen Prozessrechts gelöst werden. Werden die Klagen dagegen in unter-

[324] Diese Vorschrift ist trotz des Erlasses der Verordnung Nr. 44/2001 über die gerichtliche Zuständigkeit und die Anerkennung und Vollstreckung von Entscheidungen in Zivil- und Handelsachen bislang nicht dahingehend geändert worden, dass der Verweis auf das Brüsseler Übereinkommen durch einen Verweis auf die Verordnung Nr. 44/2001 ersetzt wird.

[325] „Das *Lugano-Übereinkommen* über die gerichtliche Zuständigkeit und die Vollstreckung gerichtlicher Entscheidungen in Zivil- und Handelssachen ist am 16. September 1988 in Lugano geschlossen worden. Ihm gehören die Mitgliedstaaten der Europäischen Union sowie der Europäischen Freihandelsassoziation (EFTA) an; weiteren Staaten steht es offen. Es ist ein Parallel-Abkommen zum gleichnamigen *Brüsseler-Übereinkommen* vom 27. September 1968 über die gerichtliche Zuständigkeit und die Vollstreckung gerichtlicher Entscheidungen in Zivil- und Handelssachen." (so das Bundesamt für Justiz, http://www.ofj.admin.ch/themen/v-lugue/intro-d.htm).

schiedlichen Mitgliedstaaten erhoben, so ist auf die entsprechenden Vorschriften der Verordnung Nr. 44/2001 über die gerichtliche Zuständigkeit und die Anerkennung und Vollstreckung von Entscheidungen in Zivil- und Handelsachen[326] sowie – soweit die Verordnung Nr. 44/2001 keine Anwendung findet[327] – auf die Vorschriften des Brüsseler Übereinkommens vom 27. September 1968 über die gerichtliche Zuständigkeit und die Vollstreckung gerichtlicher Entscheidungen in Zivil- und Handelsachen zurückzugreifen.[328]

c) Zusammenfassung

Was die externen Einflussnahmemöglichkeiten der Mitgliedstaaten auf das Harmonisierungsamt und das Sortenamt anbetrifft, so ist die geschilderte Zusammenarbeit der mitgliedstaatlichen und gemeinschaftlichen Judikative letztlich unbedenklich. Dies ist maßgeblich auf die klar getrennten Zuständigkeitsbereiche sowie auf die Art der Rechtsansprüche zurückzuführen, über die die mitgliedstaatlichen Gerichte befugt sind, zu entscheiden. Die Einheitlichkeit und Selbständigkeit des Systems der Gemeinschaftsmarke und des gemeinschaftlichen Sortenschutzes bleiben demnach gewahrt.

4. Zusammenfassung

Es ist zwischen zwei Arten der Einflussnahme der Mitgliedstaaten zu unterscheiden. Zum einen sind die Mitgliedstaaten durch die Entsendung von Vertretern in den Ausschuss für Gebühren, Durchführungsvorschriften und das Verfahren der Beschwerdekammern des Harmonisierungsamtes, in den Haushaltsausschuss des Harmonisierungsamtes sowie insbesondere in den Verwaltungsrat beider Ämter in der Lage, auf gewichtige interne Entscheidungen und Handlungen des Harmonisierungsamtes bzw. des Sortenamtes einzuwirken. Zum anderen ist das Verhältnis zu den Mitgliedstaaten durch eine enge Kooperation mit den mitgliedstaatlichen Behörden und Gerichten geprägt. Diese Form der Zusammenarbeit gibt den Mitgliedstaaten allerdings keine effektiven Einflussnahmemöglichkeiten an die Hand. Vielmehr läuft die in den Verordnungen Nr. 40/94 und Nr. 2100/94 vorgesehene Zusammenarbeit zwischen mitgliedstaatlichen Institutionen und den gemeinschaftlichen Agenturen darauf hinaus, dass sich die Kompetenzen zu einem einheitlichen Ganzen zusammenfügen. Überschneidungen treten dabei – mit Ausnahme der Entscheidungen über den Verfall und die Nichtigkeit einer Gemeinschaftsmarke - nicht auf.

---

[326] Verordnung (EG) Nr. 44/2001 des Rates vom 22. Dezember 2000 über die gerichtliche Zuständigkeit und die Anerkennung und Vollstreckung von Entscheidungen in Zivil- und Handelsachen, ABl. Nr. L 12 vom 16. Januar 2001, S. 1-23.

[327] Die Verordnung Nr. 44/2001 gilt nicht gegenüber Dänemark (siehe Begründungerwägungen 21 und 22 zu der Verordnung). Außerdem ist die Anwendung der Verordnung Nr. 44/2001 wegen Artikel 299 EGV für bestimmte Hoheitsgebiete der Mitgliedstaaten ausgeschlossen (siehe Begründungerwägung 23 zu der Verordnung).

[328] Siehe etwa Europäischer Gerichtshof, Urteil vom 9. November 1978, Rechtssache 23/78 (Nicolaus Meeth gegen Firma Glacetal), Sammlung der Rechtsprechung 1978, S. 2133.

III. Rechenschaft gegenüber der Öffentlichkeit

Zu einem hohen Grad an Rechenschaft gegenüber der allgemeinen Öffentlichkeit tragen insbesondere weitreichende Veröffentlichungspflichten oder zumindest weitgehende tatsächliche Veröffentlichungspraktiken bei.[329] Werden die unterschiedlichen Verfahrensschritte und Endentscheidungen der Öffentlichkeit zugänglich gemacht, so ist es für diese einfacher, die Aktivitäten der Agenturen zu kontrollieren.

1. Veröffentlichungspraktiken des Harmonisierungsamtes

Für die Tätigkeiten des Harmonisierungsamtes enthält die Verordnung Nr. 40/94 zahlreiche Veröffentlichungs- und Auskunftspflichten. So gibt das Harmonisierungsamt zwei regelmäßige Publikationen heraus. Dabei handelt es sich zum einen um das Blatt für Gemeinschaftsmarken[330], das die Eintragungen in das Register für Gemeinschaftsmarken wiedergibt[331] sowie sonstige Angaben enthält, deren Veröffentlichung in dieser Verordnung oder in der Durchführungsverordnung vorgeschrieben ist. Zum anderen ist das Harmonisierungsamt Herausgeber eines sogenannten Amtsblattes[332], das allgemeine Bekanntmachungen und Mitteilungen des Präsidenten des Amtes sowie sonstige die Verordnung Nr. 40/94 und ihre Anwendung betreffende Veröffentlichungen beinhaltet.[333] Zu den speziellen Veröffentlichungspflichten zählt etwa die in Artikel 40 Absatz 1 der Verordnung Nr. 40/94 festgeschriebene Verpflichtung des Harmonisierungsamtes, jede Anmeldung einer Gemeinschaftsmarke zu veröffentlichen, sofern bestimmte Mindesterfordernisse erfüllt werden. Darüber hinaus unterliegen die Zurückweisung der Anmeldung nach ihrer Bestandskraft gemäß Artikel 43 Absatz 4 der Verordnung Nr. 40/94,[334] die Zurücknahme der Anmeldung und die Einschränkung des angemeldeten Verzeichnisses an Waren und Dienstleistungen gemäß Artikel 44 Absatz 1 der Verordnung Nr. 40/94, die Eintragung der Änderung der Gemeinschaftsmarke nach Artikel 48 Absatz 3 der Verordnung Nr. 40/94 sowie die Erklärung fehlender ausschließlicher Rechte an einem Bestandteil einer Marke gemäß

[329] Darüber hinaus mag man zur Steigerung der Kontrolle durch die Allgemeinheit standardisierte Prozessnormen für alle europäischen Agenturen fordern. Solche könnten entweder in Form eines Sekundärrechtsaktes oder als allgemeine Rechtsgrundsätze des Gemeinschaftsrechts durch die Gerichte eingeführt werden. Die Einführung einheitlicher Prozessnormen für alle europäischen Agenturen hätte den Vorteil, dass diese weniger stark der Gefahr unterlägen, leichtfertig geändert zu werden. Dies mag in folgender Weise verdeutlicht werden. Regeln, die nur auf eine Agentur Anwendung finden, werden nicht dieselbe Aufmerksamkeit erlangen, wie Regeln mit einem weiteren Anwendungsfeld. Auf entsprechend weniger öffentlichen Widerstand werden Versuche stoßen, die Spezialregeln zu ändern. Handelt es sich dagegen um grundlegende Normen, die eine Vielzahl von Regelungsbereichen betreffen, so ist grundsätzlich mit größerer Resistenz gegen mögliche Änderungen zu rechnen. Die entsprechend größere Argumentationslast und vertieftere Diskussion wird im Ergebnis „bessere" Regeln hervorbringen. Auch würden grundlegendere Normen eher an den durchschnittlichen Unionsbürger vordringen, und auf diese Weise die Akzeptanz und Reputation der Agentur in der allgemeinen Öffentlichkeit positiv beeinflussen.

[330] Siehe dazu Regel 85 der Verordnung Nr. 2868/95.

[331] Siehe hierzu Regel 84 der Verordnung Nr. 2868/95.

[332] Siehe dazu Regel 86 der Verordnung Nr. 2868/95.

[333] Siehe Artikel 85 der Verordnung Nr. 40/94.

[334] http://oami.eu.int/search/legaldocs/la/de_Refused_index.cfm.

Artikel 38 Absatz 2 der Verordnung Nr. 40/94 der Veröffentlichungspflicht.[335] Andere Veröffentlichungen erfolgen dagegen erst auf Antrag der Beteiligten. Dies gilt insbesondere für den Rechtsübergang nach Artikel 17 Absatz 4 der Verordnung Nr. 40/94, das Bestehen eines Pfandrechts oder anderer dinglicher Rechte nach Artikel 19 Absatz 2 der Verordnung Nr. 40/94, Zwangsvollstreckungsmaßnahmen gemäß Artikel 20 Absatz 3 der Verordnung Nr. 40/94 sowie Lizenzrechte an der Gemeinschaftsmarke nach Artikel 22 Absatz 5 der Verordnung Nr. 40/94.[336]

Weitere sehr umfassende Veröffentlichungspflichten sind in der Durchführungsverordnung Nr. 2868/95 verankert. Insbesondere Regel 84 betreffend das Register für Gemeinschaftsmarken enthält eine umfassende Auflistung verschiedener Veröffentlichungspflichten. Diese Veröffentlichungen dienen ebenfalls der Unterrichtung der Öffentlichkeit, wie aus der Überschrift des Titels I der Verordnung Nr. 2868/95 hervorgeht.

Schließlich hat das Harmonisierungsamt auf freiwilliger Basis, dass heißt ohne rechtlich dazu verpflichtet zu sein, die Entscheidungen der Widerspruchsabteilungen[337] und der Nichtigkeitsabteilungen[338] auf seiner Internetseite allgemein zugänglich gemacht. Auch die Entscheidungen der Beschwerdekammern können auf der Internetseite aufgerufen werden.[339] Eine dahingehende Veröffentlichungspflicht besteht – soweit ersichtlich – nicht.

2. Veröffentlichungspraktiken des Sortenamtes

Für die Tätigkeiten des Gemeinschaftlichen Sortenamtes enthält das Amtsblatt des Gemeinschaftlichen Sortenamtes[340] die offiziellen Veröffentlichungen des Amtes. Zu veröffentlichen sind insbesondere die in dem Register für Anträge auf gemeinschaftlichen Sortenschutz und die in dem Register für gemeinschaftliche Sortenschutzrechte nach Artikel 87 Absatz 1 und 2 der Verordnung Nr. 2100/94 enthaltenen Angaben.[341] Diese umfassen unter anderem Anträge auf gemeinschaftlichen Sortenschutz, Beendigungen solcher Verfahren, Vorschläge für Sortenbezeichnungen, Änderungen in der Person des Antragstellers und Zwangsvollstreckungsmaßnahmen.[342] Dass die Eintragungspflicht in das Register sehr weit geht, zeigt sich schon darin, dass der Präsident des Sortenamtes nach Artikel 78 Absatz 3 der Verordnung Nr. 1239/95 ermächtigt ist, im Interesse des Sortenamtes zu bestimmen, dass weitere Angaben in

---

[335] Des Weiteren wird zum Beispiel ein Antrag auf Umwandlung einer Gemeinschaftsmarke in eine nationale Marke nach Artikel 109 Absatz 2 der Verordnung Nr. 40/94 veröffentlicht. Die Veröffentlichung der mitgliedstaatlichen Gemeinschaftsmarkengerichte erfolgt gemäß Artikel 91 Absatz 4 der Verordnung Nr. 40/94 im Amtsblatt der Europäischen Gemeinschaft.

[336] Auf Ersuchen der mitgliedstaatlichen Behörde wird gemäß Artikel 21 Absatz 2 der Verordnung Nr. 40/94 außerdem die Tatsache eingetragen, dass die Gemeinschaftsmarke von einem Konkursverfahren oder einem konkursähnlichen Verfahren erfasst worden ist.

[337] http://oami.eu.int/search/legaldocs/LA/DE_opposition_index.cfm.

[338] http://oami.eu.int/search/legaldocs/la/DE_cancellation_index.cfm.

[339] http://oami.eu.int/search/legaldocs/la/DE_boa_index.cfm.

[340] Artikel 87 Absatz 1 der Verordnung Nr. 1239/95.

[341] So ausdrücklich Artikel 87 Absatz 2 der Verordnung Nr. 1239/95.

[342] Zu weiteren Angaben, die in das Register eingetragen und damit im Amtsblatt veröffentlicht werden siehe Artikel 78 ff. der Verordnung Nr. 1239/95.

das Register eingetragen und damit letztlich im Amtsblatt des Gemeinschaftlichen Sortenamtes veröffentlicht werden. Außerdem werden etwa die Entscheidungen der Beschwerdekammer gemäß Artikel 89 der Verordnung Nr. 1239/95 im Amtsblatt des Gemeinschaftlichen Sortenamtes veröffentlicht.[343] Das Amtsblatt wird nach Artikel 89 der Verordnung Nr. 2100/94 mindestens alle zwei Monate herausgegeben.

Außerdem veröffentlicht das Gemeinschaftliche Sortenamt einen jährlichen Bericht mit den Angaben, die das Amt als zweckdienlich erachtet,[344] zumindest jedoch eine Liste der geltenden gemeinschaftlichen Sortenschutzrechte, ihrer Inhaber, der Zeitpunkte der Erteilung und des Erlöschens des Sortenschutzes und der zugelassenen Sortenbezeichnungen[345].

Hervorzuheben ist, dass die oben genannten Informationen nicht nur praktisch - insbesondere über elektronische Medien - für die Allgemeinheit zugänglich sind. Darüber hinaus wird in bezug auf die in den beiden Registern des Sortenamtes genannten Angaben ein Einsichtnahmerecht für jedermann in Artikel 88 Absatz 1 der Verordnung Nr. 2100/94 festgeschrieben. Bei berechtigtem Interesse werden weitere Einsichtsrechte gewährt. Dies gilt insbesondere für die Einsichtnahme in Unterlagen eines Antrags auf Erteilung des gemeinschaftlichen Sortenschutzes, in Unterlagen eines erteilten gemeinschaftlichen Sortenschutzes, in den Anbau zur technischen Prüfung einer Sorte und in den Anbau zur technischen Nachprüfung des Fortbestehens einer Sorte. Ausgenommen werden dagegen Materialien, die im Zusammenhang mit den Prüfungen nach Artikel 55 Absatz 4, Artikel 56 und Artikel 64 der Verordnung Nr. 2100/94 vorgelegt oder gewonnen wurden.

3. Zusammenfassung

Zusammenfassend lässt sich feststellen, dass sowohl für das Harmonisierungsamt als auch das Gemeinschaftliche Sortenamt weitgehende Veröffentlichungspflichten bzw. Einsichtsrechte vorgesehen sind. Beiden Agenturen veröffentlichen über das in den Verordnungen vorgesehene Maß hinaus weitere Informationen, die mit ihren Tätigkeiten in Zusammenhang stehen.

IV. Zusammenfassung

Die vorstehenden Ausführungen haben gezeigt, dass die politische Kontrolle des Harmonisierungsamtes und des Sortenamtes durch die Kommission, den Rat, das Europäische Parlament und die Mitgliedstaaten schwach ausgeprägt ist. Ausgenommen sind lediglich die Rechenschaftsbeziehungen gegenüber der Allgemeinheit, die eine weitgehende Kontrolle durch die Öffentlichkeit zulassen.

---

[343] In Artikel 48 Absatz 3 der Verordnung Nr. 1239/95 heißt es weiter, dass „[d]er Präsident des Amts [...] dafür [sorgt], dass die in Artikel 89 genannten Informationen vor Überweisung des Falls veröffentlicht werden".

[344] Der Tätigkeitsbericht ist auf der Internetseite des Gemeinschaftlichen Sortenamtes zugänglich (siehe http://www.cpvo.eu.int/d/default.html).

[345] Diese Angaben sind unter http://www.cpvo.eu.int/d/default.html auf der Webseite des Gemeinschaftlichen Sortenamtes für jedermann einsehbar.

5. Teil: Stärken und Schwächen der gerichtlichen Kontrolle

Ist nach den obigen Ausführungen die politische Kontrolle der auf die Beschwerdekammern einflussnehmenden Organe des Harmonisierungsamtes und des Sortenamtes schwach ausgeprägt, so verbleibt die Möglichkeit, eine Überprüfung der Entscheidungen der Beschwerdekammern durch eine strenge gerichtliche Kontrolle zu erreichen. Auch die Kontrolle durch das Gericht erster Instanz und den Europäischen Gerichtshof bleibt jedoch nicht ohne Schwächen.

I. Stärken der gerichtlichen Kontrolle

Bevor auf die Schwachpunkte der gerichtlichen Kontrolle der Beschwerdekammern eingegangen wird, sei zunächst auf zwei Stärken der Überprüfung durch das Gericht erster Instanz und den Europäischen Gerichtshof hingewiesen.

1. Abänderung von Entscheidungen der Beschwerdekammern

Eine Stärke des Systems der gerichtlichen Überprüfung der Entscheidung der Beschwerdekammern liegt in der Reichweite der Entscheidungskompetenz des Gerichts erster Instanz.

a) Gemeinsamkeiten mit dem Klageverfahren nach Artikel 230 EGV

Vorab sei festgestellt, dass - abgesehen von der Reichweite der Entscheidungskompetenz - die Kriterien für die Zulässigkeit und Begründetheit der Klage gegen eine Entscheidung der Beschwerdekammer denjenigen für das Klageverfahren nach Artikel 230 (ex Artikel 173) EGV ähneln.[346] Dies gilt insbesondere für die Klagegründe.[347] Sowohl bei Klagen gegen Entscheidungen der Beschwerdekammern gemäß Artikel 63 der Verordnung Nr. 40/94 und Artikel 73 der Verordnung Nr. 2100/94 in der durch

[346] Grabitz/Hilf-*Booß*, Artikel 230, Rn 9: „Soweit die Kommission nachgeordnete Behörden eingerichtet hat [...] sind bei den Einrichtungen, die Rechtspersönlichkeit besitzen und Handlungen mit Außenwirkung vornehmen, diese durch Klage (Art. 63 VO(EG)40/94 über die Gemeinschaftsmarke, ABl. 1994 L 11/1) oder Rechtsbeschwerde bzw. direkte Beschwerde (Art. 74 VO(EG) Nr. 2100/94 über den gemeinschaftlichen Sortenschutz, ABl. 1994 L 27/1) beim Gerichtshof anfechtbar. Die zu Art. 230 entwickelte Rechtsprechung wird sich auf diese Rechtsmittel insofern anwenden lassen (etwa hinsichtlich der Klagefrist) als die genannten Vorschriften nicht abweichende Regeln enthalten." Siehe auch Hans Jung, Gemeinschaftsmarke und Rechtsschutz, in: FS für Everling, S. 611, 614: „Kann der Verordnungsgeber auf der Grundlage von Artikel 235 EG-Vertrag eine Gemeinschaftseinrichtung mit Entscheidungsbefugnissen gegenüber dem Bürger errichten, dann muss gegen deren Entscheidungen der Weg der Klage nach Artikel 173 EG-Vertrag offenstehen, auch wenn die neu geschaffene Einrichtung in diesem Artikel nicht genannt ist und dies auch in der Verordnung nicht ausdrücklich bestimmt ist." Auf Seite 619 heißt es weiter: „Die Klage vor dem Gericht erster Instanz gemäß Artikel 63 MarkenVO stellt formal eine Nichtigkeitsklage nach Artikel 173 EG-Vertrag dar. Eine völlig neue, dem Klagesystem des EG-Vertrages fremde Klageart hätte nach dem oben Gesagten ohne Vertragsänderung auch nicht geschaffen werden können."

[347] Hans Jung, Gemeinschaftsmarke und Rechtsschutz, in: FS für Everling, S. 611, 614, von der Groeben/Thiesing/Ehlermann-*Schwartz*, Artikel 235, Rn 313; Sabine Hackspiel, Das Verfahren in Markensachen, MittdtschPatAnw 2001, S. 532, 538.

die Verordnung Nr. 2506/95 geänderten Fassung als auch in Verfahren nach Artikel 230 (ex Artikel 173) EGV ist bereits für die Zulässigkeit der Klage schlüssig darzulegen, dass die angefochtene Entscheidung mit dem Mangel der Unzuständigkeit, der Verletzung wesentlicher Formvorschriften, der Verletzung des Vertrages bzw. des sekundären Gemeinschaftsrechts oder des Ermessensmissbrauchs behaftet ist. Entsprechend richtet sich die Prüfung der Begründetheit nach dem Vorliegen einer der genannten Mängel. Auch ist die Klagefrist in den beiden Klageverfahren identisch. Es gilt jeweils die zweimonatige Klagefrist.

Auf den ersten Blick erscheint dagegen die Klagebefugnis abweichend geregelt zu sein. So setzen Artikel 63 der Verordnung Nr. 40/94 und 73 der Verordnung Nr. 2100/94 voraus, dass die klagende Partei an dem Verfahren vor der Beschwerdekammer beteiligt war.[348] Darüber hinaus wird die Klagebefugnis derart beschränkt, dass eine Klage nur insoweit zulässig sein soll, als die klagende Partei durch die Entscheidung der Beschwerdekammer beschwert wird[349] bzw. mit ihrem Antrag unterlag[350]. Vergleicht man diese Regelungen mit den für das Verfahren nach Artikel 230 (ex Artikel 173) EGV geltenden Standards, so ist festzustellen, dass in letzterem Verfahren auch solche Personen klagebefugt sind, die nicht Adressaten der angefochtenen Entscheidung waren, solange sie unmittelbar und individuell durch die angefochtene Handlung betroffen werden.

Im Ergebnis werden sich aber vermutlich kaum inhaltliche Unterschiede ergeben. Die Anforderungen an die Klagebefugnis gegen Entscheidungen der Beschwerdekammern werden keineswegs als strenger einzustufen sein. Dies lässt sich wie folgt erklären. Der Klage gegen eine Entscheidung der Beschwerdekammer geht stets ein Beschwerdeverfahren voraus. Dabei ist zwischen zwei verschiedenen Verfahrenskonstellationen zu unterscheiden. Erstens kann es sich bei dem Beschwerdeverfahren um ein *ex parte*-Verfahren gehandelt haben. In diesem Fall wird der Beschwerdeführer, dessen Beschwerde negativ beschieden wurde, stets klagebefugt sein. Zweitens kann ein *inter partes*-Verfahren vorgelegen haben.[351] In solchen Fällen werden wiederum die unterliegende Partei bzw. bei Teilabweisung beide Parteien des Beschwerdeverfahrens klagebefugt sein. Ist der Inhaber eines Marken- oder Sortenrechtes der Ansicht, durch die Entscheidung einer Beschwerdekammer in einem *ex parte*-Verfahren eines dritten Markeninhabers unmittelbar und individuell betroffen zu sein, so besteht nicht die Notwendigkeit, ihm eine Klagebefugnis gegen diese Entscheidung der Beschwerdekammer einzuräumen.[352] Der Betroffene kann selbst ein *inter partes*-

[348] Siehe dazu auch Hans Jung, Gemeinschaftsmarke und Rechtsschutz, in: FS für Everling, S. 611, 614 f.; Alexander v. Mühlendahl/Dietrich Ohlgart/Verena Bomhard, Die Gemeinschaftsmarke, München 1998, S. 194, § 21 Rn 3.

[349] So der Wortlaut von Artikel 63 Absatz 4 der Verordnung Nr. 40/94.

[350] So die Formulierung in Artikel 73 Absatz 4 der Verordnung Nr. 2100/94.

[351] Dies wird immer dann der Fall sein, wenn gegen eine Entscheidung der Widerspruchs- oder Nichtigkeitsabteilung Beschwerde eingelegt wird.

[352] Anders aber wohl Karin Klüpfel, Die Nichtigkeitsklage vor dem Europäischen Gericht erster Instanz gegen Entscheidungen des Harmonisierungsamtes für den Binnenmarkt, MarkenR 2000, S. 237, 238. Sie weist auf eine Situation hin, in der ihrer Meinung nach eine materielle Beschwer gegeben sein kann, ohne dass diese Person förmlich am Beschwerdeverfahren beteiligt wäre. So sei etwa denkbar, dass ein Widerspruchsführer, der nicht am Verfahren vor der Kammer beteiligt war – zum

Verfahren einleiten, nämlich insbesondere durch Einlegung eines Widerspruchs. Gegen die Entscheidung der Widerspruchabteilung steht ihm wiederum das Beschwerderecht und dagegen die Befugnis zur Klageerhebung zu. Es sind demnach keine Fälle denkbar, in denen eine individuell und unmittelbar durch eine beantragte oder eingetragene Gemeinschaftsmarke betroffene Person nicht durch Widerspruch oder Nichtigkeit Beteiligte eines Verfahrens vor der Dienststelle des Amtes, eines Verfahrens vor den Beschwerdekammern und schließlich vor den Gerichten der Gemeinschaft werden kann.[353]

b) Abweichung

Ein Unterschied ergibt sich allerdings hinsichtlich der Reichweite der Entscheidungskompetenz des Gerichts erster Instanz. In dem auf das Klageverfahren nach Artikel 230 (ex Artikel 173) EGV anwendbaren Artikel 231 (ex Artikel 174) EGV heißt es, dass bei Begründetheit der Klage, das Gericht erster Instanz die angefochtene Handlung für nichtig erklärt.[354] Im Rahmen des Verfahrens nach Artikel 63 der Verordnung Nr. 40/94 und nach Artikel 73 der Verordnung Nr. 2100/94 in ihrer geänderten Fassung kann das Gericht erster Instanz dagegen die angefochtene Entscheidung nicht nur aufheben, sondern auch abändern.[355]

(1) Umfang der Abänderungsbefugnis

Grundsätzlich besagt die Abänderungsbefugnis, dass das Gericht erster Instanz durch sein Urteil den Inhalt der angefochtenen Entscheidung derart gestalten kann, dass die Entscheidung mit geändertem Inhalt fortgilt.

Dies mag anhand der Rechtssache *Streamserve*, über die das Gericht erster Instanz zu urteilen hatte, verdeutlicht werden.[356] Die Klägerin hatte unter anderem beantragt, die Sache an die Prüferin zurückzuweisen.[357] Das Harmonisierungsamt als Be-

---

Beispiel weil die Widerspruchsabteilung noch nicht über den Widerspruch entschieden hat – bereits zu diesem frühen Zeitpunkt Klage erheben möchte. In einem solchen Fall soll nach Ansicht der Autorin entweder Artikel 63 Absatz 4 der Verordnung Nr. 40/94 extensiv ausgelegt oder die zu Artikel 230 Absatz 4 EGV entwickelten Grundsätze herangezogen werden.

[353] Für die Geltendmachung der Nichtigkeit sind grundsätzlich keine Fristen vorgesehen. Eine Verwirkung tritt nach Artikel 53 der Verordnung Nr. 40/94 erst ein, nachdem die Marke während eines Zeitraums von fünf aufeinanderfolgenden Jahren in Kenntnis dieser Benutzung geduldet wurde.

[354] Dazu etwa von der Groeben/Thiesing/Ehlermann-*Schwartz*, Artikel 235, Rn 314.

[355] Dies galt ursprünglich nur für Klagen gegen Entscheidungen der Beschwerdekammern des Harmonisierungsamtes, nicht aber für Klagen gegen Entscheidungen der Beschwerdekammern des Sortenamtes. Denn in der alten Fassung des Artikels 73 der Verordnung Nr. 2100/94 fehlte eine Artikel 63 Absatz 3 der Verordnung Nr. 40/94 entsprechenden Vorschrift. Dies ist allerdings mit Verordnung Nr. 2506/95 geändert worden, um die notwendige Kohärenz der Regelung der Beschwerdeverfahren vor der gemeinschaftlichen Gerichtsbarkeit auf den verschiedenen Gebieten der gewerblichen Schutzrechte zu gewährleisten.

[356] Urteil des Gerichtes erster Instanz vom 27. Februar 2002, Rechtssache T-106/00 (Streamserve Inc. gegen Harmonisierungsamt – *Streamserve*), Sammlung der Rechtsprechung 2002, Seite II-723.

[357] Urteil des Gerichtes erster Instanz vom 27. Februar 2002, Rechtssache T-106/00 (Streamserve Inc. gegen Harmonisierungsamt – *Streamserve*), Sammlung der Rechtsprechung 2002, Seite II-723, Rn 12.

klagter hatte dagegen vorgebracht, dass ein solcher Antrag unzulässig sei.[358] Nach Artikel 63 Absatz 6 der Verordnung Nr. 40/94 sei es Sache des Harmonisierungsamtes, die Maßnahmen zu ergreifen, die sich aus dem Urteil des Gerichts ergäben. Habe – wie im fraglichen Fall – die Beschwerdekammer die angefochtene Entscheidung erlassen, so sei auch diese innerhalb des Harmonisierungsamtes für die Umsetzung des Urteils zuständig. Das Gericht erster Instanz greife daher in die Befugnisse des Harmonisierungsamtes ein, wenn es die Zurückverweisung der Sache an die Prüferin anordnen würde.[359]

Das Gericht erster Instanz hielt eine solche Zurückverweisung an die Prüferin dagegen für zulässig.[360] Ein Verstoß gegen Artikel 63 Absatz 6 der Verordnung Nr. 40/94 sei nicht festzustellen, da mit der Zurückverweisung das Harmonisierungsamt nicht zu einem Tun oder Unterlassen verurteilt würde.[361] Auch stünde die Zurückverweisung in Einklang mit der Abänderungsbefugnis des Gerichts erster Instanz. Die Zurückverweisung der Sache an die Prüferin könne gemäß Artikel 62 Absatz 1 der Verordnung Nr. 40/94 von der Beschwerdekammer angeordnet werden. Daraus folge, dass die Zurückverweisung auch zu den Maßnahmen gehöre, die das Gericht aufgrund seiner Änderungsbefugnis nach Artikel 63 Absatz 3 der Verordnung Nr. 40/94 treffen könne.[362]

Der bisherigen Rechtsprechung des Gerichts erster Instanz zur Abänderungsbefugnis lassen sich jedoch zwei Einschränkungen entnehmen.

Die erste Einschränkung betrifft bestimmte Anforderungen an die Entscheidungsreife. Als Beispiel dafür mag die Entscheidung des Gerichts erster Instanz in der Rechtssache *SAT.2* dienen.[363] Die Klägerin hatte einen Antrag auf Eintragung der Gemeinschaftsmarke *SAT.2* in bezug auf verschiedene Dienstleistungen gestellt. Während die Beschwerdekammer in ihrer Beschwerdeentscheidung über den Antrag bezüglich bestimmter Dienstleistungen negativ entschieden hatte, hatte sie es versäumt, insoweit über die Beschwerde zu entscheiden, als sie sich gegen die Entscheidung des

---

[358] Urteil des Gerichtes erster Instanz vom 27. Februar 2002, Rechtssache T-106/00 (Streamserve Inc. gegen Harmonisierungsamt – *Streamserve*), Sammlung der Rechtsprechung 2002, Seite II-723, Rn 15.
[359] Urteil des Gerichtes erster Instanz vom 27. Februar 2002, Rechtssache T-106/00 (Streamserve Inc. gegen Harmonisierungsamt – *Streamserve*), Sammlung der Rechtsprechung 2002, Seite II-723, Rn 15.
[360] Urteil des Gerichtes erster Instanz vom 27. Februar 2002, Rechtssache T-106/00 (Streamserve Inc. gegen Harmonisierungsamt – *Streamserve*), Sammlung der Rechtsprechung 2002, Seite II-723, Rn 20.
[361] Urteil des Gerichtes erster Instanz vom 27. Februar 2002, Rechtssache T-106/00 (Streamserve Inc. gegen Harmonisierungsamt – *Streamserve*), Sammlung der Rechtsprechung 2002, Seite II-723, Rn 18.
[362] Urteil des Gerichtes erster Instanz vom 27. Februar 2002, Rechtssache T-106/00 (Streamserve Inc. gegen Harmonisierungsamt – *Streamserve*), Sammlung der Rechtsprechung 2002, Seite II-723, Rn 19. Im Ergebnis kam es in der Rechtssache allerdings nicht zu einer Zurückverweisung an den Prüfer. Dazu heißt es in Rn 78 des Urteils: „Wie in Randnummer 17 dieses Urteils erwähnt, kann das Gericht nach Artikel 63 Absatz 3 der Verordnung Nr. 40/94 die angefochtene Entscheidung aufheben oder abändern. Soweit der vorliegenden Klage stattzugeben ist, ist davon auszugehen, dass die Interessen der Klägerin durch Aufhebung der angefochtenen Entscheidung hinreichend gewahrt sind, ohne dass es erforderlich wäre, die Sache an die Prüferin zurückzuverweisen."
[363] Urteil des Gerichts erster Instanz vom 2. Juli 2002, Rechtssache T-323/00 (SAT.1 SatellitenFernsehen GmbH gegen OHIM – *SAT.2*), Sammlung der Rechtsprechung 2002, Seite II-2839.

Prüfers über die Dienstleistungen der Klasse 35 richtete.[364] Die Klägerin erhob gegen die Beschwerdeentscheidung Klage, und zwar auch in Hinblick auf die Dienstleistungen der Klasse 35. Die Klägerin trug insoweit vor, dass die angemeldete Marke hinsichtlich der Dienstleistungen der Klasse 35 nicht unter Artikel 7 Absatz 1 Buchstaben b) und c) der Verordnung Nr. 40/94 falle.[365] Das Gericht erster Instanz führte zu diesem Vorbringen aus, dass das Gericht, würde es in der Sache über die Frage entscheiden, ob die angemeldete Marke hinsichtlich der Dienstleistungen der Klasse 35 unter Artikel 7 Absatz 1 Buchstaben b) bzw. c) der Verordnung Nr. 40/94 falle, die angefochtene Entscheidung abändern würde.[366] Artikel 63 Absatz 3 der Verordnung Nr. 40/94 sehe zwar grundsätzlich die Möglichkeit einer Änderung vor. In der vorliegenden Rechtssache sei die Befugnis zur Abänderung der Entscheidung der Beschwerdekammer jedoch abzulehnen.[367] Die Befugnis zur Abänderung bestehe nämlich nur, wenn die Sache entscheidungsreif sei.[368] Dies sei aber zu verneinen, wenn wie im vorliegenden Fall die Beschwerdekammer über einen Antrag auf Eintragung der Gemeinschaftsmarke nicht in seiner Gesamtheit in der Sache entschieden hat.[369]

Die zweite Einschränkung der Befugnis des Gerichts erster Instanz, im Rahmen des Klageverfahrens nach Artikel 63 der Verordnung Nr. 40/94 die angefochtene Entscheidung abzuändern, besteht darin, dass diese Abänderungsbefugnis nicht das Recht einschließt, dem Harmonisierungsamt die Eintragung einer beantragten Marke anzuordnen.[370] So hatte in der Rechtssache *Giroform*[371] der Kläger unter anderem beantragt,[372] dem Harmonisierungsamt anzuordnen, die Anmeldung des Wortes *Giroform*

---

[364] Urteil des Gerichts erster Instanz vom 2. Juli 2002, Rechtssache T-323/00 (SAT.1 SatellitenFernsehen GmbH gegen OHIM – *SAT.2*), Sammlung der Rechtsprechung 2002, Seite II-2839, Rn 14, 15.

[365] Urteil des Gerichts erster Instanz vom 2. Juli 2002, Rechtssache T-323/00 (SAT.1 SatellitenFernsehen GmbH gegen OHIM – *SAT.2*), Sammlung der Rechtsprechung 2002, Seite II-2839, Rn 16.

[366] Urteil des Gerichts erster Instanz vom 2. Juli 2002, Rechtssache T-323/00 (SAT.1 SatellitenFernsehen GmbH gegen OHIM – *SAT.2*), Sammlung der Rechtsprechung 2002, Seite II-2839, Rn 18.

[367] Urteil des Gerichts erster Instanz vom 2. Juli 2002, Rechtssache T-323/00 (SAT.1 SatellitenFernsehen GmbH gegen OHIM – *SAT.2*), Sammlung der Rechtsprechung 2002, Seite II-2839, Rn 18.

[368] Urteil des Gerichts erster Instanz vom 2. Juli 2002, Rechtssache T-323/00 (SAT.1 SatellitenFernsehen GmbH gegen OHIM – *SAT.2*), Sammlung der Rechtsprechung 2002, Seite II-2839, Rn 18.

[369] Urteil des Gerichts erster Instanz vom 2. Juli 2002, Rechtssache T-323/00 (SAT.1 SatellitenFernsehen GmbH gegen OHIM – *SAT.2*), Sammlung der Rechtsprechung 2002, Seite II-2839, Rn 18. Dieser Fall verdeutlicht gleichzeitig, dass sich die Kompetenzen des Gerichts erster Instanz von der oben diskutierten Erstentscheidungskompetenz der Beschwerdekammern unterscheiden.

[370] Gericht erster Instanz, Urteil vom 8. Juli 1999, Rechtssache T-163/98 (Procter & Gamble gegen Harmonisierungsamt - *Baby-Dry)*, Sammlung der Rechtsprechung 1999, Seite II-2383, Rn 53; Gericht erster Instanz, Urteil vom 31. Januar 2001, Rechtssache T-331/99 (Mitsubishi HiTec Paper Bielefeld GmbH gegen Harmonisierungsamt - *Giroform)*, Sammlung der Rechtsprechung 2001, Seite II-433, Rn 33; Urteil des Gerichtes erster Instanz vom 27 Februar 2002, Rechtssache T-106/00 (Streamserve Inc. gegen Harmonisierungsamt – *Streamserve*), Sammlung der Rechtsprechung 2002, Seite II-723, Rn 18.

[371] Gericht erster Instanz, Urteil vom 31. Januar 2001, Rechtssache T-331/99 (Mitsubishi HiTec Paper Bielefeld GmbH gegen Harmonisierungsamt - *Giroform)*, Sammlung der Rechtsprechung 2001, Seite II-433, Rn 33.

[372] Gericht erster Instanz, Urteil vom 31. Januar 2001, Rechtssache T-331/99 (Mitsubishi HiTec Paper Bielefeld GmbH gegen Harmonisierungsamt - *Giroform)*, Sammlung der Rechtsprechung 2001, Seite II-433, Rn 7.

als Gemeinschaftsmarke zu veröffentlichen. Das Gericht hat unter Berufung auf Artikel 63 Absatz 6 der Verordnung Nr. 40/94 ausgeführt, dass es dem Amt keine Anordnungen erteilen könne. Vielmehr habe das Amt die Konsequenzen aus dem Tenor und den Gründen des vorliegenden Urteils zu ziehen.[373] Mit derselben Begründung hatte das Gericht erster Instanz zuvor in der Rechtssache *Baby-Dry* den Antrag abgelehnt, anzuordnen, dass das Harmonisierungsamt die Markenanmeldung veröffentlicht.[374] Ähnlich argumentierte das Gericht erster Instanz in der Rechtssache *Ellos*[375]. Dieser Rechtssache lag der Antrag der Klägerin zugrunde, das Amt anzuweisen, die beantragte Gemeinschaftsmarke einzutragen. Auch diesen Antrag hat das Gericht erster Instanz in Übereinstimmung mit der eben erwähnten Rechtsprechung für unzulässig befunden.[376] Zum einen fehle dem Gericht die Kompetenz, Anordnungen an das Harmonisierungsamt zu erteilen.[377] Zum anderen könne eine Marke erst dann eingetragen werden, wenn das in den Artikeln 40 bis 42 der Verordnung Nr. 40/94 zwingend vorgesehene Eintragungsverfahren abgeschlossen sei.[378] Dies sei in Fällen der vorliegenden Art gerade nicht gegeben, da nur das Vorliegen absoluter Eintragungshindernisse geprüft worden war.[379] Diese Argumentation deckt sich mit der Begründung, die Generalanwalt Jacobs in der Rechtssache *Baby-Dry* dafür angeführt hatte, von einer Anordnung der Eintragung der Marke abzusehen.[380] Der Gerichtshof mische sich anderenfalls in gänzlich ungerechtfertigter Weise in die Tätigkeit des Harmonisierungsamtes ein. Insbesondere mag es nämlich andere Aspekte des Falles geben, die nicht in dem Verfahren vor dem Gerichtshof erörtert worden seien, die aber eine andere Entscheidung in der Sache gebieten würden.[381]

---

[373] Gericht erster Instanz, Urteil vom 31. Januar 2001, Rechtssache T-331/99 (Mitsubishi HiTec Paper Bielefeld GmbH gegen Harmonisierungsamt - *Giroform)*, Sammlung der Rechtsprechung 2001, Seite II-433, Rn 33.

[374] Gericht erster Instanz, Urteil vom 8. Juli 1999, Rechtssache T-163/98 (Procter & Gamble gegen Harmonisierungsamt - *Baby-Dry)*, Sammlung der Rechtsprechung 1999, Seite II-2383, Rn 53: „Außerdem hat nach Artikel 63 Absatz 6 der Verordnung Nr. 40/94 das Amt die Maßnahmen zu ergreifen, die sich aus dem Urteil des Gerichtshofes ergeben. Das Gericht kann somit dem Amt keine Anordnungen erteilen. Dieses hat die Konsequenzen aus dem Tenor und den Gründen des vorliegenden Urteils zu ziehen."

[375] Urteil des Gerichts erster Instanz vom 27. Januar 2002, Rechtssache T-219/00 (Ellos AB gegen Harmonisierungsamt – *Ellos*), Sammlung der Rechtsprechung 2002, Seite II-753.

[376] Urteil des Gerichts erster Instanz vom 27. Januar 2002, Rechtssache T-219/00 (Ellos AB gegen Harmonisierungsamt – *Ellos*), Sammlung der Rechtsprechung 2002, Seite II-753, Rn 14.

[377] Urteil des Gerichts erster Instanz vom 27. Januar 2002, Rechtssache T-219/00 (Ellos AB gegen Harmonisierungsamt – *Ellos*), Sammlung der Rechtsprechung 2002, Seite II-753, Rn 14.

[378] Urteil des Gerichts erster Instanz vom 27. Januar 2002, Rechtssache T-219/00 (Ellos AB gegen Harmonisierungsamt – *Ellos*), Sammlung der Rechtsprechung 2002, Seite II-753, Rn 15.

[379] Urteil des Gerichts erster Instanz vom 27. Januar 2002, Rechtssache T-219/00 (Ellos AB gegen Harmonisierungsamt – *Ellos*), Sammlung der Rechtsprechung 2002, Seite II-753, Rn 15.

[380] Schlussanträge des Generalanwalts Jacobs vom 5. April 2001, Rechtssache C-383/99 P (Procter & Gamble Company gegen Harmonisierungsamt - *Baby-Dry*), Sammlung der Rechtsprechung 2001, Seite I-6251, Rn 108.

[381] Schlussanträge des Generalanwalts Jacobs vom 5. April 2001, Rechtssache C-383/99 P (Procter & Gamble Company gegen Harmonisierungsamt - *Baby-Dry*), Sammlung der Rechtsprechung 2001, Seite I-6251, Rn 108.

(2) Gegenüberstellung mit den Klageverfahren nach dem EGV

Die in den Artikeln 63 der Verordnung Nr. 40/94 und 73 der Verordnung Nr. 2100/94 vorgesehene Abänderungsbefugnis des Gerichts erster Instanz reicht über diejenigen Entscheidungsbefugnisse des Gerichts hinaus, die für andere Klageverfahren im EGV vorgesehen sind.

Gegenüber der in Artikel 231 (ex Artikel 174) EGV vorgesehenen Nichtigkeitserklärung stellt die Aufhebung und Abänderung der angefochtenen Entscheidung insofern ein Mehr da, als nicht nur die Geltung eines angefochtenen Aktes beseitigt werden kann.[382] Vielmehr kann das Gericht erster Instanz durch sein Urteil den Inhalt der angefochtenen Entscheidung derart gestalten, dass die Entscheidung mit geändertem Inhalt fortgilt.

Auch im Verhältnis zum Vertragsverletzungsverfahren nach Artikel 226 bis 228 (ex Artikel 169 bis 171) EGV wird das Gericht erster Instanz in Artikel 63 der Verordnung Nr. 40/94 sowie in Artikel 73 der Verordnung Nr. 2100/94 mit weitergehenden Entscheidungsbefugnissen ausgestattet. Anders als in den vorgenannten Nichtigkeitsverfahren wird die Rechtslage durch ein Urteil des Europäischen Gerichtshofes im Vertragsverletzungsverfahren nicht gestaltet. Bei dem Urteil im Vertragsverletzungsverfahren handelt es sich nämlich um ein bloßes Feststellungsurteil.[383] Dabei ist unumstritten, dass der im Verfahren nach Artikel 228 (ex Artikel 171) EGV verklagte Mitgliedstaat die vertragswidrige Maßnahme aufzuheben hat.[384] Teilweise wurde allerdings vertreten, dass der Europäische Gerichtshof dem unterlegenen Mitgliedstaat in verbindlicher Form, nämlich im Urteilstenor selbst, die Maßnahmen vorgeben könne, die der Mitgliedstaat zur Beseitigung des Vertragsverstoßes zu ergreifen habe.[385]

---

[382] Calliess/Ruffert-*Cremer*, Artikel 230, Rn 1: „Das stattgebende Urteil stellt keine bestehende Nichtigkeit fest, sondern beseitigt die auch einem rechtswidrigen Akt bis zu seiner Aufhebung zukommende Geltung". Siehe dazu EuGH, Urteil vom 30. Juni 1988, Rs. 226/87 (Kommission/Griechenland), Sammlung der Rechtsprechung 1988, Seite 3611, Rn 14: „Das im EWG-Vertrag festgelegte Klagesystem unterscheidet nämlich zwischen den in den Artikeln 169 und 170 vorgesehenen Klagen, die auf die Feststellung gerichtet sind, dass ein Mitgliedstaat gegen seine Verpflichtungen verstoßen hat, und den in den Artikeln 173 und 175 vorgesehenen Klagen, mit denen die Rechtmäßigkeit von Handlungen oder Unterlassungen der Gemeinschaftsorgane überprüft werden soll. Diese Klagemöglichkeiten verfolgen verschiedene Ziele und unterliegen unterschiedlichen Voraussetzungen. Ein Mitgliedstaat kann sich daher mangels einer Vorschrift des EWG-Vertrags, die ihn dazu ausdrücklich ermächtigt, zur Verteidigung gegenüber einer auf die Nichtdurchführung einer an ihn gerichteten Entscheidung gestützten Vertragsverletzungsklage nicht mit Erfolg auf die Rechtswidrigkeit dieser Entscheidung berufen." Siehe auch EuGH, Urteil vom 12. Juli 1957, Verb. Rs. 7/56 und 3-7/57 (Algera u.a./Gemeinsame Versammlung), Sammlung der Rechtsprechung 1957, Seite 85, 126; EuGH, Urteil vom 26. Februar 1987, Rs. 15/85 (Consorzio Cooperative d'Abruzzo/Kommission), Sammlung der Rechtsprechung 1987, Seite 1005, Rn 10; EuGH, Urteil vom 15. Juni 1994, Rs. C-137/92 (Kommission/BASF u.a.), Sammlung der Rechtsprechung 1994, I-2555, Rn 48.

[383] Grabitz/Hilf-*P. Karpenstein/U.Karpenstein*, Artikel 228, Rn 4; Calliess/Ruffert-*Cremer*, Artikel 228, Rn 1.

[384] Grabitz/Hilf-*P. Karpenstein/U.Karpenstein*, Artikel 228, Rn 4; Calliess/Ruffert-*Cremer*, Artikel 228, Rn 1.

[385] Philippe Cahier, Les articles 169 et 171 du traité instituant la CEE à travers la pratique de la Commission et la jurisprudence de la Cour, CahDrEur 1974, S. 3, 29; Wilfried Bernhardt, Verfassungsprinzipien, Verfassungsfunktionen und Verfassungsprozessrecht im EWG-Vertrag, Berlin 1987, S.

Zur Begründung wurde insbesondere das Urteil des Europäischen Gerichtshofs in der Sache *Humblet gegen Belgien* aus dem Jahre 1960 angeführt.[386] Dieses Urteil deckt die genannte Auffassung jedoch keineswegs. Vielmehr hat der Europäische Gerichtshof ausgeführt, dass er im Rahmen des Artikels 228 (ex Artikel 171) EGV lediglich Feststellungsurteile erlassen könne. Die Mitgliedstaaten seien dann an das Feststellungsurteil gebunden und mithin verpflichtet, dem so ergangenen Feststellungsurteil Folge zu leisten.[387] Dies bedeutet aber nicht, dass der Gerichtshof mit seinem Urteil eine unmittelbare Verpflichtung gegenüber den Mitgliedstaaten ausspricht. Dem Europäischen Gerichtshof steht es frei, in seinen Entscheidungsgründen deutlich zu machen, welche Maßnahmen geeignet wären. Im Urteilstenor selbst darf sich aber kein Ausspruch zur Verpflichtung der Durchführung bestimmter Maßnahmen finden.

c) Abänderungsbefugnis als Stärke

Vor diesem Hintergrund stellt sich nunmehr die Frage, inwiefern in der beschriebenen Entscheidungskompetenz des Gerichts erster Instanz im Rahmen des Artikels 63 der Verordnung Nr. 40/94 und des Artikels 73 der Verordnung Nr. 2100/94 eine Stärke hinsichtlich der Überprüfung von Entscheidungen der Beschwerdekammern liegt. Aus der Perspektive der rechtsschutzsuchenden Partei liegt in der weitgehenden Entscheidungskompetenz des Gerichts erster Instanz insofern eine Stärke, als der Rechtsschutz verbessert wird. In Hinblick auf die richterliche Kontrolle der Entscheidungen der Beschwerdekammern ist eine weitgehende Entscheidungskompetenz des Gerichts insofern zu begrüßen, als dass es die Effektivität der Kontrolle steigert und einen zumindest teilweisen Ausgleich für die schwach ausgeprägte politische Kontrolle schafft. Gleichzeitig bleibt die Unabhängigkeit der Beschwerdekammern unangegriffen, da die Überprüfung durch eine ihrerseits unabhängige Instanz erfolgt.

210-215; Diane de Bellescize, L'article 169 du traité de Rome, et l'efficacité du contrôle communautaire sur les manquements des états membres, RevTrimDrEur 1977, S. 173, 200; eine zumindest mittelbare Konkretisierungsfunktion der Urteile hinsichtlich der zu ergreifenden Maßnahmen bejahend Dimitrios Tsikrikas, Die Wirkungen der Urteile des Europäischen Gerichtshofs im Vertragsverletzungsverfahren, Berlin 1990 (Diss. 1987), S. 166 ff. Der Gerichtshof hat sich de lege ferenda ebenfalls für eine solche Möglichkeit ausgesprochen, BullEG in Beilage 9/75, S. 18.

[386] EuGH, Urteil vom 6. Dezember 1960, Rs. 6/60 (Humblet/Belgien), Sammlung der Rechtsprechung 1960, S. 1163, 1184.

[387] EuGH, Urteil vom 6. Dezember 1960, Rs. 6/60 (Humblet/Belgien), Sammlung der Rechtsprechung 1960, S. 1163, 1184: „Ein gleiches gilt für den Gerichtshof, der als Hüter des Rechts der Gemeinschaft gemäss Artikel 31 des Vertrages zwar aufgrund von Artikel 16 des Protokolls zur Entscheidung über jeden dessen Auslegung oder Anwendung betreffenden Streit zuständig ist, nationale Gesetze eines Mitgliedstaates oder Verwaltungsakte, die dessen Behörden erlassen haben, jedoch nicht aus eigener Machtvollkommenheit für nichtig erklären oder aufheben kann. Die Feststellung, dass der Zuständigkeit des Gerichtshofes diese Grenzen gesetzt sind, lässt sich außerdem auf eine den Verträgen von Rom, insbesondere den Artikeln 171 EWG-Vertrag und 143 EAG-Vertrag, entnommene Überlegung stützen: Diese Bestimmungen legen nämlich den Urteilen, die der Gerichtshof im Falle von Verstößen der Mitgliedstaaten gegen die Verträge zu erlassen hat, eine bloße Feststellungswirkung bei, verpflichten jedoch andererseits die Staaten, diejenigen Maßnahmen zu ergreifen, die sich aus dem Urteil ergeben."

2. Fairness

Des Weiteren wirkt sich die Kontrolle der Entscheidungen der Beschwerdekammern durch das Gericht erster Instanz und den Europäischen Gerichtshof insofern positiv aus, als dass das Gericht durch seine Urteile formalistische Ansätze der Beschwerdekammern korrigiert und auf diese Weise einen höheren Grad an Fairness und Gerechtigkeit schafft.

Der Formalismus der Beschwerdekammern erstreckt sich sowohl auf prozessuale als auch materiellrechtliche Aspekte.[388] Im Folgenden soll daher dargestellt werden, inwiefern die Entscheidungen der Beschwerdekammern als formalistisch charakterisiert werden können. Auch soll gezeigt werden, wie das Gericht durch Aufhebung bzw. Änderung der formalistischen Entscheidungen der Beschwerdekammern zu einem höheren Grad an Fairness beigetragen hat.

a) Formalismus hinsichtlich des Prozessrechts

Ein Beispiel für eine in prozessualer Hinsicht formalistische Entscheidung der Beschwerdekammern ist die Entscheidung in der Sache *Baby-Dry*.[389] Die Antragstellerin trug erstmals vor der Beschwerdekammer vor, dass die Wortverbindung *Baby-Dry* gemäß Artikel 7 Absatz 3 der Verordnung Nr. 40/94 infolge ihrer Benutzung Unterscheidungskraft für die fraglichen Waren erlangt habe und der Prüfer deshalb die Markenanmeldung nicht hätte zurückweisen dürfen. In der Ausgangsinstanz, vor dem Prüfer, hatte sich die Antragstellerin noch nicht auf den Aspekt der Unterscheidungskraft im Sinne des Artikels 7 Absatz 3 der Verordnung Nr. 40/94 berufen. Die Beschwerdekammer hatte es in ihrer Entscheidung abgelehnt, den Aspekt der Unterscheidungskraft und entsprechende Beweisanträge der Antragstellerin zu berücksichtigen. Zur Begründung für diese Ablehnung führte die Beschwerdekammer an, dass die Antragstellerin dieses Argument nicht gegenüber dem Prüfer vorgetragen habe. Eine Entscheidung könne nicht deshalb beanstandet werden, weil in ihr nicht zu einem Vorbringen Stellung genommen werde, das die Parteien nicht vorgebracht haben. Durch die ablehnende Entscheidung der Beschwerdekammer bleibe freilich das Recht der Klägerin unberührt, erneut die Anmeldung einer Gemeinschaftsmarke einzureichen und den Nachweis der Erlangung der Unterscheidungskraft infolge Benutzung dann zu erbringen.[390]

Die Begründung der Beschwerdekammer erscheint in zweierlei Hinsicht formalistisch.

---

[388] Mein Dank geht an Rechtsanwalt Jonathan Silverman von der Kanzlei W. H. Beck, Greener & Co, London, der mich auf diesen Aspekt aufmerksam gemacht hat.

[389] Gericht erster Instanz, Urteil vom 8. Juli 1999, Rechtssache T-163/98 (Procter & Gamble gegen Harmonisierungsamt - *Baby-Dry)*, Sammlung der Rechtsprechung 1999, Seite II-2383; EuGH, Urteil vom 20. September 2001, Rechtssache C-383/99 P (Procter & Gamble gegen Harmonisierungsamt - *Baby-Dry)*, Sammlung der Rechtsprechung 2001, Seite I-6251.

[390] Entscheidung der ersten Beschwerdekammer vom 31. Juli 1998, Beschwerdesache R 35/1998-1 (Procter & Gamble - *Baby-Dry*), Rn 22; hierzu: Gericht erster Instanz, Urteil vom 8. Juli 1999, Rechtssache T-163/98 (Procter & Gamble gegen Harmonisierungsamt - *Baby-Dry)*, Sammlung der Rechtsprechung 1999, Seite II-2383, Rn 35.

Erstens ist es formalistisch zu argumentieren, dass eine Entscheidung nicht hinsichtlich eines Aspekts angefochten werden könne, mit dem sich die angefochtene Entscheidung nicht befasst. Eine solche Argumentation mag zwar auf den ersten Blick nachvollziehbar erscheinen. Sie ist aber keineswegs zwingend. So kann etwa eine Entscheidung gerade deshalb zu beanstanden sein, weil sie sich mit einem entscheidungserheblichen Gesichtspunkt nicht auseinandersetzt.

Zweitens erscheint die Argumentation insofern formalistisch, als dass die Beschwerdekammer sich weigert, sich mit einem Aspekt zu befassen, über den sie letztendlich ohnehin zu entscheiden haben wird. Stellt die Partei nämlich einen neuen Antrag und wird dieser von den Prüfern abgelehnt, so wäre die Beschwerdekammer zu diesem späteren Zeitpunkt mit derselben Frage befasst.

Das Gericht erster Instanz hat korrigierend eingegriffen, indem es nicht nur die Entscheidung der Beschwerdekammer revidiert hat.[391] Auch hat das Gericht sein Urteil auf Argumente grundsätzlicherer Natur gestützt, die insbesondere auf die institutionelle Struktur innerhalb des Harmonisierungsamtes abstellen, wie sie in der Verordnung Nr. 40/94 zum Ausdruck kommt. So hat sich das Gericht erster Instanz, wie oben bereits ausführlicher dargestellt,[392] insbesondere auf die funktionale Kontinuität zwischen Prüfern und Beschwerdekammern sowie die Entsprechung der ihnen zustehenden Befugnisse berufen. Dieser Gedankengang ist stärker am Telos der Verordnung Nr. 40/94 und der institutionellen Gesamtstruktur des Harmonisierungsamtes orientiert und erscheint daher weniger formalistisch.

Die Entscheidung des Gerichts erster Instanz in der Rechtssache *Baby-Dry* zeigt, dass die gerichtliche Kontrolle der Entscheidungen der Beschwerdekammern des Harmonisierungsamtes durch das Gericht erster Instanz eine wichtige Rolle in der Korrektur formalistischer Argumentations- und Entscheidungsweisen der Beschwerdekammern einnimmt.

b) Formalismus hinsichtlich des materiellen Rechts

In materiellrechtlicher Hinsicht kann die berichtigende Wirkung durch das Gericht erster Instanz und den Europäischen Gerichtshof in deren Rechtsprechung zu beschreibenden Merkmalen einer Gemeinschaftswortmarke beobachtet werden. Auch insofern hatten die Beschwerdekammern ursprünglich einen streng formalistischen Ansatz gewählt. Die gerichtliche Kontrolle durch das Gericht erster Instanz und den Europäischen Gerichtshof veranlasste die Beschwerdekammern dazu, von ihrem ursprünglich gewählten Ansatz abzuweichen und stattdessen von einem umfassenderen Verständnis der beschreibenden Angaben einer Gemeinschaftsmarke auszugehen. Dies soll im Folgenden näher erläutert werden.

Die Frage ob beschreibende Zeichen oder Worte als Gemeinschaftsmarke eingetragen werden können, richtet sich nach Artikel 7 Absatz 1 c) der Verordnung Nr.

---

[391] Dazu ausführlicher oben, Teil 2, II. 3. a) (1).
[392] Teil 2, II. 3. a) (1).

40/94. Danach sind Marken, die ausschließlich aus Zeichen oder Angaben bestehen, welche im Verkehr zur Bezeichnung der Art, der Beschaffenheit, der Menge, der Bestimmung, des Wertes, der geographischen Herkunft oder der Zeit der Herstellung der Ware oder der Erbringung der Dienstleistung oder zur Bezeichnung sonstiger Merkmale der Ware oder Dienstleistung dienen können, von der Eintragung ausgeschlossen.

Auf der Grundlage von Artikel 7 Absatz 1 c) der Verordnung Nr. 40/94 verfolgten die Beschwerdekammern – ebenso wie das Gericht erster Instanz[393] – zunächst einen restriktiven Ansatz. Sie lehnten die Eintragung der Zeichen als Gemeinschaftsmarke auch in solchen Fällen ab, in denen durchaus die Möglichkeit bestand, dass Verbraucher den Wörtern, aus denen sich die Gemeinschaftsmarke zusammensetzen sollte, unterschiedliche Bedeutungen beimessen würden. Dies ist insofern erstaunlich, als es denklogisch an der Eignung einer Angabe zur Bezeichnung einer Beschaffenheit bereits dann fehlen kann, wenn nicht auszuschließen ist, dass diese Angabe von Verbrauchern in unterschiedlicher Weise verstanden wird.

Als Beispiel mag die Rechtssache *Doublemint* dienen, in der die Erste Beschwerdekammer über den beschreibenden Charakter des Wortes *Doublemint* in Hinblick auf verschiedene Waren, insbesondere aber Kaugummi, zu entscheiden hatte.[394] Die Erste Beschwerdekammer lehnte die Eintragung als Gemeinschaftsmarke mit der Begründung ab, dass das Wort *Doublemint* hinsichtlich der beantragten Warengruppen lediglich beschreibenden Charakters sei. Dabei ging allerdings auch die Beschwerdekammer davon aus, dass der Verbraucher das Wort *Doublemint* in zweierlei Weise verstehen könne. Zum einen sei denkbar, dass der Verbraucher annehme, das Kaugummi enthalte die doppelte Menge an Minze. Oder aber der Verbraucher verstehe die Bezeichnung *Doublemint* dahingehend, dass eine Kombination von zwei verschiedenen Minzesorten, wie etwa Pfefferminz und Spearmint, in der Ware verwendet worden seien.[395] Die Mehrdeutigkeit des Wortes änderte nach Ansicht der Beschwerdekammer jedoch nichts an dem bloß beschreibenden Charakter des Wortes.[396] Sind beide möglichen Wortdeutungen rein beschreibend,[397] so erhalte das Wort nicht da-

[393] Gericht erster Instanz, Urteil vom 12. Januar 2000, Rechtssachte T-19/99 (DKV Deutsche Krankenversicherung AG gegen Harmonisierungsamt - *Companyline*), Sammlung der Rechtsprechung 2000, Seite II-1; Gericht erster Instanz, Urteil vom 8. Juli 1999, Rechtssache T-163/98 (Procter & Gamble gegen Harmonisierungsamt - *Baby-Dry)*, Sammlung der Rechtsprechung 1999, Seite II-2383.
[394] Entscheidung der Ersten Beschwerdekammer vom 16. Juni 1999, Beschwerdesache R 216/1998-1 (Wrigley - *Doublemint*).
[395] Entscheidung der Ersten Beschwerdekammer vom 16. Juni 1999, Beschwerdesache R 216/1998-1 (Wrigley - *Doublemint*), Rn 10.
[396] Entscheidung der Ersten Beschwerdekammer vom 16. Juni 1999, Beschwerdesache R 216/1998-1 (Wrigley - *Doublemint*), Rn 11. Die Entscheidung der Ersten Beschwerdekammer wurde später vom Gericht erster Instanz aufgehoben, Urteil vom 31. Januar 2001, Rechtssache T-193/99 (Wrigley gegen Harmonisierungsamt - *Doublemint*), Sammlung der Rechtsprechung 2001, Seite II-417.
[397] Vgl. die Argumentation des Amtes in dem späteren gerichtlichen Verfahren vor dem Gericht erster Instanz, Gericht erster Instanz, Urteil vom 31. Januar 2001, Rechtssache T-193/99 (Wrigley gegen Harmonisierungsamt - *Doublemint*), Sammlung der Rechtsprechung 2001, Seite II-417, Rn 16.

durch einen suggestiven Charakter, dass es mehr als eine Bedeutung des Wortes bzw. der Wortkombination gebe.

Diese Tendenz der Beschwerdekammern, die Registrierung von beschreibenden Zeichen und Worten als Gemeinschaftsmarke wegen fehlender Unterscheidungskraft abzulehnen, ist durch die Rechtsprechung des Gerichts erster Instanz und des Europäischen Gerichtshofes revidiert worden. Zwar bringt das Gericht erster Instanz den grundsätzlichen Richtungswechsel in der Behandlung beschreibender Gemeinschaftsmarken weniger explizit zum Ausdruck als der Europäische Gerichtshof. Die Tatsache, dass auch das Gericht erster Instanz nunmehr zu die Beschwerdeentscheidung aufhebenden Urteilen gelangt, zeigt aber, dass eine Rechtsprechungsänderung stattgefunden hat.

(1) Doublemint

Beispielhaft sei zunächst das Urteil in der Rechtssache *Doublemint* angeführt, mit dem die oben diskutierte Entscheidung der Ersten Beschwerdekammer aufgehoben und damit der Weg für die Eintragung der Gemeinschaftswortmarke *Doublemint* gebahnt worden ist.[398] Zur Begründung für die Aufhebung der Entscheidung der Beschwerdekammer führte das Gericht erster Instanz insbesondere die Mehrdeutigkeit des als Gemeinschaftsmarke einzutragenden Wortes *Doublemint* an.[399] Für den durchschnittlichen englischsprachigen Verbraucher drängten sich zumindest assoziativ oder andeutungsweise die zahlreichen möglichen Bedeutungen des zusammengesetzten Wortes *Doublemint* von selbst auf.[400] Für solche Verbraucher, die der englischen Sprache nicht hinreichend mächtig seien, stünde der Begriff *Doublemint* aufgrund seiner vagen Bedeutung einem Phantasiebegriff gleich.[401] Ist das Wort aber mehrdeutig sowie suggestiv und lässt es verschiedene Auslegungen zu, so schließe dies aus, dass der potentielle Verbraucher speziell eine semantische Bedeutung des Wortes auswähle.[402] Dementsprechend versetze das Wort, den Verbraucher nicht in die Lage, sofort und ohne weiteres Nachdenken das Wort als Beschreibung eines Warenmerkmals zu identifizieren.[403]

[398] Gericht erster Instanz, Urteil vom 31. Januar 2001, Rechtssache T-193/99 (Wrigley gegen Harmonisierungsamt - *Doublemint*), Sammlung der Rechtsprechung 2001, Seite II-417.
[399] Gericht erster Instanz, Urteil vom 31. Januar 2001, Rechtssache T-193/99 (Wrigley gegen Harmonisierungsamt - *Doublemint*), Sammlung der Rechtsprechung 2001, Seite II-417, Rn 25-30.
[400] Gericht erster Instanz, Urteil vom 31. Januar 2001, Rechtssache T-193/99 (Wrigley gegen Harmonisierungsamt - *Doublemint*), Sammlung der Rechtsprechung 2001, Seite II-417, Rn 29.
[401] Gericht erster Instanz, Urteil vom 31. Januar 2001, Rechtssache T-193/99 (Wrigley gegen Harmonisierungsamt - *Doublemint*), Sammlung der Rechtsprechung 2001, Seite II-417, Rn 29.
[402] Gericht erster Instanz, Urteil vom 31. Januar 2001, Rechtssache T-193/99 (Wrigley gegen Harmonisierungsamt - *Doublemint*), Sammlung der Rechtsprechung 2001, Seite II-417, Rn 30.
[403] Gericht erster Instanz, Urteil vom 31. Januar 2001, Rechtssache T-193/99 (Wrigley gegen Harmonisierungsamt - *Doublemint*), Sammlung der Rechtsprechung 2001, Seite II-417, Rn 30.

(2) Easybank

Als weiteres Beispiel für den Richtungswechsel in der Rechtsprechung des Gerichts erster Instanz mag die Rechtsache *Easybank*[404] dienen.

In der Sache *Easybank* hatte das Gericht erster Instanz die Entscheidung der Dritten Beschwerdekammer aufgehoben. Die Beschwerdekammer hatte die Eintragung der Gemeinschaftsmarke *Easybank* für Dienstleistungen einer Direktbank, insbesondere elektronische Bankdienstleistungen, wegen ihres bloß beschreibenden Charakters mangels Unterscheidungskraft abgelehnt.[405] Nach Ansicht der Beschwerdekammer habe das Wort *Easybank* einen eindeutigen Aussagegehalt des Inhalts, dass die von einer Direktbank angebotenen Dienstleistungen mühelos und bequem in Anspruch genommen werden könnten. Das Wort *easy* signalisiere den Verbrauchern die Leichtigkeit und Annehmlichkeit, die für sie mit der Erledigung von Bankgeschäften verbunden sei, die ohne Aufsuchen einer Bankfiliale während der Geschäftszeiten erfolgen könne.[406] Das Gericht erster Instanz lehnte einen bloß beschreibenden Charakter des Wortes *Easybank* dagegen ab. Das Wort *easy* rufe Assoziationen hervor, enthalte ein Element subjektiver Einschätzung und sei daher „völlig unspezifisch".[407] Außerdem beträfe das Wort *easy* ausdrücklich nur das Bankinstitut als solches, verweise dabei also nicht auf die Modalitäten einer konkreten Dienstleistung oder auf andere Einzelheiten der Abwicklung von Bankgeschäften. Bezeichnet es daher weder abstrakt noch konkret Art, Beschaffenheit, Menge, Bestimmung, Wert oder sonstige Merkmale der verschiedenen Bankdienstleistungen, die das betreffende Bankinstitut für seine Kunden erbringen kann, so könne auch kein rein beschreibender Charakter der beantragten Marke angenommen werden.[408]

(3) New born baby

Ähnlich entschied das Gericht erster Instanz in der Sache *New born baby*[409]. Dem Urteil lag wiederum eine Entscheidung der Dritten Beschwerdekammer zugrunde, in der die Eintragung einer Gemeinschaftsmarke wegen bloß beschreibenden Cha-

---

[404] Gericht erster Instanz, Urteil vom 5. April 2001, Rechtssache T-87/00 (Bank für Arbeit und Wirtschaft AG gegen Harmonisierungsamt – *Easybank*), Sammlung der Rechtsprechung 2001, Seite II-1259.

[405] Entscheidung der Dritten Beschwerdekammer vom 31. Januar 2000, Beschwerdesache R 316/1999-3 (Bank für Arbeit und Wirtschaft AG – *Easybank*).

[406] Entscheidung der Dritten Beschwerdekammer vom 31. Januar 2000, Beschwerdesache R 316/1999-3 (Bank für Arbeit und Wirtschaft AG – *Easybank*), Rn 22 und 23.

[407] Gericht erster Instanz, Urteil vom 5. April 2001, Rechtssache T-87/00 (Bank für Arbeit und Wirtschaft AG gegen Harmonisierungsamt – *Easybank*), Sammlung der Rechtsprechung 2001, Seite II-1259, Rn 28.

[408] Gericht erster Instanz, Urteil vom 5. April 2001, Rechtssache T-87/00 (Bank für Arbeit und Wirtschaft AG gegen Harmonisierungsamt – *Easybank*), Sammlung der Rechtsprechung 2001, Seite II-1259, Rn 29. Hinter dem Ansatz des Gerichts, die Anforderungen an die bloß beschreibende Eigenschaft einer Gemeinschaftsmarke strenger zu halten, steht wohl der von der Klägerin vorgetragene Zweck des fraglichen Artikels 7 Absatz 1 c) der Verordnung Nr. 40/94 (Rn 11). Ein Eintragungshindernis sei nur dann anzunehmen, wenn ein konkretes Freihaltebedürfnis für das fragliche Zeichen oder Wort in Bezug auf die Waren besteht, für die die betreffende Marke angemeldet ist.

[409] Gericht erster Instanz, Urteil vom 3. Oktober 2001, Rechtssache T-140/00 (Zapf Creation AG gegen Harmonisierungsamt – *New born baby*), Sammlung der Rechtsprechung 2001, Seite II-2927.

rakters abgelehnt worden war.[410] Nach Ansicht der Beschwerdekammer konnten die relevanten Verkehrskreise die Wortzusammenstellung *New born baby* in bezug auf Puppen sofort und ohne besonderen analytischen Aufwand dahingehend verstehen, dass die Puppen eine bestimmte Beschaffenheit aufweisen, nämlich wie neugeborene Babys gestaltet sind.[411] Das Gericht erster Instanz hob diese Entscheidung der Beschwerdekammer mit dem Argument auf, dass hätte dargetan werden müssen, dass das Zeichen *New born baby* die Puppen selbst beschreibt. Ein solches Zeichen könne nämlich nur dann als Beschreibung des Spielzeugs selbst betrachtet werden, wenn die angesprochenen Verkehrskreise bei ihrer Kaufentscheidung das Spielzeug mit dem Dargestellten gleichsetzten.[412] Einen solchen Zusammenhang habe die Beschwerdekammer aber nicht dargetan.

(4) Baby-Dry

Grundlegend und richtungsweisend für die rechtliche Beurteilung beschreibender Gemeinschaftsmarken war schließlich der Fall *Baby-Dry*.

Die Beschwerdekammer argumentierte in ihrer Entscheidung noch in formalistischer Weise.

In Hinblick auf die Bewertung der Unterscheidungskraft im Sinne des Artikels 7 Absatz 1 Buchstabe c) der Verordnung Nr. 40/94 stellte die Beschwerdekammer fest, dass diese schwierig vorzunehmen sei und dass an die Erteilung einer Gemeinschaftsmarke negative Folgen für Dritte geknüpft seien.[413] Vor diesem Hintergrund sei Zurückhaltung bei der Erteilung von Gemeinschaftsmarken zu üben. Mit Hilfe eines Wörterbuches wird das Wort Windel definiert und daraus geschlussfolgert, dass es sich bei *baby* und *dry* um im üblichen Sprachgebrauch verwendete Wörter handele, deren Kombination kein zusätzliches Element enthielte, dass als einfallsreich oder erfinderisch qualifiziert werden könne.[414]

Diese Entscheidung der Beschwerdekammer ist in zweierlei Hinsicht zu kritisieren. Erstens untersucht sie die negativen Folgen der Gemeinschaftsmarke für Dritte nicht akkurat. So beruft sich die Beschwerdekammer zur Begründung der Folgen der Eintragung der Gemeinschaftsmarke zwar auf die in Artikel 9 Absatz 1 der Verordnung Nr. 40/94 gewährten Abwehrrechte des Markeninhabers gegenüber Dritten.[415] Sie lässt dagegen die in Artikel 12 der Verordnung Nr. 40/94 zum Ausdruck kom-

---

[410] Gericht erster Instanz, Urteil vom 3. Oktober 2001, Rechtssache T-140/00 *(*Zapf Creation AG gegen Harmonisierungsamt – *New born baby),* Sammlung der Rechtsprechung 2001, Seite II-2927.

[411] Entscheidung der Dritten Beschwerdekammer vom 21. März 2000, Rechtssache Beschwerdesache R 348/1999-3 (Zapf Creation AG – *New born baby*), Rn 19 und 20.

[412] Gericht erster Instanz, Urteil vom 3. Oktober 2001, Rechtssache T-140/00 *(*Zapf Creation AG gegen Harmonisierungsamt – *New born baby),* Sammlung der Rechtsprechung 2001, Seite II-2927, Rn 25 und 26.

[413] Entscheidung der Ersten Beschwerdekammer vom 31. Juli 1998, Beschwerdesache R 35/1998-1 (Procter & Gamble - *Baby-Dry*), Rn 15.

[414] Entscheidung der Ersten Beschwerdekammer vom 31. Juli 1998, Beschwerdesache R 35/1998-1 (Procter & Gamble - *Baby-Dry*), Rn 16 und 17.

[415] Entscheidung der Ersten Beschwerdekammer vom 31. Juli 1998, Beschwerdesache R 35/1998-1 (Procter & Gamble - *Baby-Dry*), Rn 15.

menden Wertungen unberücksichtigt. Wie weiter unten zu zeigen sein wird, gelangt die Beschwerdekammer damit zu einer fehlerhaften Bewertung der Konsequenzen der Eintragung der Gemeinschaftsmarke. Zweitens läuft der Ansatz der Beschwerdekammern darauf hinaus, dass Artikel 7 der Verordnung Nr. 40/94 als Ausnahmevorschrift weit auszulegen wäre. Dies steht jedoch im Widerspruch zu dem im Gemeinschaftsrecht geltenden Auslegungstopos, dass Ausnahmevorschriften eng auszulegen sind.[416]

Während das Gericht erster Instanz, sich der Entscheidung der Ersten Beschwerdekammer in Hinblick auf Artikel 7 Absatz 1 Buchstabe c) der Verordnung Nr. 40/94 unkritisch angeschlossen hat,[417] setzte sich der Europäische Gerichtshof in seinem Rechtsmittelurteil[418] und vor ihm Generalanwalt Jacobs[419] eingehend und grundlegend mit der Auslegung des entscheidungserheblichen Artikels 7 Absatz 1 Buchstabe c) der Verordnung Nr. 40/94 auseinander. Unter Rückgriff auf eine systematisch-teleologische Auslegung kam das Gericht erster Instanz zu einem flexibleren und weniger strengen Ansatz in der rechtlichen Behandlung beschreibender Gemeinschaftsmarken.

Der Generalanwalt erklärte dazu in seinen Schlussanträgen, dass anders als bei der Pariser Verbandsübereinkunft, im Rahmen der Verordnung Nr. 40/94 kein Bedürfnis bestehe, mit dem Eintragungshindernis für beschreibende Marken eine Monopolisierung in der Benutzung bestimmter geläufiger Wörter und Zeichen zu verhindern.[420] Im System der Gemeinschaftsmarke wird dieser Gefahr durch eine andere

[416] Siehe etwa aus der Rechtsprechung zu Artikel 30 (ex Artikel 36) EGV EuGH, Urteil vom 14. Dezember 1972, Rechtssache 29/72 (Marimax gegen Italienische Finanzverwaltung), Sammlung der Rechtsprechung 1972, Seite 1309, Rn 4; EuGH, Urteil vom 9. Juni 1982, Rechtssache 95/81 (Kommission gegen Italien), Sammlung der Rechtsprechung 1982, Seite 2187, Rn 27; EuGH, Urteil vom 19. März 1991, Rechtssache 205/89 (Kommission gegen Griechenland), Sammlung der Rechtsprechung 1991, Seite I-1361, Rn 9.

[417] Gericht erster Instanz, Urteil vom 9. Juli 1999, Rechtssache T-163/98 (Procter & Gamble gegen Harmonisierungsamt – *Baby-Dry*), Sammlung der Rechtsprechung 1999, Seite II-2383, Rn 25-27. Lediglich Rn 23 des Urteils des Gerichts erster Instanz vom 9. Juli 1999, Rechtssache T-163/98 (Procter & Gamble gegen Harmonisierungsamt – *Baby-Dry*), Sammlung der Rechtsprechung 1999, Seite II-2383, enthält die zusätzliche grundsätzliche Feststellung, dass „[n]ach dem Willen des Gesetzgebers [...] diese Zeichen somit bereits ihrer Natur nach als ungeeignet [gelten], die Waren eines Unternehmens von denen eines anderen Unternehmens zu unterscheiden."

[418] Europäischer Gerichtshof, Urteil vom 20. September 2001, Rechtssache C-383/99 P (Procter & Gamble gegen Harmonisierungsamt – *Baby-Dry*), Sammlung der Rechtsprechung 2001, Seite I-6251.

[419] Schlussanträge des Generalanwalts Jacobs vom 5. April 2001, Rechtssache C-383/99 P (Procter & Gamble gegen Harmonisierungsamt – *Baby-Dry*), Sammlung der Rechtsprechung 2001, Seite I-6251.

[420] Dies gilt trotz der Wortgleichheit der entsprechenden Vorschriften in der Verordnung Nr. 40/94 und in der Pariser Verbandsübereinkunft. Siehe Schlussanträge des Generalanwalts Jacobs vom 5. April 2001, Rechtssache C-383/99 P (Procter & Gamble gegen Harmonisierungsamt – *Baby-Dry*), Sammlung der Rechtsprechung 2001, Seite I-6251, Rn 77. Der Monopolisierungsgedanke nationaler Markenrechte wird dagegen wohl für den deutschen und britischen Rechtsraum angenommen. Ähnlich wie die nunmehr vertretene Auffassung für das System der Gemeinschaftsmarke, ist auch die Rechtslage in Frankreich und den Beneluxländern. Sie entspricht einem moderneren Ansatz im Markenrecht, wonach jeder Einzelfall als solcher gewürdigt wird und nur solche Zeichen von der Eintragung ausgeschlossen werden, die ausschließlich für die in Frage stehenden Waren beschreibend sind. Siehe hierzu die Schlussanträge des Generalanwalts Jacobs vom 5. April 2001, Rechtssache C-383/99 P (Procter & Gamble gegen Harmonisierungsamt – *Baby-Dry*), Sammlung der Rechtsprechung 2001, Seite I-6251, Rn 47.

Vorschrift, nämlich Artikel 12 Buchstabe b) der Verordnung Nr. 40/94, entgegengewirkt. Nach dieser Bestimmung werden die Wirkungen einer Gemeinschaftsmarke dahingehend beschränkt, dass die Verwendung von solchen Angaben, die zu beschreibenden oder informativen Zwecken und nicht zur Kennzeichnung durch eine Marke dienen, vom Markeninhaber nicht untersagt werden können.[421] Vor diesem Hintergrund kann der Sinn und Zweck des fraglichen Artikels 7 Absatz 1 Buchstabe c) der Verordnung Nr. 40/94 dahingehend zusammengefasst werden, dass nicht jeder Monopolisierung gewöhnlicher beschreibender Ausdrücke vorgebeugt, sondern die Eintragung beschreibender Marken vermieden werden soll, für die kein Schutz gewährt werden kann.[422] Das heißt, dass nur die Eintragung derjenigen Wörter oder Zeichen als Gemeinschaftsmarke, deren Verwendung durch einen Dritten der Markeninhaber nach Artikel 12 Buchstabe b) der Verordnung Nr. 40/94 nicht verhindern kann, durch Artikel 7 Absatz 1 Buchstabe c) der Verordnung Nr. 40/94 verhindert werden soll.

Der Europäische Gerichtshof hat sich diesen grundsätzlichen Überlegungen des Generalanwalts im wesentlichen angeschlossen[423] und Kriterien für die rechtliche Beurteilung beschreibender Gemeinschaftsmarken aufgestellt. Unter Artikel 7 Absatz 1 Buchstabe c) der Verordnung Nr. 40/94 fielen nur solche Zeichen und Angaben, die im normalen Sprachgebrauch nach dem Verständnis des Verbrauchers die angemeldeten Waren oder Dienstleistungen entweder unmittelbar oder durch Hinweis auf eines ihrer wesentlichen Merkmale bezeichnen.[424] Des Weiteren müsse ein etwaiger beschreibender Charakter nicht nur gesondert für jedes Wort, sondern auch für das durch die Wörter gebildete Ganze festgestellt werden.[425] Dabei sei für die Beurteilung des Verständnisses des Verbrauchers auf denjenigen Verbraucher abzustellen, der der Sprache hinreichend mächtig ist, in der die Eintragung der Marke begehrt wird.[426] Und schließlich genüge es, wenn das so festgestellte Eintragungshindernis nur in ei-

---

[421] Schlussanträge des Generalanwalts Jacobs vom 5. April 2001, Rechtssache C-383/99 P (Procter & Gamble gegen Harmonisierungsamt – *Baby-Dry*), Sammlung der Rechtsprechung 2001, Seite I-6251, Rn 77.

[422] Schlussanträge des Generalanwalts Jacobs vom 5. April 2001, Rechtssache C-383/99 P (Procter & Gamble gegen Harmonisierungsamt – *Baby-Dry*), Sammlung der Rechtsprechung 2001, Seite I-6251, Rn 78.

[423] Europäischer Gerichtshof, Urteil vom 20. September 2001, Rechtssache C-383/99 P (Procter & Gamble gegen Harmonisierungsamt – *Baby-Dry*), Sammlung der Rechtsprechung 2001, Seite I-6251, Rn 37: „Wie eine Zusammenschau dieser Bestimmungen ergibt, wird mit dem Verbot, ausschließlich beschreibende Zeichen oder Angaben als Marken einzutragen, der - sowohl von Procter & Gamble als auch vom Amt anerkannte - Zweck verfolgt, zu verhindern, dass als Marken Zeichen oder Angaben eingetragen werden, die wegen ihrer Übereinstimmung mit der üblichen Art und Weise, die betroffenen Waren oder Dienstleistungen oder ihre Merkmale zu bezeichnen, die Funktion, das sie vertreibende Unternehmen zu identifizieren, nicht erfüllen könnten und die daher nicht die Unterscheidungskraft besitzen, die diese Funktion voraussetzt."

[424] Europäischer Gerichtshof, Urteil vom 20. September 2001, Rechtssache C-383/99 P (Procter & Gamble gegen Harmonisierungsamt – *Baby-Dry*), Sammlung der Rechtsprechung 2001, Seite I-6251, Rn 39.

[425] Europäischer Gerichtshof, Urteil vom 20. September 2001, Rechtssache C-383/99 P (Procter & Gamble gegen Harmonisierungsamt – *Baby-Dry*), Sammlung der Rechtsprechung 2001, Seite I-6251, Rn 40.

[426] Europäischer Gerichtshof, Urteil vom 20. September 2001, Rechtssache C-383/99 P (Procter & Gamble gegen Harmonisierungsamt – *Baby-Dry*), Sammlung der Rechtsprechung 2001, Seite I-6251, Rn 42.

nem Teil der Gemeinschaft vorliege.[427] Unter Anwendung dieser Standards auf das Zeichen *Baby-Dry* kam der Europäische Gerichtshof zu dem Ergebnis, dass es keineswegs rein beschreibender Natur im Sinne des Artikels 7 Absatz 1 Buchstabe c) der Verordnung Nr. 40/94 ist.[428]

Das Urteil in der Sache *Baby-Dry* steht beispielhaft für den methodischen Ansatz, den der Europäische Gerichtshof wählt.[429] Der Gerichtshof hat sich nicht mit auf den Wortlaut der fraglichen Vorschrift gestützten Überlegungen begnügt. Vielmehr hat er sie umfassend betrachtet, unter Rückgriff auf den Sinn und Zweck der Vorschrift und ihren Zusammenhang mit anderen Vorschriften der Verordnung Nr. 40/94 sowie anderen internationalen Übereinkommen. Dieser methodische Ansatz in der Gesetzesauslegung ermöglichte es, zu einer flexibleren Handhabung des Problems der beschreibenden Gemeinschaftsmarken zu gelangen und auf diese Weise einen höheren Grad an Fairness zu erreichen.[430]

---

[427] Europäischer Gerichtshof, Urteil vom 20. September 2001, Rechtssache C-383/99 P (Procter & Gamble gegen Harmonisierungsamt – *Baby-Dry*), Sammlung der Rechtsprechung 2001, Seite I-6251, Rn 41.

[428] Europäischer Gerichtshof, Urteil vom 20. September 2001, Rechtssache C-383/99 P (Procter & Gamble gegen Harmonisierungsamt – *Baby-Dry*), Sammlung der Rechtsprechung 2001, Seite I-6251, Rn 43, 44. Die Dritte Beschwerdekammer, die letztendlich über den Fall *Baby-Dry* nach Ergang der beiden Gerichtsurteile zu entscheiden hatte, schien dagegen wenig überzeugt von den Konsequenzen, die sich für den Fall aus den Urteilen ergeben sollten. So war der Europäische Gerichtshof der Auffassung, dass *Baby-Dry* letztendlich als Marke eingetragen werden sollte, während die Dritte Beschwerdekammer eher der Ansicht zu sein schien, dass wegen Artikel 7 Absatz 1 Buchstabe b) der Verordnung Nr. 40/94 eine Eintragung abzulehnen sei. Aufgrund der Bindung der Beschwerdekammer an das Urteil des Europäischen Gerichtshofes nach Artikel 63 Absatz 6 der Verordnung Nr. 40/94 leistete die Beschwerdekammer dennoch freilich Folge und wies den Fall unter Aufhebung der ursprünglichen Entscheidung des Prüfers an diesen zur weiteren Entscheidung zurück (Entscheidung der Dritten Beschwerdekammer vom 17. Juli 2002, Beschwerdesache R 35/1998-3 (Procter & Gamble – *Baby-Dry*), insbesondere Rn 43).

[429] Als weiteres Beispiel mag die Rechtssache *Teleye* dienen (Urteil des Gerichts erster Instanz vom 15. November 2001, Rechtssache T-128/99 (Signal Communications Ltd gegen Harmonisierungsamt – *Teleye*), Sammlung der Rechtsprechung 2001, Seite II-3273). Der Antragstellerin war ein Schreibfehler unterlaufen; so hatte sie eine Gemeinschaftsmarke für das Wort *Teleye* statt *Teleeye* beantragt. Bei dem Antrag handelte es sich jedoch gleichzeitig um einen der Wahrung des Prioritätsrechts der in einem anderen Land eingetragenen Marke (hier USA). Wie den dem Prüfer übermittelten Unterlagen zu entnehmen war, war in den USA die Marke *Teleeye* eingetragen worden. Als die Antragstellerin Berichtigung begehrte, lehnte die Beschwerdekammer dies ab. Die Argumentation der Beschwerdekammer blieb dabei oberflächlich und wenig überzeugend. Das Gericht erster Instanz argumentierte dagegen vorbildlich mit dem Telos der entscheidungserheblichen Vorschriften.

[430] Der Eindruck eines nicht formalistischen Ansatzes des Gerichts erster Instanz und des Europäischen Gerichtshofes wird weiter dadurch bestätigt, dass es nach der inzwischen ständigen Rechtsprechung für die Beurteilung der Unterscheidungskraft bei beschreibenden Worten oder Zeichen nicht darauf ankommen soll, ob dass Wort in einem Wörterbuch eingetragen ist (erstmalig Gericht erster Instanz, Urteil vom 12. Januar 2000, Rechtssache T-19/99 (Deutsche Krankenversicherung gegen Harmonisierungsamt – *Companyline*), Sammlung der Rechtsprechung 2000, Seite II-1, Rn 26).

c) Zusammenfassung

Wie die obigen Ausführungen illustriert haben, haben sich die Beschwerdekammern in manchen Fällen eher formalistischer Argumentationsmuster bei der Entscheidung der Beschwerden bedient. Dieser Ansatz trug den Interessen der beteiligten Parteien nicht Rechnung, wie durch die Aufhebung dieser Beschwerdeentscheidungen durch das Gericht erster Instanz bzw. den Europäischen Gerichtshof gezeigt wurde. Die Rechtskontrolle durch das Gericht erster Instanz und den Europäischen Gerichtshof nimmt dementsprechend eine wichtige Rolle bei der Schaffung eines höheren Grades an Fairness in dem System der Gemeinschaftsmarke ein.

II. Schwächen der gerichtlichen Kontrolle

Den genannten Stärken in dem System der rechtlichen Kontrolle der Entscheidungen der Beschwerdekammern durch das Gericht erster Instanz und den Europäischen Gerichtshof stehen Schwächen gegenüber. Diese betreffen insbesondere die prozessuale Stellung der ursprünglich am Beschwerdeverfahren Beteiligten, die rechtlichen Folgen ergangener Gerichtsentscheidungen sowie die praktische Wirksamkeit der gesetzlich vorgesehenen Klagemöglichkeiten vor dem Gericht erster Instanz und dem Europäischen Gerichtshof.

1. Parteistellung bei inter partes-Verfahren

Eine Schwäche in dem System gerichtlicher Kontrolle betrifft die Stellung der ursprünglich am Beschwerdeverfahren Beteiligten in einem späteren gerichtlichen Verfahren.

Die prozessuale Stellung der Beteiligten ist unproblematisch, solange das Beschwerdeverfahren nur einen Beteiligten hat. Dies ist insbesondere dann der Fall, wenn der Prüfer einen Eintragungsantrag abgelehnt hat, und der Antragsteller gegen die ablehnende Entscheidung Beschwerde einlegt. Allein der Beschwerdeführer ist am Beschwerdeverfahren beteiligt. Legt der Beschwerdeführer Klage gegen die Entscheidung der Beschwerdekammer ein, so sind dieser und das Harmonisierungsamt Parteien des Rechtsstreits vor dem Gericht erster Instanz.

Schwächen zeigt das System jedoch in denjenigen Fällen, in denen zwei Personen am Beschwerdeverfahren beteiligt sind. Dabei handelt es sich um die sogenannten *inter partes-* Verfahren. *Inter partes*-Verfahren entstehen insbesondere dann, wenn ein Dritter Widerspruch gegen die Anmeldung einer Gemeinschaftsmarke einlegt oder Antrag auf Verfall bzw. Nichtigkeit einer Marke stellt.[431] Wird gegen eine Entscheidung der Beschwerdekammer, die sich gegen eine Entscheidung der Widerspruchs- oder Nichtigkeitsabteilung richtet, Klage eingelegt, so sind allein der Kläger und das Harmonisierungsamt, nicht aber die zweite am Beschwerdeverfahren beteiligte Person, Partei des Klageverfahrens.

---

[431] Zum Widerspruchsverfahren siehe Florent Gevers/David Tatham, The Opposition Procedure in the Community Trade Mark System, EIPR 1998, S. 22.

Dies mag anhand der Rechtssache *Chef* verdeutlicht werden.[432] Ein US-amerikanisches Unternehmen hatte Antrag auf Eintragung der Bildmarke *Chef* gestellt. Als erste Verfahrenssprache war englisch und als zweite Sprache französisch gewählt worden. Gegen die Anmeldung der Marke legte ein spanischer Unternehmer Widerspruch ein. Der Widerspruch war darauf gestützt, dass er Inhaber der in Spanien eingetragenen Bildmarke *Cheff* sei. Die Widerspruchsabteilung des Harmonisierungsamtes wies den Widerspruch jedoch zurück, da es an hinreichenden Beweisen in englischer Sprache fehlte. Gegen die Entscheidung der Widerspruchsabteilung legte der spanische Unternehmer Beschwerde ein. An dem Beschwerdeverfahren waren sowohl das US-amerikanische Unternehmen als auch der spanische Markeninhaber als Parteien beteiligt. In ihrer Beschwerdeentscheidung hob die Beschwerdekammer die Entscheidung der Widerspruchsabteilung unter anderem mit der Begründung auf, dass die Widerspruchsabteilung es versäumt habe, dem Widersprechenden eine Nachfrist von zwei Monaten zur Vorlage einer Übersetzung der Eintragungsurkunde der älteren spanischen Marke einzuräumen. Gegen diese Beschwerdeentscheidung erhob das US-amerikanische Unternehmen Klage zum Gericht erster Instanz. Am Klageverfahren ist der spanische Markeninhaber nicht mehr als Partei beteiligt. Vielmehr richten sich Klagen gegen Entscheidungen der Beschwerdekammer allein gegen das Harmonisierungsamt als richtigen Beklagten.[433]

Diese nachteilige prozessuale Stellung des Inhabers der älteren Marke führt demnach dazu, dass dieser seine Interessen nicht vor Gericht vertreten kann, es sei denn er tritt dem Verfahren als Streithelfer nach Artikel 115 der Verfahrensordnung des Gerichts erster Instanz bei.[434] Die Stellung als Streithelfer unterscheidet sich jedoch von der als Partei des Rechtstreits. Zwar wird nach Artikel 133 der geänderten Verfahrensordnung des Gerichts erster Instanz[435] die Klageschrift auch an die am Beschwerdeverfahren, nicht aber Klageverfahren, beteiligten Personen zugestellt. Insofern ist der Markeninhaber zumindest von der Klageerhebung in Kenntnis gesetzt. Ändert der Markeninhaber dagegen nach Abschluss des Beschwerdeverfahrens seine Zustellungsadresse, so wird er von der Klageerhebung nur dann erfahren, wenn er das Amtsblatt konsultiert. Die Klageschrift wird nämlich an die im Beschwerdeverfahren verwandte Adresse zugestellt. Geht der Zustellungsversuch fehl, so wird das Klageverfahren dessen ungeachtet eingeleitet bzw. fortgesetzt. Auch muss der Streithelfer nach Artikel 116 § 3 der Verfahrensordnung des Gerichts erster Instanz den Rechtsstreit in der Lage annehmen, in der er sich im Zeitpunkt des Beitritts befindet.[436] Des

[432] Urteil des Gerichts erster Instanz vom 13. Juni 2002, Rechtssache T-232/00 (Chef Revival USA gegen Harmonisierungsamt – *Cheff/Chef*), Sammlung der Rechtsprechung 2002, Seite II-2749.

[433] Urteil des Gerichts erster Instanz vom 13. Juni 2002, Rechtssache T-232/00 (Chef Revival USA gegen Harmonisierungsamt – *Cheff/Chef*), Sammlung der Rechtsprechung 2002, Seite II-2749. Im Rubrum heißt es in Einklang mit Artikel 132 § 1 der geänderten Verfahrensordnung des Gerichts erster Instanz allein: „anderer Verfahrensbeteiligter im Verfahren vor der Beschwerdekammer des Harmonisierungsamts für den Binnenmarkt (Marken, Muster und Modelle) (HABM): Joachín Massagué Marín, wohnhaft in Sabadell (Spanien)".

[434] Artikel 134 § 1 der geänderten Fassung der Verfahrungsordnung des Gerichts erster Instanz.

[435] 95/276/EG: Änderung der Verfahrensordnung des Gerichts erster Instanz der Europäischen Gemeinschaften vom 6. Juli 1995, ABl. L 172 vom 22. Juli 1995, S. 3-5.

[436] Allerdings kann der Streithelfer nach Artikel 134 § 2 der Verfahrensordnung des Gerichts erster Instanz eigenständige Anträge stellen sowie Verteidigungs- und Angriffsmittel vorbringen.

Weiteren ist es dem Streithelfer gemäß Artikel 134 § 3 der Verfahrensordnung des Gerichts erster Instanz nicht möglich, den Rechtsstreit weiterzuführen, wenn die Klage von der unterstützten Partei zurückgenommen wird.[437]

Auch wenn die Rechtslage des Streithelfers durch die beschriebenen Vorschriften der Verfahrensordnung des Gerichts erster Instanz im Vergleich zu früheren Fassungen derselben verbessert worden ist, ändert dies nichts an dem grundsätzlichen Dilemma, dass die zweite am *inter partes*-Verfahren vor den Beschwerdekammern beteiligte Person nicht zur beklagten Partei des Klageverfahrens wird. Durch die Stellung als bloßer Streithelfer ist die im Beschwerdeverfahren obsiegende Partei in der weiteren Durchsetzung ihrer Rechte und Interessen eingeschränkt.

2. Vorlagepflicht der mitgliedstaatlichen Gerichte

Des Weiteren ist ein Einwand gegen die Tauglichkeit der Einbindung mitgliedstaatlicher Gemeinschaftsmarkengerichte in das Rechtsschutzsystem der Gemeinschaftsmarke geäußert worden. Dieser lautet dahingehend, dass ein mitgliedstaatliches Gemeinschaftsmarkengericht, das mit einer Widerklage über den Verfall bzw. die Nichtigkeit befasst wird und dieser Widerklage stattgeben möchte, nach der *Foto-Frost* Rechtsprechung[438] stets zur Vorlage an den Europäischen Gerichtshof nach Artikel 234 (ex Artikel 177) EGV verpflichtet sei.[439] Die Vorlagepflicht wird damit begründet, dass mit der Stattgabe der Widerklage die Gültigkeit der Verleihung der Gemeinschaftsmarke durch das Harmonisierungsamt auf dem Spiel stehe.[440]

Dieser Einwand geht letztendlich jedoch fehl. Eine Vorlagepflicht oder ein Vorlagerecht besteht nämlich grundsätzlich nur, wenn gemäß Artikel 234 Absatz 1 lit b (ex Artikel 177 Absatz 1 lit b) EGV über die Gültigkeit einer Handlung der Organe der Gemeinschaft zu richten ist. Bei den Dienststellen des Harmonisierungsamtes handelt es sich jedoch nicht um Organe der Gemeinschaft.

3. Rechtliche Wirkungen der Gerichtsurteile

Ähnlich wie beim Individualklageverfahren nach Artikel 230 (ex Artikel 173) EGV sind auch im Klageverfahren gegen Entscheidungen der Beschwerdekammern nach Artikel 63 der Verordnung Nr. 40/94 und Artikel 73 der Verordnung Nr. 2100/94 keine Vollstreckungsmöglichkeiten vorgesehen. Dies ist grundsätzlich auch nicht erforderlich, da das Urteil des Gerichts erster Instanz bzw. des Europäischen Gerichtshofes rechtsgestaltend den für rechtswidrig gehaltenen Rechtsakt beseitigt.[441] Wird

---

[437] Nach der alten Rechtslage konnte der Streithelfer darüber hinaus nicht die Säumnis der unterstützten Partei abwenden; dazu Hans Jung, Gemeinschaftsmarke und Rechtsschutz, in: FS für Everling, S. 611, 621 und 622. Dies wurde durch Einführung des Artikels 134 § 4 der Verfahrensordnung des Gerichts erster Instanz nunmehr ausdrücklich geändert.

[438] Europäischer Gerichtshof, Urteil vom 22. Oktober 1987, Rechtssache 314/85 (Foto-Frost gegen Hauptzollamt Lübeck-Ost), Sammlung der Rechtsprechung 1987, Seite 4199, Rn 15-20.

[439] Hans Jung, Gemeinschaftsmarke und Rechtsschutz, in: FS für Everling, S. 611, 617.

[440] Hans Jung, Gemeinschaftsmarke und Rechtsschutz, in: FS für Everling, S. 611, 617.

[441] Siehe etwa Entscheidung der Dritten Beschwerdekammer vom 17. Juli 2002, Beschwerdesache R 35/1998-3 (Procter & Gamble – *Baby-Dry*), Rn 38.

etwa durch das Urteil des Gerichts erster Instanz die Entscheidung der Beschwerdekammer aufgehoben, so gilt die Entscheidung damit als beseitigt. Einer Vollstreckung bedarf es insoweit nicht.

Dennoch kann es erforderlich sein, dass das Harmonisierungsamt bzw. das Sortenamt Maßnahmen ergreifen, um dem Urteilsspruch Rechnung zu tragen. Wird zum Beispiel ein rechtliches Hindernis für die Eintragung einer Marke oder Sorte, wie etwa ein absolutes Eintragungshindernis, durch das Urteil des Gerichts erster Instanz ausgeräumt, so ist seitens des Harmonisierungsamtes bzw. Sortenamtes zu prüfen, ob nunmehr eine Eintragung der beantragten Gemeinschaftsmarke bzw. Sorte geboten ist. Ist dies der Fall, so ist die Eintragung zu bewirken. Werden derartige behördliche Maßnahmen als Konsequenz des gerichtlichen Urteils erforderlich, so ist dem gerichtlichen Urteil mit der Beseitigung der Beschwerdeentscheidung allein nicht genüge getan.

In Hinblick auf solche Maßnahmen sind die rechtlichen Wirkungen des Urteils selbst aber begrenzt. So sind das Gericht erster Instanz und der Europäische Gerichtshof nicht in der Lage, solche Maßnahmen gegenüber dem Harmonisierungsamt und dem Sortenamt anzuordnen. Dazu ist oben bereits anhand der Rechtssachen *Giroform*[442], *Baby-Dry*[443] und *Ellos*[444] dargestellt worden, dass die Gerichte nicht befugt sind, dem Harmonisierungsamt die Eintragung einer beantragten Marke anzuordnen.[445] Ebenso fehlt freilich die Möglichkeit, derartige Maßnahmen im Wege der Zwangsvollstreckung durchzusetzen. Nun mag man der Ansicht sein, dass sich die fehlende Anordnung von Maßnahmen und deren Vollstreckbarkeit letztlich nicht negativ auf die praktische Durchsetzungskraft der Urteilssprüche auswirkt. Richten sich die stattgebenden Urteile des Gerichts erster Instanz regelmäßig gegen das Harmonisierungsamt bzw. das Sortenamt als beklagte Partei, so kann davon ausgegangen werden, dass diese als öffentlich-rechtliche Einrichtungen ohnehin die gebotenen Maßnahmen ergreifen.

Selbst die Folgsamkeit der Ämter unterstellt, kann es aber mitunter Unklarheiten darüber geben, welche behördliche Maßnahme nach Auffassung des Gerichts ergriffen werden soll. Als Beispiel dafür mag die zweite Beschwerdeentscheidung in der Sache *Baby-Dry* dienen.[446] Die Prozessgeschichte lässt sich wie folgt kurz zusammenfassen: Die Erste Beschwerdekammer hatte die ablehnende Entscheidung des Prüfers bestätigt, da die Eintragungshindernisse des Artikels 7 Absatz 1 Buchstaben b) und c) der Verordnung Nr. 40/94 einer Eintragung entgegenstünden. Der neu eingebrachte

[442] Gericht erster Instanz, Urteil vom 31. Januar 2001, Rechtssache T-331/99 (Mitsubishi HiTec Paper Bielefeld GmbH gegen Harmonisierungsamt - *Giroform)*, Sammlung der Rechtsprechung 2001, Seite II-433, Rn 33.

[443] Gericht erster Instanz, Urteil vom 8. Juli 1999, Rechtssache T-163/98 (Procter & Gamble gegen Harmonisierungsamt - *Baby-Dry)*, Sammlung der Rechtsprechung 1999, Seite II-2383, Rn 53.

[444] Urteil des Gerichts erster Instanz vom 27. Januar 2002, Rechtssache T-219/00 (Ellos AB gegen Harmonisierungsamt – *Ellos*), Sammlung der Rechtsprechung 2002, Seite II-753, Rn 14-15.

[445] Siehe auch Urteil des Gerichtes erster Instanz vom 27. Februar 2002, Rechtssache T-106/00 (Streamserve Inc. gegen Harmonisierungsamt – *Streamserve*), Sammlung der Rechtsprechung 2002, Seite II-723, Rn 18.

[446] Entscheidung der Dritten Beschwerdekammer vom 17. Juli 2002, Beschwerdesache R 35/1998-3 (Procter & Gamble – *Baby-Dry*).

Vortrag der Anmelder zu Artikel 7 Absatz 3 der Verordnung Nr. 40/94 sei von der Beschwerdekammer nicht zu berücksichtigen. Das Gericht erster Instanz bestätigte die Entscheidung der Ersten Beschwerdekammer insoweit, als dass das Eintragungshindernis des Buchstabens c) der genannten Vorschrift vorliege. Auf Buchstabe b) ging das Gericht dagegen nicht näher ein, da es genüge, wenn ein Eintragungshindernis gegeben sei, um die Eintragung einer Gemeinschaftsmarke abzulehnen. Andererseits hob das Gericht die Entscheidung insofern auf, als sich die Beschwerdekammer weigerte, auf den Vortrag des Beschwerdeführers zu Absatz 3 des Artikels 7 der Verordnung Nr. 40/94 einzugehen. Der Europäische Gerichtshof wiederum hob sowohl das Urteil des Gerichts erster Instanz als auch die Entscheidung der Beschwerdekammer teilweise auf. Die Teilaufhebung stützte der Gerichtshof insbesondere darauf, dass das Eintragungshindernis des Artikels 7 Absatz c) der Verordnung Nr. 40/94 in Hinblick auf die beantragte Gemeinschaftsmarke *Baby-Dry* zu Unrecht angenommen worden sei. Die nunmehr mit dem Fall befasste Dritte Beschwerdekammer musste darüber entscheiden, ob sie die ursprüngliche ablehnende Entscheidung des Prüfers aufheben sollte, schließlich hat die Beschwerdekammer nach Artikel 63 Absatz 6 der Verordnung Nr. 40/94 die Maßnahmen zu ergreifen, die sich aus dem Urteil des Europäischen Gerichtshofs ergeben. Aus dem Urteil des Europäischen Gerichtshofes ging jedoch nicht in eindeutiger Weise hervor, ob nach Auffassung des Gerichtshofes auch das Eintragungshindernis des Buchstabens b) der Verordnung Nr. 40/94 vom Prüfer und der Ersten Beschwerdekammer zu Unrecht bejaht worden war.[447] Die Beantwortung dieser Frage hatte jedoch weitreichende Konsequenzen, hing von ihr letztendlich ab, ob die Entscheidung des Prüfers zu revidieren und daher die Eintragung der Marke vorzunehmen war.

Das Verfahren in der Sache *Baby-Dry* verdeutlicht, dass die rechtlichen Wirkungen der Urteile des Gerichts erster Instanz und des Europäischen Gerichtshofes insofern begrenzt sind, als dass Maßnahmen seitens des Harmonisierungsamtes bzw. des Sortenamtes erforderlich sind, um den Gerichtsurteilen praktische Durchsetzung zu verschaffen.

4. Geringe Anzahl an Klagen

Eine weitere Schwäche ist darin zu erkennen, dass - wie im Einzelnen aufzuweisen sein wird - nur gegen eine sehr geringe Anzahl der Entscheidungen der Beschwerdekammern Klage beim Gericht erster Instanz eingereicht wird.

Zwar mag eine geringe Anzahl an Klagen gegen Entscheidungen der Beschwerdekammern in Hinblick auf die Entlastungsfunktion der Beschwerdekammern und die ohnehin schon bestehende Überlastung des Gerichts erster Instanz und des Europäischen Gerichtshofes begrüßenswert erscheinen. Dies gilt jedoch nur insoweit, als die den Gerichten zukommende Rechtsschutzfunktion bereits in zufriedenstellender Weise von den Beschwerdekammern erfüllt wird, der Bedarf nach einer weiteren gerichtlichen Entscheidung also entfällt. Es ist nämlich zu berücksichtigen, dass die Ent-

[447] Entscheidung der Dritten Beschwerdekammer vom 17. Juli 2002, Beschwerdesache R 35/1998-3 (Procter & Gamble – *Baby-Dry*), Rn 30-44.

lastungsfunktion der Beschwerdekammern nicht isoliert dasteht. Vielmehr kommt den Beschwerdekammern darüber hinaus die Aufgabe zu, individuellen Rechtsschutz zu gewähren. Diese unterschiedlichen Funktionen sind gegeneinander abzuwägen und, soweit möglich, miteinander in Einklang zu bringen. Eine Entlastung der Gerichte ist danach nur in dem Maße geboten, in dem es mit dem Rechtsschutzziel vereinbart werden kann.

Zum gegenwärtigem Zeitpunkt, in dem die oben aufgezeigten institutionellen Schwächen der Beschwerdekammern noch nicht bereinigt sind, stellt sich daher eine sehr geringe Anzahl an Klagen gegen Entscheidungen der Beschwerdekammern unter Rechtsschutzgesichtspunkten als problematisch dar.

Vor diesem Hintergrund soll im Folgenden zunächst die Anzahl der Klageverfahren herausgearbeitet werden, um anschließend die Gründe für die Zurückhaltung beim Gebrauchmachen von den bestehenden Klagemöglichkeiten zu klären. Dabei soll allein auf Klagen im Zusammenhang mit Entscheidungen des Harmonisierungsamtes eingegangen werden, da gegen die wenigen Entscheidungen der Beschwerdekammer des Sortenamtes noch keine Urteile des Gerichts erster Instanz ergangen sind.

a) Anzahl der belastenden Entscheidungen der Beschwerdekammern

Bevor die genaue Anzahl der gerichtlichen Klageverfahren gegen das Harmonisierungsamt ermittelt wird, ist festzustellen, wie viele der Entscheidungen der Beschwerdekammern den Beschwerdeführer negativ betreffen. Trägt nämlich die Entscheidung der Beschwerdekammer dem Begehren des Beschwerdeführers bereits in vollem Umfang Rechnung, so fehlt es in *ex parte*-Verfahren bereits an einer Beschwer für eine Klage vor dem Gericht erster Instanz. Eine solche Klage wäre also wegen fehlender Klagebefugnis bereits unzulässig und das Absehen von der Erhebung einer solchen Klage die logische Konsequenz.

Um festzustellen, in wie vielen Fällen der Beschwerdeführer durch die Entscheidung der Beschwerdekammer beschwert worden ist, habe ich die Ergebnisse aller Beschwerdeentscheidung ausgewertet, die während einer willkürlich ausgewählten Zeitspanne in englischer Sprache ergangenen sind (siehe Anhang 3). Diese Untersuchung hat zu folgenden Ergebnissen geführt:

In dem Zeitraum vom 28. Februar 2000 bis zum 27. März 2000 sind 47 englischsprachige Entscheidungen der Beschwerdekammern des Harmonisierungsamtes ergangen. Von diesen 47 Entscheidungen führten 41 Entscheidungen zu einer zumindest teilweisen Zurückweisung des Antrags des Beschwerdeführers. Dies umfasste 38 Fälle, in denen die Beschwerde in ihrer Gesamtheit zurückgewiesen wurde, und 3 Fälle einer zumindest teilweisen Zurückweisung. Nur zwei der 47 untersuchten Entscheidungen endeten in einer vollständigen Aufhebung der angefochtenen Ausgangsentscheidung. In Prozenten ausgedrückt entspricht dieses Ergebnis einer Quote von etwa 87 % an Fällen, in denen der Beschwerdeführer durch die Entscheidung der Beschwerdekammer beschwert wird und daher eine Klage beim Gericht erster Instanz bei Einhaltung der weiteren Zulässigkeitsvoraussetzungen zumindest zulässig wäre.

Vergleicht man dieses Ergebnis mit der Statistik, die mir vom Harmonisierungsamt zur Verfügung gestellt wurde (siehe Anhang 4), so bedarf es einer leichten Modifizierung. Diese Statistik erstreckt sich nicht auf einen nur limitierten Zeitraum und auf in einer bestimmten Sprache ergangene Entscheidungen. Vielmehr umfasst sie alle Beschwerdeentscheidungen, die in der Zeit von Anfang 1998 bis Ende 2001 gefällt worden sind. Nach dieser Statistik wurden die Beschwerdeführer in rund 70 % der Fälle durch die Entscheidung der Beschwerdekammer beschwert, sei es, dass die Beschwerde bereits als unzulässig zurückgewiesen wurde, sei es, dass die Ausgangsentscheidung ganz oder teilweise bestätigt wurde. Trotz der Abweichung von dem Ergebnis meiner oben dargestellten Untersuchung bestätigen die vom Harmonisierungsamt zur Verfügung gestellten Zahlen, dass in der großen Mehrheit der Fälle der Beschwerdeführer durch die Beschwerdeentscheidung der Beschwerdekammer beschwert wird und daher eine Klage zum Gericht erster Instanz grundsätzlich zulässig wäre.[448]

b) Anzahl der Klagen gegen belastende Beschwerdeentscheidungen

Vor diesem Hintergrund stellt sich nunmehr weiter die Frage, gegen wie viele Entscheidungen der Beschwerdekammern des Harmonisierungsamtes tatsächlich Klage vor dem Gericht erster Instanz erhoben worden ist. Wie in Anhang 1 dargestellt, ist in nur sehr wenigen Fällen gegen die belastende Beschwerdeentscheidung geklagt worden. So wurden etwa im gesamten Jahr 2001 bei 478 belastenden Beschwerdeentscheidungen der Beschwerdekammern[449] nur 37 Klagen beim Gericht erster Instanz eingelegt.[450] Dies entspricht einer Quote von nicht einmal 8 %.[451] Diese Prozentzahl liegt weit unterhalb der Schätzungen der Kommission und des Harmonisierungsamtes. Diese gingen nämlich bei Errichtung des Amtes davon aus, dass die Beschwerdekammern jährlich etwa 750 Fälle zu entscheiden haben und dass daraus 250 Klagen vor dem Gericht erster Instanz resultieren werden.[452] Die Kommission und das Harmonisierungsamt hatten also mit einer Quote von 33 % gerechnet.

c) Erklärungsversuche

Es drängt sich mithin die Frage auf, wie sich die Zurückhaltung, gegen belastende Entscheidungen der Beschwerdekammern Klage zu erheben, erklären lässt.

---

[448] Die Quote wird weiter dadurch erhöht, dass in *inter partes*-Verfahren selbst bei Obsiegen des Beschwerdeführers der andere Beteiligte Klage zum Gericht erster Instanz erheben kann.

[449] Berücksichtigt man zusätzlich die Belastung der Gegenpartei bei *inter partes*-Verfahren, so besträgt die Anzahl der belastenden Beschwerdeentscheidungen für das Jahr 2001 sogar 685.

[450] Zu der Anzahl der anhängigen Klagen in verschiedenen Verfahrensarten siehe die Statistiken Nr. 2 und 3 unter http://curia.eu.int/de/stat/st01tr.pdf.

[451] Unter Zugrundelegung der zusätzlichen Belastung des Gegenübers bei *inter partes*-Verfahren ergibt sich eine rechnerische Quote von 5,4 %.

[452] So wiedergegeben von Hans Jung, Gemeinschaftsmarke und Rechtsschutz, in: FS für Everling, S. 611, 625.

(1) Praktische Hindernisse

Man mag zunächst versucht sein, den Grund in praktischen Hindernissen, wie etwa kurzen Klagefristen oder strengen Formvorschriften, zu suchen. Derartige Aspekte können aber wohl als Ursache für die geringe Anzahl an Klagen ausgeschlossen werden. Bereits aus den gesetzlichen Vorschriften ergibt sich, dass die Einlegungs- und Begründungsfristen mit jeweils zwei Monaten nicht kürzer sind als in anderen Verfahren. Auch stellen sich keine besonderen Formerfordernisse an die Einlegung und Begründung der Klage.[453] Des Weiteren stehen sprachliche Hindernisse der Klageerhebung nicht entgegen. Nach Artikel 35 der Verfahrensordnung des Gerichts erster Instanz wählt der Kläger[454] die Verfahrenssprache aus.[455]

(2) Geringe Erfolgsaussichten einer Klage

Man mag weiter geneigt sein, zu argumentieren, dass in der Mehrheit der Fälle die Parteien die Beschwerdeentscheidung der Beschwerdekammer für materiellrechtlich weitestgehend unangreifbar halten und mithin die Erfolgsaussichten einer Klage als gering einstufen.

In der Tat wird nicht abzustreiten sein, dass zumindest in einigen Fällen, die Erfolgsaussichten einer Klage eher negativ einzuschätzen sind. Es ist aber sehr fraglich, ob dies für immerhin 92 % der belastenden Entscheidungen der Beschwerdekammern zutrifft.[456] Dies gilt insbesondere vor dem Hintergrund, dass der Ausgang der Klage häufig von Fragen abhängen wird, die im vorhinein schwer einzuschätzen sind. So mag etwa die Subsumtion unter das oben diskutierte Eintragungshindernis der fehlenden Unterscheidungskraft im Sinne des Artikels 7 Absatz 1 Buchstabe c) der Verordnung Nr. 40/94 häufig kein eindeutiges Ergebnis vorgeben. Insofern wird es aber nur wenige Fälle geben, in denen von vornherein die Aussichten einer Klage gänzlich erfolglos erscheinen. In vielen Fällen wird eine – wenn auch unterschiedlich gewichtete – Möglichkeit eines erfolgreichen Klageausgangs bestehen.

---

453 Dieser Eindruck wurde in Interviews bestätigt, die ich mit einigen britischen und deutschen Markenrechtsanwälten geführt habe. Sie betonten durchweg, dass das Verfahren selbst benutzerfreundlich gestaltet ist.

454 Dieses Wahlrecht seitens des Klägers ist allerdings insofern kritisiert worden, als es bei Klagen gegen in *inter partes*-Verfahren ergangene Beschwerdeentscheidungen willkürlich sei, wem die Klägerrolle zukomme (so Hans Jung, Gemeinschaftsmarke und Rechtsschutz, in: FS für Everling, S. 611, 623). Artikel 35 ist anders als andere Vorschriften der Verfahrensordnung des Gerichts erster Instanz jedoch nicht geändert worden.

455 Als Verfahrenssprache des Gerichts sind alle Amtssprachen der Gemeinschaft und Irisch anerkannt. Wie von Karin Küpfel, Die Nichtigkeitsklage vor dem Europäischen Gericht erster Instanz gegen Entscheidungen des Harmonisierungsamts für den Binnenmarkt, MarkenR 2000, S. 237, 239, betont, ist jedoch auf eine einfache Sprache zu achten, da alle Schriftsätze, die nicht in französischer Sprache eingereicht werden, vom Übersetzungsdienst des Gerichts ins Französische übersetzt werden. Das Gericht arbeitet dann ausschließlich auf der Basis dieser Übersetzungen.

456 Setzt man alle belastenden Entscheidungen der Beschwerdekammern mit 100 % an und wird in 8 % der Fälle tatsächlich Klage erhoben, so verbleiben 92 % an beschwerenden Entscheidungen der Beschwerdekammern, in denen von einer Klageerhebung abgesehen worden ist. Bei Berücksichtigung der Belastung des Gegenübers bei *inter partes*-Verfahren läge die Quote sogar bei 100 % - 5,4 % = 94, 6 %.

Auch ist zu beachten, dass das Gericht erster Instanz, soweit es mit Fällen aus dem Bereich des gemeinschaftlichen Markenrechts betraut worden ist, durchaus zu einer beachtlichen Zahl an Urteilen gelangt ist, mit denen es die angefochtene Entscheidung des Harmonisierungsamtes aufgehoben oder geändert hat (siehe Anhang 2). Das Gericht erster Instanz hat in der Zeit bis Juli 2002 41 Urteile erlassen, die eine Entscheidung der Beschwerdekammer des Harmonisierungsamtes zum Gegenstand haben. Von diesen 41 Urteilen des Gerichts erster Instanz wurde in 21 Fällen die Entscheidung der Beschwerdekammer in ihrer Gesamtheit bestätigt, die Klage also abgewiesen. In acht Fällen führte das Urteil des Gerichts erster Instanz jedoch zu einer vollständigen Aufhebung der Ausgangsentscheidung und in zwölf weiteren Fällen zu einer zumindest teilweisen Aufhebung. Zwar blieb damit in der knappen Mehrheit der Fälle, eine Klage beim Gericht erster Instanz erfolglos. Nach der dargestellten Untersuchung liegen die Chancen aber immerhin bei fast 20 %, dass der Klage in ihrer Gesamtheit stattgegeben wird, und bei fast 49 %, dass die Klage zumindest teilweise positiv beschieden wird.

Diese Zahlen ähneln den Erfolgsaussichten der Klagen beim Gericht erster Instanz in anderen Verfahrensarten. So hat das Gericht erster Instanz im Jahr 2001 von 55 Urteilen 33 als unzulässig oder unbegründet abgewiesen. 13 dieser 55 Urteile gaben der Klage in vollem Umfang statt und in neun Fällen war die Klage zumindest teilweise erfolgreich.[457] In Prozenten ausgedrückt entspricht dies einer Erfolgsquote von 23 % bzw. von 40 %, schließt man die teilweise erfolgreichen Klagen in die Rechnung ein.

Wurde demnach gezeigt, dass bei Klagen gegen Entscheidungen der Beschwerdekammern die Chancen auf eine erfolgreiche Klage keineswegs schlechter stehen als in anderen Klageverfahren, so lässt sich daraus nur schlussfolgern, dass der Ausgang der Klagen keine Erklärung für die geringen Klagezahlen im Bereich des Gemeinschaftsmarkenrechts liefert.

(3) Geringes wirtschaftliches Interesse

Der Hauptgrund für die geringe Anzahl an Klagen vor dem Gericht erster Instanz im Bereich des gemeinschaftlichen Markenrechts liegt aber wohl in einem geringen wirtschaftlichen Interesse an der Gemeinschaftsmarke selbst.

Die Inhaberschaft der Gemeinschaftsmarke hat für die Betroffenen nicht den wirtschaftlichen Wert, der weitere Kosten in Form von Gerichts- und Anwaltskosten rechtfertigen würde. Viele der Unternehmen, die einen Antrag auf Eintragung einer Gemeinschaftsmarke stellen, operieren mit ihren Betrieben vorwiegend innerhalb eines Mitgliedstaates. Die entsprechende nationale Marke, die viele dieser Unternehmen bereits in ihrem Mitgliedstaat eingetragen haben, bietet ihnen ausreichende rechtliche Handhabe, um ihre Produkte zu bewerben und zu vertreiben. Viele dieser Unternehmen stellen einen Antrag auf Eintragung einer Gemeinschaftsmarke, da die Kosten und praktischen Anforderungen an die Antragstellung gering sind. Sie erhoffen sich, auf diese Weise das entsprechende europäische Markenrecht frühzeitig zu sichern, sollten sie in Zukunft den Vertrieb ihrer Produkte auf weitere Mitgliedstaaten ausdeh-

[457] Übersicht 7 auf http://curia.eu.int/de/stat/st01tr.pdf.

nen. Wird dieser Antrag durch den Prüfer des Harmonisierungsamtes aber abgelehnt, so stellt sich erneut die Frage nach dem wirtschaftlichen Interesse an der Gemeinschaftsmarke.

Dies gilt insbesondere vor dem Hintergrund der oben erwähnten Schwierigkeit, den Ausgang der Beschwerde und einer weiteren Klage vor dem Gericht erster Instanz einzuschätzen. Das betroffene Unternehmen muss sich also die Frage stellen, ob die Möglichkeit der Erlangung der Gemeinschaftsmarke für das Unternehmen den wirtschaftlichen Wert hat, der den entstehenden Gerichts- und Anwaltskosten zumindest entspricht. Vielleicht sind die Gebühren, die anfallen, um eine Entscheidung der Beschwerdekammer herbeizuführen, gering genug und das wirtschaftliche Interesse an der Gemeinschaftsmarke hoch genug, um viele Antragsteller zur Einlegung der Beschwerde gegen eine ablehnende Ausgangsentscheidung zu motivieren. Sie mögen eine solche Beschwerde einlegen, obwohl sie die Erfolgsaussichten einer solchen Beschwerde bereits für gering halten. Die Kosten eines Verfahrens vor dem Gericht erster Instanz überschreiten aber bereits den Wert des wirtschaftlichen Interesses an der Gemeinschaftsmarke. Deshalb sehen die Beschwerdeführer von der Erhebung einer Klage gegen die belastende Beschwerdeentscheidung ab.

Für die Richtigkeit des Erklärungsansatzes vom fehlenden wirtschaftlichen Interesse an der Gemeinschaftsmarke sprechen die folgenden drei Beobachtungen:

(a) Klagefreudigkeit europaweit operierender Unternehmen

Zunächst lässt sich für die Richtigkeit dieses Erklärungsansatzes anführen, dass ein Großteil des Fallrechts im Bereich des gemeinschaftlichen Markenrechts durch ein einziges europaweit operierendes Unternehmen herbeigeführt worden ist.[458] Für dieses Unternehmen ist das wirtschaftliche Interesse an einer Gemeinschaftsmarke offensichtlich größer als für andere kleinere Unternehmen, die kaum landesübergreifend tätig sind. Daraus folgt für die Mehrzahl der anderen beschwerdeführenden Unternehmen, dass ihr wirtschaftliches Interesse an der Gemeinschaftsmarke zu gering ist, um die Kosten eines Klageverfahrens aufzuwiegen.

(b) Klage aufgrund besonderer Interessenlage

Im übrigen stützt eine weitere Beobachtung den Erklärungsansatz vom fehlenden wirtschaftlichen Interesse. Mindestens in zwei Fällen wurde die Klage vor dem Gericht erster Instanz vorrangig aus anderen Gründen als die Erreichung der Eintragung der Gemeinschaftsmarke erhoben. Das Problem des fehlenden wirtschaftlichen Interesses stellte sich also gerade nicht.

Es handelte sich dabei zunächst um einen Fall[459], in dem die Kläger das Urteil des Gerichts erster Instanz benötigten, um einen Regressanspruch in einem nationalen

[458] So wurden 13 der 41 Urteile des Gerichts erster Instanz von Procter & Gamble als klagende Partei herbeigeführt. Dies entspricht einer Prozentzahl von über 30 %.

[459] Mein Dank für diese Auskunft gilt dem Rechtsanwalt Alexander Gaul von der Kanzlei Spitz, Klinger & Partner GbR, München, der Stefan Ruf und Martin Stier in der Rechtssache T-146/00 (R 198/1998-1) (Urteil des Gerichts erster Instanz vom 20. Juni 2001, Rechtssache T-146/00 (Ruf u.

Rechtsstreit beweisen und damit erfolgreich durchsetzen zu können. Den Klägern war aufgrund einer Fristversäumnis ihres früheren Rechtsanwalts ein Schaden entstanden. Um bei diesem Anwalt in einem Verfahren vor den deutschen Zivilgerichten Regress nehmen zu können, bedurfte es eines rechtskräftigen Urteils des Gerichts erster Instanz in der Markenrechtsangelegenheit.

Ähnlich gestaltete es sich in einem anderem Fall, in dem über die Eintragung der Marke hinaus ein weiteres Interesse verfolgt wurde. Eine niederländische Markenagentin wollte die Unanwendbarkeit einer Vorschrift in der Verordnung Nr. 40/94 erreichen, derzufolge sie neben ihrer Muttersprache eine der fünf offiziellen Sprachen des Amtes als Verfahrenssprache angeben muss.[460] Dies tat sie in dem Interesse, Wettbewerbsnachteile in ihrer beruflichen Stellung als niederländische Markenagentin für die Zukunft zu beseitigen. Ihren Wettbewerbsnachteil als niederländische Markenagentin sah sie gegenüber Markenagenten aus Deutschland, Großbritannien, Frankreich, Italien, Österreich und Spanien darin, dass sie das Verfahren vor dem Harmonisierungsamt nicht in ihrer Muttersprache fortsetzen kann und daher Übersetzungen erforderlich werden. Aufgrund dieser Übersetzungen entstünden den niederländischen Markenagenten zusätzliche Kosten, es verstreiche mehr Zeit[461], und das Risiko falscher bzw. ungenauer Übersetzungen trete hinzu.[462] Konsequenz sei, dass Kundschaft an Markenagenten anderer Mitgliedstaaten verloren ginge.

(c) Verfahrensdauer

Eine dritte Beobachtung betrifft die Dauer der Verfahren. Auch die Dauer des Verfahrens beeinflusst die Höhe der wirtschaftlichen Kosten des Verfahrens. In Bestätigung meines Erklärungsansatzes kann beobachtet werden, dass in denjenigen Fällen, in denen das Verfahren vor dem Prüfer und der Beschwerdekammer in besonders kurzer Zeit abgewickelt wurde, besonders viele Klagen erhoben worden sind. So lag die durchschnittliche Verfahrensdauer vor dem Prüfer und vor den Beschwerdekammern in den Fällen, in denen Klage erhoben worden ist, deutlich unter dem Zeitraum von zwei Jahren (siehe Anhang 5). Dieser Zeitraum wurde in vielen anderen Verfahren vor dem Harmonisierungsamt, in denen später von einer Klageerhebung abgesehen worden ist, überschritten (siehe Anhang 6 und 3). Daraus lässt sich schlussfolgern, dass die Parteien bei geringen wirtschaftlichen Kosten des Verfahrens eher geneigt sind, Klage vor dem Gericht erster Instanz zu erheben.

III. Zusammenfassung

Die rechtliche Kontrolle der Entscheidungen der Beschwerdekammern durch das Gericht erster Instanz und den Europäischen Gerichtshof zeichnet sich konzeptionell durch eine weitgehende Kontrolle aus. Insbesondere aufgrund der Möglichkeit,

---

Stier gegen Harmonisierungsamt – *Dakota*), Sammlung der Rechtsprechung 2001, Seite II-1797) vertreten hat.

[460] Gericht erster Instanz, Urteil vom 12. Juli 2001, Rechtssache T-120/99 (Christina Kik gegen Harmonisierungsamt), Sammlung der Rechtsprechung 2001, Seite II-2235.

[461] Gericht erster Instanz, Urteil vom 12. Juli 2001, Rechtssache T-120/99 (Christina Kik gegen Harmonisierungsamt), Sammlung der Rechtsprechung 2001, Seite II-2235, Rn 35.

[462] Gericht erster Instanz, Urteil vom 12. Juli 2001, Rechtssache T-120/99 (Christina Kik gegen Harmonisierungsamt), Sammlung der Rechtsprechung 2001, Seite II-2235, Rn 36.

den Inhalt der angefochtenen Entscheidung derart zu gestalten, dass die Entscheidung mit geändertem Inhalt fortgilt, reichen die Kompetenzen des Gerichts erster Instanz in Angelegenheiten des gemeinschaftlichen Markenrechts und Sortenrechts über die Befugnisse in anderen Klageverfahren hinaus. Dies ist zu begrüßen. Aus der Perspektive der rechtsschutzsuchenden Partei ist die weitgehende Entscheidungskompetenz des Gerichts erster Instanz insofern vorteilhaft, als dass dadurch nicht nur der Rechtsschutz im Einzelfall verbessert, sondern auch grundsätzlich durch die Rechtsprechung des Gerichts erster Instanz ein höherer Grad an Fairness in das Recht der Gemeinschaftsmarke gebracht wird. Außerdem schafft eine weitgehende richterliche Kontrolle zumindest teilweisen Ausgleich für die schwach ausgeprägte politische Kontrolle, ohne dabei aber in die Unabhängigkeit der Beschwerdekammern einzugreifen.

Dieser als weitgehend konzipierten gerichtlichen Kontrolle des Gerichts erster Instanz steht allerdings insbesondere die praktische Schwäche entgegen, dass bislang zu zurückhaltend von dem Klagerecht Gebrauch gemacht wird. Es bleibt zu hoffen, dass mit fortschreitender europäischer Integration der wirtschaftliche Wert der Gemeinschaftsmarke für das einzelne Unternehmen steigt, und daher in der Zukunft das Klagerecht vermehrt ausgeübt wird. Im übrigen stoßen die begrenzten rechtlichen Wirkungen der Gerichtsurteile sowie die fehlende Parteistellung des zweiten Beteiligten in *inter partes*-Verfahren auf Bedenken. Letzteres ließe sich durch eine Änderung der Verfahrensordnung des Gerichts erster Instanz ausräumen.

IV. Exkurs: Reichweite der gerichtlichen Kontrolle

Obige Ausführungen zur Kontrolle der Beschwerdekammern durch das Gericht erster Instanz und den Europäischen Gerichtshof unterstellen implizit, dass eine möglichst weitreichende Überprüfung der Entscheidungen der Beschwerdekammern durch die Gerichte begrüßenswert ist. Dies ist allerdings keineswegs selbstverständlich. So stellt sich insbesondere die Frage, ob sich die in den USA geführte Debatte zum *scope of judicial review*, zur Reichweite der gerichtlichen Kontrolle, auch auf den europäischen Kontext übertragen lässt. Dabei steht die Frage im Mittelpunkt, inwieweit eine Überprüfung der rechtlichen und tatsächlichen Grundlagen der Einzelfallentscheidung einer Agentur durch die Gerichte geboten ist.

Zur Beantwortung dieser Frage wird im US-amerikanischen Kontext zwischen der Kontrolle von Tatsachen und von Rechtsfragen differenziert.[463] Dabei ist grundsätzlich anerkannt, dass die Kontrolle der Gerichte in Hinblick auf Rechtsfragen weiter reichen soll als die Überprüfung tatsächlicher Umstände, die die Agentur ihrer Entscheidung zugrunde gelegt hat.[464] So wird hinsichtlich der von der Agentur ermittelten Tatsachen grundsätzlich nur ein sogenannter *substantial evidence*-Test durchgeführt.[465] Aber auch der Umfang der Überprüfung rechtlicher Aspekte der behördlichen

[463] Als dritter Prüfungspunkt der Gerichte bleibt nach 5 U.S.C.A. § 706(2)(A) eine Missbrauchskontrolle.

[464] 5 U.S.C.A. § 706(2)(E); Ernest Gellhorn/Ronald M. Levin, Administrative Law and Process, S. 74-77.

[465] Der *substantial evidence test* besteht darin, dass aufgrund der gesamten Materialien („whole record"), auch soweit sie die zu überprüfende behördliche Entscheidung nicht stützen, vom Gericht zu

Entscheidung ist weder unbegrenzt noch unumstritten. Im Zentrum der Diskussion über die Reichweite der Rechtskontrolle durch die Gerichte steht der Fall *Chevron U.S.A., Inc. v. NRDC*[466]. Der Supreme Court hatte in seinem Urteil eine zweistufige Prüfung vorgeschlagen. Hat der *Congress* seine Ansichten über die Auslegung der entscheidungserheblichen Norm unmissverständlich zum Ausdruck gebracht, so hat das Gericht diesen gesetzgeberischen Absichten Durchsetzung zu verschaffen. Bleiben die Vorstellungen des *Congress* dagegen mehrdeutig, so genügt jede vernünftige Auslegung seitens der Behörde, um die behördliche Entscheidung unangreifbar zu machen. Insofern erfolgt die Kontrolle durch die Gerichte also nur in eingeschränktem Maße. Die Erklärungen, warum der *Supreme Court* die gerichtliche Kontrolle behördlicher Entscheidungen auch in Hinblick auf Fragen des Rechts begrenzt hat, variieren freilich.[467] Auch werden in Schrifttum und Rechtsprechung Ansatzpunkte für die Gerichte gesehen, dennoch die rechtlichen Grundlagen der Entscheidung der Agentur weitgehend zu kontrollieren. So ließe etwa der Begriff der Vernunft reichlich Spielraum in der Anwendung durch die Gerichte.[468] Überzeuge die von der Agentur getroffene Auslegung der entscheidungserheblich Norm das Gericht nicht, könne es diese Auslegung als „unvernünftig" ablehnen. Auch könne sich das Gericht auf eine Bindung an seine vorige Rechtsprechung berufen. Dieser *precedent* könne das Gericht an eine bestimmte Auslegung der Norm binden, die nicht mit der Auslegung durch die Agentur im Einklang steht.[469]

Anlässlich des *Chevron*-Urteils sind in der US-amerikanischen Literatur mehrere Argumente gegen eine strikte Kontrolle durch die Gerichte vorgebracht worden.[470]

Zunächst wird eine strikte gerichtliche Kontrolle aufgrund ihres undemokratischen Charakters kritisiert.[471] Machen die Gerichte weitgehend von ihren Kontrollbe-

---

beurteilen ist, ob die Auswertung der Tatsachenlage seitens der Behörde im Bereich des Nachvollziehbaren („zone of reasonableness") lag (*Universal Camera Corp. v. NLRB*, 340 U.S. 474 (1951): „[s]ubstantial evidence is more than a mere scintilla. It means such relevant evidence as a reasonable mind might accept as adequate to support a conclusion."). Siehe dazu Ernest Gellhorn/Ronald M. Levin, Administrative Law and Process, S. 91; Breyer/Stewart/Sunstein/Spitzer, Administrative Law and Regulatory Policy (Aspen 2002), S. 233-243, 250-254.

466 *Chevron U.S.A., Inc. v. Natural Resources Defense Council, Inc.*, 467 U.S. 837 (1984).

467 Aus der Fülle des Schrifttums siehe etwa Antonin Scalia, Judicial Deference to Agency Interpretations of Law, Duke L. J. 1989, S. 511; Stephen G. Breyer, Judicial Review of Questions of Law and Policy, Admin. L. Rev., Band 38, 1986, S. 363; Breyer/Stewart/Sunstein/Spitzer, Administrative Law and Regulatory Policy, 5. Auflage, Aspen 2002, S. 290 bis 292; Ernest Gellhorn/Ronald M. Levin, Administrative Law and Process, S. 82.

468 Ernest Gellhorn/Ronald M. Levin, Administrative Law and Process, S. 84-87.

469 Siehe etwa *Lechmere v. NLRB*, 502 U.S. 527 (1992); dazu Ernest Gellhorn/Ronald M. Levin, Administrative Law and Process, S. 88.

470 Siehe etwa Richard J. Pierce, Seven Ways to Deossify Agency Rulemaking, Admin. L. Rev., Band 47, 1995, S. 59, 65-66; Jerry L. Mashaw, Greed, Chaos, and Governance, New Haven 1997, S. 158 ff.; Francesca Bignami, The Democratic Deficit in European Community Rulemaking: A Call for Notice and Comment in Comitology, Harv. Int'l L. J., Band 40, 1999, S. 451, 503-505.

471 *Chevron U.S.A., Inc. v. NRDC*, 467 U.S. 837, 865-866 (1984): „While agencies are not directly accountable to the people, the Chief Executive is, and it is entirely appropriate for this political branch of the Government to make such policy choices…"; Richard J. Pierce, Jr., Chevron and Its Aftermath: Judicial Review of Agency Interpretations of Statutory Provisions, Vand. L. Rev., Band 41, 1988, S.

fugnissen Gebrauch, so wird dadurch erschwert, dass die Agentur gleichzeitig auf den Willen der Öffentlichkeit in angemessener Weise reagiert.[472]

Des Weiteren wird vorgebracht, dass Agenturen oft institutionelle Vorteile hätten, wie etwa besondere technische Expertise ihrer Mitarbeiter, mit denen die Gerichte nicht ausgestattet seien.[473] Hinzu komme, dass die Gerichte aufgrund ihrer limitierten Informationsquellen[474] häufig nicht die tatsächlichen Hintergründe und wahren Motive nachvollziehen könnten, die hinter einer bestimmten administrativen Entscheidung stünden.[475] Vor diesem Hintergrund stoße eine weitgehende Kontrollbefugnis durch die Gerichte auf Bedenken.[476]

301, 305-07 (darauf hinweisend, dass die Auslegung von Gesetzen häufig auf die Lösung eines politischen Streites hinausläuft); ebenso Laurence H. Silberman, Chevron--The Intersection of Law & Policy, Geo. Wash. L. Rev., Band 58, 1990, S. 821, 823; Mark Tushnet, Taking the Constitution away form the Courts, Princeton 1999, S. 154 ff. Diese Stellungnahmen sind auf die Ansicht gestützt, dass das Demokratieverständnis in den USA verlangt, dass politische Entscheidungen von Einrichtungen getroffen werden, die politischen Rechenschaftsbeziehungen unterliegen. Deshalb sollen derartige Auslegungsfragen von Agenturen und nicht von Gerichten getroffen werden. Siehe dazu Neil K. Komesar, Taking Institutions Seriously: Introduction to a Strategy for Constitutional Analysis, U. Chi. L. Rev., Band 51, 1984, S. 366, 371-72 (daraufhinweisend, dass die politisch kontrollierten Teile der Regierung flexibler sind, einen besseren Zugang zu Informationen haben, und in ihren Entscheidungen stärker durch den Willen der Regierten beeinflusst werden); Richard J. Pierce, Jr., The Role of Constitutional and Political Theory in Administrative Law, Tex. L. Rev., Band 64, 1985, S. 469, 504-13; Stephen Breyer, Judicial Review of Questions of Law and Policy, Admin. L. Rev., Band 38, 1986, S. 363, 389-90 (1986) (darauf eingehend, welche Schwierigkeiten die Gerichte bei der Überprüfung komplexer, politisch motivierter Entscheidungen der Agenturen haben).

[472] Mark Seidenfeld, A Syncopated Chevron: Emphasizing reasoned decision making in reviewing agency interpretations of statutes, Tex. L. Rev., Band 73, 1994, S. 83, 97; Ernest Gellhorn/Ronald M. Levin, Administrative Law and Process, S. 118.

[473] Dies wird insbesondere von den Anhängern des sogenannten Expertise Models vertreten, das die Erfahrungen und die technischen Kenntnisse der Agenturen und ihrer Mitarbeiter betont. Siehe Marver H. Bernstein, Regulating Business by Independent Commission, Princeton 1955, S. 51 (die Ansichten Joseph Eastmans wiedergebend, demzufolge Agenturen aufgrund ihrer Expertise und Erfahrung weitgehende Rechte zu übertragen sind); Daniel J. Gifford, The New Deal Regulatory Model: A History of Criticisms and Refinements, Minn. L. Rev., Band 68, 1983, S. 299, 306-307.

[474] Neil K. Komesar, Taking Institutions Seriously: Introduction to a Strategy for Constitutional Analysis, U. Chi. L. Rev., Band 51, 1984, S. 366, 371-72.

[475] Ernest Gellhorn/Ronald M. Levin, Administrative Law and Process, S. 119.

[476] Für den Bereich des *rulemaking*, also den Erlass von allgemein gültigen Regelungen durch die Verwaltung, wurde eine weitere negative Folge einer strikten Überprüfung durch die Gerichte festgestellt. Aufgrund der hohen Aufhebungsquote, die bei bis zu 50 % liegen kann (siehe Richard J. Pierce, Seven Ways to Deossify Agency Rulemaking, Admin. L. Rev. 1995, Band 47, S. 59), werde das Handeln der Behörden uneffektiv. Der Grund hierfür liegt insbesondere in den hohen Anforderungen an die Begründung der Entscheidungen, dem sog. *reasoned decisionmaking* (Richard J. Pierce, Seven Ways to Deossify Agency Rulemaking, Admin. L. Rev. 1995, Band 47, S. 59, spricht von einem „extraordinarily lengthy, complicated, and expensive process".). Damit eine administrative Regelung nicht durch die Gerichte kassiert wird, müssen in den Begründungserwägungen der Regelung die einzelnen Facetten der vorherigen politischen Debatte, der umstrittenen Daten und die diskutierten Alternativen zu der letztendlich verabschiedeten Regelung detailliert wiedergegeben werden. Jede Auslassung von Daten aus den genannten Bereichen kann zur Aufhebung der Norm wegen Verstoßes gegen das *reasoned decisionmaking* führen (siehe hierzu auch Xénophon Yataganas, Delegation of Regulatory Authority in the European Union: The Relevance of the American Model of Independent Agencies, Jean Monnet Working Paper, No. 3/01, http://www.jeanmonnetprogram.org/papers/01/010301.html).

Schließlich ist eingewandt worden, dass das gerichtliche Klageverfahren von Vertretern von Interessengruppen missbraucht werden könne.[477] Aufgrund der durch die Klagen entstehenden Verzögerungen und Unterbrechungen würde die Kohärenz des administrativen Programms sabotiert.[478]

Greifen dieselben Bedenken hinsichtlich der gerichtlichen Kontrolle der Entscheidungen der Beschwerdekammern des Harmonisierungsamtes und des Sortenamtes durch? Man könnte geneigt sein zu argumentieren, dass sich die weitgehende Kontrolle der Entscheidungen der Beschwerdekammern durch das Gericht erster Instanz und den Europäischen Gerichtshof dahingehend auswirke, dass das Harmonisierungsamt und das Sortenamt in ihrer Tätigkeit eingeschränkt würden. Derartige Bedenken greifen letztendlich jedoch nicht durch.

Zwar ist richtig, dass die weitreichende Kontrolle durch die Gerichte nicht durch die Regierten unmittelbar demokratisch legitimiert ist. Die gerichtliche Kontrolle führt allerdings nicht zwangsläufig dazu, dass der Agentur kein (politisch überprüfbarer) Handlungsspielraum verbleibt. Vielmehr kann unter Einhaltung der rechtlichen Rahmenbedingungen auf Forderungen der Allgemeinheit eingegangen werden. Nur die Einhaltung dieser rechtlichen Vorgaben wird durch die Gerichte überprüft. Auf diese Weise leisten die Gerichte einen wichtigen Beitrag zur Gewährung rechtsstaatlichen Handelns der Agenturen. Zum einen wird nämlich überprüft, dass die Agenturen im Rahmen der ihnen übertragenen Aufgaben tätig werden.[479] Zum anderen wird, wie oben aufgezeigt, gewährleistet, dass die betroffenen Individuen fair behandelt werden.

Auch die institutionellen Stärken der Agenturen wie etwa spezifische technische Kenntnisse werden durch die anders gelagerten Stärken der Gerichte nicht ausgehöhlt, sondern vielmehr ergänzt. Die Kontrolle aus der Perspektive des Generalisten und seitens einer unabhängigen Instanz kann im Einzelfall die Funktion der Qualitätskontrolle zukommen, insbesondere um Unachtsamkeiten und einseitige Ansätze der Agentur auszugleichen. Dies gilt im besondern Maße für die Beschwerdekammern des Harmonisierungsamtes und des Sortenamtes, deren institutionelle Struktur nach dem oben Gesagten nicht ohne Schwächen ist. Da die Beschwerdekammern stärker in die Struktur und Tätigkeit des Amtes eingebunden sind als die Gerichte, erscheint es wahrscheinlicher, dass die Beschwerdekammern die Ausgangsentscheidung des Amtes stützen, als dass dies durch das Gericht erster Instanz erfolgt.

Des Weiteren ist zu berücksichtigen, dass in der Zugänglichkeit der Gerichte für Vertreter von Interessengruppen gleichzeitig eine Stärke liegt. So ist nämlich denkbar, dass die Interessen bestimmter Gruppen bzw. Individuen im Prozess der po-

---

[477] Waren die Interessengruppen dagegen am Gesetzgebungsprozess beteiligt, so werden sie gegenüber einer strengen gerichtlichen Kontrolle ablehnend eingestellt sein, entsteht dadurch nämlich das Risiko, das die befürwortete Norm anders als ursprünglich beabsichtigt angewendet wird. Dazu Nicholas S. Zeppos, Deference to Political Decision Makers and the Preferred Scope of Judicial Review, Nw. U.L. Rev., Band 88, 1993, S. 296.

[478] Ernest Gellhorn/Ronald M. Levin, Administrative Law and Process, S. 119.

[479] Dies für die Kontrolle von Entscheidungen der US-Agenturen betonend, Mark Seidenfeld, A Syncopated Chevron: Emphasizing reasoned decision making in reviewing agency interpretations of statutes, Tex. L. Rev., Band 73, 1994, S. 83, 127; Mark Seidenfeld, A Civic Republican Justification for the Bureaucratic State, Harv. L. Rev., Band 105, 1992, S. 1511, 1551.

litischen Kontrolle keine Berücksichtigung gefunden haben.[480] Dies gilt insbesondere für solche Individuen, denen der Zugang zu politischen Kontrollmechanismen verschlossen ist. Für jene ist die gerichtliche Kontrolle der einzige Weg, um sich Gehör zu verschaffen. Als Beispiel kann die Interessengruppe der niederländischen Markenagenten genannt werden. Da diese nicht niederländisch als Verfahrenssprache vor den Wiederspruchs- und Nichtigkeitsabteilungen des Harmonisierungsamtes sowie den Beschwerdekammern wählen können, behaupten sie, gegenüber den Agenten anderer Mitgliedstaaten, deren Sprachen zu den Sprachen des Amtes gehören, benachteiligt zu sein. Zwar war die Interessengruppe der niederländischen Markenagenten nicht groß bzw. durchsetzungsstark genug, um sich bei Verabschiedung der relevanten Sekundärrechtsakte Gehör zu verschaffen. Wie der Fall *Kik* gezeigt hat, ist der Weg der gerichtlichen Kontrolle ein wichtiges Instrument, um eigene Interessen dennoch vortragen zu können.[481]

Schließlich ist in bezug auf die Entscheidungen der Beschwerdekammern eine weitgehende Kontrolle durch die Gerichte aus dem Grund in besonderem Maße geboten, dass die Entscheidung der Beschwerdekammer aufgrund der Erstentscheidungskompetenz der Beschwerdekammern mitunter die erste Entscheidung in der Sache ist. Fehlt in solchen Fällen die Instanz vor den Beschwerdekammern als Kontrollinstanz, so kommt einer uneingeschränkten Überprüfung durch die Gerichte ein besonderes Gewicht zu.

[480] Siehe Francesca Bignami, Accountability and Interest Group Participation in Commitology, EUI Working Paper, RSC No. 1999/3, http://www.iue.it/PUB/rsc_fm.html.

[481] Urteil des Gerichts erster Instanz vom 12. Juli 2001, Rechtssache T-120/99 (Christina Kik gegen Harmonisierungsamt - *Kik*), Sammlung der Rechtsprechung 2001, Seite II-2235, Rn 17 (Vorbringen des beklagten Amtes): „Die Klägerin habe nämlich das vorliegende Anmeldungsverfahren, wie sie im übrigen selbst eingeräumt habe, als bloße Verfahrensstrategie benutzt, um ihre beruflichen Interessen als niederländischsprachige Vertreterin auf dem Gebiet des Markenwesens gerichtlich vertreten zu können."

6. Teil: Legitimation der Beschwerdekammern

Wurden bislang ein Defizit in der politischen Kontrolle des Harmonisierungsamtes bzw. Sortenamtes sowie Schwächen in der Überprüfung der Entscheidungen der Beschwerdekammern durch die Gerichte festgestellt, so stellt sich gesamtbetrachtend die Frage, ob dennoch eine Legitimation der Beschwerdekammern als Teil des Harmonisierungsamtes bzw. des Sortenamtes begründet werden kann.

I. Kriterien zur Bestimmung der Legitimation

Dafür sind in einem ersten Schritt die Kriterien zu bestimmen, anhand derer die Legitimation einer Einrichtung zu beurteilen ist.

1. Abgrenzung zur Diskussion um Demokratiedefizit

Zunächst ist klarstellend festzustellen, dass die Frage nach der Legitimation einer öffentlichen Einrichtung nicht zu verwechseln ist mit der Frage nach dem Demokratiedefizit.[482]

Es ist offenkundig, dass sich der demokratisch legitimierte Gemeinschaftsgesetzgeber mit der Schaffung ausgelagerter Agenturen und mit der Übertragung von Aufgaben auf diese Agenturen bewusst für eine Konstruktion entschieden hat, die durch eine geringe demokratische Legitimation geprägt ist. Es wurde die Notwendigkeit eines gemeinschaftsweiten Marken- und Sortenrechts erkannt. Die Umsetzung dieser Aufgabe wurde auf eine von den anderen Gemeinschaftsorganen weitgehend unabhängige Agentur übertragen. Eine solche Kompetenzübertragung auf andere Einrichtungen als die Gemeinschaftsorgane selbst ist aber per se ungeeignet, das Geflecht demokratischer Legitimationsketten zu verengen. Das Ergebnis eines geringen Grades an demokratischer Legitimation seitens des Harmonisierungsamtes und des Sortenamtes ist demnach von dem Geber der Ratsverordnungen Nr. 40/94 und Nr. 2100/94 bewusst in Kauf genommen worden.

Im Bereich der Kompetenzübertragung auf andere Einrichtungen als die Gemeinschaftsorgane selbst ist daher die entscheidende Frage nicht die nach dem Demokratiedefizit – denn die Antwort ist evident – sondern nach einem Legitimationsdefizit. Eine öffentliche Einrichtung, die mit weitreichenden hoheitlichen Befugnissen ausgestattet ist, die es ihr ermöglicht, in schützenswerte Rechtspositionen Einzelner einzugreifen, sollte insbesondere einem effektiven System an *checks and balances* unterliegen und mithin über einen hohen Grad an Legitimation verfügen.

Dies gilt im besonderen Maße für eine Einrichtung wie die Beschwerdekammern, die sich in einer Zwitterstellung zwischen zwei der klassischen Gewalten befindet.[483] Die Beschwerdekammern üben sowohl exekutive als auch judikative Aufgaben

---

[482] Auf die Notwendigkeit zur Unterscheidung dieser beiden Aspekte hinweisend, Joseph H. H. Weiler, The Transformation of Europe, Yale L. J., Band 100, 1990, S. 2403, 2468.

[483] Siehe die entsprechenden verfassungsrechtlichen Bedenken, die in der US-amerikanischen Literatur geäußert worden sind. Peter B. McCutchen, Mistakes, Precedent, and the Rise of the Administrati-

aus und sind entsprechend mit sowohl administrativen als auch rechtsprechenden Befugnissen betraut. So erlässt die Beschwerdekammer, soweit sie von ihrer Erstentscheidungskompetenz Gebrauch macht, der Sache nach eine administrative Entscheidung. Überprüft die Beschwerdekammer dagegen die angefochtene Ausgangsentscheidung allein auf ihre Rechtmäßigkeit hin, so steht dies einer judikativen Entscheidung nahe.[484] Bei einer derartigen Anhäufung an Kompetenzen drängt sich die Frage nach der Legitimation in besonderem Maße auf. Erstens, wie oben bereits aufgezeigt, kann dies nämlich die ordnungsgemäße Erfüllung der übertragenen Aufgaben erschweren. Zweitens läuft eine Anhäufung von Kompetenzen aus den Bereichen verschiedener Gewalten auf eine besondere Machtakkumulation hinaus, die gerade wegen der Erstreckung auf den Bereich mehr als einer Gewalt besonders in der Gefahr steht, unkontrolliert zu bleiben, da ihr nicht schon durch das System der Gewaltenteilung Schranken gesetzt werden.[485] Zwar gilt auf der Ebene der Europäischen Gemeinschaft das Gewaltenteilungsprinzip nicht in dem Umfang, wie es etwa im deutschen Verfassungsrecht anerkannt ist. Dies bedeutet aber nicht, dass keine Kontrollbeziehungen zwischen den verschiedenen Organen der Gemeinschaft bestünden.[486] Vielmehr sind im EG-Vertrag verschiedene Mechanismen vorgesehen, die der gegenseitigen Kontrolle der Gemeinschaftsorgane dienen. Diese Kontrollmechanismen entfalten

---

ve State: Toward a Constitutional Theory of the Second Best, Cornell L. Rev., Band 80, 1994, S. 1, 41; Gary Lawson, Changing Images of the State: The Rise and Rise of the Administrative State, Harv. L. Rev., Band 107, 1994, S. 1231, 1248 ff.; Breyer/Stewart/Sunstein/Spitzer, Administrative Law and Regulatory Policy, 5. Auflage, Aspen 2002, S. 167.

[484] Die Frage nach der Gerichtseigenschaft der Beschwerdekammern aufwerfend Eric Gastinel, The Community Trade Mark and the OHIM Boards of Appeal, European Business L. Rev. 1998, S. 176, 177 f. („Are the Boards of Appeal comparable to a judicial court? Are they simply an extension of the Office? Nothwithstanding the foregoing issue, from a professional standpoint and for the credibility of the CTM it seems to be important that the Boards of Appeal appear to the interested parties [...] and to the Community trade mark courts as a reliable judicial reference body and not simply an additional administrative recourse involving loss of time and money. Appealing to the Boards of Appeal should be seen by interested parties as a real and effective new possibility to assert their rights and, at least, to be heard by a neutral authority and be given a fresh opportunity to convince the OHIM of their position."). Die Qualifizierung der Beschwerdekammern als Gericht ablehnend Clemens Just, Die Gemeinschaftsmarke im System des internationalen Markenschutzes, Frankurt 2001, S. 70; Alexander v. Mühlendahl/Dietrich Ohlgart/Verena Bomhard, Die Gemeinschaftsmarke, München 1998, S. 234, § 34, Rn 13 („Verwaltungsinstanzen"); Hans Jung, Gemeinschaftsmarke und Rechtsschutz, in: Ole Due/Marcus Lutter/Jürgen Scharze (Hrsg.), FS für Ulrich Everling, Band I, Baden-Baden 1995, S. 611, 619 (verweist auf die „quasi-richterlichen Entscheidungen der Beschwerdekammern"); Reinhard Ingerl, Die Gemeinschaftsmarke, Stuttgart 1996, S. 142 (Beschwerdeverfahren als „Verwaltungsverfahren"); anderer Ansicht wohl Achim Bender, Die Beschwerdekammern des Harmonisierungsamtes für den Binnenmarkt im Gemeinschaftsmarkensystem, MarkenR 1999, S. 11, 16 („eine vollständige und echte gerichtliche Instanz").

[485] Vgl. Michelle Everson, Independent Agencies: Hierarchy Beaters?, Europ. L. J., Band 1, 1995, S. 180, 181.

[486] Renaud Dehousse, Regulation by Networks in the European Community: The Role of European Agencies, J.Europ. Pub. Pol., Band 4, 1997, S. 246, 258; Koen Lenaerts/Amaryllis Verhoeven, Institutional Balance as a Guarantee for Democracy in EU Governance, in: Christian Joerges/Renaud Dehousse, Good Governance in Europe's Integrated Market, Oxford 2002, S. 35-88.

jedoch gegenüber einer Einrichtung, die Befugnisse ausübt, die anderenfalls auf zwei Organe der Gemeinschaft verteilt wären, keine effektive Wirkung.[487]

Vor diesem Hintergrund soll im Folgenden untersucht werden, ob die Beschwerdekammern über eine hinreichende Legitimation verfügen, die die Akkumulation exekutiver und judikativer Befugnisse rechtfertigt.

2. Praktikabilität einer Kombination mehrerer Gewalten

Auf den ersten Blick mag man geneigt sein, losgelöst von der grundsätzlichen Frage nach der Legitimation der Einrichtung, die Machtanhäufung mit Praktikabilitätsgesichtspunkten zu rechtfertigen. Für eine Anhäufung exekutiver und judikativer Befugnisse in einer juristischen Person sprechen insbesondere zwei Gesichtspunkte, namentlich der Aspekt der institutionellen Überforderung der Gemeinschaftsorgane und der Aspekt der Einheitlichkeit des Systems.

a) Überforderung der Gemeinschaftsorgane

Erstens könnte man argumentieren, dass die Gemeinschaftsorgane, insbesondere die Kommission und das Gericht erster Instanz, institutionell nicht in der Lage wären, die neu geschaffenen Systeme des gemeinschaftlichen Marken- und Sortenrechts ihrer praktischen Wirksamkeit zuzuführen.

So ist denkbar, dass es dem Verordnungsgeber unmöglich war, vorab allumfassende Regelungen zu erlassen. Die Ämter mit ihren flexiblen Handlungs- und Entscheidungsstrukturen und ihrer Konzentration auf nur ein Rechtsgebiet könnten daher institutionell besser geeignet sein, auf die gesetzgeberischen Lücken und Widersprüche zu reagieren und eine sachgerechte und kohärente Entscheidungspraxis in dem neuen Rechtsbereich zu entwickeln, als dies bei einer kombinierten Tätigkeit der Kommission und des Gerichts erster Instanz der Fall wäre. Unter den genannten Umständen könnte gerade die Kombination von Kompetenzen, die klassischerweise unterschiedlichen Gewalten bzw. Gemeinschaftsorganen angehören, förderlich sein. Um den neuen Systemen des gemeinschaftlichen Marken- bzw. Sortenrechts ihrer praktischen Wirksamkeit zu verhelfen, bedarf es nämlich einer schnellen und effektiven administrativen Durchsetzung und einer schnellen Beilegung von Streitfällen. Die Agenturen mit ihren Dienststellen und Beschwerdekammern könnten aber besser in der Lage sein, eine solche Gewähr zu leisten.

Gleichzeitig ist zu berücksichtigen, dass die Übertragung der auf Gemeinschaftsebene neu entstandenen Aufgaben auf eine von den Gemeinschaftsorganen

---

[487] Die Delegation von weitreichenden Befugnissen, die typischerweise unterschiedlichen Gewalten zugeordnet würden, ist auch im US-amerikanischen Schrifttum stark kritisiert worden. Siehe Gary Lawson, Changing Images of the State: The Rise and Rise of the Administrative State, Harv. L. Rev., Band 107, 1994, S. 1231, 1248 ff.; Peter B. McCutchen, Mistakes, Precedent, and the Rise of the Administrative State: Toward a Constitutional Theory of the Second Best, Cornell L. Rev., Band 80, 1994, S. 1, 41. Zum Verhältnis des *administrative state* zur Verfassung siehe u.a. Bruce Ackerman, We The People, Cambridge 1991, S. 34-57; Bruce Ackerman, Constitutional Politics/Constitutional Law, Yale L. J., Band 99, 1989, S. 453, 510-515; Bruce Ackerman, The Storrs Lectures: Discovering the Constitution, Yale L. J., Band 93, 1984, S. 1013, 1051-1057.

weitgehend unabhängige Einrichtung aus der Sicht der Gemeinschaft durchaus Vorteile mitsichbringt. Insbesondere können die Gemeinschaftsorgane durch die Auslagerung der Aufgaben ihre Interventionen auf einen Zeitpunkt hinauszögern, in dem das fragliche Rechtsgebiet bereits Gegenstand ausführlicher Diskussion war und die wesentlichen Kritikpunkte aufgedeckt worden sind. Auf diese Weise können die Gemeinschaftsorgane verhindern, unpopuläre Maßnahmen zu ergreifen.

b) Einheitlichkeit des Systems

Des Weiteren sprechen Kohärenzgesichtspunkte für eine gleichzeitige Delegation exekutiver und judikativer Aufgaben an eine neu geschaffene Agentur.[488]

Das gemeinschaftliche Marken- und Sortenrecht bedarf sowohl administrativer Entscheidungen über die Gewährung bzw. Versagung von Schutzrechten als auch judikativer Entscheidungen über entstehende Streitfälle. Werden diese Aufgaben von zwei unterschiedlichen Gemeinschaftsorganen, naheliegenderweise der Kommission und dem Gericht erster Instanz, wahrgenommen, so ist die Entstehung eines einheitlichen Systems des Marken- und Sortenrechts stärker gefährdet, als wenn eine einzige Einrichtung mit beiden Aufgaben betraut ist. Dies gilt insbesondere bei Berücksichtigung der Spezialisierung der Ämter auf nur ein Rechtsgebiet und der Zusammensetzung der Mitarbeiterschaft aus sowohl rechtlich als auch technisch qualifiziertem Personal.

c) Kritik

Die genannten Gründe überzeugen insoweit, als sie die Notwendigkeit der Errichtung von Beschwerdekammern innerhalb des Harmonisierungsamtes und des Sortenamtes erklären. Sie liefern jedoch keine umfassende und grundlegende Begründung für die Legitimation der Beschwerdekammern in der konkreten Ausgestaltung, welche die Beschwerdekammern durch die Grundverordnungen erhalten haben. Ein dahingehender Erklärungsansatz ist aber insbesondere aus zwei Gründen geboten. Vor dem Hintergrund der oben herausgearbeiteten Schranken der politischen und rechtlichen Kontrolle des Harmonisierungsamtes und des Sortenamtes ist erstens zu klären, wie sich die Beschwerdekammern in ein System des institutionellen Gleichgewichts einzugliedern vermögen. Zweitens ist das Problem zu behandeln, dass die Tätigkeiten der Beschwerdekammern weniger Aufmerksamkeit seitens der Öffentlichkeit erhalten als die Handlungen der Organe der Europäischen Gemeinschaft. Dies ist insbesondere darauf zurückzuführen, dass die Beschwerdekammern außerhalb des institutionellen Gefüges der Europäischen Gemeinschaft geschaffen wurden. Es besteht mithin die Gefahr, dass die Kontrolle der Beschwerdekammern durch die Öffentlichkeit gering bleibt. Dies wiederum birgt das Risiko, dass bewusst Maßnahmen getroffen werden,

---

[488] So im US-amerikanischen Zusammenhang Christopher Edley, Jr., The Governance Crisis, Legal Theory, and Political Ideology, Duke L. J. 1991, S. 561, 562 und 568 f.; Ernest Gellhorn/Ronald M. Levin, Administrative Law and Process, S. 11.

die dem Interesse der Öffentlichkeit widersprechen, wohl wissend dass diese ihre Interessen nicht effektiv durchsetzen werden.[489]

3. Die Maßstäbe zur Beurteilung der Legitimation

Vor diesem Hintergrund sollen nunmehr die einzelnen Prüfungspunkte herausgearbeitet werden, anhand derer die Legitimation der Beschwerdekammern zu beurteilen ist.[490]

Der Begriff der Legitimation ist für sich genommen freilich vage und unspezifisch.[491] Auch wird er inhaltlich in unterschiedlichen Zusammenhängen mit entsprechend voneinander abweichenden Bedeutungen benutzt.[492] So wird der Begriff der Legitimation in der klassischen politischen Philosophie in der Weise verwendet, dass eine judikative Entscheidung dann legitim ist, wenn mit der Entscheidung prima facie die moralische Verpflichtung der Regierten einhergeht, der Entscheidung Folge zu leisten.[493] Davon zu unterscheiden ist der von *Max Weber* verwendete Begriff der Le-

---

[489] Peter H. Aranson/Ernest Gellhorn/Glen O. Robinson, A Theory of Legislative Delegation, Cornell L. Rev., Band 68, 1982, S. 1.

[490] In Hinblick auf die Beschwerdekammern kann nicht eingewandt werden, dass es einer Legitimation aufgrund des zumindest quasi-judidativen Charakters nicht bedürfe. Selbst in Bezug auf Gerichte herrscht nämlich Einigkeit, dass ihre rechtsprechende Tätigkeit legitimiert sein muss. Dies ist insbesondere auf die Erkenntnis zurückzuführen, dass die Gerichte keine reinen Subsumtionsautomaten (so die Terminologie von Regina Ogorek, Richterkönig oder Subsumtionsautomat?: Zur Justiztheorie im 19. Jahrhundert, Frankfurt 1986) sind, sondern vielmehr auch politische Entscheidungen treffen (siehe etwa Owen M. Fiss, Objectivity and Interpretation, Stan. L. Rev., Band 34, 1982, S. 739, 744-45; John C. Yoo, Bush v. Gore: In Defense of the Court's Legitimacy, U. Chi. L. Rev., Band 68, 2001, S. 775, 782; Akhil Amar, The Supreme Court: Should We Trust Judges?, LA Times M1 (17. Dezember 2000) („This is not the rule of law: It is the rule of subjective sensibility."); Bruce Ackerman, The Court Packs Itself, Am Prospect 48 (12. Februar 2001), http://www.prospect.org/print/V12/3/ackerman-b.html; John Hart Ely, Democracy and Distrust: A Theory of Judicial Review, Cambridge 1980, S. 105 ff.; Giandomenico Majone, Regulatory Legitimacy, in: ders., Regulating Europe, London 1996, S. 284, 285 f.).

[491] Joseph H.H. Weiler, Legal Framework: Bread and Circus: The State of European Union, Colum. J. Eur. L., Band 4, 1998, S. 223, 231: „Legitimacy and illegitimacy are notoriously elusive concepts in political theory--suggestive rather than analytically rigorous--overreaching and underspecified. One defining characteristic of Legitimacy/Illegitimacy discourse--in its multiple applications--is its appeal to foundations. Legitimacy and illegitimacy pertain to roots rather than foliage; to deep structure rather than surface. The following examples, turning on different situations in which appeals to "legitimacy" or "illegitimacy" are frequently made, are meant not simply to illustrate the foundational appeal of legitimacy discourse, but to create a (nonexhaustive) categorization and taxonomy which will make the elusive concepts more usable." *Weiler* unterscheidet im Folgenden zwichen vier Fallgruppen: (1) Legitimacy/Illegitimacy as a Category of Formal Legal Validity; (2) Legitimacy/Illegitimacy by Reference to Deontological (Nonlegal) Discourse; (3) Legitimacy/Illegitimacy by Reference to Foundational Myths; (4) Legitimacy/Illegitimacy as a Social and Political Category.

[492] Dazu ausführlich Alan Hyde, The Concept of Legitimation in the Sociology of Law, Wis. L. Rev., 1983, S. 379, Fußnote 1. Der Autor (S. 426) hat sich sogar mangels greifbarer Bedeutung des Konzepts der Legitimation für seine gänzliche Aufgabe ausgesprochen. Hyde's Ansatz ist aber inzwischen widerlegt worden, siehe nur Tom R. Tyler, Why People Obey the Law, New Haven 1990, S. 57-60.

[493] Tom R. Tyler/Gregory Mitchell, Legitimacy and the Empowerment of Discretionary Legal Authority: The United States Supreme Court and Abortion Rights, Duke L. J., Band 43, 1994, S. 703, Rn 25 zum Begriff „legitimate" in „classical political philosophy": „If a judicial decision is legitimate, it

gitimation, der in soziologischer Betrachtungsweise nach dem kausalen Zusammenhang zwischen dem Rechtssystem, seiner Autorität und Befolgung fragt.[494] Diese beiden grundsätzlichen Definitionsansätze werden für die juristische Diskussion fruchtbar gemacht.[495]

Im vorliegenden Zusammenhang konzentriert sich die Fragestellung auf den Aspekt der Legitimation einer Einrichtung, die qua Delegation mit exekutiven und judikativen Aufgaben betraut worden ist. Diesbezüglich erscheint es sinnvoll, wie von *Joseph H. H. Weiler*[496] für die Europäische Gemeinschaft[497] im allgemeinen vorge-

---

provides a prima facie moral obligation for citizens to obey the decision." Ken Kress, Legal Indeterminacy, Cal. L. Rev., Band 77, 1989, S. 283, 290-295, http://heinonline.org/HeinOnline/show.pl?handle=hein.journals/calr77&size=4& page=283; siehe auch Ronald Dworkin, Law's Empire, Cambridge 1986, S. 190-216; Joseph Raz, The Morality of Freedom, Oxford 1986, S. 70-105; Joseph Raz, Legitimate Authority, in: ders., The Authority of Law, Oxford 1979, S. 1-27.

494 Tom R. Tyler/Gregory Mitchell, Legitimacy and the Empowerment of Discretionary Legal Authority: The United States Supreme Court and Abortion Rights, Duke L. J., Band 43, 1994, S. 703, Rn 25: „The sociological notion of legitimation asks a causal question about how the legal system induces belief in its authority and compliance with its laws." Ausführlich Alan Hyde, The Concept of Legitimation in the Sociology of Law, Wis. L. Rev., 1983, S. 379, 382 ff. Weiler (Joseph H.H. Weiler, The Transformation of Europe, Yale L. J., Band 100, 1990, S. 2403, Fn 188) spricht insofern von Legitimation als Verfahren *(„legitimacy as process")*: „Weber postulates the validity of an order in terms of its being regarded by the obeying public "as in some way obligatory or exemplary" for its members because, at least, in part, it defines "a model" which is "binding" and to which the actions of others "will in fact conform . . . ." At least, in part, this legitimacy is perceived as adhering to the authority issuing an order, as opposed to the qualities of legitimacy that inhere in an order itself. T. Franck, [The Power of Legitimacy Among Nations, 1990] at 16-18, 250 n.29 (quoting from M. Weber, Economy and Society: An Outline of Interpretive Sociology 31 (1968))."

495 So berufen sich etwa die *critical legal studies scholars* im Rahmen der Debatte um die Legitimation des *Supreme Court* auf die unterschiedlichen Bedeutungen des Begriffs der Legitimation. Siehe nur Tom R. Tyler/Gregory Mitchell, Legitimacy and the Empowerment of Discretionary Legal Authority: The United States Supreme Court and Abortion Rights, Duke L. J., Band 43, 1994, S. 703, unter Berufung auf das soziologische Begriffsverständnis; Ken Kress, Legal Indeterminacy, Cal. L. Rev., Band 77, 1989, S. 283, 285, http://heinonline.org/HeinOnline/show.pl?handle=hein.journals/ calr77&size=4&page=283. Aus der älteren Literatur siehe etwa Alexander Bickel, The Least Dangerous Branch: The Supreme Court at the Bar of Politics, New Haven 1962 (2. Auflage 1986); Charles Black, Jr., The People and the Court: Judicial Review in a Democracy, Westport 1960 (2. Auflage 1977), insbesondere S. 56 ff.; Talcott Parsons, Politics and Social Structure, New York 1969, S. 311 ff.; Robert Dahl, Decision-Making in a Democracy: The Supreme Court as a National Policy-Maker, J. Publ. L., Band 6, 1957, S. 279, http://heinonline.org/HeinOnline/show.pl?handle=hein.journals/ emlj6&size=4&page =279.

496 Joseph H.H. Weiler, The Transformation of Europe, Yale L. J., Band 100, 1990, S. 2403, 2466 ff.; Joseph H.H. Weiler, Legal Framework: Bread and Circus: The State of European Union, Colum. J. Eur. L., Band 4, 1998, S. 223; siehe auch Joseph H.H. Weiler, Europe: The Case Against the Case for Statehood, European Law Journal, Band 4, 1998, S. 43-62; Joseph H.H. Weiler, Fin-De-Siègle Europe: Do the New Clothes Have an Emperor?, in: Weiler, The Constitution of Europe, Cambridge 1999, S. 238-262.

497 Zur grundsätzlichen Diskussion der Legitimation der Europäischen Union siehe etwa Marcel Kaufmann, Europäische Integration und Demokratieprinzip, Baden-Baden 1997, S. 224 ff.; Mauro Cappelletti/Monica Seccombe/Joseph H. H. Weiler, Integration Through Law: Europe and the American Federal Experience - A General Introduction, in: Mauro Cappelletti/Monica Seccombe/Joseph H. H. Weiler (Hrsg.), Integration Through Law, Berlin 1986, Band I/1, S. 25 ff.; Armin von Bogdandy,

schlagen, zwischen den Aspekten der formalen und sozialen Legitimation[498] zu unterscheiden.[499]

a) Formale Legitimation

Der Aspekt der formalen Legitimation setzt voraus, dass bei der Errichtung des Organs alle rechtlichen Vorgaben beachtet worden sind.[500] Dabei wird zusätzlich verlangt, dass die Errichtung auf einer demokratischen Grundlage beruhte. Diese kann etwa darin bestehen, dass die Allgemeinheit den gewählten Machtstrukturen der neuen Einrichtung und dem Verfahren zur Errichtung dieser Einrichtung – wenn auch stillschweigend – zugestimmt hat.[501] Das Erfordernis der formalen Legitimation kann demnach dadurch erfüllt werden, dass die förmliche Errichtung auf einem demokratischen Verfahren beruhte.[502]

Hinsichtlich der Beschwerdekammern wurde eine formale Legitimation in dem genannten Sinne dadurch hergestellt, dass die Rats- und Kommissionsverordnungen, aufgrund derer die Beschwerdekammern errichtet wurden und durch die das Handeln

---

Supranationale Union als neuer Herrschaftstypus: Entstaatlichung und Vergemeinschaftung aus staatstheoretische Perspektive, integration 1993, S. 210, 219 ff.; Marcus Höreth, The Trilemma of Legitimacy: Multilevel Governance in the EU and the Problem of Democracy, in: Zentrum für Europäische Integrationsforschung, Bonn 1998, Discussion Paper Nr. C 11, http://www.zei.de/.

498 Joseph H. H. Weiler spricht insofern von der Unterscheidung zwischen „formal (legal) legitimacy" und „social (empirical) legitimacy" (The Transformation of Europe, Yale L. J., Band 100, 1990, S. 2403, 2468).

499 Diese Abgrenzung der sozialen Legitimation von dem Konzept der Demokratie und der formellen Legitimation lässt sich nach Ansicht Weilers mit den herrschenden Legitimationstheorien vereinen, so dass es nicht erforderlich wird, sich auf eine der Theorien für die folgende Diskussion festzulegen (Joseph H. H. Weiler, The Transformation of Europe, Yale L. J., Band 100, 1990, S. 2403, Fußnote 188). Mit Thomas Franck, The Power of Legitimacy Among Nations, New York 1990, lassen sich die herrschenden Legitimationstheorien in drei Gruppen aufteilen: Bei der ersten Gruppe handelt es sich um die bereits oben beschriebene Weberische Legitimation durch Verfahren. Die zweite Gruppe beschreibt eine Form der Legitimation, die sowohl durch Verfahren als auch die Inhalte selbst erreicht wird (*"mixed process and substance"*). Danach wird nicht nur nach dem Verfahren gefragt, unter dem die Regierenden an die Macht gekommen und die Regeln erlassen worden sind, sondern auch danach, ob die Regelungen inhaltlich alle relevanten Daten wiederspiegeln (Thomas Franck, The Power of Legitimacy Among Nations, New York 1990, S. 17, 248 Fußnote 27, beruft sich auf J. Habermas, Communication and the Evolution of Society, 1979, S. 178-179: "Legitimacy means that there are good arguments for a political order's claim to be recognized as right and just [...]"). Die dritte Gruppe konzentriert sich als neomarxistischer Ansatzpunkt auf die Ergebnisse (*outcomes*) der zu beurteilenden Einrichtung. Bei Thomas Franck, The Power of Legitimacy Among Nations, New York 1990, S. 18 heißt es dazu: „In this view, a system seeking to validate itself . . . must be defensible in terms of the equality, fairness, justice, and freedom which are realized by those commands."

500 Joseph H. H. Weiler, The Transformation of Europe, Yale L. J., Band 100, 1990, S. 2403, 2468; Giandomenico Majone, Regulatory Legitimacy, in: ders., Regulating Europe, London 1996, S. 284, 291 spricht insofern von „procedural legitimacy".

501 Joseph H. H. Weiler, The Transformation of Europe, Yale L. J., Band 100, 1990, S. 2403, 2468.

502 Joseph H. H. Weiler, The Transformation of Europe, Yale L. J., Band 100, 1990, S. 2403, 2468 unter Hinweis auf Thomas Franck, The Power of Legitimacy Among Nations, 1990, S. 24: „Legitimacy is a property of a rule or rule making institution which itself exerts a pull toward compliance on those addressed normatively because those addressed believe that the rule or institution has come into being and operates in accordance with generally accepted principles of right process.".

der Beschwerdekammern geregelt wird, von den Organen der Europäischen Gemeinschaft unter Anwendung demokratischer Verfahren verabschiedet wurden.[503] Die Kompetenz zum Erlass sekundärrechtlicher Verordnungen ist im EG-Vertrag verankert, hinsichtlich der Verordnungen Nr. 40/94 und Nr. 2100/94 in Artikel 308 (ex Artikel 235) EGV. Der EG-Vertrag wiederum ist von den Mitgliedstaaten durch ihre Parlamente ratifiziert worden. Außerdem ist das unmittelbar demokratisch legitimierte Europäische Parlament in dem Verfahren zum Erlass der Verordnungen Nr. 40/94 und Nr. 2100/94 angehört worden.

b) Soziale Legitimation

Soziale Legitimation stützt sich dagegen auf eine breite, empirisch festzustellende Akzeptanz des gewählten Systems durch die Allgemeinheit.[504] Dies wird durch folgendes materielle Merkmal ergänzt: Soziale Legitimation entsteht dadurch, dass sich die Regierenden zur Einhaltung und aktiven Förderung von Werten verpflichten, die Teil der allgemeinen politischen Kultur sind.[505] *Joseph H. H. Weiler* hat hinsichtlich der Europäischen Gemeinschaft argumentiert, dass der Hauptgrund für die gegenwärtige Legitimationskrise in einem Defizit an sozialer Legitimation liegt. Um dieses Problem anzugehen, müssten die Regierten die Grenzen akzeptieren, die den mitgliedstaatlichen Politiken durch die zunehmende Kompetenzverlagerung auf die Gemeinschaft gesetzt werden.[506] Dafür bedarf es insbesondere der Akzeptanz von Mehrheitsentscheidungen seitens der Minderheit.[507] Auf die Beschwerdekammern übertragen bedeutet dies, dass die Regierten akzeptieren müssten, dass - in dem durch die Verordnungen Nr. 40/94 und Nr. 2100/94 gesteckten Rahmen - in ihre Rechte eingegriffen wird, auch wenn die entsprechenden Handlungskompetenzen nicht durch eine einstimmige Entscheidung des Rates auf die Agenturen übertragen worden sind.

Um das Ausmaß sozialer Legitimation einer Einrichtung genauer beurteilen zu können, sind konkrete Prüfungskriterien vorgeschlagen worden, die sich grob in zwei Gruppen einteilen lassen. Einige der Kriterien lassen sich unter der Kategorie des *in-*

---

[503] Joseph H. H. Weiler, The Transformation of Europe, Yale L. J., Band 100, 1990, S. 2403, 2469: „Formal legitimacy is legality understood in the sense that democratic institutions and processes created the law on which it is based.“.

[504] Joseph H. H. Weiler, The Transformation of Europe, Yale L. J., Band 100, 1990, S. 2403, 2469; für die Legitimation des *Supreme Court* siehe John C. Yoo, Symposium: Bush v. Gore: In Defense of the Court's Legitimacy, U. Chi. L. Rev., Band 68, 2001, S. 775, 782.

[505] Joseph H. H. Weiler, The Transformation of Europe, Yale L. J., Band 100, 1990, S. 2403, 2469.

[506] Joseph H. H. Weiler, The Transformation of Europe, Yale L. J., Band 100, 1990, S. 2403, 2472.

[507] Joseph H. H. Weiler, The Transformation of Europe, Yale L. J., Band 100, 1990, S. 2403, 2473. Siehe auch Manfred Zuleeg, What Holds a Nation Together? Cohesion and Democracy in the United States of America and in the European Union, Am. J. Comp. L., Band 45, 1997, S. 505; Manfred Zuleeg, Demokratie ohne Volk oder Demokratie der Völker? – Zur Demokratiefähigkeit der Europäischen Union“, in: Josef Drexl/Karl F. Kreuzer/Dieter H. Scheuing/Ulrich Sieber (Hrsg.), Europäische Demokratie, Baden-Baden 1999, S. 11-25; Manfred Zuleeg, Supranationales Recht und supranationale Verfahren der EU, in: Wilfried Loth/Wolfgang Wessels (Hrsg.), Theorien europäischer Integration, Opladen 2001, S. 205-217.

put zusammenfassen, während die verbleibenden Voraussetzungen mit dem Begriff des *output* überschrieben werden können.[508]

(1) Input

Hinsichtlich des *input* ist insbesondere auf die Entscheidungsstrukturen der Einrichtung abzustellen. Maßgeblich ist insofern, inwieweit die Regierten direkt oder indirekt an den Entscheidungsvorgängen partizipieren können. Um dies zu messen, sind im wesentlichen zwei Kriterien heranzuziehen: Verantwortlichkeit[509] und Transparenz.

Die Relevanz des Kriteriums der Verantwortlichkeit ist von *F. Scharpf* wie folgt erklärt worden:

> „[S]elf-determination requires that political choices should be derived, directly or indirectly, from the *authentic preferences* of citizens and that, for that reason, governments must be held accountable to the governed."[510]

Das Kriterium der Transparenz lässt sich damit erklären, dass die Zugänglichkeit[511] von Informationen und Dokumenten notwendige Voraussetzung für eine sinnvolle Beteiligung der Regierten an den Entscheidungsprozessen der Einrichtung und für eine effektive Kontrolle[512] durch dieselben ist.

---

[508] Fritz Scharpf, Demokratietheorie zwischen Utopie und Anpassung, Konstanz 1970, S. 21 („Modellvorstellung eines politischen Systems, das politische *inputs* (insbesondere artikulierte Interessen) aus seiner gesellschaftlichen Umwelt aufnimmt und zu politischen *outputs* (insbesondere verbindlichen Entscheidungen) verarbeitet") unter Hinweis auf Gabriel A. Almond/G. Bingham Powell, Jr., Comparative Politics: A Development Approach, Boston 1966, S. 25 ff, und D. Easton, A System Analysis of Political Life, New York 1965, S. 29 ff.; daran anknüpfend Dorothee Fischer-Appelt, Agenturen der Europäischen Gemeinschaft, Berlin 1999, S. 187. Von Bogdandy (Armin von Bogdandy, The European Union as a Supranational Federation: A Conceptual Attempt in the Light of the Amsterdam Treaty, Colum. J. Eur. L., Band 6, 2000, S. 27, 44) beginnt seine Erörterung unter Berufung auf Mauro Cappelletti/Monica Seccombe/Joseph H. H. Weiler, Integration Through Law: Europe and the American Federal Experience - A General Introduction, in: Mauro Cappelletti/Monica Seccombe/Joseph H. H. Weiler (Hrsg.), Integration Through Law, Berlin 1986, Band I/1, S. 25, mit der folgenden Dreiteilung: „the legal foundation of legitimization by means of a qualified protection of especially important interests of the individual, the technocratic-utilitarian foundation by means of an efficient government particularly providing for security and prosperity, and the democratic foundation through participation of the citizen". Letztlich umfassen die in der vorliegenden Arbeit genannten Kriterien die drei von Bogdandy genannten Aspekte, so dass sich inhaltlich keine Änderungen ergeben.

[509] Dieser Begriff soll als Synonym für das englische Wort *accountability* verwandt werden.

[510] Fritz Wilhelm Scharpf, Economic Integration, Democracy and the Welfare State, J. Europ. Pub. Pol., Band 4, 1997, S. 18, 19.

[511] Christoph Sobotta (Transparenz in den Rechtssetzungsverfahren der Europäischen Union, Baden-Baden, 2001, S. 30) definiert den Begriff der Transparenz als Durchsichtigkeit, Offenheit oder Zugänglichkeit.

[512] Dazu Christoph Sobotta, Transparenz in den Rechtssetzungsverfahren der Europäischen Union, Baden-Baden, 2001, S. 79-81.

(2) Output

Die Kriterien auf der *output*-Seite ermöglichen die Auswertung derjenigen Ergebnisse, die durch den Entscheidungsprozess hervorgebracht worden sind.[513] Es ist zwischen drei Kriterien zu unterscheiden.

Erstens stellt sich die Frage nach der Effektivität. Hat die Institution die Aufgaben, mit denen sie betraut worden ist, erledigt und auftretende Probleme und Schwierigkeiten zufriedenstellend gelöst?[514]

Zweitens ist die Frage der Effizienz zu erörtern. Wurden die der Institution zur Verfügung stehenden Ressourcen bestmöglich eingesetzt, um die gewünschten Ergebnisse zu erzielen? Bei dem Versuch der Beantwortung dieser Frage, sind die entstandenen Kosten und die benutzte Zeitdauer für die Erledigung der Aufgabe zu berücksichtigen.[515]

Drittens ist nach der Akzeptanz der Ergebnisse durch die Regierten zu fragen. Die Legitimation der Machtausübung hängt letztendlich von der Zustimmung der Regierten ab. Würde man die Meinung der betroffenen Interessengruppen und der allgemeinen Öffentlichkeit zu den von der Institution hervorgebrachten Ergebnissen nicht berücksichtigen, so würde man die Wirksamkeit des ansonsten legitimierten Ergebnisses gefährden. Die verbreitete Auffassung in der Öffentlichkeit, eine Institution erlasse ihre Entscheidungen in einer willkürlichen und unfairen Weise, würde nämlich das öffentliche Vertrauen in diese Institution beeinträchtigen und die Bereitschaft der Betroffenen, den Entscheidungen dieser Institution Folge zu leisten, senken.[516]

(3) Zusammenfassung

Die Beurteilung der Legitimation einer Institution ist auf die Aspekte der formalen und der sozialen Legitimation zu stützen. Während die formale Legitimation der Beschwerdekammern bereits bejaht werden konnte, ist im Folgenden ihre soziale Legitimation zu untersuchen. Dabei ist zwischen der *input*- und der *output*-Seite zu unterscheiden. Zu ersterer Kategorie zählen die Kriterien der Verantwortlichkeit und

---

513 Fritz Wilhelm Scharpf (Economic Integration, Democracy and the Welfare State, J. Europ. Pub. Pol., Band 4, 1997, S. 18, 19) formuliert folgendermaßen: „[o]n the output side … self-determination implies *effective fate control*".

514 Hubert Heinelt, Die Transformation der Demokratie in der EU, Vortragsmanuskript für die Tagung „Eine gute Ordnung für die EU? Analytische und normative Perspektiven" des Arbeitskreises Integrationsforschung der DVPW am 1./2. November 1996 in Mannheim, S. 26, spricht von der Effektivität als die „Dimension der problemlösenden, zielgenauen Steuerungskapazität". Siehe auch derselbe, Die Transformation der Demokratie und die Bedeutung des zivilgesellschaftlichen Sektors im politischen System moderner Gesellschaften, in: Klaus M. Schmals/Hubert Heinelt, Zivile Gesellschaft, Opladen 1997, S. 323, 325 („Steuereffektivität – im Sinne von Zielerreichung").

515 Hubert Heinelt, Die Transformation der Demokratie in der EU, Vortragsmanuskript für die Tagung „Eine gute Ordnung für die EU? Analytische und normative Perspektiven" des Arbeitskreises Integrationsforschung der DVPW am 1./2. November 1996 in Mannheim, S. 26, definiert Effizienz als die „Dimension der Ressourcen". Siehe auch derselbe, Die Transformation der Demokratie und die Bedeutung des zivilgesellschaftlichen Sektors im politischen System moderner Gesellschaften, in: Klaus M. Schmals/Hubert Heinelt, Zivile Gesellschaft, Opladen 1997, S. 323, 325 (Steuereffizienz im Sinne von „Wirtschaftlichkeit").

516 Ernest Gellhorn/Ronald M. Levin, Administrative Law and Process, 1997, S. 6.

der Transparenz. Zu der zweiten Kategorie gehören die Voraussetzungen der Effektivität, der Effizienz und der Akzeptanz. An diesen fünf Kriterien sollen der Beschwerdekammern des Harmonisierungsamtes und des Sortenamtes im Folgenden gemessen werden.

II. Die Legitimation der Beschwerdekammern

Die Bewertung der Legitimation der Beschwerdekammern innerhalb des Institutionengefüges der Europäischen Gemeinschaft wird vorrangig anhand der Entscheidungspraktiken der Beschwerdekammern des Harmonisierungsamtes durchgeführt werden. Wie bereits einleitend erwähnt, liegt der Grund für diese unterschiedliche Gewichtung darin, dass die Beschwerdekammer des Sortenamtes bislang erst eine handvoll Entscheidungen erlassen hat. Auch sind diese Entscheidungen bislang nicht durch das Gericht erster Instanz überprüft worden. Die Vielzahl der Entscheidungen der Beschwerdekammern des Harmonisierungsamtes und die entsprechende Rechtsprechung des Gerichts erster Instanz und des Europäischen Gerichtshofes bieten daher eine bessere Basis für eine Auswertung vorhandener Daten.

1. Verantwortlichkeit

Für einen hohen Grad an Legitimation ist zunächst die Verantwortlichkeit des hoheitlich Handelnden gegenüber den Regierten von besonderer Bedeutung. Diese Verantwortlichkeit kommt in Verantwortlichkeitsbeziehungen der Beschwerdekammern zu den Organen der Europäischen Gemeinschaft, den Mitgliedstaaten und der Öffentlichkeit zum Ausdruck.[517] Aufgrund der Möglichkeit der Kontrolle durch die Organe der Europäischen Gemeinschaft, der Mitgliedstaaten und der Allgemeinheit kann dem Risiko entgegengesteuert werden, dass die Beschwerdekammern zu Zentren willkürlicher Machtausübung werden.

a) Festschreibung der Aufgaben und Kompetenzen

Um die Beschwerdekammern kontrollierbar zu machen, bedarf es zunächst einer klaren Aussage über die ihnen übertragenen Aufgaben und Befugnisse.[518] Wie oben in Teil 2 dargelegt worden ist, geben insbesondere die Verordnungen Nr. 40/94 und Nr. 2100/94 in Ergänzung durch die Durchführungsverordnungen der Kommission relative klare Vorgaben, über diejenigen Aufgaben, die den Beschwerdekammern übertragen worden sind, und über die Kompetenzen, die den Beschwerdekammern zur Erfüllung dieser Aufgaben zustehen sollen.

---

[517] Michelle Everson, Independent Agencies: Hierarchy Beaters?, Europ. L. J., Band 1, 1995, S. 180, 199.

[518] Michelle Everson, Independent Agencies: Hierarchy Beaters?, Europ. L. J., Band 1, 1995, S. 180, 199 mit ausführlicher Begründung; siehe auch Renaud Dehousse, Regulation by Networks in the European Community: The Role of European Agencies, J. Europ. Pub. Pol., Band 4, 1997, S. 246, 258. Im englischsprachigen Raum wird insofern von dem Erfordernis nach einem „statement of aims" gesprochen. Siehe auch Giandomenico Majone, Regulatory Legitimacy, in: ders., Regulating Europe, London 1996, S. 284, 292.

b) Verantwortlichkeitsbeziehungen zu den Organen der Gemeinschaft

Was die Verantwortlichkeitsbeziehungen zu den Organen der Europäischen Gemeinschaft anbetrifft, so sind sie am stärksten gegenüber dem Gericht erster Instanz und dem Europäischen Gerichtshof ausgeprägt.

(1) Verantwortlichkeit gegenüber den Gerichten

Wie im Teil 5 dargestellt worden ist, zeichnet sich die Kontrolle der Beschwerdekammern des Harmonisierungsamtes durch das Gericht erster Instanz und den Europäischen Gerichtshof dadurch aus, dass die Kontrollbefugnisse weiter reichen, als dies bei der gerichtlichen Überprüfung der Entscheidungen anderer Organe der Europäischen Gemeinschaft der Fall ist. Dieser Effekt wird praktisch zwar in zweierlei Weise abgeschwächt. Erstens wird in der Praxis nur gegen eine geringe Anzahl der Entscheidungen der Beschwerdekammern überhaupt Klage erhoben. Zweitens sind die wenigen Urteile im Bereich des Markenrechts in ihren rechtlichen Wirkungen für die nachfolgenden Entscheidungen des Harmonisierungsamtes begrenzt. Die analysierten Schwächen im System der gerichtlichen Kontrolle ändern jedoch nichts an der Grundaussage, dass der rechtlichen Konzeption zufolge zwischen den Beschwerdekammern des Harmonisierungsamtes und dem Gericht erster Instanz sowie dem Europäischen Gerichtshof eng definierte Verantwortungsbeziehungen bestehen.

(2) Verantwortlichkeit gegenüber den anderen Gemeinschaftsorganen

Was die Verantwortlichkeitsbeziehungen zu den anderen Organen der Gemeinschaft anbetrifft, so ist im Teil 4 bereits ausführlich auf ihr Verhältnis zum Harmonisierungsamt und Sortenamt eingegangen worden. Diese Ausführungen sind im vorliegenden Zusammenhang insofern relevant, als sie sich auf das Verhältnis zu den Beschwerdekammern selbst übertragen lassen.

(a) Verantwortlichkeit gegenüber der Kommission

Hinsichtlich der Verantwortlichkeitsbeziehungen zur Kommission ist festzustellen, dass sich diese im Verhältnis zu den Beschwerdekammern beider Ämter im wesentlichen auf die Beteiligung der Kommission beim Erlass von Rechtsakten beschränken. Dies gilt insbesondere für den Erlass und Entwurf der Verfahrensordnung für die Beschwerdekammern[519] und die Durchführungsverordnung zur Verordnung Nr. 2100/94, durch die die Tätigkeiten der Beschwerdekammern in Ergänzung zu den Grundverordnungen geregelt werden.

[519] Gestützt auf die Artikel 140, 141 der Verordnung Nr. 40/94 entwirft die Kommission eine Durchführungsverordnung und eine Verfahrensordnung für die Beschwerdekammern. Stimmt der Entwurf mit einer späteren Stellungnahme des aus Vertretern der Mitgliedstaaten und einem Vertreter der Kommission bestehenden Ausschusses überein, so erlässt die Kommission die Maßnahme. Ansonsten unterbreitet die Kommission dem Rat einen Vorschlag, über den dann der Rat beschließt.

Andere Aspekte wie etwa die Rechenschaftspflicht des Harmonisierungsamtes und des Sortenamtes in Haushalts- und Finanzangelegenheiten[520] oder die Pflicht des Präsidenten des Harmonisierungsamtes zur Vorlage eines Tätigkeitsberichts werden dagegen nicht zu einer effektiven Kontrolle der Beschwerdekammern seitens der Kommission führen. Denn die finanzielle Selbständigkeit der Beschwerdekammern limitiert den Umfang, in dem die Kommission Zuwendung von Ressourcen regulieren kann. Es verbleibt insofern nur eine Rechtskontrolle der Aktivitäten des Haushaltsausschusses des Harmonisierungsamtes bzw. des Verwaltungsrates des Sortenamtes in Haushaltsangelegenheiten nach Artikel 188 Absatz 1 2. Alt. der Verordnung Nr. 40/94 bzw. nach Artikel 44 Absatz 1 2. Alt. der Verordnung Nr. 2100/94.

Eine Besonderheit gilt für das Verhältnis der Kommission zu der Beschwerdekammer des Sortenamtes. Insofern stehen der Kommission gewisse Einflussnahmemöglichkeiten hinsichtlich der personellen Besetzung des Vorsitzenden der Beschwerdekammer zu. Wie oben bereits ausgeführt, schlägt die Kommission nämlich gemäß Artikel 47 Absatz 1 der Verordnung Nr. 2100/94 eine Liste vor, von welcher der Vorsitzende der Kammer ernannt wird. Entsprechend kann die Kommission nach Absatz 5 derselben Vorschrift einen dahingehenden Antrag stellen, dass der Vorsitzende aus seinem Amt enthoben wird.[521] Hinsichtlich der Besetzung der Beschwerdekammern des Harmonisierungsamtes bleibt der Kommission insofern nur der indirekte Weg über die Vertretung im Verwaltungsrat, der die Kandidatenliste aufstellt. Die Einflussnahmemöglichkeiten der Kommission sind insoweit jedoch vernachlässigenswert, da dem Vertreter der Kommission im Verwaltungsrat des Harmonisierungsamtes nach Artikel 124 Absatz 5 der Verordnung Nr. 40/94 kein Stimmrecht zukommt.[522]

(b) Verantwortlichkeit gegenüber dem Rat

Auch die schwach ausgeprägte Kontrolle durch den Rat erfolgt in erster Linie in der Zeitspanne vor der Vornahme konkreter Handlungen seitens der Beschwerdekammern. So ist der Rat maßgeblich am Erlass von Rechtssätzen beteiligt, die die Reichweite der Kompetenzen der Beschwerdekammern bestimmen. Des Weiteren ist der Rat in den Ernennungsprozess der Mitglieder der Beschwerdekammern eingebunden. Insofern liegen die Einwirkungsmöglichkeiten des Rates darin, dass dieser an-

---

[520] Der Haushaltsausschuss des Harmonisierungsamtes übermittelt der Kommission den Voranschlag des Haushaltes, soweit in den Haushaltsvoranschlägen ein Gemeinschaftszuschuss vorgesehen ist. In ähnlicher Weise wird der Kommission der Jahresabschluss zugeleitet. In beiden Fällen steht der Kommission dabei jedoch kein Beanstandungsrecht zu.

[521] Nach Artikel 73 Absatz 3 der Verordnung Nr. 2100/94 in ihrer alten Fassung war die Kommission außerdem berechtigt, Rechtsbeschwerde zum Gericht erster Instanz gegen eine Beschwerdeentscheidung der Beschwerdekammer einzulegen. Es waren also nicht nur die Beteiligten, sondern auch die Kommission klagebefugt. Mit der Verordnung Nr. 2506/95 wurde Artikel 73 der Verordnung Nr. 2100/94 den Standards angeglichen, die für das Klageverfahren gegen Beschwerdeentscheidungen der Beschwerdekammern des Harmonisierungsamtes gelten. Im Zuge dieser Angleichung wurde das Klagerecht der Kommission gestrichen.

[522] Entsprechendes gilt grundsätzlich für den Vertreter der Kommission im Verwaltungsrat des Sortenamtes gemäß Artikel 41 der Verordnung Nr. 2100/94.

hand der Kandidatenliste[523] über die Ernennung der Mitglieder der Beschwerdekammern des Harmonisierungsamtes sowie über die Ernennung des Vorsitzenden der Beschwerdekammer des Sortenamtes und dessen Stellvertreter entscheidet.

Zwar übt der Rat auch nachträgliche Kontrolle auf die Beschwerdekammern durch die die Entlassung der Mitglieder der Beschwerdekammern aus. Die dem Rat insoweit zustehenden Rechte bleiben jedoch hinter denen bei der Ernennung der Mitglieder der Beschwerdekammern zurück. In Bezug auf die Entlassung der Mitglieder der Beschwerdekammern beschränken sich die Kontrollmöglichkeiten des Rates nämlich darauf, einen Antrag auf Entlassung der Mitglieder der Beschwerdekammern des Harmonisierungsamtes zu stellen. Ein Entscheidungsrecht kommt dem Rat insofern nicht zu. Auch fehlt es an einem solchen Antragsrecht hinsichtlich der Mitglieder der Beschwerdekammer des Sortenamtes.

(c) Verantwortlichkeit gegenüber dem Parlament

Zwischen dem Europäischen Parlament und den Beschwerdekammern fehlt es an direkten Verantwortlichkeitsbeziehungen. Von der parlamentarischen Stellungnahme im Verfahren zum Erlass der Grundverordnungen abgesehen, beschäftigt sich das Europäische Parlament mit den Tätigkeiten der Beschwerdekammern des Harmonisierungsamtes und des Sortenamtes nicht. Soweit der Tätigkeitsbericht des Harmonisierungsamtes und die Rechnungen über die Einnahmen und Ausgaben des Harmonisierungsamtes auch Angaben über die Beschwerdekammern des Harmonisierungsamtes enthalten, ist das Parlament über die Beschwerdekammern des Harmonisierungsamtes informiert. Weitere Konsequenzen knüpfen sich an die Übermittlung der Daten jedoch nicht. Insbesondere stehen dem Parlament keine Handlungsbefugnisse gegenüber den Beschwerdekammern des Harmonisierungsamtes zu.

c) Verantwortlichkeitsbeziehungen zu den Mitgliedstaaten

Aus den obigen Ausführungen zum Verhältnis zwischen den Mitgliedstaaten und den beiden Ämtern lässt sich für den hiesigen Zusammenhang ableiten, dass die mitgliedstaatlichen Regierungen durch die Vertreter, die sie in den Verwaltungsrat, den Haushaltsausschuss und den Ausschuss für Gebühren, Durchführungsvorschriften und das Verfahren der Beschwerdekammern entsenden, die Möglichkeit haben, auf gewichtige interne Entscheidungen einzuwirken. Diese Entscheidungen können auch die Beschwerdekammern betreffen. Dies zeigt sich zum Beispiel in dem Verfahren zur

[523] Wie in Teil 4 bereits ausgeführt, ist der Rat dabei allerdings nicht zu einem Alleingang in der Lage. So kann der Rat die Kandidaten nicht allein frei auswählen, sondern entscheidet anhand einer ihm vom Verwaltungsrat des Harmonisierungsamtes vorgelegten Liste von maximal drei Kandidaten. Zwar steht dem Rat insofern die Letztentscheidungskompetenz zu. Die Reichweite seiner Entscheidungsmöglichkeiten wird allerdings von vornherein durch den Verwaltungsrat stark begrenzt. Dies mag an folgendem Beispiel verdeutlicht werden. Absatz 1 des Artikels 120 der Verordnung 40/94 lässt durchaus zu, dass die Kandidatenliste für die Position des Präsidenten aus lediglich einer Person besteht. Die Entscheidungskompetenz des Rates beschränkt sich dadurch auf die Annahme oder Ablehnung des vorgeschlagenen Kandidaten. Eine Wahlmöglichkeit zwischen mehreren Kandidaten entfällt insoweit.

Besetzung der Mitglieder der Beschwerdekammern des Harmonisierungsamtes, in dem der Verwaltungsrat für die Aufstellung der Kandidatenliste verantwortlich ist.

Das oben beschriebene Verhältnis der gegenseitigen Kooperation zwischen mitgliedstaatlichen Behörden bzw. Gerichten und den Ämtern ist nicht geeignet, Verantwortlichkeitsbeziehungen seitens der Beschwerdekammern gegenüber den Mitgliedstaaten zu begründen. Zwar mögen auch die Beschwerdekammern zu einem gewissen Ausmaß von der Möglichkeit der gegenseitigen Amtshilfe und der Beweisaufnahme durch mitgliedstaatliche Behörden profitieren. Dadurch wird den Beschwerdekammern jedoch keine Belastung in Form einer Rechenschaftspflicht auferlegt.

d) Verantwortlichkeit gegenüber der Öffentlichkeit

Die Verantwortlichkeit der Beschwerdekammern gegenüber der Öffentlichkeit zeichnet sich im wesentlichen dadurch aus, dass die Endentscheidungen der Beschwerdekammern über Beschwerden auf der Internetseite des jeweiligen Amtes in der Sprache des Verfahrens allgemein zugänglich gemacht werden.[524] Dies umfasst auch einen Hinweis auf Urteile des Gerichts erster Instanz und des Europäischen Gerichtshofs, sollte die Entscheidung der Beschwerdekammer angefochten worden sein. Die Entscheidungen der Beschwerdekammer des Sortenamtes werden außerdem gemäß Artikel 89 der Verordnung Nr. 1239/95 im Amtsblatt des Gemeinschaftlichen Sortenamtes veröffentlicht. Ausgewählte Entscheidungen der Beschwerdekammern des Harmonisierungsamtes erscheinen im Amtsblatt des Harmonisierungsamtes.[525]

In Hinblick auf die Veröffentlichung der Entscheidungen der Beschwerdekammern – ebenso wie hinsichtlich der oben beschriebenen Veröffentlichung anderer Handlungen und Entscheidungen des Harmonisierungsamtes[526] und des Sortenamtes – fällt auf, dass der Öffentlichkeit stets nur Endentscheidungen zugänglich gemacht werden. Wird demnach über Verfahrensabschnitte oder Zwischenentscheidungen nicht in allgemein zugänglicher Weise berichtet, so bleibt der Entscheidungsprozeß für Außenstehende undurchsichtig. Dabei wäre es durchaus aufschlussreich zu erfahren, welche Erwägungen die Ausgangsinstanz, meistens der Prüfer, im Rahmen des Abhilfeverfahrens in Betracht zieht, bevor die Beschwerdekammer ihre entgültige

---

[524] Für die Beschwerdekammern des Harmonisierungsamtes siehe hhtp://oami.eu.int/search/legaldocs/la/DE_boa_index.cfm; für die Beschwerdekammer des Sortenamtes siehe http://www.cpvo.eu.int/en/Default.html.

[525] http://oami.eu.int/de/diff/officialj.htm.

[526] Zu den speziellen Veröffentlichungspflichten zählt die Verpflichtung, jede Anmeldung einer Gemeinschaftsmarke zu veröffentlichen, sofern bestimmte Mindesterfordernisse erfüllt werden. Darüber hinaus unterliegen die Zurückweisung der Anmeldung nach ihrer Bestandskraft, die Zurücknahme der Anmeldung und die Einschränkung des angemeldeten Verzeichnisses an Waren und Dienstleistungen, die Eintragung der Änderung der Gemeinschaftsmarke sowie die Erklärung fehlender ausschließlicher Rechte an einem Bestandteil einer Marke der Veröffentlichungspflicht. Andere Veröffentlichungen erfolgen dagegen erst auf Antrag der Beteiligten. Dies gilt insbesondere für den Rechtsübergang, das Bestehen eines Pfandrechts oder anderer dinglicher Rechte, Zwangsvollstreckungsmaßnahmen sowie Lizenzrechte an der Gemeinschaftsmarke.
Das Harmonisierungsamt gibt zwei Publikationen heraus, namentlich das Amtsblatt und das Blatt für Gemeinschaftsmarken. Letzteres gibt die Eintragungen in das Register für Gemeinschaftsmarken wieder und enthält sonstige Angaben, zu deren Veröffentlichung das Harmonisierungsamt verpflichtet ist.

Entscheidung über die Beschwerde fällt. Auch bestünde ein Interesse daran, stets zu erfahren, welche Stellungnahme der Präsident des Harmonisierungsamtes abgibt, soweit er an Verfahren vor den Beschwerdekammern beteiligt ist.

e) Zusammenfassung

Die Verantwortlichkeitsbeziehungen zwischen den Beschwerdekammern und dem Gericht erster Instanz sowie der Öffentlichkeit sind – von den beschriebenen Schwächen abgesehen – eng ausgestaltet. Die Rechenschaftspflichten gegenüber den anderen Organen der Gemeinschaft sowie gegenüber den Mitgliedstaaten sind dagegen schwach ausgeprägt.

Was das Verhältnis zum Gericht erster Instanz und zum Europäischen Gerichtshof anbetrifft, so besteht die Perspektive, dass sich der Grad der Verantwortlichkeit der Beschwerdekammern in Zukunft weiter erhöht. Im Zuge des zunehmenden Fallrechts des Gerichts erster Instanz und des Europäischen Gerichtshofs im Bereich des gemeinschaftlichen Markenrechts und Sortenrechts wird es immer vorhersehbarer werden, welches Urteil das Gericht im Falle einer Klageerhebung seitens der belasteten Partei erlassen wird. Entsprechend werden die Beschwerdekammern eher in der Lage sein, den Standpunkt des Gerichts erster Instanz in zuverlässigerer Weise vorherzubestimmen und bereits im Rahmen der Entscheidung über die Beschwerde die vermeintliche Rechtsauffassung des Gerichts mit in ihre Überlegungen einfließen zu lassen. Auf diese Weise wird der Verantwortlichkeitsbeziehung zwischen den Beschwerdekammern und den Gerichten der Europäischen Gemeinschaft ein zusätzlicher Aspekt hinzugefügt, der auf eine vor Erlass der Beschwerdeentscheidung wirkende Kontrolle hinausläuft.[527]

2. Transparenz

Als weiterer Aspekt, der zu einem hohen Grad an Legitimation einer Einrichtung beiträgt, ist die Transparenz des Handelns der Beschwerdekammern zu prüfen.

a) Begriff der Transparenz

Der Begriff der Transparenz ist freilich ein vielverwandter Begriff. So wird er nicht nur in anderen Rechtsordnungen als der der Europäischen Gemeinschaft,[528] sondern auch über den Bereich des Rechts hinaus[529] benutzt. Aber selbst im Kontext des Europäischen Gemeinschaftsrechts wird der Begriff der Transparenz zur Beschrei-

---

[527] Vgl. Francesca Bignami, The Democratic Deficit in European Community Rulemaking: A Call for Notice and Comment in Comitology, Harv. Int'l L. J., Band 40, 1999, S. 451, 497.

[528] Aus dem US-amerikanischen Schrifttum siehe etwa Colin S. Diver, The Optimal Precision of Administrative Rules, Yale L. J., Band 93, 1983, S. 65; K. D. Ewing, A Theory of Democratic Adjudication: Towards a Representative, Accountable and Independent Judiciary, Alberta L. Rev., Band 38, 2000, S. 708.

[529] William B. T. Mock, An Interdisciplinary Introduction to Legal Transparency: A Tool for Rational Development, Dick. J. Int'l L., Band 18, 2000, S. 293.

bung verschiedener Rechtsbeziehungen verwendet.[530] So unterscheidet etwa *Bo Vesterdorf* zwischen vier Rechtsprinzipien, die sich alle unter das Transparenzgebot fassen lassen: (1) das Recht zur Begründung administrativer und judikativer Entscheidungen, (2) das Recht, vor Erlass einer Entscheidung gehört zu werden, (3) das Recht der Parteien auf Akteneinsicht und (4) das Recht der Allgemeinheit auf Zugang[531] zu den der Einrichtung bekannten Informationen.[532] Im vorliegenden Zusammenhang, nämlich der Beurteilung der Legitimation einer Einrichtung, interessiert allein der vierte Gesichtspunkt der Zugänglichkeit der Informationen und Dokumente[533] für die Allgemeinheit. Dabei macht es im hier fraglichen Kontext keinen Unterschied, ob Transparenz objektiv in Hinblick auf die tatsächliche Offenheit der Tätigkeiten der Einrichtung oder in ihrer subjektiv-rechtlichen Verkörperung[534] als Recht auf Zugang betrachtet wird. Hält nämlich eine Institution diejenigen Standards ein, die das gemeinschaftsrechtliche Transparenzgebot gebietet, so werden die tatsächliche Zugänglichkeit und das Recht auf Zugang zumindest deckungsgleich sein oder aber die Praxis der Offenlegung sogar über die zwingend gesetzlich vorgeschriebenen subjektiven Zugangsrechte der Allgemeinheit hinausgehen.

---

[530] Dazu insbesondere Christoph Sobotta, Transparenz in den Rechtsetzungsverfahren der Europäischen Union: Stand und Perspektiven des Gemeinschaftsrechts unter besonderer Berücksichtigung des Grundrechtes auf Zugang zu Informationen, Baden-Baden 2001, S. 24; Bo Versterdorf, Transparency – Not Just a Vogue Word, Fordham Int'l L. J., Band 22, 1999, S. 902.

[531] Zum Grundrecht auf Zugang zu Dokumenten ausführlich Christoph, Transparenz in den Rechtssetzungsverfahren der Europäischen Union: Stand und Perspektiven des Gemeinschaftsrechts unter besonderer Berücksichtigung des Grundrechtes auf Zugang zu Informationen, Baden-Baden 2001, S. 278-431; Deirdre Curtin/Herman Meijers, The Principle of Open Government in Schengen and the European Union: Democratic Retrogression, Common Market L. Rev., Band 32, 1995, S. 391, 417 ff.; Deirdre Curtin, Betwixt and between: democracy and transparency in the governance of the EU, in: Jan Winter/Deirdre Curtin, Reforming the Treaty on the European Union, Den Haag 1996, S. 95; Frédérique Lafay, L'accès aux documents du Conseil de l'Union: contribution à une problematique de la transparance en droit communautaire, RTDE 1997, S. 37; Andrea Biondi, Access to Documents in the EU, European Business L. Rev. 1998, S. 221, 223 f.; Michael O'Neill, The Right of Access to Community-Held Documentation as a General Principle of EC Law, Europ. Public L. 1998, S. 403; Peter Dyrberg, Current Issues in the Debate on Public Access to Documents, Europ. L. Rev., Band 24, 1999, S. 157; Inger Österdahl, Openness v. Secrecy: Public Access to Documents in Sweden and the European Union, Europ. L. Rev., Band 23, 1998, S. 336, 345 ff. Siehe auch Jean-Claude Piris, After Maastricht, are the Community Institutions More Efficacious, More Democratic and More Transparent?, Europ. L. Rev., Band 19, 1994, S. 449.

[532] Bo Versterdorf, Transparency – Not Just a Vogue Word, Fordham Int'l L. J., Band 22, 1999, S. 902, 903.

[533] In der Erklärung zum Recht zum Zugang von Informationen zum Vertrag von Amsterdam, ABl. C 191 vom 29. Juli 1992, S. 101, ist noch von der Zugänglichkeit von Informationen die Rede. In den späteren Rechtsakten über den Zugang von Dokumenten einzelner Gemeinschaftsorgane wird dagegen allein der Begriff des Dokuments und nicht der Information verwendet. Zu den Bedeutungsunterschieden zwischen dem Recht auf Zugang zu einem Dokument und zu Informationen siehe Bo Versterdorf, Transparency – Not Just a Vogue Word, Fordham Int'l L. J., Band 22, 1999, S. 902, 920-922; Schlussanträge des Generalanwalts Tesauro vom 28. November 1995, Rs. C-58/94 (Königreich der Niederlande gegen Rat), Sammlung der Rechtsprechung 1996, I-2169, Rn 20; Urteil des Gerichts erster Instanz vom 29. Juni 1995, Rechtssache T-30/91 (Solvay SA gegen Kommission), Sammlung der Rechtsprechung 1996, Seite II-1775, Rn 92.

[534] So die Formulierung bei Christoph Sobotta, Transparenz in den Rechtssetzungsverfahren der Europäischen Union: Stand und Perspektiven des Gemeinschaftsrechts unter besonderer Berücksichtigung des Grundrechtes auf Zugang zu Informationen, Baden-Baden 2001, S. 27.

Wird demnach hier Transparenz in dem Sinne verwendet, dass für die Allgemeinheit und die betroffenen Individuen Zugang zu solchen Informationen besteht, die im Zusammenhang bereits ergangener oder zukünftiger Entscheidungen bzw. anderer Handlungen der Einrichtung von Bedeutung sind,[535] so erhöht dies dadurch die Legitimation der Institution, dass die Partizipation an den Entscheidungsprozessen und die Kontrolle der Entscheidungsergebnisse erleichtert wird. Dementsprechend verteidigen in der gegenwärtigen Debatte über das Demokratiedefizit in der Europäischen Union sowohl diejenigen Stimmen in der Literatur, die das zunehmende Demokratiedefizit kritisieren,[536] als auch die Organe der Europäischen Gemeinschaft selbst[537] die Offenheit der europäischen Institutionen gegenüber der Allgemeinheit. Es wird in Kauf genommen, dass sich eine ununterbrochene demokratische Legitimationskette nicht herstellen lässt. Regelmäßig werden die begrenzten Aufgaben und Befugnisse des Europäischen Parlaments, das Fehlen einer klaren Gewaltenteilung und die Abwesenheit eines einzigen Demos als Hauptgründe für die Unherstellbarkeit einer uneingeschränkten demokratischen Legitimation genannt.[538] Das Partizipationsmodel, die weitmöglichste Einbeziehung der Regierten in die Entscheidungsprozesse der Regierenden, wird als beste Alternative gehandelt. Um eine solche Partizipation

---

[535] Bo Versterdorf, Transparency – Not Just a Vogue Word, Fordham Int'l L. J., Band 22, 1999, S. 902.

[536] Siehe etwa Francesca E. Bignami, The Democratic Deficit in European Community Rulemaking: A Call for Notice and Comment in Comitology, Harv. Int'l L. J., Band 40, 1999, S. 455; Joseph H.H. Weiler, Epilogue: "Comitology" as Revolution – Infranationalism, Constitutionalsm and Democracy, in: Christian Joerges/Ellen Vos (Hrsg.), EU Committees: Social Regulation, Law and Politics, Oxford 1999, S. 339; Armin von Bogdandy, The European Union as a Supranational Federation: A Conceptual Attempt in the Light of the Amsterdam Treaty, Colum. J. Eur. L., Band 6, 2000, S. 27, 44; Mauro Cappelletti/Monica Seccombe/Joseph H. H. Weiler, Integration Through Law: Europe and the American Federal Experience - A General Introduction, in: Mauro Cappelletti/Monica Seccombe/Joseph H. H. Weiler (Hrsg.), Integration Through Law, Berlin 1986, Band I/1, S. 25 ff.; Jean-Claude Piris, After Maastricht: Are the Community Institutions More Efficacious, More Democratic and More Transparent?, Eur. L. Rev., Band 19, 1994, S. 449.

[537] Dies zeigt sich anhand der erlassenen Rechtsakte über den Zugang zu den Dokumenten des jeweiligen Organs: 93/730/EG: Verhaltenskodex für den Zugang der Öffentlichkeit zu Rats- und Kommissionsdokumenten, ABl. Nr. L 340 vom 31. Dezember 1993, S. 41-42; 96/567/EG, EGKS, Euratom: Beschluss der Kommission vom 19. September 1996 zur Änderung des Beschlusses 94/90/EGKS, EWG, Euratom über den Zugang der Öffentlichkeit zu den der Kommission vorliegenden Dokumenten, ABl. Nr.. L 247 vom 28. September 1996, S. 45; Bestimmungen betreffend den Zugang der Öffentlichkeit zu Unterlagen der Bank vom Direktorium der EIB verabschiedet am 26. März 1997, ABl. C 243 vom 9. August 1997, S. 13-15; 97/632/EG, EGKS, Euratom: Beschluss des Europäischen Parlaments vom 10. Juli 1997 über den Zugang der Öffentlichkeit zu den Dokumenten des Europäischen Parlaments, ABl. Nr. L 263 vom 25. September 1997, S. 27-29; Beschluss des Wirtschafts- und Sozialausschusses betreffend den Zugang der Öffentlichkeit zu Dokumenten des WSA, ABl. L 339 vom 10. Dezember 1997, S. 18; Beschluss des Ausschusses der Regionen vom 17. September 1997 über den Zugang der Öffentlichkeit zu Dokumenten des Ausschusses der Regionen, ABl. L 351 vom 23. Dezember 1997, S. 70-71; Beschluss der Europäischen Zentralbank vom 3. November 1998 über den Zugang der Öffentlichkeit zur Dokumentation und zu den Archiven der Europäischen Zentralbank (EZB/1998/12), ABl. L 110 vom 28. April 1999, S. 30-32.

[538] Siehe etwa Joseph H.H. Weiler, The Transformation of Europe, Yale L. J., Band 100, 1991, S. 2403; Manfred Zuleeg, What Holds a Nation Together? Cohesion and Democracy in the United States of America and in the European Union, Am. J. Comp. L, Band 45, 1997, S. 505.

zu ermöglichen, bedarf es eines hohen Grades an Transparenz. Das Harmonisierungsamt und das Sortenamt mit ihren Beschwerdekammern sind nicht von dem Druck der Öffentlichkeit und der Gemeinschaftsorgane befreit, ihren Beitrag zur Möglichkeit der Partizipation der Regierten zu leisten.

Ein hoher Grad an Transparenz wird durch das Zusammenwirken zweier Komponenten erreicht. Zum einen sind die tatsächlichen Veröffentlichungspraktiken von Bedeutung. Zum anderen unterstützen klare Regeln über die Veröffentlichung und Erteilung von Auskünften die Durchsichtigkeit der Verfahren und ihrer Ergebnisse. In Hinblick auf den zweiten Aspekt wurde vom Europäischen Bürgerbeauftragten die Wichtigkeit gesetzlicher und administrativer Regeln über die Zugänglichkeit von Dokumenten betont. Bereits die Existenz solcher Regeln fördere Transparenz in dreierlei Hinsicht.[539]

(1) Das Verfahren zum Erlass von Transparenzvorschriften verlangt von der Institution, dass sie prüft, inwiefern in Hinblick auf einzelne Dokumente eine Geheimhaltung erforderlich ist. Dieser Vorgang trägt bereits zu einem höheren Grad an Offenheit bei.
(2) Wenn die Regeln verabschiedet und veröffentlicht werden, können dieselben zum einen in der Öffentlichkeit diskutiert werden. Zum anderen werden Einzelne von ihren Auskunftsrechten bzw. Einsichtsrechten informiert.
(3) Klare Vorschriften erleichtern die ordnungsgemäße Verwaltung in dem Sinne, dass Beamte Dokumentenanfragen korrekter und schneller bearbeiten können.[540]

b) Transparenz der Handlungen der Beschwerdekammern

Zur Beurteilung der Transparenz der Handlungen der Beschwerdekammern ist zunächst zu klären, inwieweit rechtliche Vorgaben für die Zugänglichkeit der Informationen der Beschwerdekammern bestehen.

Für die Gemeinschaftsorgane ist der Grundsatz der Zugänglichkeit der Informationen für die Allgemeinheit erstmalig in der Erklärung zum Vertrag von Maastricht zum Recht auf Zugang zu Informationen niedergelegt worden.[541] Im Anschluss daran ist für das Europäische Parlament, den Rat und Kommission durch den mit dem Amsterdamer Vertrag vom 2. Oktober 1997 neu eingeführten Artikel 255 (ex Artikel

---

[539] Der Europäische Bürgerbeauftragte, Jahresbericht 1996, 22. April 1997, http://www.euro-ombudsman.eu.int/report96/pdf/de/rap96_de.pdf, S. 85. Siehe dazu auch Bo Versterdorf, Transparency – Not Just a Vogue Word, Fordham Int'l L. J., Band 22, 1999, S. 902, 927; Dorothee Fischer-Appelt, Agenturen der Europäischen Gemeinschaft, Berlin 1999, S. 452 f.

[540] Der Europäische Bürgerbeauftragte, Jahresbericht 1996, 22. April 1997, http://www.euro-ombudsman.eu.int/report96/pdf/de/rap96_de.pdf, S. 85.

[541] Vertrag über die Europäische Union - Erklärung zum Recht auf Zugang zu Informationen ABl. C 191 vom 29. Juli 1992, S. 101: Die Konferenz ist der Auffassung, dass die Transparenz des Beschlussverfahrens den demokratischen Charakter der Organe und das Vertrauen der Öffentlichkeit in die Verwaltung stärkt. Die Konferenz empfiehlt daher, dass die Kommission dem Rat spätestens 1993 einen Bericht über Maßnahmen vorlegt, mit denen die den Organen vorliegenden Informationen der Öffentlichkeit besser zugänglich gemacht werden sollen.

191 a) EGV das Recht des Unionsbürgers auf Zugang zu den Dokumenten der genannten Organe primärrechtlich verankert worden. Für die anderen Gemeinschaftsorgane fehlt es an einer entsprechenden ausdrücklichen primärrechtlichen Regelung.[542] Man mag insofern allenfalls an eine analoge Anwendung des Artikels 255 (ex Artikels 191 a) EGV denken.[543] Eine solche könnte vor dem Hintergrund geboten sein, dass nach dem ebenfalls neu eingeführten Artikel 1 Absatz 2 EUV der Vertrag „eine neue Stufe bei der Verwirklichung einer immer engeren Union der Völker Europas [darstellt], in der die Entscheidungen möglichst offen und möglichst bürgernah getroffen werden".[544] Praktisch wird eine analoge Anwendung der genannten primärrechtlichen Vorschrift kaum relevant werden, da die Gemeinschaftsorgane inzwischen abschließende interne Rechtssätze über den Zugang ihrer Dokumente erlassen haben.[545]

Wie oben bereits ausgeführt, ist auch für das Sortenamt in Artikel 88 der Verordnung Nr. 2100/94 ein allgemeines Einsichtsrecht jedermanns in die Register des Sortenamtes und bei Bestehen eines berechtigten Interesses auch in weitere Unterlagen vorgesehen. Da das Amtsblatt des Gemeinschaftlichen Sortenamtes aufgrund von Artikel 89 der Verordnung Nr. 1239/95 ebenfalls die Entscheidungen der Beschwerdekammern enthält, ist auf diese Weise gleichzeitig das allgemeine Zugangsrecht zu den Entscheidungen der Beschwerdekammer rechtlich abgesichert. Für die Allgemeinheit unzugänglich bleiben dagegen die Vorgänge vor Erlass der Endentscheidung der Beschwerdekammer. Dies gilt insbesondere für Schriftsätze der Parteien, Beweisbeschlüsse und andere eventuelle Zwischenentscheidungen der Beschwerdekammer.

Für das Harmonisierungsamt und dessen Beschwerdekammern fehlt es dagegen an vergleichbaren Regeln. Insofern bleibt die Frage nach der analogen Anwendbarkeit

[542] Für den Erlass sekundärrechtlicher Vorschriften gestützt auf Artikel 255 Absatz 2 (und 308) EGV für die anderen eigenständigen Institutionen des Primärrechts sowie für die abgeleiteten Institutionen aussprechend Christoph Sobotta, Transparenz in den Rechtssetzungsverfahren der Europäischen Union: Stand und Perspektiven des Gemeinschaftsrechts unter besonderer Berücksichtigung des Grundrechtes auf Zugang zu Informationen, Baden-Baden 2001, S. 390.

[543] Die Beschränkung von Artikel 255 Absatz 1 EGV auf das Parlament, den Rat und die Kommission in Frage stellend Bo Versterdorf, Transparency – Not Just a Vogue Word, Fordham Int'l L. J., Band 22, 1999, S. 902, 926.

[544] Auf diese Vorschrift hinweisend Bo Versterdorf, Transparency – Not Just a Vogue Word, Fordham Int'l L. J., Band 22, 1999, S. 902, 926 f.

[545] 93/730/EG: Verhaltenskodex für den Zugang der Öffentlichkeit zu Rats- und Kommissionsdokumenten, ABl. Nr. L 340 vom 31. Dezember 193, S. 41-42; 96/567/EG, EGKS, Euratom: Beschluss der Kommission vom 19. September 1996 zur Änderung des Beschlusses 94/90/EGKS, EWG, Euratom über den Zugang der Öffentlichkeit zu den der Kommission vorliegenden Dokumenten, ABl. Nr. L 247 vom 28. September 1996, S. 45; Bestimmungen betreffend den Zugang der Öffentlichkeit zu Unterlagen der Bank vom Direktorium der EIB verabschiedet am 26. März 1997, ABl. C 243 vom 9. August 1997, S. 13-15; 97/632/EG, EGKS, Euratom: Beschluss des Europäischen Parlaments vom 10. Juli 1997 über den Zugang der Öffentlichkeit zu den Dokumenten des Europäischen Parlaments, ABl. Nr. L 263 vom 25. September 1997, S. 27-29; Beschluss des Wirtschafts- und Sozialausschusses betreffend den Zugang der Öffentlichkeit zu Dokumenten des WSA, ABl. L 339 vom 10. Dezember 1997, S. 18; Beschluss des Ausschusses der Regionen vom 17. September 1997 über den Zugang der Öffentlichkeit zu Dokumenten des Ausschusses der Regionen, ABl. L 351 vom 23. Dezember 1997, S. 70-71; Beschluss der Europäischen Zentralbank vom 3. November 1998 über den Zugang der Öffentlichkeit zur Dokumentation und zu den Archiven der Europäischen Zentralbank (EZB/1998/12), ABl. L 110 vom 28. April 1999, S. 30-32.

des Artikels 255 (ex Artikel 191 a) EGV also relevant. Eine solche würde im Ergebnis wahrscheinlich mangels vergleichbarer Interessenlage abgelehnt werden, da es sich bei den Beschwerdekammern nicht um Organe der Gemeinschaft, sondern um Dienststellen einer von den Gemeinschaftsorganen institutionell losgelösten Agentur handelt. Trotz des Fehlens ausdrücklicher Regelungen über die Veröffentlichung und über den Zugang der Öffentlichkeit, sind – wie oben bereits ausgeführt - die Entscheidungen der Beschwerdekammern des Harmonisierungsamtes dennoch allgemein zugänglich. Das Harmonisierungsamt benutzt dafür vorrangig das Medium des Internets. Ausgewählte Entscheidungen der Beschwerdekammern werden außerdem im Amtsblatt des Harmonisierungsamtes veröffentlicht.[546] Dabei werden jedoch solche Entscheidungen, die nicht Entendscheidungen sind, von der Veröffentlichung ausgenommen.

Beurteilt man vor diesem Hintergrund den Grad der Transparenz der Beschwerdekammern anhand der beiden Aspekte der tatsächlichen Veröffentlichungspraxis und der Regeln über dieselbe, so ergibt sich folgendes Bild:

Die tatsächlichen Veröffentlichungspraktiken deuten auf eine durchaus weitgehende Transparenz hin. Insbesondere durch die Bereitstellung der Entscheidungen der Beschwerdekammern im Internet wird die leichte Zugänglichkeit derselben für die Öffentlichkeit gewährleistet. Kritik ist insofern allein in zweierlei Hinsicht angebracht. Erstens würde es zu weiterer Transparenz beitragen, wenn die Suchmaschine eine Suche nach Stichworten im Text der Beschwerdeentscheidungen ermöglichen würde. Derzeit reduziert sich die Suche auf die Nummern der Beschwerdesache bzw. der Gemeinschaftsmarkenanmeldung. Zweitens wäre die Einsichtnahme in Abschnitte des Verfahrens vor der Endentscheidung, wie etwa die Stellungnahmen des Präsidenten des Harmonisierungsamtes zu anhängigen Beschwerdesachen, im Interesse einer weitergehenden Transparenz wünschenswert.

Die Klarheit der gesetzlichen Regeln über Zugang der Informationen lassen dagegen vor allen Dingen in Hinblick auf die Beschwerdekammern des Harmonisierungsamtes Raum für Verbesserungen.[547] Insbesondere sollte eine Veröffentlichungspflicht seitens des Harmonisierungsamtes und ein Einsichtsrecht für jedermann ausdrücklich gesetzlich verankert werden.[548] Dies gilt im besonderen Maße vor dem Hintergrund, dass der Zugang zu den Dokumenten aufgrund von Geheimhaltungsinteressen nicht unbeschränkt gelten kann. Die entsprechende Diskussion darüber, in welchen abstrakten Fällen der Bedarf nach Vertraulichkeit besteht, sollte jedoch explizit und offen geführt werden.

---

[546] http://oami.eu.int/de/diff/officialj.htm.

[547] Von Michelle Everson, Independent Agencies: Hierarchy Beaters?, Europ. L. J., Band 1, 1995, S. 180, 201, ist zur Erhöhung der Transparenz sogar vorgeschlagen worden, einen einheitlichen *European Administrative Procedures Act* für alle Europäische Agenturen einzuführen. Dabei denkt sie wohl an den US-amerikanischen *Administrative Procedure Act* als Vorbild.

[548] Dieses Postulat steht vor dem Hintergrund, dass nach Artikel 1 Absatz 2 EUV ein offener Entscheidungsprozess erwünscht ist.

c) Zusammenfassung

Zusammenfassend lässt sich feststellen, dass hinsichtlich der Entscheidungen der Beschwerdekammern bereits ein beachtlicher Grad an Transparenz besteht. Jedoch ist das gegenwärtige System in zweierlei Hinsicht verbesserungsfähig. Erstens könnte die Offenheit des Verfahrens, das letztendlich zum Erlass der Entscheidung über die Beschwerde führt, erhöht werden. Zweitens würde in Bezug auf die Beschwerdekammern des Harmonisierungsamtes eine gesetzliche Verankerung von Veröffentlichungs- und Informationspflichten mehr Klarheit schaffen sowie die Durchsetzbarkeit von Informationsrechten verbessern.

3. Effektivität

Ebenso wie weitgehende Transparenz trägt auch ein hoher Grad an Effektivität maßgeblich zur Legitimation einer Einrichtung bei. Effektivität bedeutet in diesem Zusammenhang zufriedenstellende Erfüllung der übertragenen Aufgaben.

Um die so verstandene Effektivität zu messen, gibt es grundsätzlich zwei Ansatzpunkte. Zum einen dienen die institutionellen Stärken und Schwächen der Beschwerdekammern als Indiz für eine effektive Aufgabenerfüllung. Es geht dabei um die Frage, ob die Beschwerdekammern mit den notwendigen Eigenschaften und Mitteln ausgestattet sind, um die komplexen Probleme des gemeinschaftlichen Marken- und Sortenrechts zu lösen. Zum anderen deutet die Fairness, die durch die Entscheidungen der Beschwerdekammern erreicht wird, auf die Effektivität in der Aufgabenbewältigung hin.

a) Institutionelle Stärken und Schwächen

Die institutionellen Schwächen der Beschwerdekammern sind bereits im 3. Teil dieser Arbeit ausführlich behandelt worden. Dem stehen freilich institutionelle Stärken gegenüber. Die Spezialisierung und Expertise der Mitglieder der Beschwerdekammern, die Kontinuität in der Entscheidungspraxis und der technische Charakter der Entscheidungen sind die Hauptstärken des institutionellen Aufbaus der Beschwerdekammern. Auf diese soll im Folgenden näher eingegangen werden.

(1) Spezialisierung and Expertise

Eine der institutionellen Stärken der Beschwerdekammern liegt in der hohen Spezialisierung und Expertise[549] ihrer Mitglieder. Dieses Ergebnis wird im wesentlichen durch zwei Aspekte gestützt.

(a) Geringe gesetzliche Vorgaben für die Auswahl der Mitglieder

Erstens gibt es geringe gesetzliche Vorgaben für die Auswahl der Mitglieder der Beschwerdekammern.

---

549 Kritisch gegenüber der Schlußfolgerung, dass Expertise der Entscheidungsträger zu objektiver Streitbeilegung führt Louis Jaffe, Judicial Control of Administrative Action, Boston 1965, S. 25.

So bedürfen anders als bei der Besetzung des Gerichts erster Instanz und des Europäischen Gerichtshofes nicht alle Mitglieder der Beschwerdekammern einer juristischen Qualifikation. Vielmehr genügt für die Beschwerdekammern des Harmonisierungsamtes gemäß Artikel 130 Absatz 2 Satz 2 der Verordnung Nr. 40/94, dass zwei ihrer Mitglieder rechtskundig sind. Bei der Beschwerdekammer des Sortenamtes muss sogar nur der Vorsitzende der Kammer über juristische Qualifikationen verfügen. Für die weiteren Mitglieder kommt es auf technische Kenntnisse in dem Industriebereich bestimmter Marken bzw. Sorten an. Während die Beschwerdekammern des Harmonisierungsamtes fest besetzt werden, erfolgt die Besetzung der Beschwerdekammer des Sortenamtes nach Eingang der Beschwerde je nach der in dem Einzelfall erforderlichen technischen Spezialisierung.

Außerdem ist für die Besetzung der Beschwerdekammern weder gesetzlich eine Repräsentation der Mitgliedstaaten durch jeweils ein Mitglied in der Kammer vorgesehen, noch wird faktisch eine gleichmäßige Vertretung aller Mitgliedstaaten in den Beschwerdekammern hergestellt. Die Abwesenheit eines solchen Erfordernisses lässt sich auch nicht damit erklären, dass die Beschwerdekammern weniger Mitglieder haben, als es Mitgliedstaaten gibt, oder dass die Anzahl an Beschwerdekammern und damit die Gesamtzahl an Mitgliedern nicht fest bestimmt, sondern vielmehr am Bedarf orientiert ist. Denn trotz dieser Umstände hätte eine gleichmäßige Vertretung der Mitgliedstaaten dadurch gewährleistet werden können, dass ein rotierendes System oder eine gewichtete Vertretung nach Größe des Mitgliedstaates eingeführt worden wäre. Dennoch hat der Verordnungsgeber von einer derartigen Regel abgesehen. Vielmehr hat er sich für einen flexiblen Standard entschieden. Die Beschwerdekammern können daher mit Personen besetzt werden, die über diejenige Mischung an Talenten, Fähigkeiten und Erfahrungen verfügen, die für die Erfüllung der Aufgaben der Beschwerdekammern benötigt werden.

(b) Begrenzung des Sachgebiets

Zweitens sind sowohl die Beschwerdekammern des Harmonisierungsamtes als auch die Beschwerdekammer des Sortenamtes nur für ein begrenztes Rechtsgebiet zuständig, nämlich das gemeinschaftliche Markenrecht bzw. Sortenrecht. Damit unterscheidet sich die Weite des Zuständigkeitsbereiches der Beschwerdekammern von der der Gemeinschaftsgerichte, deren Spruchkörper grundsätzlich nicht auf ein Rechtsgebiet spezialisiert sind. Allerdings sei darauf hingewiesen, dass mit dem Vertrag von Nizza[550] mit den Artikeln 220 Absatz 2 und 225 a eine Regelung in den EG-Vertrag eingeführt worden ist, die unter Zugrundelegung eines vielschichtigen Verfahrens die Errichtung spezialisierter Kammern auch innerhalb des Gerichts erster Instanz zulässt.[551] Bislang ist von dieser Möglichkeit allerdings noch kein Gebrauch gemacht

---

[550] Vertrag von Nizza zur Änderung des Vertrages über die Europäische Union, der Verträge zur Gründung der Europäischen Gemeinschaften sowie einiger damit zusammenhängender Rechtsakte, ABl. C 80 vom 10. März 2001, S. 1-87.

[551] Dabei hatten die Gründungsväter insbesondere die Errichtung besonderer Kammern im Blick, die für Streitigkeiten zwischen der Gemeinschaft und ihren Bediensteten zuständig sind. Siehe Erklärung Nr. 16 zu Artikel 225 a des Vertrages von Nizza. Für das Markenrecht auf diese Möglichkeit hinwei-

worden. Durch die Konzentrierung der Tätigkeit auf ein Rechtsgebiet können die Mitglieder der Beschwerdekammer besondere Expertise entwickeln.

(2) Kontinuität

Eine zweite institutionelle Stärke besteht in der Kontinuität der Entscheidungspraxis. Sie wird dadurch erreicht, dass dieselbe Gruppe spezialisierter Personen über Beschwerden gegen Entscheidungen derselben Ausgangsinstanzen in demselben Rechtsgebiet entscheidet. Die so vermittelte Kontinuität fördert die Uniformität und Vorhersehbarkeit der Beschwerdeentscheidungen. Diese Aspekte sind in zweierlei Hinsicht mit Vorteilen verbunden.

Erstens profitieren die Individuen, die von den stattgebenden oder ablehnenden Entscheidungen der Beschwerdekammern positiv oder negativ betroffen werden, von der Kontinuität in der Entscheidungspraxis der Beschwerdekammern. Im Bereich des Marken- und Sortenrechts handelt es sich bei den beschwerdeführenden Parteien regelmäßig um private Unternehmen. Diese Gesellschaften benötigen für ihre Geschäftstätigkeit eine gewisse dahingehende Sicherheit, dass sich die rechtlichen Grundregeln nicht unvorhergesehenermaßen ändern oder dass dieselben unregelmäßig angewendet werden. Durch die beschriebene Kontinuität in der Entscheidungspraxis der Beschwerdekammern wird eine derartige Sicherheit gewährleistet.

Zweitens wirkt sich die beschriebene Kontinuität positiv auf die Beschwerdekammern selbst aus. Indem die Beschwerdekammern erneut über dieselben oder ähnlich gelagerte Rechtsfragen entscheiden, können sie ein eigenes Fallrecht aufbauen. Dabei besteht die Möglichkeit auf frühere Beschwerdeentscheidungen zurückzuverweisen und auf diese Weise eine ständige Entscheidungspraxis zu entwickeln.[552] Zwar wird im Europäischen Gemeinschaftsrecht keine Bindung an vorherige Entscheidungen angenommen. Dies ändert jedoch nichts an der Tatsache, dass in der tatsächlichen Entscheidungspraxis vorige Entscheidungen als Ausgangspunkt für die Entscheidung des anhängigen Falles herangezogen werden. Abweichungen von vorherigem Fallrecht sind freilich möglich. Meist wird dies jedoch mit einem gewissen Begründungsaufwand einhergehen.[553] Diese Methode, eine nicht bindende ständige Entscheidungspraxis zu kreieren, fördert die Legitimation der Beschwerdekammern. Man mag dieses Phänomen als Selbstlegitimation bezeichnen.

(3) Technische Entscheidungen

Schließlich wird durch die institutionelle Struktur der Beschwerdekammern die Wahrscheinlichkeit verringert, dass politische Erwägungen die Entscheidungen der

---

send Achim Bender, Die Gemeinschaftsmarke, Neueste Entwicklungen in Rechtsprechung und Praxis, MarkenR 2002, S. 37, 38.

[552] Siehe zum Beispiel die Verweisungen auf frühere Entscheidungen der Beschwerdekammer in der Entscheidung der Dritten Beschwerdekammer vom 15. März 1999, Beschwerdesache R 74/1998-3 (Procter & Gamble – *Form von Handseife*), Rn 19 und Rn 28.

[553] Jens Dammann, System der Grundfreiheiten, S. 56 (unveröffentliches Manuskript).

Beschwerdekammern dominieren.[554] Dies ist in erster Linie auf zwei Eigenschaften der Beschwerdekammern zurückzuführen.

(a) Ernennungsprozess

Erstens stehen politische Erwägungen der Mitgliedstaaten bzw. der Europäischen Gemeinschaft bei der Ernennung der Mitglieder der Beschwerdekammern nicht im Vordergrund. Eine weitgehende Unabhängigkeit von den politischen Motivationen der Regierungen der Mitgliedstaaten wird in zweierlei Weise erreicht. Zunächst sind – wie oben bereits ausführlich dargestellt worden ist - die Regierungen der Mitgliedstaaten nicht unmittelbar am Ernennungsprozess der Mitglieder der Beschwerdekammern beteiligt. Soweit Vertreter der Mitgliedstaaten über den Verwaltungsrat des Harmonisierungsamtes und des Sortenamtes oder über den Rat am Verfahren zur Ernennung der Vorsitzenden und anderen Mitglieder der Beschwerdekammern teilhaben, werden die Auswirkungen politischer Ambitionen der Mitgliedstaaten weiter dadurch verhindert, dass für die Mitgliedschaft in den Beschwerdekammern eine mitgliedstaatliche Repräsentation weder gesetzlich vorgesehen ist, noch faktisch praktiziert wird.

(b) Materie

Zweitens ist das geringe Gewicht politischer Erwägungen bei der Entscheidung über Beschwerden dadurch zu erklären, dass die entscheidungserheblichen Fragen für ihre Beantwortung regelmäßig technische Expertise erfordern.[555] So liegt etwa der Gewährung eines gemeinschaftlichen Sortenrechtes regelmäßig eine sogenannte technische Prüfung im Sinne des Artikels 55 der Verordnung Nr. 2100/94 zugrunde.[556] Vor diesem Hintergrund erscheint es naheliegend, dass auf eine technische Frage auch eine Antwort gegeben wird, die vorrangig auf technische Gesichtspunkte und nicht auf politische Erwägungen gestützt ist.[557]

---

[554] Zur Trennung zwischen politischen und technischen Entscheidungen der Legislative und der Exekutive siehe ausführlich Christopher Edley, Jr., The Governance Crisis, Legal Theory, and Political Ideology, Duke L. J. 1991, S. 561.

[555] Christian Joerges, The Law's Problems with the Governance of the European Market, in: ders./Renaud Dehousse, Good Governance in Europe's Integrated Market, Oxford 2002, S. 3, 17.

[556] Bezeichnend ist auch, dass sich das Harmonisierungsamt bei Klagen gegen die Beschwerdeentscheidungen mit Stellungnahmen zurückhält, soweit es um Fragen des zwingenden Rechts geht. Siehe Europäischer Gerichtshof, Urteil vom 20. September 2001, Rechtssache C-383/99 P (Procter & Gamble gegen Harmonisierungsamt – *Baby-Dry*), Sammlung der Rechtsprechung 2001, 6251, Rn 15: „Das Amt räumt ein, dass die Rechtsmittelführerin ein Rechtsschutzbedürfnis habe, und wirft hinsichtlich der Zulässigkeit lediglich die Frage auf, ob der als Rechtsmittelgrund geltend gemachte gemeinschaftsrechtliche Verstoß ein Rechtsmittel begründen könne. Da der Gerichtshof dies als eine Frage zwingenden Rechts ohnehin zu prüfen habe, sehe es insoweit von einer näheren Stellungnahme ab.". In der englischen Sprachfassung des Urteils wird hinsichtlich der „Frage zwingenden Rechts" sogar von einer *„question of public policy"* gesprochen.

[557] Auch das Image der Agenturen in den USA ist ein solches, technische Entscheidungen und nicht politische zu fällen. Siehe dazu etwa Christopher Edley, Jr., The Governance Crisis, Legal Theory, and Political Ideology, Duke L. J. 1991, S. 561.

b) Fairness

Zum Aspekt der Fairness ist bereits im 5. Teil ausgeführt worden, dass die Beschwerdekammern teilweise dazu neigen, formalistische Entscheidungen zu erlassen. Das Gericht erster Instanz und der Europäische Gerichtshof haben in der Vergangenheit insoweit korrigierend eingegriffen und auf diese Weise zu einem höheren Grad an Fairness beigetragen. Im Umkehrschluss bedeutet dies für die Beschwerdekammern allerdings, dass diese selbst nicht in allen Fällen „faire" Entscheidungen gefällt haben.

c) Zusammenfassung

Zusammenfassend lässt sich in Hinblick auf die Effektivität des Handelns der Beschwerdekammern feststellen, dass die Beschwerdekammern institutionell zwar mit einigen Stärken ausgerüstet sind, die ein effektives Handeln fördern. Dazu gehören insbesondere die Spezialisierung und Expertise der Mitglieder der Beschwerdekammern, die Kontinuität in der Entscheidungspraxis der Beschwerdekammern und die vorwiegend technische Natur der Entscheidungen. Dem stehen allerdings die im 3. Teil erörterten institutionellen Schwächen, wie insbesondere die der Unabhängigkeit der Mitglieder der Beschwerdekammern gesetzten Schranken, gegenüber. Auch besteht Raum für die Verbesserung des Fairnessstandards der Entscheidungen.

4. Effizienz

Die Effizienz der Beschwerdekammern ist durch die Beantwortung der folgenden Frage zu bestimmen: Welche Ergebnisse werden innerhalb eines bestimmten Zeit- und Kostenrahmens erreicht? Um diese Frage zu beantworten, ist zunächst die Länge der Verfahren vor den Beschwerdekammern des Harmonisierungsamtes zu untersuchen. Danach soll auf die Höhe der Kosten des Verfahrens vor den Beschwerdekammern eingegangen werden. Abschließend ist der zuvor ermittelte Zeit- und Kostenrahmen in Verhältnis zu den von den Beschwerdekammern inhaltlich erreichten Ergebnissen zu setzen.

a) Länge der Verfahren

Im Folgenden soll die Länge des Beschwerdeverfahrens vor den Beschwerdekammern des Harmonisierungsamtes bestimmt werden. Um einen Vergleichsmaßstab herzustellen, der zumindest eine relative Auswertung der erlangten Daten erlaubt, ist ein Vergleich mit der Länge der Verfahren vor dem Gericht erster Instanz zu ziehen. Nun mag man geneigt sein, zu argumentieren, dass ein solcher Vergleich unangebracht sei, fehlen den Beschwerdekammern aufgrund ihrer institutionellen Einbindung in die Agentur und weitreichenden Prüfungs- und Entscheidungsbefugnisse gerade einige gerichtstypische Eigenschaften. Ein behördliches bzw. quasi-gerichtliches Verfahren sei aber nicht vergleichbar mit einem wahren Gerichtsverfahren. Eine derartige Argumentation ist im hiesigen Kontext jedoch nicht überzeugend. Nach der sozialwissenschaftlichen Lehre über die Evaluierung von Daten ist ein Vergleich zu derjenigen Datengruppe herzustellen, die man erhalten würde, wenn das zu untersuchende Ereignis weggelassen würde.[558] Man spricht auch von der Herstellung eines sogenannten *counterfactual*. Denkt man das zu untersuchende Ereignis, nämlich das Beschwerdeverfahren vor den Beschwerdekammern, weg, so wäre die wahrscheinlichste Alternative, eine direkte Klage gegen die belastende Ausgangsentscheidung des Harmonisierungsamtes bzw. Sortenamtes vor dem Gericht erster Instanz. Die Länge der Gerichtsverfahren vor dem Gericht erster Instanz bieten dementsprechend die genauesten Vergleichsdaten, die zur Verfügung stehen. Sie sollen daher in der folgenden Untersuchung zum Vergleich herangezogen werden.

Bevor mit der empirischen Studie über die Länge des Verfahrens vor den Beschwerdekammern des Harmonisierungsamtes begonnen wird, sei auf zwei Aspekte hingewiesen, die üblicher Weise zu Verzögerungen des Verfahrens vor den Beschwerdekammern führen.

(1) Übersetzungen

Der erste Aspekt betrifft den Bedarf an Übersetzungen. Die Anfertigung von Übersetzungen nimmt Zeit in Anspruch. Aus zeitökonomischen Gründen ist es daher grundsätzlich wünschenswert, die Anzahl der erforderlichen Übersetzungen möglichst gering zu halten.

In der Tat könnte die Anzahl der innerhalb eines Beschwerdeverfahrens erforderlichen Übersetzungen hinter derjenigen zurückbleiben, die bei Verfahren vor dem Gericht erster Instanz üblich ist. Dies ist zumindest in Hinblick auf das Verfahren vor den Beschwerdekammern des Harmonisierungsamtes denkbar. Für dieses sind nämlich nach Artikel 115 Absatz 2 der Verordnung Nr. 40/94 allein Deutsch, Englisch, Französisch, Italienisch und Spanisch als amtliche Sprachen anerkannt, nicht aber Dänisch, Finnisch, Griechisch, Niederländisch, Portugiesisch und Schwedisch. Zwar kann die ursprüngliche Anmeldung einer Gemeinschaftsmarke in jeder Amtssprache der Gemeinschaft eingereicht werden. Handelt es sich dabei allerdings nicht um eine offizielle Sprache des Amtes, so muss der Antragsteller eine der fünf Sprachen des Harmonisierungsamtes als zweite Sprache auswählen. Im Falle von Widerspruchs-, Verfalls- und Nichtigkeitsverfahren müsste der Antragsteller dann mit der Verwendung dieser zweiten Sprache als Verfahrenssprache rechnen.[559] Auch im späteren Be-

---

[558] Siehe etwa Martin Ravallion, The mystery of the vanishing benefits: Ms. Speedy Analyst's introduction to evaluation, Policy Research Working Paper No. 2153, Washington D.C. 1999, http://www.worldbank.org/wbi/povertyanalysis/events/Korea_1102/ravallionthemysteryofthevanishing.pdf, S. 4; Esther Duflo, Schooling and Labor Market Consequences of School Construction in Indonesia: Evidence from an Unusual Policy Experiment, NBER Working Paper No. W7860, Cambridge (MA) 2000, http://papers.nber.org/papers/W7860.

[559] Nun könnte man Bedenken hinsichtlich der Rechtmäßigkeit der Limitierung auf fünf Sprachen haben. Denn eine solche Regelung könnte unter anderem gegen das in Artikel 12 (ex Artikel 6) EGV verankerte Diskriminierungsverbot verstoßen. In der Tat ist gegen die Sprachregelung des Harmonisierungsamtes Klage erhoben worden. Das Gericht erster Instanz hat jedoch die Vereinbarkeit von Artikel 115 Absatz 3 der Verordnung Nr. 40/94 und Artikel 1 Regel 1 Absatz 1 Buchstabe j der Verordnung Nr. 2868/95 mit dem europäischen Gemeinschaftsrecht bestätigt (Gericht erster Instanz, Urteil vom 12. Juli 2001, Rechtssache T-120/99 (Christina Kik gegen Harmonisierungsamt), Sammlung der Rechtsprechung 2001, Seite II-2235).

schwerdeverfahren wird regelmäßig eine der fünf Amtssprachen verwendet werden. Nach Absatz 2 der Regel 48 der Verordnung Nr. 2868/95 ist die Beschwerdeschrift nämlich in der Verfahrenssprache einzureichen, in der die Entscheidung, die Gegenstand der Beschwerde ist, ergangen ist.[560] Da die Dienststellen des Harmonisierungsamtes ihre Entscheidungen allein in den offiziellen Sprachen des Amtes erlassen, wird es sich dabei um eine der fünf Sprachen des Amtes handeln. Eine Ausnahme von der Verwendung einer offiziellen Sprache des Harmonisierungsamtes im Beschwerdeverfahren wird gemäß Artikel 115 Absatz 7 der Verordnung Nr. 40/94 jedoch für den Fall zugelassen, dass die am Beschwerdeverfahren Beteiligten vereinbaren, dass eine andere Amtssprache der Europäischen Gemeinschaft als Verfahrenssprache verwendet wird.

Bei Beschwerdeverfahren im Sortenamt wird sich dagegen der Übersetzungsaufwand nicht maßgeblich von dem der Verfahren vor den Gemeinschaftsgerichten unterscheiden. Nach Artikel 34 der Verordnung Nr. 2100/94 können sich die Parteien im Verfahren vor der Beschwerdekammer des Sortenamtes nämlich grundsätzlich jeder Amtssprache der Europäischen Gemeinschaft bedienen.

Vor diesem Hintergrund stellt sich die Frage, wie sich die Sprachenregelung für das Harmonisierungsamt auf die Anzahl der im Beschwerdeverfahren erforderlichen Übersetzungen auswirkt. Hierbei ist zwischen zwei möglichen Fällen zu unterscheiden.

Erstens ist denkbar, dass die Parteien des Beschwerdeverfahrens das Beschwerdeverfahren in einer Sprache führen, die nicht zu den offiziellen Sprachen des Harmonisierungsamtes gehört. In diesem Fall ist damit zu rechnen, dass die Beschwerdekammern im Laufe des Verfahrens regelmäßig Übersetzungen anfertigen müssen, da nicht angenommen werden kann, dass alle Mitglieder der gewählten Sprache hinreichend mächtig sind. Praktisch spielt diese Fallgruppe jedoch eine vernachlässigenswerte Rolle. So ist es in der bisherigen Entscheidungspraxis – soweit ersichtlich – erst einmal[561] vorgekommen, dass die Beschwerdekammern des Harmonisierungsamtes die Beschwerdeentscheidung in einer anderen Sprache als einer offiziellen Amtssprache des Amtes gefällt haben. Dabei handelt es sich um die Entscheidung der Dritten Beschwerdekammer vom 19. März 1999 in der Beschwerdesache R 65/1998-3, *Christina Kik*, die in niederländischer Sprache ergangen ist.

Zweitens ist denkbar, dass das Beschwerdeverfahren in einer der offiziellen Sprachen des Harmonisierungsamtes geführt wird. Dies wird in der ganz überwiegenden Zahl der Beschwerdeverfahren der Fall sein.[562] Auch in einer solchen Konstellation mögen jedoch zumindest vereinzelte Übersetzungen erforderlich sein. So ist etwa denkbar, dass nicht alle Mitglieder der Beschwerdekammern, alle anderen Mitarbeiter

[560] Regel 48 Absatz 2 der Verordnung Nr. 2868/95 lautet: Die Beschwerdeschrift muss in der Verfahrenssprache eingereicht werden, in der die Entscheidung, die Gegenstand der Beschwerde ist, ergangen ist.

[561] So die Ansicht der Klägerin Christina Kik (Gericht erster Instanz, Urteil vom 12. Juli 2001, Rechtssache T-120/99 (Christina Kik gegen Harmonisierungsamt), Sammlung der Rechtsprechung 2001, Seite II-2235, Rn 37).

[562] Siehe die Entscheidungen der Beschwerdekammern unter http://oami.eu.int.

der Kammern[563] sowie des Wissenschaftlichen Dienstes in der Lage sind, in allen fünf Sprachen professionell zu arbeiten. Das Ausmaß der erforderlichen Übersetzungen wird aber wahrscheinlich geringer sein, als in der erstgenannten Fallgruppe. Auch kann davon ausgegangen werden, dass, soweit Übersetzungen erforderlich sind, diese weniger Zeit in Anspruch nehmen werden, da die Übersetzer in diesen Sprachen routinierter sein werden.

Geht man also von der zweiten Fallgruppe als Regelfall aus, so lässt sich feststellen, dass Übersetzungen zwar nicht vollends entbehrlich sind. Andererseits kann angenommen werden, dass der Aufwand für Übersetzungen hinter dem zurückbleibt, der bei den Gemeinschaftsgerichten regelmäßig anfällt.

(2) Zustellungen

Ein weiterer Faktor, der zu zeitlichen Verzögerungen führen kann, ist die Zeit, die dafür benötigt wird, um Dokumente auf dem Postwege von einem Mitgliedstaat in den anderen zu senden und um Dokumente in einem anderen Mitgliedstaat förmlich zustellen zu lassen.[564] Zustellungen im Ausland dauern regelmäßig länger als solche im Inland, da verschiedene Behörden an dem Vorgang beteiligt sind. Für das Sortenamt ist zur Vereinfachung der Zustellung und zur Verkürzung der Zustelldauer nach Artikel 79 Satz 2 der Verordnung Nr. 2100/94 die Möglichkeit vorgesehen, die Zustellung durch Vermittlung der zuständigen Sortenbehörden der Mitgliedstaaten zu bewirken.

(3) Empirischer Nachweis

Im Folgenden soll nunmehr die tatsächliche Dauer der Verfahren vor den Beschwerdekammern des Harmonisierungsamtes analysiert werden.[565]

(a) Dauer der Verfahren

Auf Anfrage hat mir das Harmonisierungsamt folgende Daten über die durchschnittliche Dauer der Verfahren vor den Beschwerdekammern übermittelt:

[563] Siehe hierzu Beschluss Nr. ADM-00-10 des Präsidenten des Harmonisierungsamtes vom 23. Mai 2000 über die Organisation der Beschwerdekammern, http://oami.eu.int/DE/aspects/decisions/10-00.htm.

[564] Nach Artikel 77 der Verordnung Nr. 40/94 stellt das Harmonisierungsamt von Amts wegen alle Entscheidungen und Ladungen sowie die Bescheide und Mitteilungen zu, durch die eine Frist in Lauf gesetzt wird oder die nach anderen Vorschriften dieser Verordnung oder nach der Durchführungsverordnung zuzustellen sind oder für die der Präsident des Amtes die Zustellung vorgeschrieben hat.

[565] Hinsichtlich der Dauer des Verfahrens vor den Beschwerdekammern des Sortenamtes fehlt es aufgrund der geringen Anzahl der bisher ergangenen Entscheidungen an aussagekräftigen Daten.

Jahr	Durchschnittliche Dauer der Verfahren vor den Beschwerdekammern des Harmonisierungsamtes
2001	13,8 Monate
2000	11,0 Monate
1999	6,5 Monate
1998	5,5 Monate
1997	9,7 Monate

Darüber hinaus habe ich über fünfzig Entscheidungen der Beschwerdekammern auf ihre Verfahrensdauer hin untersucht. Dabei habe ich willkürlich zwei unterschiedliche Zeiträume ausgewählt, nämlich zum einen den Zeitraum von Anfang bis Ende Dezember des Jahres 2001 (siehe Anhang 6) und zum anderen die Zeitspanne von Mitte Februar bis Mitte März 2000 (siehe Anhang 3). Dabei sind jeweils nur solche Entscheidungen der Beschwerdekammer berücksichtigt worden, die in englischer Sprache ergangen sind.

Die Ergebnisse dieser Untersuchung haben die vom Harmonisierungsamt übermittelte Statistik in zweierlei Hinsicht bestätigt. Erstens konnte die allgemeine Tendenz festgestellt werden, dass die Verfahren vor den Beschwerdekammern in jüngeren Jahren durchschnittlich länger dauern. Zweitens ist eine Übereinstimmung in den konkreten Zahlen zu beobachten. So lag sowohl nach der Statistik des Harmonisierungsamtes als auch nach meiner Untersuchung im Jahre 2000 die durchschnittlich Verfahrensdauer noch bei unter einem Jahr, während sie sich ab dem Jahre 2001 auf über einem Jahr belief.

(b) Erklärungsansatz

Dass die Verfahren vor den Beschwerdekammern zunehmend länger dauern, lässt sich mit der ansteigenden Arbeitslast der Beschwerdekammern erklären.

Die Anzahl der zu fällenden Beschwerdeentscheidungen hat sich deutlich erhöht. Betrachtet man die in Anhang 3 und 6 wiedergegebenen Auswertungen, so ergibt sich folgendes Bild: Während in dem Neun-Tages-Zeitraum vom 18. März 2000 bis zum 27. März 2000 sechs Beschwerdeentscheidungen erlassen worden sind, sind in dem gleichlangen Zeitraum vom 12. Dezember 2001 bis zum 21. Dezember 2001 vierundzwanzig Beschwerdeentscheidungen ergangen. Diese Tendenz der zunehmenden Anzahl zu entscheidender Beschwerden wird durch die offizielle Statistik des Harmonisierungsamtes, wie sie auf der Internetseite des Harmonisierungsamtes veröffentlicht ist,[566] bestätigt.

[566] http://oamu.eu.int/pdf/diff/resume2001/pdf, S. 6. Für einen generelleren Überblick über die zunehmende Arbeitslast des Harmonisierungsamtes siehe Anhang 7.

Jahr	Anzahl der Entscheidungen der Beschwerdekammern des Harmonisierungsamtes
2001	789
2000	459
1999	246
1998	77
1997	1

Die Mehrbelastung ist auch nicht durch die Errichtung neuer Beschwerdekammern ausgeglichen worden. Die Anzahl der Beschwerdekammern blieb nämlich zunächst für die Dauer von etwa drei Jahren unverändert. So sind die Erste Beschwerdekammer am 1. Februar 1996, die Zweite Beschwerdekammer am 1. März 1997 und die Dritte Beschwerdekammer am 1. September 1997 eingerichtet worden.[567] Erst Ende 2000 ist die Vierte Beschwerdekammer besetzt worden.[568] Die ersten Beschwerdeentscheidungen der Vierten Beschwerdekammer sind allerdings nicht vor Januar 2001 ergangen, so dass die Tätigkeit der vierten Beschwerdekammer erst in die Statistik des Jahres 2001 eingeflossen ist.[569] Aber auch das Jahr 2001 bedeutete eine weiter gestiegene Arbeitslast für die Beschwerdekammern. Denn die Vierte Beschwerdekammer hat während des gesamten Jahres 2001 nur 69 Beschwerdeentscheidungen getroffen. Die Mehrbelastung der Beschwerdekammern in Höhe von 789 minus 459, also 330, Beschwerdeentscheidungen im Jahre 2001 gegenüber dem Jahr 2000 ist daher nicht durch die zusätzlich eingerichtete vierte Beschwerdekammer aufgewogen worden.

(c) Vergleich mit gerichtlicher Verfahrensdauer

Die Dauer der Verfahren vor den Beschwerdekammern soll nunmehr mit der Dauer der Verfahren vor dem Gericht erster Instanz verglichen werden. Insofern bietet es sich an, einen Vergleich mit denjenigen Verfahren vor dem Gericht erster Instanz herzustellen, die Beschwerdeentscheidungen des Harmonisierungsamtes zum Gegenstand haben.[570] Würde man beliebige Verfahren des Gerichts erster Instanz in beliebi-

[567] Dies erfolgte durch Beschluss des Verwaltungsrats des Harmonisierungsamtes, siehe Beschluss Nr. ADM-00-10 des Präsidenten des Harmonisierungsamtes vom 23. Mai 2000 über die Organisation der Beschwerdekammern, http://oami.eu.int/DE/aspects/decisions/10-00.htm.

[568] Als Indiz für den Zeitpunkt der Errichtung der Vierten Beschwerdekammer dient der Beschluss des Rates vom 18. September 2000 zur Ernennung der Vorsitzenden und der Mitglieder der vierten Beschwerdekammer des Harmonisierungsamtes für den Binnenmarkt (Marken, Muster und Modelle), ABl. C 277 vom 29. September 2000, S. 2; siehe auch Beschluss Nr. 2001-1 des Präsidiums der Beschwerdekammern vom 30. März 2001 zur Bestimmung der Mitglieder der Ersten, der Zweiten, der Dritten und der Vierten Beschwerdekammer und ihrer Vertreter und zur Festlegung von Verfahren für die Geschäftsverteilung der Beschwerdekammern im Geschäftsjahr 2001, http://oami.eu.int/DE/aspects/pdf/BoA01-01.pdf.

[569] Siehe Sammlung der Entscheidungen der Beschwerdekammern unter http://oami.eu.int.

[570] Bislang ist kein Urteil des Gerichts erster Instanz ergangen, dass auf einer Klage gegen eine Beschwerdeentscheidung der Beschwerdekammer des Sortenamtes beruht. Daher scheidet diese Kategorie als mögliche Vergleichsgruppe aus.

gen Rechtsgebieten als Vergleichsmaßstab wählen, so wäre ein solcher weniger akkurat. Die Länge der Verfahren wird nämlich nicht unwesentlich je nach der rechtlichen und tatsächlichen Komplexität des Falles variieren. Berücksichtigt man allein die Fälle, die auf einer Klage gegen eine Entscheidung der Beschwerdekammer beruhen, so werden auf diese Weise zum einen die Unterschiede in rechtlicher und tatsächlicher Komplexität reduziert und zum anderen bestehende Abweichungen an diejenigen angenähert, die auch in den Verfahren vor den Beschwerdekammern aufgetreten sind.

Eine genaue Ermittlung der Länge der Verfahren vor dem Gericht erster Instanz in Markenrechtssachen ist in Anhang 5 durchgeführt. Es werden alle bis zum Juli 2002 ergangenen Urteile des Gerichts erster Instanz aufgelistet, die eine Beschwerdeentscheidung der Beschwerdekammern des Harmonisierungsamtes zum Gegenstand haben. Die Verfahrensdauer ist mit der Zeitspanne von dem Datum der Einreichung der Klage bis zum Datum des Urteilerlasses berechnet.

Die Untersuchung hat ergeben, dass auch in Hinblick auf die Verfahren vor dem Gericht erster Instanz die Tendenz besteht, dass die Verfahren in jüngeren Jahren zunehmend länger dauern. Errechnet man die durchschnittliche Dauer aller im Anhang 5 erwähnten Verfahren, so ergibt sich ein Wert von 17,1 Monaten. Dieser Wert übersteigt selbst die höchsten durchschnittlichen Verfahrenslängen vor den Beschwerdekammern, die im Jahre 2001 durchschnittlich 13,8 Monate betrugen. Setzt man die durchschnittliche Verfahrensdauer vor dem Gericht erster Instanz von 17,1 Monaten in Vergleich zu der durchschnittlichen Verfahrensdauer derjenigen Beschwerdeverfahren, die den späteren Gerichtsverfahren vorausgegangen sind, so ergibt sich eine noch stärkere Diskrepanz. Wie in Anhang 5 dargestellt, betrug die durchschnittliche Dauer der Verfahren vor den Beschwerdekammern in den Fällen, in denen später Klage zum Gericht erster Instanz erhoben wurde, nämlich nur knapp 8,8 Monate.

Damit lässt sich schlussfolgern, dass die Verfahren vor den Beschwerdekammern zeitlich kürzer sind als diejenigen Verfahren vor dem Gericht erster Instanz, die eine Beschwerdeentscheidung der Beschwerdekammern des Harmonisierungsamtes zum Gegenstand haben.

b) Kosten

Nachdem die Verfahrensdauer vor den Beschwerdekammern bestimmt worden ist, stellt sich nunmehr die Frage nach den Kosten des Verfahrens und den außergerichtlichen Kosten.

Wie auch im obigen Abschnitt zur Länge der Verfahren ist zur Auswertung der Daten der Beschwerdekammern des Harmonisierungsamtes ein Vergleich zu den Kosten eines Verfahrens vor dem Gericht erster Instanz zu ziehen. Allerdings ist es nicht ohne Schwierigkeiten, eine geeignete Methode zur Gegenüberstellung der jeweiligen Kosten zu finden.

(1) Kostenfestsetzungsbeschlüsse

Um einen solchen Vergleich herzustellen, wäre es naheliegend, Kostenfestsetzungsbeschlüsse zu Beschwerdeentscheidungen der Beschwerdekammern auf der einen Seite und Kostenfestsetzungsbeschlüsse zu Urteilen des Gerichts erster Instanz auf der anderen Seite gegenüberzustellen. Diese Möglichkeit besteht allerdings nicht. Zwar wird bei Verfahren vor den Beschwerdekammern des Harmonisierungsamtes regelmäßig ein Antrag auf Kostenfestsetzung gemäß Artikel 81 Absatz 6 Satz 1 der Verordnung Nr. 40/94 gestellt. Die entsprechenden Kostenfestsetzungsbeschlüsse bleiben jedoch unveröffentlicht. Dasselbe gilt für Entscheidungen der Beschwerdekammern, durch die Kostenfestsetzungsbeschlüsse nach Satz 2 des genannten Artikels überprüft werden. Die Beschlüsse des Gerichts erster Instanz zur Festsetzung der erstattungsfähigen Kosten werden zwar veröffentlicht. Die verhältnismäßig geringe Anzahl der existierenden Beschlüsse deutet allerdings darauf hin, dass der Antrag auf Erlass des unanfechtbareren Beschlusses des Gerichts über die erstattungsfähigen Kosten nach Artikel 92 § 1 der Verfahrensordnung des Gerichts erster Instanz[571] nur selten gestellt wird.

(2) Gebührentabellen

Auch kann die Höhe der Kosten nicht dadurch verglichen werden, dass die in Gebührenordnungen enthaltenen Gebührentabellen nebeneinandergelegt werden. Das Gemeinschaftsrecht kennt nämlich für die Verfahren vor den Gemeinschaftsgerichten keine Gebührentabellen, die zum Vergleich herangezogen werden könnte. Zumindest die Höhe der erstattungsfähigen außergerichtlich Kosten bei Verfahren vor dem Gericht erster Instanz lässt sich daher nicht abstrakt festlegen. Vielmehr ist es insoweit nach der ständigen Rechtsprechung des Gerichts erster Instanz die Aufgabe des Gemeinschaftsrichters, unter freier Würdigung der Umstände des Einzelfalls den Betrag zu bestimmen, bis zu dem die Erstattung der Vergütungen der Rechtsanwälte von der zur Tragung der Kosten verurteilten Partei verlangt werden kann. Bei der freien Würdigung der Umstände des Einzelfalls sind dem Gegenstand und der Art des Rechtsstreits, seiner Bedeutung aus gemeinschaftsrechtlicher Sicht sowie seinem Schwierigkeitsgrad, dem Arbeitsaufwand der Bevollmächtigten und Beistände, die an dem streitigen Verfahren beteiligt waren, und dem wirtschaftlichen Interesse der Beteiligten am Ausgang des Rechtsstreits Rechnung zu tragen.[572]

---

[571] Verfahrensordnung des Gerichts erster Instanz der Europäischen Gemeinschaften vom 2. Mai 1991, ABl. L 136 vom 30. Mai 1991, S. 1-23.

[572] Beschluss des Gerichts erster Instanz vom 8. November 2001, Rechtssache T-65/96 DEP (Kish Glass & Co. Ltd gegen Kommission), Sammlung der Rechtsprechung 2001, Seite II-3261; Beschluss des Präsidenten der Dritten Kammer des Gerichts erster Instanz vom 26. November 1985, Rechtssache T-318/82 (Leeuwarder Papierwarenfabriek gegen Kommission), Sammlung der Rechtsprechung 1985, S. 3727, Rn 2, 3; Beschluss des Gerichts erster Instanz vom 25. Februar 1992, verbundene Rechtssachen T-18/89 and T-24/89 DEPE (Tagaras gegen Gerichtshof der Europäischen Gemeinschaften), Sammlung der Rechtsprechung 1992, Seite II-153, Rn 13; Beschluss des Gerichts erster Instanz vom 17. April 96, Rechtssache T-2/93 DEPE (British Airways gegen Air France), Sammlung der Rechtsprechung 1996, Seite II-235, Rn 21; Beschluss des Gerichts erster Instanz vom 24. März 1998, Rechtssache T-175/94 (92) (International Procurement Services gegen Kommission), Sammlung der Rechtsprechung 1998, Seite II-601, Rn 4 (Leitsatz); Beschluss des Gerichts erster Instanz

(3) Sonstige Vorschriften über die Höhe erstattungsfähiger Kosten

Es verbleibt daher nur die Möglichkeit, - unter Ausklammerung der außergerichtlichen Kosten des Gerichtsverfahrens - die übrigen Vorschriften über die Erstattungsfähigkeit von Kosten zu vergleichen und daraus Schlussfolgerungen für die relative Höhe der Kosten der Verfahren vor den Beschwerdekammern zu ziehen.

Hinsichtlich der Beschwerdekammern sind die Kosten des Verfahrens in den Kommissionsverordnungen Nr. 2868/95[573] und Nr. 2869/95[574] geregelt. Nach Artikel 2 der Kommissionsverordnung Nr. 2869/95 beläuft sich die Verfahrensgebühr für Beschwerdeentscheidungen auf 800 ECU. Falls eine Beweisaufnahme durchgeführt wird, so werden die Kosten der Beweisaufnahme mit 300 ECU veranschlagt. Diese Werte gelten unabhängig von dem Streitwert bzw. dem wirtschaftlichen Interesse des Beschwerdeführers an dem Verfahren. Darüber hinaus trägt die unterliegende Partei nach Artikel 81 Absatz 1 der Verordnung Nr. 40/94 alle für die Durchführung der Verfahren notwendigen Kosten, die dem anderen Beteiligten entstanden sind, einschließlich der Reise- und Aufenthaltskosten und der Kosten der Bevollmächtigten, Beistände und Anwälte. Allerdings sind insbesondere die Rechtsanwaltskosten nur bis zu einem in der Durchführungsverordnung festgelegten Höchstbetrag erstattungsfähig.[575] Gemäß Regel 94 (7) der Verordnung Nr. 2868/95 beläuft sich dieser Betrag auf

---

vom 9. Juni 1993, Rechtssache T-78/89 DEPE (PPG Industries Glass gegen Kommission), Sammlung der Rechtsprechung 1993, Seite II-573.

[573] Verordnung (EG) Nr. 2868/95 der Kommission vom 13. Dezember 1995 zur Durchführung der Verordnung (EG) Nr. 40/94 des Rates über die Gemeinschaftsmarke, ABl. L 303 vom 15. Dezember 1995, S. 1-32.

[574] Verordnung (EG) Nr. 2869/95 der Kommission vom 13. Dezember 1995 über die an das Harmonisierungsamt für den Binnenmarkt (Marken, Muster und Modelle) zu entrichtenden Gebühren, ABl. L 303 vom 15. Dezember 1995, S. 33-38.

[575] Regel 94 (7) der Verordnung Nr. 2868/95:
Die für die Durchführung des Verfahrens notwendigen Kosten, die dem obsiegenden Beteiligten tatsächlich entstanden sind, hat der unterliegende Beteiligte nach Artikel 81 Absatz 1 der Verordnung im Rahmen der folgenden Höchstsätze zu tragen:
a) Reisekosten eines Beteiligten für die Hin- und Rückfahrt zwischen dem Wohnort oder dem Geschäftsort und dem Ort der mündlichen Verhandlung oder der Beweisaufnahme
i) in Höhe des Eisenbahnfahrpreises 1. Klasse einschließlich der übrigen Beförderungszuschläge, falls die Gesamtentfernung bis 800 Eisenbahnkilometer einschließlich beträgt;
ii) in Höhe des Flugpreises der Touristenklasse, falls die Gesamtentfernung mehr als 800 Eisenbahnkilometer beträgt oder der Seeweg benutzt werden muss;
b) Aufenthaltskosten eines Beteiligten in Höhe der in Artikel 13 des Anhangs VII zum Statut der Beamten der Europäischen Gemeinschaften festgelegten Tagegelder für Beamte der Besoldungsgruppe A 4 bis A 8;
c) Reisekosten der Vertreter im Sinne des Artikels 89 Absatz 1 der Verordnung, der Zeugen und der Sachverständigen in der sich aus Buchstabe a) ergebenden Höhe;
d) Aufenthaltskosten der Vertreter im Sinne des Artikels 89 Absatz 1 der Verordnung, der Zeugen und der Sachverständigen in der sich aus Buchstabe b) ergebenden Höhe;
e) Kosten einer Beweisaufnahme, einer Zeugenvernehmung, einer Begutachtung durch Sachverständige oder einer Einnahme des Augenscheins in Höhe von 300 ECU je Verfahren;
f) Kosten für die Vertretung - im Sinne des Artikels 89 Absatz 1 der Verordnung –
i) des Widersprechenden im Widerspruchsverfahren in Höhe von 250 ECU;
ii) des Anmelders im Widerspruchsverfahren in Höhe von 250 ECU;

500 ECU für den Beschwerdeführer und 500 ECU für den Beschwerdegegner. Findet in dem Beschwerdeverfahren eine Beweisaufnahme in Form einer Zeugenvernehmung, einer Begutachtung durch Sachverständige oder einer Einnahme des Augenscheins statt, so beträgt der Höchstsatz für die Vertretung 600 ECU.[576]

Anders ist dagegen die Rechtslage hinsichtlich der Erstattungsfähigkeit von Kosten, die im Rahmen eines gerichtlichen Verfahrens vor dem Gericht erster Instanz anfallen.

Zunächst werden anders als bei dem Verfahren vor den Beschwerdekammern grundsätzlich keine Gerichtsgebühren erhoben. Das Verfahren vor dem Gericht erster Instanz ist gemäß Artikel 90 der Verfahrensordnung des Gerichts erster Instanz kostenfrei.[577] Diese Regel gilt allerdings nicht ohne Ausnahmen. Insbesondere kann das Gericht erster Instanz Erstattung solcher Kosten von der veranlassenden Partei verlangen, die vermeidbar gewesen wären. Des Weiteren sind dem Gericht die Kosten für Schreib- und Übersetzungsarbeiten, die das gewöhnliche Maß überschreiten, zu erstatten. Zwar werden anders als bei den Verfahren vor den Beschwerdekammern keine Gebühren für die Beweisaufnahme erhoben. Sowohl im Verfahren vor den Beschwerdekammern als auch in dem Verfahren vor dem Gericht erster Instanz sind Zeugen und Sachverständigen jedoch Reise- und Aufenthaltskosten zu erstatten.[578]

Was die Erstattungsfähigkeit außergerichtlichen Kosten anbetrifft, so besteht die Gemeinsamkeit, dass grundsätzlich sowohl die Vergütung als auch die Reise- und Aufenthaltskosten der Rechtsbeistände von der unterliegenden Partei zu tragen sind. Allerdings gilt, wie oben bereits erwähnt, für das Verfahren vor den Beschwerdekammern die Besonderheit, dass die Vergütung nur in Höhe von maximal 500 ECU bzw. 600 ECU im Falle einer Beweisaufnahme der unterliegenden Partei in Rechnung gestellt werden können. Eine solche Limitierung der erstattungsfähigen Vergütung

---

iii) des Antragstellers im Verfahren zur Erklärung des Verfalls oder der Nichtigkeit der Gemeinschaftsmarke in Höhe von 400 ECU;
iv) des Markeninhabers im Verfahren zur Erklärung des Verfalls oder der Nichtigkeit der Gemeinschaftsmarke in Höhe von 400 ECU;
v) des Beschwerdeführers im Beschwerdeverfahren in Höhe von 500 ECU;
vi) des Beschwerdegegners im Beschwerdeverfahren in Höhe von 500 ECU.
Findet in einem der genannten Verfahren eine Beweisaufnahme in Form einer Zeugenvernehmung, einer Begutachtung durch Sachverständige oder einer Einnahme des Augenscheins statt, so beläuft sich ein zusätzlicher Höchstsatz für die Vertretung auf 600 ECU je Verfahren;
g) ist der obsiegende Beteiligte von mehreren Vertretern im Sinne des Artikels 89 Absatz 1 der Verordnung vertreten worden, so hat der unterliegende Beteiligte die in den Buchstaben c), d) und f) genannten Kosten für einen Vertreter zu tragen;
h) andere als die in den Buchstaben a) bis g) genannten Kosten, Aufwendungen oder Honorare hat der unterliegende Beteiligte dem obsiegenden Beteiligten nicht zu erstatten.

[576] Die Vorschrift ist wohl so zu verstehen, dass die Werte von 500 ECU und 600 ECU nicht addiert werden. Vielmehr soll im Falle einer Beweisaufnahme der Höchstsatz der erstattungsfähigen Anwaltskosten insgesamt 600 ECU betragen.

[577] Beachte die Sonderregelung des Artikels 136 § 1 der Verfahrensordnung des Gerichts erster Instanz hinsichtlich der Kostentragungspflicht bei Klagen gegen *inter partes*-Beschwerdeverfahren.

[578] Siehe Artikel 74 in Verbindung mit 91 Buchstabe a) der Verfahrensordnung des Gerichts erster Instanz, sowie Artikel 81 Absatz 1 der Verordnung Nr. 40/94 in Verbindung mit Regel 94 Absatz 7 der Verordnung Nr. 2868/95.

von Beiständen, Vertretern und Anwälten ist für das Verfahren vor dem Gericht erster Instanz gerade nicht vorgesehen.

Vor diesem Hintergrund soll nunmehr festgestellt werden, ob die Kosten eines Beschwerdeverfahrens vor einer Beschwerdekammer des Harmonisierungsamtes hinter denen zurückbleiben, die im Rahmen eines Gerichtsverfahrens vor dem Gericht erster Instanz anfallen würden.

Keine nennenswerten Unterschiede ergeben sich hinsichtlich der Höhe und Erstattungsfähigkeit von Reise- und Aufenthaltskosten von Beteiligten, Sachverständigen, Zeugen und Rechtsanwälten.[579] Für den Kostenvergleich können diese Posten daher ausgeklammert werden. Gegenüber stehen sich daher auf der einen Seite Verfahrensgebühren in Höhe von 800 ECU plus 300 ECU Beweisgebühr plus maximal 600 ECU Rechtsanwaltskosten und auf der anderen Seite vermeidbare Kosten für das Gericht und unbegrenzte Rechtsanwaltskosten[580]. Geht man davon aus, dass die Erstattung von Kosten an das Gericht erster Instanz vermieden werden kann, so reduziert sich der Kostenvergleich auf insgesamt maximal 1700 ECU bei Beschwerdeverfahren und die unter freier Würdigung des Einzelfalls zu bestimmenden Rechtsanwaltskosten bei Verfahren vor dem Gericht erster Instanz. Um zu dem Ergebnis zu gelangen, dass die Gesamtkosten des Verfahrens vor den Beschwerdekammern geringer sind als die eines Gerichtsverfahrens, müssten die Rechtsanwaltskosten des gerichtlichen Verfahrens also regelmäßig den Betrag von 1700 ECU überschreiten. Dies scheint regelmäßig der Fall zu sein. Denn in allen der oben für die ständige Rechtsprechung zur Würdigung des Einzelfalls zitierten Beschlüssen des Gerichts erster Instanz ist ein Betrag festgesetzt worden, der deutlich über 1700 ECU liegt.[581]

---

[579] Für das Verfahren vor den Beschwerdekammern wird die Erstattungsfähigkeit ihrer Höhe nach allerdings gemäß Regel 94 Absatz 7 der Verordnung Nr. 2868/95 dahingehend beschränkt, dass der Eisenbahnfahrpreis 1. Klasse einschließlich der übrigen Beförderungszuschläge gilt, falls die Gesamtentfernung bis 800 Eisenbahnkilometer einschließlich beträgt, und dass der Flugpreis der Touristenklasse gilt, falls die Gesamtentfernung mehr als 800 Eisenbahnkilometer beträgt oder der Seeweg benutzt werden muss.

[580] Außerdem sind nach Artikel 136 § 2 der Verfahrensordnung des Gerichts erster Instanz die notwendigen Aufwendungen für das Verfahren vor der Beschwerdekammer und die Kosten der Übersetzung von Schriftsätzen in die Verfahrenssprache zu erstatten.

[581] Die folgenden Zahlen werden jedoch regelmäßig Reisekosten einschließen, obwohl ich diese Kosten bei meinem Vergleich gerade herausgenommen hatte. Da der Unterschied zwischen den im Folgenden genannten Beträgen und dem Betrag von 1700 ECU jedoch so hoch ist, können die folgenden Fälle dennoch als Beleg dafür gesehen werden, dass die Kosten des Beschwerdeverfahren hinter denen des Gerichtsverfahrens zurückbleiben. Außerdem ist zu berücksichtigen, dass bei den Verfahren vor der Beschwerdekammer das Verfahren regelmäßig ein schriftliches ist. Reise- und Aufenthaltskosten fallen daher im Regelfall nicht an. Anders verhält es sich dagegen hinsichtlich der Verfahren vor dem Gericht erster Instanz. Dort findet außer in seltenen Ausnahmefällen eine mündliche Verhandlung statt. Dies hat zur Folge, dass bei den gerichtlichen Verfahren, Reise- und Aufenthaltskosten entstehen, die von der unterliegenden Partei zu erstatten sind. Beschluss des Gerichts erster Instanz vom 8. November 2001, Rechtssache T-65/96 DEP (Kish Glass & Co. Ltd gegen Kommission), Sammlung der Rechtsprechung 2001, Seite II-3261, die Kosten werden auf BEF 1200000 (=29748 ECU) festgesetzt; Beschluss des Gerichts erster Instanz vom 19. September 2001, Rechtssache T-64/99 DEP (UK Coal plc gegen Kommission), Sammlung der Rechtsprechung 2001 [S. noch unbekannt], die Kosten werden auf GBP 13 000 (= 21109 ECU) festgesetzt; Beschluss des Gerichts erster Instanz vom 25. Februar 1992, verbundene Rechtssachen T-18/89 and T-24/89 DEPE (Tagaras gegen

Es kann daher geschlussfolgert werden, dass die Kosten des Beschwerdeverfahrens regelmäßig geringer sind als die Kosten eines Gerichtsverfahrens.

c) Entgültige Streitbeilegung durch die Beschwerdekammern

Schließlich bleibt die Frage, welche Ergebnisse unter dem analysierten Zeit- und Kostenrahmen erreicht werden. Dabei handelt es sich letztlich um die Frage, wie zufrieden die Beteiligten mit dem Ausgang des Verfahrens sind.

Nun mag man geneigt sein, die Antwort auf diese Frage an der Zahl der angefochtenen Entscheidungen zu messen. Danach wäre das Ergebnis ein sehr zufriedenstellendes. Denn, wie weiter oben bereits dargelegt worden ist, liegt der Quote der gerichtlich angefochtenen Beschwerdeentscheidungen bei unter 10 %, obwohl in etwa 70 % der Entscheidung die antragstellende Partei beschwert wird. Das Problem dieser Herangehensweise liegt jedoch darin, dass die genannten Quoten im vorliegenden Zusammenhang möglicherweise nicht besonders aussagekräftig sind. Wie oben erläutert, ist der Grund für das Missverhältnis zwischen der hohen Prozentzahl belastender Beschwerdeentscheidungen und der geringen Quote an Klagen nämlich nicht maßgebend darin zu finden, dass die Parteien mit dem Ausgang des Beschwerdeverfahrens zufrieden sind. Vielmehr stehen dahinter letztlich Kostenerwägungen. Der wirtschaftliche Nutzen der Gemeinschaftsmarke für das einzelne Unternehmen ist im Vergleich zu den potentiellen Kosten des Verfahrens zu gering.

Vor diesem Hintergrund besteht der bessere Ansatz darin, die Quote der durch das Gericht revidierten Beschwerdeentscheidungen als Maßstab zu wählen. Insofern konnte – wie oben ausführlich dargestellt worden ist – festgestellt werden, dass in 49 % der Fälle der Klageantrag des Klägers gegen die Beschwerdeentscheidung zumindest teilweise positiv beschieden wurde. Davon war in knapp 20 % der Fälle die Klage sogar in vollem Umfang erfolgreich. Den revidierenden Urteilen des Gerichts erster Instanz und des Europäischen Gerichtshofes kommt eine wichtige Bedeutung in dem System des gemeinschaftlichen Markenrechts zu, wie die obigen Ausführungen zum Formalismus der Beschwerdeentscheidungen verdeutlicht haben.

Bei Betrachtung der Prozentzahlen der revidierten Beschwerdeentscheidungen ist jedoch zu berücksichtigen, dass diese aus einer geringen Anzahl an Werten kalkuliert worden sind. Es besteht daher die Möglichkeit, dass sich die Prozentzahlen mit dem Erlass neuer Urteile des Gerichts erster Instanz in Markenrechtsangelegenheiten nicht unerheblich ändern werden. Insofern sind die gegenwärtig gezogenen Schlussfolgerungen unter den Vorbehalt abweichender Entwicklung in den künftigen Jahren zu stellen.

Gerichtshof der Europäischen Gemeinschaften), Sammlung der Rechtsprechung 1992, Seite II-153, die Kosten werden auf BEF 220000 (= 5454 ECU) festgesetzt; Beschluss des Gerichts erster Instanz vom 17. April 96, Rechtssache T-2/93 DEPE (British Airways gegen Air France), Sammlung der Rechtsprechung 1996, Seite II-235, die Kosten werden auf UKL 29000 (= 47089 ECU) festgesetzt; Beschluss des Gerichts erster Instanz vom 9. Juni 1993, Rechtssache T-78/89 DEPE (PPG Industries Glass gegen Kommission), Sammlung der Rechtsprechung 1993, Seite II-573, die Kosten werden auf LIT 300 000 000 (= 156 000 ECU) festgesetzt.

Zusammenfassend lässt sich feststellen, dass die beteiligten Parteien nur in wenigen Fällen Klage gegen die Entscheidung der Beschwerdekammer erheben, obwohl die Beschwerdeentscheidungen in einer Vielzahl der Fälle keineswegs rechtlich unangreifbar sind.

d) Zusammenfassung

Die Beschwerdekammern entscheiden schnell und unter einem verhältnismäßig geringen Kostenaufwand. Was das Ergebnis der Entscheidungen anbetrifft, so wirken sich die hohen Erfolgquoten der Klagen gegen Beschwerdeentscheidungen jedoch negativ auf die Beurteilung der Effizienz der Beschwerdekammern aus.

5. Akzeptanz

Schließlich ist das Kriterium der Akzeptanz bei der Beurteilung der Legitimation der Beschwerdekammern zu berücksichtigen. Die Schwierigkeit dieses Kriteriums liegt freilich in seiner Messbarkeit.

Wie können sich die Regierten hörbar machen?

Für die unmittelbar durch eine Entscheidung der Beschwerdekammern Betroffenen drängt sich das Instrument der gerichtlichen Kontrolle auf. Dass von dieser Möglichkeit bislang nur zurückhaltend Gebrauch gemacht worden ist, mag nach dem oben Gesagten auf die potentiellen Kosten zurückzuführen sein, die mit dieser Möglichkeit des Kritikübens einhergehen. Unabhängig davon lässt sich aus der vorgehenden Beobachtung jedoch schlussfolgern, dass die Akzeptanz der Beschwerdeentscheidungen so groß ist, dass die durch falsche Beschwerdeentscheidungen verursachten Nachteile die Kosten eines gerichtlichen Klageverfahrens nicht überwiegen.

Des Weiteren könnte fehlende Akzeptanz der Beschwerdeentscheidungen dadurch zum Ausdruck gebracht werden, dass die Entscheidungen der Beschwerdekammern nicht befolgt werden. Allerdings wird es dem Beschwerdeführer insofern regelmäßig an Handlungs- bzw. Sanktionsmöglichkeiten fehlen. Dies gilt insbesondere für die Fallgestaltung, dass der ursprüngliche Antragsteller einer Gemeinschaftsmarke Beschwerde gegen die ablehnende Entscheidung des Prüfers eingelegt hat. In diesem Fall wird die belastende Entscheidung der Beschwerdekammer nämlich regelmäßig dahingehend lauten, dass die Beschwerde zurückzuweisen ist, da der Antrag auf Eintragung der Gemeinschaftsmarke rechtmäßigerweise abgelehnt worden ist. Befolgt der unterlegene Beschwerdeführer eine solche Entscheidung nicht, gehen damit keine negativen Konsequenzen für das Amt einher. Anderes könnte allein in Hinblick auf die Kostenentscheidung gelten. So ist denkbar, dass der Beschwerdeführer aus Protest die Erstattung der Kosten unterlässt. Letztendlich können die Kosten im Wege der Zwangsvollstreckung eingetrieben werden. Auch insofern hat der Beschwerdeführer also nur sehr begrenzte Möglichkeiten, seine Kritik zum Ausdruck zu bringen.

Ist der rechtliche Weg mithin wenig ergiebig, stellt sich weiter die Frage nach den politischen Handlungsmöglichkeiten der Regierten. Da die politischen Kontrollbeziehungen zwischen den Ämtern und den Organen der Gemeinschaft nach dem oben Gesagten nur schwach ausgeprägt sind, verbleibt allein die Möglichkeit, direkten Lobbyismus gegenüber den Beschwerdekammern bzw. den Ämtern durch Vertreter von Interessengruppen zu betreiben. Bislang treten aber weder industrieweite noch industriespezifische Interessengruppen spürbar in Erscheinung. Bekannt geworden ist allein ein Vorstoß der Interessengruppe der niederländischen Markenagenten. Wie bereits oben ausgeführt, fühlten sich diese durch die Sprachenregelung des Harmonisierungsamtes benachteiligt. Deshalb hat eine niederländische Markenagentin, *Christina Kik*, einen Antrag auf Eintragung ihres Nachnamens als Gemeinschaftsmarke gestellt. Damit wollte sie eine ablehnende Ausgangsentscheidung provozieren, um die Sprachenregelung im Beschwerde- und Klagewege anzugreifen.[582] Allerdings hat sich auch die Interessengruppe der niederländischen Markenagenten offensichtlich für die Wahrnehmung rechtlicher Klagemöglichkeiten und gegen politische Formen der Hörbarmachung entschieden.

Die insgesamt nur zurückhaltend geäußerte Kritik an den Entscheidungen der Beschwerdekammern spiegelt zum einen wieder, dass die Beschwerdekammern bislang wenig öffentliche Aufmerksamkeit genossen haben. Zum anderen deutet dies auch auf einen gewissen Grad an Akzeptanz der Tätigkeit der Beschwerdekammern hin.

6. Zusammenfassung

Die Untersuchung zur Legitimation der Beschwerdekammern hat gezeigt, dass sich die zuvor erörterten Schwächen in der politischen und gerichtlichen Kontrolle der Ämter negativ auf die Legitimation der Beschwerdekammern auswirken. So sind die Rechenschaftsbeziehungen der Beschwerdekammern gegenüber den Organen der Gemeinschaft und den Mitgliedstaaten ähnlich schwach ausgeprägt wie die politische Kontrolle der Ämter selbst. Die engeren Verantwortlichkeitsbeziehungen zu den Gemeinschaftsgerichten entstehen freilich allein im Nachhinein, und haben insofern naturgemäß weniger Gewicht als vorträglich wirkende Kontrollen politischer Art. Auch die Effektivität der Beschwerdekammern wird trotz der bestehenden institutionellen Stärken, wie insbesondere die Spezialisierung der Mitglieder und die Kontinuität in der Entscheidungspraxis der Beschwerdekammern, durch die oben diskutierten institutionellen Schwächen der Beschwerdekammern und den verbesserungsfähigen Fairnessstandard ihrer Entscheidungen negativ beeinflusst. Die hohen Erfolgsquoten der Klagen gegen Beschwerdeentscheidungen wirken sich außerdem nachteilig auf die

[582] Urteil des Gerichts erster Instanz vom 12. Juli 2001, Rechtssache T-120/99 (Christina Kik gegen Harmonisierungsamt - *Kik*), Sammlung der Rechtsprechung 2001, Seite II-2235, Rn 17 (Vorbringen des beklagten Amtes): „Die Klägerin habe nämlich das vorliegende Anmeldungsverfahren, wie sie im übrigen selbst eingeräumt habe, als bloße Verfahrensstrategie benutzt, um ihre beruflichen Interessen als niederländischsprachige Vertreterin auf dem Gebiet des Markenwesens gerichtlich vertreten zu können."

Bewertung der Effizienz der Beschwerdekammern aus, obwohl die kurze Verfahrensdauer und die geringen Kosten positiv auffallen.

Darüber hinaus konnten weitere Unzulänglichkeiten in der Legitimation der Beschwerdekammern aufgedeckt werden. Dies gilt insbesondere für die Transparenz der Verfahren vor den Beschwerdekammern. Das gegenwärtige System erscheint in zweierlei Hinsicht verbesserungsfähig. Erstens könnten einzelne Verfahrensbestandteile wie etwa die Stellungnahmen des Präsidenten oder die Abhilfeentscheidungen der Ausgangsinstanz transparenter gehalten werden. Zweitens würde in Bezug auf die Beschwerdekammern des Harmonisierungsamtes eine gesetzliche Verankerung von Veröffentlichungs- und Informationspflichten mehr Klarheit schaffen sowie die Durchsetzbarkeit von Informationsrechten verbessern.

7. Teil: Schluss

Innerhalb des Harmonisierungsamtes und des Gemeinschaftlichen Sortenamtes wurden Einrichtungen geschaffen, die ein strukturelles Problem mitsichbringen. Dabei handelt es sich um die in die organisatorische Struktur der Agenturen integrierten Beschwerdekammern. Die Beschwerdekammern verfügen über weitreichende Kompetenzen bei der Überprüfung erstinstanzlicher Entscheidungen anderer Abteilungen des Harmonisierungsamtes bzw. des Sortenamtes. Gleichzeitig weisen die Beschwerdekammern jedoch institutionelle Schwächen auf, die es den Beschwerdekammern erschweren, die ihnen übertragenen Aufgaben in einer Weise zu erfüllen, die den betroffenen Interessen der beteiligten Parteien hinreichend Rechnung trägt. Insbesondere ist die Unabhängigkeit der Beschwerdekammern sowohl in persönlicher als auch in sachlicher Hinsicht eingeschränkt. Auch stoßen die Regelungen über die Geschäftsverteilung bei den Beschwerdekammern des Harmonisierungsamtes und über die Besetzung der Kammer des Sortenamtes auf Bedenken. Diese Schwächen wirken sich negativ auf die Eignung der Beschwerdekammern aus, die behördlichen Ausgangsentscheidungen einer fairen rechtlichen Kontrolle zu unterwerfen.

Die institutionellen Schwächen wären unbedenklich, würden die auf die Beschwerdekammern Einfluss nehmenden Instanzen des Amtes einer effektiven politischen Kontrolle oder aber die Entscheidungen der Beschwerdekammern einer strengen gerichtlichen Überprüfung unterliegen. Beides ist jedoch nicht der Fall.

Eine Verantwortlichkeit und Rechenschaftspflicht der genannten Agenturen gegenüber der Kommission, dem Rat, dem Europäischen Parlament und den Mitgliedstaaten besteht nur in geringem Maße. So sind Kontrollbeziehungen zum Parlament fast gänzlich zu vermissen. Das Verhältnis zu den Mitgliedstaaten ist maßgeblich durch ein Verhältnis der gegenseitigen Kooperation, nicht aber der Kontrolle, geprägt. Eine Ausnahme stellt insoweit allein die Entsendung von Vertretern der Mitgliedstaaten in einige der Dienststellen der Ämter dar, wobei die Reichweite der Befugnisse des jeweiligen Vertreters stark variiert. Auch die Kontrollmöglichkeiten der Kommission sind letztendlich als begrenzt zu bewerten. Dies gilt im Rahmen der Haushaltsangelegenheiten insofern, als die Befugnisse der Kommission vor dem Hintergrund der grundsätzlichen haushaltsrechtlichen Unabhängigkeit und Selbstständigkeit des Harmonisierungsamtes und des Sortenamtes stehen. Die Einwirkungsmöglichkeiten der Kommission durch Entsendung eines Vertreters in den Verwaltungsrat sind praktisch dadurch limitiert, dass der Vertreter der Kommission allein mehreren Vertretern der Mitgliedstaaten gegenübersteht. Auch der Effektivität der Rechtskontrolle durch die Kommission sind aufgrund ihres engen Anwendungsbereiches erhebliche Grenzen gesetzt. Die Kontrolle durch den Rat ist auf eine Beteiligung an dem Ernennungs-, Entlassungs- und Disziplinierungsprozess des Präsidenten beschränkt. Es verbleibt also allein die Möglichkeit der Allgemeinheit, die weitgehende Zugänglichkeit von Informationen über das Harmonisierungsamt und Sortenamt für eine Kontrolle derselben zu nutzen.

Die Überprüfung der Entscheidungen der Beschwerdekammern durch die Gerichte ist zwar als weitgehend konzipiert, leidet aber unter konzeptionellen und faktischen Schwächen. Geht einem gerichtlichen Verfahren ein *inter partes*-Verfahren bei den Beschwerdekammern voraus, so ist die Parteistellung des Gegenübers in dem sich anschließenden Gerichtsverfahren nicht gewährt. Auch sind die rechtlichen Wirkungen der Urteile des Gerichts erster Instanz bzw. des Europäischen Gerichtshofes insoweit begrenzt, als dass Maßnahmen der Ämter erforderlich werden, um dem Gerichtsurteil praktische Durchsetzung zu verschaffen. Schließlich stößt es vor dem Hintergrund des Korrekturbedarfes der Beschwerdeentscheidungen auf Bedenken, dass in der Praxis von der Möglichkeit der Klageerhebung gegen belastende Beschwerdeentscheidungen bislang nur sehr zurückhaltend Gebrauch gemacht worden ist.

In einer Gesamtbetrachtung wirken sich die institutionellen Schwächen der Beschwerdekammern negativ auf den Grad ihrer Legitimation aus. Dies gilt insbesondere für die Aspekte der Effektivität und der Effizienz. Aber auch die Transparenz der Beschwerdekammern erscheint in Hinblick auf die unvollständigen gesetzlichen Regelungen über eine Veröffentlichungspflicht sowie hinsichtlich des Ausmaßes der gegenwärtigen Veröffentlichungspraktiken verbesserungswürdig. So bleiben etwa die Stellungnahmen des Präsidenten sowie die Abhilfeentscheidungen der Ausgangsdienststellen regelmäßig der Öffentlichkeit unbekannt. Aufgrund dieser Schwächen werden begrüßenswerte Entwicklungen, wie etwa die Geschwindigkeit, mit der die Beschwerdekammern ihre Entscheidungen fällen, die geringen Kosten sowie die Spezialisierung und Expertise der Mitglieder der Beschwerdekammern, überdeckt. Trotz der positiven Aspekte muss daher zusammenfassend festgestellt werden, dass die Beschwerdekammern unter einem Legitimationsdefizit leiden.

Als alternative Modelle zu den Beschwerdekammern[583] sind die Errichtung eines eigenständigen Europäischen Markengerichts oder die direkte Beschwerde zu spezialisierten Kammern innerhalb des Gerichts erster Instanz zu nennen.

Diese Vorschläge würden allerdings neue Schwierigkeiten mitsichbringen. So wäre die Errichtung eines separaten Gerichts *de lege lata* wegen der ausschließlichen Gerichtsbarkeit des Gerichts erster Instanz und des Europäischen Gerichtshofes mit dem EG-Vertrag, insbesondere Artikel 220 (ex Artikel 164) EGV, unvereinbar. Auch *de lege ferenda* wäre die Errichtung eines separaten Gerichts nicht wünschenswert. Der Hauptkritikpunkt gegen ein solches Vorhaben liegt in der davon ausgehenden Gefahr für die Einheitlichkeit des Gemeinschaftsrechts. In einigen der zu entscheidenden Fällen wird sich nämlich das gemeinschaftliche Markenrecht nicht klar von dem allgemeinen Gemeinschaftsrecht abgrenzen lassen. Insofern wäre nicht auszuschließen, dass das Markengericht eine ständige Rechtsprechung entwickelt, die der Rechtsprechung des Europäischen Gerichtshofs zuwiderläuft, ohne dass letzterer diese Widersprüche korrigieren könnte.

Auch ist die gänzliche Abschaffung der Beschwerdekammern kein wünschenswertes Szenario.[584] In einem solchen Fall würden nämlich auch die Stärken des

[583] Dazu Alexander von Mühlendahl, Das künftige Markenrecht der Europäischen Gemeinschaft, GRUR Int. 1989, S. 353, 359.

[584] Michelle Everson, Independent Agencies: Hierarchy Beaters?, European L. J., Band 1, 1995, S. 180, 184: „Judicial-type agencies have [...] often been preferred above the courts for reasons of rapidity, their ability to integrate technical expertise, their neutrality in the eyes of interests suspicious of the conventional legal system and their greater degree of public accessibility.“

gegenwärtigen Systems, wie insbesondere die schnelle und kostengünstige Kontrolle der Ausgangsentscheidung, verloren gehen. Die Vorteile, die mit der Errichtung spezialisierter Kammern innerhalb des Gerichts erster Instanz einhergingen, können auch unter Beibehaltung der Beschwerdekammern erreicht werden. Nach Artikel 220, 225 a EGV n.F. können derartige Kammern nämlich bereits unter der gegenwärtigen Rechtslage zur Überprüfung der Entscheidungen der Beschwerdekammern eingesetzt werden, was durchaus begrüßenswert wäre.

Vorzugswürdiger erscheint es daher, auf die gegenwärtige Struktur der Beschwerdekammern aufbauend, die notwendigen institutionellen Änderungen vorzunehmen. So wären insbesondere die persönliche und sachliche Unabhängigkeit der Mitglieder der Beschwerdekammern zu stärken,[585] die Kammerbesetzung und Geschäftsverteilung rechtsstaatlichen Grundsätzen anzupassen, der Grad an Transparenz in der oben vorgeschlagenen Weise zu erhöhen, die vollwertige Parteistellung in *inter partes*-Verfahren einzuführen sowie die Anreize für das Gebrauchmachen von Mitteln der gerichtlichen Kontrolle zu steigern.

[585] Man mag dabei soweit gehen wie die vollständige Loslösung der Beschwerdekammern aus dem institutionellen Gefüge der Ämter durch Schaffung einer weiteren selbständigen Agentur, die nur für judizielle Aufgaben zuständig ist.

Anhang 1

Anzahl der Klagen gegen
Entscheidungen der Beschwerdekammern des Harmonisierungsamtes

Jahr	**2001**	**2000**	**1999**	**1998**
***Ex parte*-Verfahren:**[586] **Anzahl der Klagen vor dem Gericht erster Instanz (dem Europäischen Gerichtshof)**	**26 (13)**	**29 (1)**	**19 (1)**	**1**
Ex parte-Verfahren: Anzahl der Entscheidungen der Beschwerdekammern, die die beteiligten Parteien beschweren / Gesamtsumme der Entscheidungen der Beschwerdekammern	251/355	267/361	143/229	52/71
***Inter partes*-Verfahren:**[587] **Anzahl der Klagen vor dem Gericht erster Instanz (dem Europäischen Gerichtshof)**	**11**	**2**	**0**	**0**
Inter partes-Verfahren: Anzahl der Entscheidungen der Beschwerdekammern, die die beteiligten Parteien beschweren / Gesamtsumme der Entscheidungen der Beschwerdekammern	227/434	58/98	3/17	2/6

Die in diesem Anhang 1 genannten Zahlen wurden mir vom Harmonisierungsamt für den Binnenmarkt (Marken, Muster und Modelle) mitgeteilt.

---

586 *Ex parte*-Verfahren: Beschwerden gegen Entscheidungen der Prüfer und der Rechtsabteilung.

587 *Inter partes*-Verfahren: Beschwerden gegen Entscheidungen der Widerspruchs- und Nichtigkeitsabteilungen.

Anhang 2

Gerichtsurteile zu Entscheidungen der Beschwerdekammern des Harmonisierungsamtes

Rechtssache	Tenor	Wertung
T-323/00 (SAT.2) R 312/1999-2	1. Die Entscheidung der Zweiten Beschwerdekammer des Harmonisierungsamts für den Binnenmarkt (Marken, Muster und Modelle) vom 2. August 2000 (Sache R 312/1999-2) wird aufgehoben, soweit die Beschwerdekammer es versäumt hat, über die Beschwerde bezüglich der Dienstleistungen der Klasse 35 zu entscheiden. 2. Die Entscheidung der Zweiten Beschwerdekammer des Harmonisierungsamts für den Binnenmarkt (Marken, Muster und Modelle) vom 2. August 2000 (Sache R 312/1999-2) wird aufgehoben, soweit die Beschwerdekammer die Beschwerde bezüglich der folgenden Dienstleistungskategorien zurückgewiesen hat: - Dienstleistungen einer Informationsbank der Klasse 38; - Produktion und Reproduktion von Daten, Sprache, Text, Ton- und Bildaufnahmen auf Video- und/oder Audiokassetten, -bändern und -platten (einschließlich CD-ROM und CD-i) sowie von Videospielen (Computerspielen); Vorführung und Vermietung von Video- und/oder Audiokassetten, -bändern und –platten (einschließlich CD-ROM und CDs) sowie von Videospielen (Computerspielen); Vermietung von Fernsehempfangsgeräten und Dekodern; Ausbildung, Erziehung; Unterhaltung; sportliche und kulturelle Aktivitäten; Veranstaltung von Wettbewerben im Bildungs-, Unterrichts-, Unterhaltungs- und Sportbereich; Veranstaltung von Fernkursen; Veröffentlichung und Herausgabe von Büchern, Zeitschriften und anderen Druckereierzeugnissen sowie entsprechenden elektronischen Medien (einschließlich CD-ROM und CD-i); Durchführung von Konzert-, Theater- und Unterhaltungsveranstaltungen sowie von Sportwettbewerben; Produktion von Filmen und Videos sowie anderen Bild- und Tonprogrammen bildender, unterrichtender und unterhaltender Art, auch für Kinder und Jugendliche; Produktion, Reproduktion, Vorführung und Vermietung von Ton- und Bildaufnahmen auf Video- und/oder Audiokassetten, -bändern und -platten; Theateraufführungen, Musikdarbietungen der Klasse 41; - Vergabe, Vermittlung, Vermietung sowie sonstige Verwertung von Rechten an Filmen, Fernseh- und Videoproduktionen sowie anderen Bild- und Tonprogrammen; Verwaltung und Verwertung von Urheberrechten und gewerblichen Schutzrechten für andere; Verwertung von Film- und Fernsehnebenrechten auf dem Gebiet des Merchandising; Entwicklung von Software, insbesondere auf dem Gebiet von Multimedia, interaktivem Fernsehen und Pay-TV; Betrieb von Netzwerken für die Übertragung von Nachrichten, Bild, Text, Sprache und Daten; technische Beratung auf dem Gebiet von Multimedia, interaktivem Fernsehen und Pay-TV (soweit in Klasse 42 enthalten); Erstellen von Programmen für die Datenverarbeitung einschließlich Video- und Computerspielen; Vermittlung und Vergabe von Zugangsberechtigungen für Benutzer zu unterschiedlichen Kommunikationsnetzen der	Teilweise Aufhebung

	Klasse 42. 3. Im Übrigen wird die Klage abgewiesen. 4. Jede Partei trägt ihre eigenen Kosten.	
T-232/00 (Chef) R 181/1999-3	1. Die Entscheidung der Dritten Beschwerdekammer des Harmonisierungsamts für den Binnenmarkt (Marken, Muster und Modelle) vom 26. Juni 2000 (Sache R 181/1999-3) in der am 6. Juli 2000 berichtigten Fassung wird aufgehoben. 2. Das HABM trägt die Kosten des Verfahrens.	Aufhebung
T-198/00 (Kiss device) R 391/1999-3	1. Die Klage wird abgewiesen. 2. Die Klägerin trägt die Kosten des Verfahrens.	Bestätigung
T-355/00 (Tele aid) R 124/2000-3	1. Die Entscheidung der Dritten Beschwerdekammer des Harmonisierungsamts für den Binnenmarkt (Marken, Muster und Modelle) vom 12. September 2000 (Beschwerdesache R 142/2000-3) wird aufgehoben, soweit sie die folgenden Kategorien von Waren und Dienstleistungen betrifft: - elektrische und elektronische Geräte zur Übermittlung von Sprachen und Daten; stationäre und mobile Sende-, Übertragungs-, Relais- und Empfangsgeräte; Datenverarbeitungsgeräte und deren Teile; Navigationsgeräte der Klasse 9; - Betrieb eines Kommunikationsnetzes der Klasse 38; - Sammeln, Speichern, Aufbereiten und Ausgeben von Informationen der Klasse 42. 2. Im Übrigen wird die Klage abgewiesen. 3. Die Klägerin trägt ihre eigenen Kosten sowie die Hälfte der Kosten des Beklagten. Dieser trägt die andere Hälfte seiner Kosten.	Teilweise Aufhebung, überwiegend jedoch bestätigt
T-358/00 (Truckcard) R 569/1999-3	1. Die Entscheidung der Dritten Beschwerdekammer des Harmonisierungsamts für den Binnenmarkt (Marken, Muster und Modelle) vom 12. September 2000 (Beschwerdesache R 569/1999-3) wird aufgehoben, soweit sie die folgenden Kategorien von Waren und Dienstleistungen betrifft: - stationäre und mobile Datenverarbeitungsgeräte; auf Datenträgern gespeicherte Programme für die Daten- und/oder Text- und/oder Bildverarbeitung der Klasse 9; - Vermittlung und Abrechnung von Gebühren, nämlich Telefongebühren; Finanzierungen und Absatzfinanzierungen sowie deren Vermittlung; Abrechnung von Service- und Garantieleistungen der Klasse 36; - Vermittlung von Service- und Garantieleistungen der Klasse 37; - Vermittlung von Telekommunikationsleistungen, nämlich Telefonieren, Sprachspeicherdienste, Auskunftsdienste; Dienstleistungen von Telekommunikationseinrichtungen nämlich Telefonieren, Sprachspeicherdienste, Auskunftsdienste der Klasse 38; - Vermietung und/oder Leasing von Datenverarbeitungsgeräten; Erstellung von Buchungs- und Abrechnungsprogrammen; Bewirtung von Gästen; Vermittlung und/oder Reservierung von Unterkünften in Hotels oder Pensionen der Klasse 42. 2. Im Übrigen wird die Klage abgewiesen. 3. Die Klägerin trägt ihre eigenen Kosten sowie die Hälfte der Kosten des Beklagten. Dieser trägt die andere Hälfte seiner Kosten.	Teilweise Aufhebung, überwiegend jedoch bestätigt
T-356/00 (Carcard) R 477/1999-3	1. Die Entscheidung der Dritten Beschwerdekammer des Harmonisierungsamts für den Binnenmarkt (Marken, Muster und Modelle) vom 12. September 2000 (Beschwerdesache R 477/1999-3) wird aufgehoben, soweit sie die folgenden Kategorien von Waren und Dienstleistungen betrifft:	Teilweise Aufhebung, überwiegend jedoch bestätigt

	- stationäre und mobile Datenverarbeitungsgeräte; auf Datenträgern gespeicherte Programme für die Daten- und/oder Text- und/oder Bildverarbeitung der Klasse 9; - Vermittlung und Abrechnung von Gebühren, nämlich Telefongebühren; Finanzierungen und Absatzfinanzierungen sowie deren Vermittlung; Abrechnung von Service- und Garantieleistungen der Klasse 36; - Vermittlung von Service- und Garantieleistungen der Klasse 37; - Vermittlung von Telekommunikationsleistungen, nämlich Telefonieren, Sprachspeicherdienste, Auskunftsdienste; Dienstleistungen von Telekommunikationseinrichtungen nämlich Telefonieren, Sprachspeicherdienste, Auskunftsdienste der Klasse 38; - Vermietung und/oder Leasing von Datenverarbeitungsgeräten; Erstellung von Buchungs- und Abrechnungsprogrammen; Bewirtung von Gästen; Vermittlung und/oder Reservierung von Unterkünften in Hotels oder Pensionen der Klasse 42. 2. Im Übrigen wird die Klage abgewiesen. 3. Die Klägerin trägt ihre eigenen Kosten sowie die Hälfte der Kosten des Beklagten. Dieser trägt die andere Hälfte seiner Kosten	
T-219/00 (Ellos) R 385/1999-1	1. Die Entscheidung der Ersten Beschwerdekammer des Harmonisierungsamts für den Binnenmarkt (Marken, Muster und Modelle) vom 15. Juni 2000 (Sache R 385/1999-1) wird aufgehoben, soweit sie die Dienstleistungen Kundenservice im Bereich Versandhandel in Klasse 35 des Abkommens von Nizza betrifft. 2. Im Übrigen wird die Klage abgewiesen. 3. Jede Partei trägt ihre eigenen Kosten.	Teilweise Aufhebung
T-79/00 (Lite) R 275/1999-3	1. Die Klage wird abgewiesen. 2. Jede Partei trägt ihre eigenen Kosten.	Bestätigung, aber Kostenteilung
T-34/00 (Eurocool) 233/1999-1	1. Nummer 1 des Tenors der Entscheidung der Ersten Beschwerdekammer des Harmonisierungsamts für den Binnenmarkt (Marken, Muster und Modelle) vom 9. Dezember 1999 (Sache R 233/1999-1) wird aufgehoben. 2. Im Übrigen wird die Klage abgewiesen. 3. Der Beklagte trägt die Kosten des Verfahrens.	Ganz überwiegende Bestätigung
T-88/00 (Torch Shape) R 237/1999-2 bis R 241/1999-2	1. Die Klage wird abgewiesen. 2. Die Klägerin trägt die Kosten des Verfahrens.	Bestätigung
T-138/00 (Prinzip der Bequemlichkeit) R 392/1999-3	1. Die Entscheidung der Dritten Beschwerdekammer des Harmonisierungsamts für den Binnenmarkt (Marken, Muster und Modelle) vom 23. März 2000 (Sache R 392/1999-3) wird aufgehoben. 2. Das Amt trägt seine eigenen Kosten und die Kosten der Klägerin.	Aufhebung
T-128/99 (Teleye) R 219/1998-1	1. Die Entscheidung der Ersten Beschwerdekammer des Harmonisierungsamts für den Binnenmarkt (Marken, Muster und Modelle) vom 24. März 1999 (Sache R 219/1998-1) wird aufgehoben. 2. Das Harmonisierungsamt trägt seine eigenen Kosten und die Kosten der Klägerin.	Aufhebung

T-140/00 (New born baby) R 348/1999-3	1. Die Entscheidung der Dritten Beschwerdekammer des Harmonisierungsamts für den Binnenmarkt (Marken, Muster und Modelle) vom 21. März 2000 (Sache R 348/1999-3) wird aufgehoben. 2. Das Amt trägt seine eigenen Kosten sowie die Kosten der Klägerin.	Aufhebung
C-383/99 P (Baby-Dry) T-163/98 R 35/1998-1	1. Das Urteil des Gerichts erster Instanz vom 8. Juli 1999 in der Rechtssache T-163/98 (Procter & Gamble/HABM [BABY-DRY]) wird aufgehoben, soweit darin festgestellt wird, dass die Erste Beschwerdekammer des Harmonisierungsamts für den Binnenmarkt (Marken, Muster und Modelle) in ihrer Entscheidung vom 31. Juli 1998 in der Beschwerdesache R 35/1998-1 nicht gegen Artikel 7 Absatz 1 Buchstabe c) der Verordnung (EG) Nr. 40/94 des Rates vom 20. Dezember 1993 über die Gemeinschaftsmarke verstoßen hat. 2. Die Entscheidung der Ersten Beschwerdekammer des Harmonisierungsamts für den Binnenmarkt (Marken, Muster und Modelle) vom 31. Juli 1998 in der Beschwerdesache R 35/1998-1 wird aufgehoben, soweit darin die Anmeldung der Marke Baby-Dry gemäß Artikel 7 Absatz 1 Buchstabe c) der Verordnung Nr. 40/94 zurückgewiesen wird. 3. Das Harmonisierungsamt für den Binnenmarkt (Marken, Muster und Modelle) trägt die Kosten des Verfahrens beider Instanzen.	Aufgehoben durch EuGH, nachdem GeI die Beschwerdeentscheidung nur teilweise aufgehoben hatte
T-129/00 (Tabs) R 508/1999-1	1. Die Entscheidung der Ersten Beschwerdekammer des Harmonisierungsamts für den Binnenmarkt (Marken, Muster und Modelle) vom 8. März 2000 (Sache R-508/1999-1) wird aufgehoben, soweit sie die zu Klasse 3 im Sinne des Abkommens von Nizza gehörenden Waren betrifft, die folgender Beschreibung entsprechen: Parfümerien, ätherische Öle, Mittel zur Körper- und Schönheitspflege, Haarwässer; Zahnputzmittel. 2. Im Übrigen wird die Klage abgewiesen. 3. Jede Partei trägt ihre eigenen Kosten.	Überwiegend bestätigt, nur teilweise aufgehoben
T-128/00 (Tabs) R 506/1999-1	1. Die Entscheidung der Ersten Beschwerdekammer des Harmonisierungsamts für den Binnenmarkt (Marken, Muster und Modelle) vom 8. März 2000 (Sache R-508/1999-1) wird aufgehoben, soweit sie die zu Klasse 3 im Sinne des Abkommens von Nizza gehörenden Waren betrifft, die folgender Beschreibung entsprechen: Parfümerien, ätherische Öle, Mittel zur Körper- und Schönheitspflege, Haarwässer; Zahnputzmittel. 2. Im Übrigen wird die Klage abgewiesen. 3. Jede Partei trägt ihre eigenen Kosten.	Überwiegend bestätigt, nur teilweise aufgehoben
T-121/00 (Tabs) R 529/1999-1	1. Die Klage wird abgewiesen. 2. Jede Partei trägt ihre eigenen Kosten.	Bestätigung
T-120/00 (Tabs) R 520/1999-1	1. Die Klage wird abgewiesen. 2. Jede Partei trägt ihre eigenen Kosten.	Bestätigung
T-119/00 (Tabs) R 519/1999-1	1. Die Klage wird abgewiesen. 2. Jede Partei trägt ihre eigenen Kosten.	Bestätigung
T-118/00 (Tabs) R 516/1999-1	1. Die Klage wird abgewiesen. 2. Jede Partei trägt ihre eigenen Kosten.	Bestätigung

T-117/00 (Tabs) R 509/1999-1	1. Die Klage wird abgewiesen. 2. Jede Partei trägt ihre eigenen Kosten.	Bestätigung
T-30/00 (Tabs) R 75/1999-3	1. Die Klage wird abgewiesen. 2. Jede Partei trägt ihre eigenen Kosten.	Bestätigung
T-337/99 (Tabs) R 73/1999-3	1. Die Klage wird abgewiesen. 2. Jede Partei trägt ihre eigenen Kosten.	Bestätigung
T-336/99 (Tabs) R-71/1999-3	1. Die Klage wird abgewiesen. 2. Jede Partei trägt ihre eigenen Kosten.	Bestätigung
T-335/99 (Tabs) R-70/1999-3	1. Die Klage wird abgewiesen. 2. Jede Partei trägt ihre eigenen Kosten.	Bestätigung
T-120/99 (Kik) R 65/1998-3	1. Die Klage wird abgewiesen. 2. Die Klägerin trägt ihre eigenen Kosten sowie die Kosten des Beklagten. 3. Die Streithelfer tragen jeweils ihre eigenen Kosten.	Bestätigung
T-146/00 (Dakota) R 198/1998-1	1. Die Klage wird abgewiesen. 2. Die Kläger tragen die Kosten des Verfahrens.	Bestätigung
T-357 und 358/99 (Universaltelefonbuch) R 351 und 352/1999-3	1. Die Klagen werden abgewiesen. 2. Die Klägerin trägt die Kosten der Verfahren.	Bestätigung
T-359/99 (Eurohealth) R 19/1999-1	1. Die Entscheidung der Ersten Beschwerdekammer des Harmonisierungsamts für den Binnenmarkt (Marken, Muster und Modelle) vom 15. Oktober 1999 in der Beschwerdesache R 19/1999-1 wird aufgehoben, soweit Dienstleistungen des Bereiches Finanzwesen betroffen sind. 2. Im Übrigen wird die Klage abgewiesen. 3. Jede Partei trägt ihre eigenen Kosten.	Teilweise Aufhebung
T-87/00 (Easybank) R 316/1999-3	1. Die Entscheidung der Dritten Beschwerdekammer des Harmonisierungsamts für den Binnenmarkt (Marken, Muster und Modelle) vom 31. Januar 2000 (Beschwerdesache R 316/1999-3) wird aufgehoben. 2. Der Beklagte trägt die Kosten des Verfahrens.	Aufhebung
T-24/00 (Vitalite) R 137/1999-2	1. Die Entscheidung der Zweiten Beschwerdekammer des Harmonisierungsamtes für den Binnenmarkt (Marken, Muster und Modelle) vom 26. November 1999 (Sache R 137/1999-2) wird aufgehoben, soweit sie die Waren Babykost und Mineralwässer, auch mit Kohlensäure betrifft. 2. Im Übrigen wird die Klage abgewiesen. 3. Die Klägerin trägt ihre eigenen Kosten sowie die Hälfte der Kosten des Beklagten. Dieser trägt die andere Hälfte seiner Kosten.	Überwiegende Bestätigung, Teilabweisung

T-331/99 (Giroform) R 175/1999-3	1. Die Klage wird abgewiesen. 2. Die Klägerin trägt die Kosten des Verfahrens.	Bestätigung
T-193/99 (Doublemint) R 216/1998-1	1. Die Entscheidung der Ersten Beschwerdekammer des Harmonisierungsamts für den Binnenmarkt (Marken, Muster und Modelle) vom 16. Juni 1999 (Sache R 216/1998-1) wird aufgehoben. 2. Der Beklagte trägt die Kosten.	Aufhebung
T-136/99 (Cine comedy) R 97/1998-3	1. Die Entscheidung der Dritten Beschwerdekammer des Harmonisierungsamts für den Binnenmarkt (Marken, Muster und Modelle) vom 19. März 1999 (Sache R 97/98-3) wird in Bezug auf die folgenden Dienstleistungen aufgehoben: Vermittlung und Vergabe von Zugangsberechtigungen für Benutzer zu unterschiedlichen Kommunikationsnetzen (Dienstleistungen der Klasse 38); kulturelle Aktivitäten; Organisation und Durchführung von Show-, Quiz- und Musikveranstaltungen sowie Veranstaltung von Wettbewerben im Unterhaltungsbereich, auch zur Aufzeichnung oder als Live-Sendung im Rundfunk oder Fernsehen; Produktion von Fernseh- und Rundfunkwerbesendungen einschließlich entsprechender Gewinnspielsendungen; Veranstaltung von Wettbewerben im Unterhaltungsbereich; Durchführung von Konzert-, Theater- und Unterhaltungsveranstaltungen (Dienstleistungen der Klasse 41); Verwaltung und Verwertung von Urheberrechten und gewerblichen Schutzrechten für andere; technische Beratung auf dem Gebiet von Multimedia, interaktivem Fernsehen und Pay-TV (soweit in Klasse 42 enthalten); Erstellen von Programmen für die Datenverarbeitung einschließlich Video- und Computerspielen (Dienstleistungen der Klasse 42). 2. Im Übrigen wird die Klage abgewiesen. 3. Jede Partei trägt ihre eigenen Kosten.	Überwiegende Aufhebung
T-135/99 (Cine action) R 98/1998-3	1. Die Entscheidung der Dritten Beschwerdekammer des Harmonisierungsamts für den Binnenmarkt (Marken, Muster und Modelle) vom 19. März 1999 (Sache R 98/98-3) wird in Bezug auf die folgenden Dienstleistungen aufgehoben: Vermittlung und Vergabe von Zugangsberechtigungen für Benutzer zu unterschiedlichen Kommunikationsnetzen (Dienstleistungen der Klasse 38); kulturelle Aktivitäten; Organisation und Durchführung von Show-, Quiz- und Musikveranstaltungen sowie Veranstaltung von Wettbewerben im Unterhaltungsbereich, auch zur Aufzeichnung oder als Live-Sendung im Rundfunk oder Fernsehen; Produktion von Fernseh- und Rundfunkwerbesendungen einschließlich entsprechender Gewinnspielsendungen; Veranstaltung von Wettbewerben im Unterhaltungsbereich; Durchführung von Konzert-, Theater- und Unterhaltungsveranstaltungen (Dienstleistungen der Klasse 41); Verwaltung und Verwertung von Urheberrechten und gewerblichen Schutzrechten für andere; technische Beratung auf dem Gebiet von Multimedia, interaktivem Fernsehen und Pay-TV (soweit in Klasse 42 enthalten); Erstellen von Programmen für die Datenverarbeitung einschließlich Video- und Computerspielen (Dienstleistungen der Klasse 42). 2. Im Übrigen wird die Klage abgewiesen. 3. Jede Partei trägt ihre eigenen Kosten.	Teilweise Aufhebung
T-32/00 (electronica) R 177/1998-2	1. Die Klage wird abgewiesen. 2. Die Klägerin trägt die Kosten.	Bestätigung

T-360/99 (Investor-world) R 204/1999-3	1. Die Klage wird abgewiesen. 2. Die Klägerin trägt die Kosten des Verfahrens.	Bestätigung
T-345/99 (Trustedlink) R 163/1998-3	1. Die Klage wird abgewiesen. 2. Die Klägerin trägt die Kosten des Verfahrens.	Bestätigung
T-91/99 (Options) R 150/1998-2	1. Die Klage wird abgewiesen. 2. Die Klägerin trägt die Kosten.	Bestätigung
T-122/99 (Soap) R 74/1998-3	1. Die Entscheidung der Dritten Beschwerdekammer des Harmonisierungsamts für den Binnenmarkt (Marken, Muster und Modelle) vom 15. März 1999 (Sache R 74/1998-3) wird aufgehoben. 2. Das Harmonisierungsamt trägt seine eigenen Kosten sowie die Kosten der Klägerin.	Aufhebung
T-19/99 (Companyli-ne) R 72/98-1	1. Die Klage wird abgewiesen. 2. Die Klägerin trägt die Kosten.	Bestätigung

Ergebnis:
41 Urteile, von denen:

- 21 die Beschwerdeentscheidung bestätigt haben;
- 8 die Beschwerdeentscheidung aufgehoben haben;
- 7 die Beschwerdeentscheidung überwiegend bestätigt, aber zumindest teilweise aufgehoben haben;
- 5 die Beschwerdeentscheidung teilweise aufgehoben haben.

Anhang 3

Verfahrensdauer und Inhalt der Entscheidungen der Beschwerdekammern des Harmonisierungsamtes im Februar und März 2000

Rechtssache	Antrag	Entscheidung	Beschwerde	Beschwerdebegründung	Beschwerdeentscheidung *(Dauer)*	Ergebnis
R 246/1999-1	17.2.99	12.3.99	12.5.99	12.7.99	27.3.00 (4.8.99 Abhilfe) *(8 M)*	Beschwerde zurückgewiesen
R 93/1998-1	1.4.96	22.4.98 (Widerspruch)	19.6.98	20.8.98 (5.11.98 Replik)	24.3.00 *(1 J 9 M)*	Angefochtene Entscheidung aufgehoben und an Widerspruchsabteilung zur weiteren Entscheidung zurückverwiesen
R 392/1999-3 T 138/00	23.4.98	4.6.99	7.7.99	n.n	23.3.00 (4.11.99 Abhilfe) *(8 M)*	Angefochtene Entscheidung teilweise aufgehoben und an Prüfer zur weiteren Entscheidung zurückverwiesen
R 473/1999-1	18.12.97	20.5.99	20.7.99	20.9.99	22.3.00 (18.10.99 Abhilfe) *(8 M)*	Angefochtene Entscheidung aufrechterhalten und zur weiteren Entscheidung an Prüfer zurükverwiesen
R 396/1999-1	13.11.96	11.5.99	12.7.99	10.9.99	22.3.00 (18.10.99 Widerspruch) *(8 M)*	Beschwerde zurückgewiesen
R 83/1999-2	27.3.96	10.12.98	10.2.99	9.11.99	22.3.00 *(1 J 1 M)*	Angefochtene Entscheidung teilweise aufgehoben
R 458/1999-3	20.12.96	18.6.99	28.7.99	13.10.99	17.3.00 (12.11.99 Abhilfe) *(8 M)*	Beschwerde zurückgewiesen
R 223/1999-3	6.10.97	9.3.99 (Widerspruch)	4.5.99	7.7.99 (3.9.99 Replik)	17.3.00 *(10 M)*	Verfahren ausgesetzt
R 634/1999-3	27.2.98	28.7.99	27.9.99	n.n.	16.3.00 (14.11.99 Abhilfe) *(6 M)*	Beschwerde zurückgewiesen

R 359/1999-3	12.11.96	3.5.99	28.6.99	2.9.99	16.3.99 (18.10.99 Abhilfe) *(7 M)*	Entscheidung ausgesetzt und Verfahren an Prüfer zurückverwiesen
R 453/1999-3	23.12.97	21.5.99	21.7.99	17.9.99	13.3.00 (4.11.99 Abhilfe) *(8 M)*	Entscheidung ausgesetzt und Verfahren an Prüfer zurückverwiesen
R 201/1999-3	23.10.97	23.10.97	26.2.99	23.4.99	8.3.00 (19.7.99 Abhilfe) *(1 J 1 M)*	Beschwerde zurückgewiesen
R 509/1999-1 T-117/00	13.10.98	11.6.99	13.8.99	22.10.99	8.3.00 (12.11.99 Abhilfe) *(7 M)*	Beschwerde zurückgewiesen
R 511/1999-1	13.10.98	17.6.99	13.8.99	22.10.99	8.3.00 (12.11.99 Abhilfe) *(7 M)*	Beschwerde zurückgewiesen
R 504/1999-1	7.10.98	17.6.99	13.8.99	22.10.99	8.3.00 (12.11.99 Abhilfe) *(7 M)*	Beschwerde zurückgewiesen
R 513/1999-1	13.10.98	17.6.99	13.8.99	22.10.99	8.3.00 (12.11.99 Abhilfe) *(7 M)*	Beschwerde zurückgewiesen
R 505/1999-1	7.10.98	17.6.99	13.8.99	22.10.99	8.3.00 (12.11.99 Abhilfe) *(7 M)*	Beschwerde zurückgewiesen
R 510/1999-1	13.10.98	17.6.99	13.8.99	22.10.99	8.3.00 (12.11.99 Abhilfe) *(7 M)*	Beschwerde zurückgewiesen
R 508/1999-1 T-129/00	7.10.98	17.6.99	13.8.99	22.10.99	8.3.00 (12.11.99 Abhilfe) *(7 M)*	Beschwerde zurückgewiesen
R 514/1999-1	13.10.98	17.6.99	13.8.99	22.10.99	8.3.00 (12.11.99 Abhilfe) *(7 M)*	Beschwerde zurückgewiesen
R 512/1999-1	13.10.98	17.6.99	13.8.99	22.10.99	8.3.00 (12.11.99 Abhilfe) *(7 M)*	Beschwerde zurückgewiesen
R 507/1999-1	7.10.98	17.6.99	13.8.99	22.10.99	8.3.00 (12.11.99 Abhilfe) *(7 M)*	Beschwerde zurückgewiesen
R 506/1999-1 T-128/00	7.10.98	17.6.99	13.8.99	22.10.99	8.3.00 (12.11.99 Abhilfe) *(7 M)*	Beschwerde zurückgewiesen
R 515/1999-1	13.10.98	17.6.99	13.8.99	22.10.99	3.3.00 (12.11.99 Abhilfe) *(7 M)*	Beschwerde zurückgewiesen
R 516/1999-1 T-118/00	13.10.98	17.6.99	13.8.99	22.10.99	3.3.00 (12.11.99 Abhilfe) *(7 M)*	Beschwerde zurückgewiesen

R 609/1999-3	21.5.98	12.7.99	13.9.99	13.9.99	3.3.00 (4.11.99 Abhilfe) *(7 M)*	Beschwerde zurückge- wiesen
R 527/1999-1	13.10.98	17.6.99	13.8.99	22.10.99	29.2.00 (12.11.99 Abhilfe) *(6 M)*	Beschwerde zurückge- wiesen
R 520/1999-1 T-120/99	13.10.98	17.6.99	13.8.99	22.10.99	29.2.00 (12.11.99 Abhilfe) *(6 M)*	Beschwerde zurückge- wiesen
R 528/1999-1	13.10.98	17.6.99	13.8.99	22.10.99	29.2.00 (12.11.99 Abhilfe) *(6 M)*	Beschwerde zurückge- wiesen
R 526/1999-2	13.10.98	17.6.99	13.8.99	22.10.99	29.2.00 (12.11.99 Abhilfe) *(6 M)*	Beschwerde zurückge- wiesen
R 525/1999-2	13.10.98	17.6.99	13.8.99	22.10.99	29.2.00 (12.11.99 Abhilfe) *(6 M)*	Beschwerde zurückge- wiesen
R 524/1999-2	13.10.98	17.6.99	13.8.99	22.10.99	29.2.00 (12.11.99 Abhilfe) *(6 M)*	Beschwerde zurückge- wiesen
R 523/1999-2	13.10.98	17.6.99	13.8.99	22.10.99	29.2.00 (12.11.99 Abhilfe) *(6 M)*	Beschwerde zurückge- wiesen
R 522/1999-2	13.10.98	17.6.99	13.8.99	22.10.99	29.2.00 (12.11.99 Abhilfe) *(6 M)*	Beschwerde zurückge- wiesen
R 521/1999-2	13.10.98	17.6.99	13.8.99	22.10.99	29.2.00 (12.11.99 Abhilfe) *(6 M)*	Beschwerde zurückge- wiesen
R 518/1999-2	13.10.98	17.6.99	13.8.99	22.10.99	29.2.00 (12.11.99 Abhilfe) *(6 M)*	Beschwerde zurückge- wiesen
R 517/1999-2	13.10.98	17.6.99	13.8.99	22.10.99	29.2.00 (12.11.99 Abhilfe) *(6 M)*	Beschwerde zurückge- wiesen
R 342/1999-2	1.4.96	20.4.99	21.6.99	20.8.00	29.2.00 *(8 M)*	Beschwerde zurückge- wiesen
R 529/1999-2 T-121/00	13.10.98	17.6.99	13.8.99	22.10.99	29.2.00 (12.11.99 Abhilfe) *(6 M)*	Beschwerde zurückge- wiesen
R 519/1999-2 T-119/00	13.10.98	17.6.99	13.8.99	22.10.99	29.2.00 (12.11.99 Abhilfe) *(6 M)*	Beschwerde zurückge- wiesen
R 423/1999-2 T-106/00	22.8.97	21.5.99	20.7.99	16.9.99	28.2.00 (1.10.99 Abhilfe) *(7 M)*	Beschwerde zurückge- wiesen
R 489/1999-2	23.2.98	17.6.99	13.8.99	n.n.	28.2.00 *(6 M)*	Beschwerde zurückge- wiesen

R 383/1999-2	27.9.96	6.5.99	6.6.99	3.9.99	28.2.00 (22.9.99 Abhilfe) *(8 M)*	Angefochtene Entscheidung teilweise aufgehoben
R 376/1999-2	29.3.96	12.5.99	5.7.99	27.8.99	28.2.00 *(7 M)*	Angefochtene Entscheidung aufgehoben und an Prüfer zur weiteren Entscheidung zurückverwiesen
R 435/1999-2 T-105/00	29.3.96	1.2.99	2.8.99	2.8.99	24.2.00 (12.8.99 Abhilfe) *(6 M)*	Beschwerde zurückgewiesen
R 230/1999-1	28.3.96	9.3.99	6.5.99	8.7.99	24.2.00 (4.8.99 Abhilfe) *(9 M)*	Beschwerde zurückgewiesen
R 372/1999-2	2.10.97	1.6.99	7.7.99	30.9.99	18.2.00 *(7 M)*	Beschwerde zurückgewiesen

Ergebnis:
47 Entscheidungen, von denen in:

- 38 die Beschwerde zurückgewiesen wurde;
- 2 die angefochtene Entscheidung aufgehoben wurde;
- 3 die angefochtene Entscheidung teilweise aufgehoben wurde;
- 4 das Verfahren ausgesetzt wurde.

Anhang 4

Ausgang der Entscheidungen
der Beschwerdekammern des Harmonisierungsamtes

Jahr	**2001**	**2000**	**1999**	**1998**
***Ex parte*-Verfahren**[588]	**355**	**361**	**229**	**71**
Beschwerde unzulässig etc.	32	16	7	7
Ausgangsentscheidung bestätigt	192	233	112	43
Ausgangsentscheidung vollständig aufgehoben	104	94	86	19
Ausgangsentscheidung teilweise aufgehoben	27	18	24	2
***Inter partes*-Verfahren**[589]	**434**	**98**	**17**	**6**
Beschwerde unzulässig etc.	33	5	1	0
Ausgangsentscheidung bestätigt	164	49	2	2
Ausgangsentscheidung vollständig aufgehoben	128	30	13	4
Ausgangsentscheidung teilweise aufgehoben	30	4	0	0
Streitbeilegung durch die Parteien entsprechend dem Vorschlag der Beschwerdekammern	79	10	1	0

Die in diesem Anhang 4 genannten Zahlen wurden mir vom Harmonisierungsamt für den Binnenmarkt (Marken, Muster und Modelle) mitgeteilt.

[588] *Ex parte*-Verfahren: Beschwerden gegen Entscheidungen der Prüfer und der Rechtsabteilung.
[589] *Inter partes*-Verfahren: Beschwerden gegen Entscheidungen der Widerspruchs- und Nichtigkeitsabteilungen.

Anhang 5

Dauer der Verfahren vor dem Gericht erster Instanz zu Entscheidungen der Beschwerdekammern des Harmonisierungsamtes

Rechtssache	**Antrag**	**Ent-schei-dung**	**Be-schwer-de**	**Entschei-dung *(Dauer)***	**Klage-erhe-bung**	**Klage-erwi-derung**	**Ver-hand-lung**	**Urteil *(Dauer)***
T-323/00 (SAT.2) R 312/1999-2	15.4.97	9.4.99	7.6.99	2.8.00 *(1 J 2 M)*	16.10.00	15.2.01	9.1.02	2.7.02 *(1 J 9 M)*
T-232/00 (Chef) R 181/1999-3	1.4.96	24.2.99	14.4.99	26.6.00 *(1 J 2 M)*	4.9.00	2.2.01	10.1.02	13.6.02 *(1 J 9 M)*
T-198/00 (Kiss device) R 391/1999-3	24.12.92	12.5.99	12.7.99	29.5.00 *(10 M)*	28.7.00	13.11.00	9.1.02	5.6.02 *(1 J 11 M)*
T-355/00 (Tele aid) R 142/2000-3	18.2.97	9.12.99	2.2.00	12.9.00 *(7 M)*	24.11.00	23.2.01	21.11.01	20.3.02 *(1 J 4 M)*
T-358/00 (Truck-card) R 569/1999-3	1.4.96	9.6.99	6.8.99	12.9.00 *(1 J 1 M)*	24.11.00	14.2.01	21.11.01	20.3.02 *(1 J 4 M)*
T-356/00 (Carcard) R 477/1999-3	1.4.96	9.6.99	6.8.99	12.9.00 *(1 J 1 M)*	24.11.00	15.2.01	21.11.01	20.3.02 *(1 J 4 M)*
T-219/00 (Ellos) R 385/1999-1	1.4.96	8.6.99	9.6.99	15.6.00 *(1 J)*	18.8.00	9.11.00	20.6.01	27.2.02 *(1 J 6 M)*
T-106/00 (Streamserve) R 423/1999-2 C-150/02 P	22.6.97	21.5.99	20.7.99	28.2.00 *(7 M)*	27.4.00	27.10.00	29.6.01	27.2.02 *(1 J 10 M)*
T-79/00 (Lite) R 275/1999-3	29.3.96	29.3.99	20.5.99	27.1.00 *(9 M)*	4.4.00	27.6.00	5.7.01	27.2.00 *(1 J 10 M)*
T-34/00 (Eurocool) R 233/1999-1	6.6.96	11.3.99	10.5.99	9.12.99 *(8 M)*	21.2.00	20.6.00	14.6.01	27.2.02 *(2 J)*
T-88/00 (Torch Shape) R 237/1999-2 bis R 241/1999-2 C-136/02 P	29.3.96	11.3.99	11.5.99	14.2.00 *(7 M)*	13.4.00	11.8.00	31.5.01	7.2.02 *(1 J 10 M)*

T-138/00 (Das Prinzip der Bequemlichkeit) R 392/1999-3 C-64/02 P	23.4.98	4.6.99	7.7.99	23.3.00 *(8 M)*	23.5.00	15.9.00	15.3.01	11.12.01 *(1 J 6 M)*
T-128/99 (Teleye) R 219/1998-1	27.3.98	20.10.98	11.12.98	24.3.99 *(4 M)*	25.5.99	23.8.99	22.2.01	15.11.01 *(2 J 6 M)*
T-140/00 (New born baby) R 348/1999-3 C-498/01 P	6.10.97	6.5.99	22.6.99	21.3.00 *(9 M)*	25.5.00	9.8.00	8.3.00	3.10.01 *(1 J 5 M)*
T-163/98 (Baby-Dry) R 35/1998-1 C-383/99 P	3.4.96	29.1.98	16.3.98	31.7.98 *(4 M)*	6.10.98 EuGH: 8.10.99	23.12.98 EuGH: 30.1.01	10.5.99 EuGH: 5.4.01	8.7.99 *(1 J 9 M)* *EuGH:* *20.9.01*
T-129/00 (Tabs) R 508/1999-1 C-474/01 P	7.10.98	17.6.99	13.8.99	8.3.00 *(7 M)*	12.5.00	27.7.00	5.4.01	19.9.01 *(1 J 4 M)*
T-128/00 (Tabs) R 506/1999-1 C-473/01 P	7.10.98	17.6.99	13.8.99	8.3.00 *(7 M)*	12.5.00	27.7.00	5.4.01	19.9.01 *(1 J 4 M)*
T-121/00 (Tabs) R 529/1999-1 C-472/01 P	13.10.98	17.6.99	13.8.99	29.2.00 *(6 M)*	3.5.00	28.7.00	5.4.01	19.9.01 *(1 J 4 M)*
T-120/00 (Tabs) R 520/1999-1 C-471/01 P	13.10.98	17.6.99	13.8.99	29.2.00 *(6 M)*	3.5.00	28.7.00	5.4.01	19.9.01 *(1 J 4 M)*
T-119/00 (Tabs) R 519/1999-1 C-470/01 P	13.10.98	17.6.99	13.8.99	29.2.00 *(6 M)*	3.5.00	28.7.00	5.4.01	19.9.01 *(1 J 4 M)*
T-118/00 (Tabs) R 516/1999-1 C-469/01 P	13.10.98	17.6.99	13.8.99	3.3.00 *(7 M)*	3.5.00	28.7.00	5.4.01	19.9.01 *(1 J 4 M)*
T-117/00 (Tabs) R 509/1999-1 C-468/01 P	13.10.98	17.6.99	13.8.99	8.3.00 *(7 M)*	3.5.00	28.7.00	5.4.01	19.9.01 *(1 J 4 M)*

T-30/00 (Tabs) R 75/1999-3	2.6.98	26.1.99	5.2.99	25.11.99 *(9 M)*	16.2.00	4.5.00	5.4.01	19.9.01 *(1 J 7 M)*
T-337/99 (Tabs) R 73/1999-3	15.12.97	26.1.99	5.2.99	21.9.99 *(9 M)*	26.11.99	17.2.00	5.4.01	19.9.01 *(1 J 10 M)*
T-336/99 (Tabs) R-71/1999-3 C-457/01 P	15.12.97	26.1.99	5.2.99	21.9.99 *(9 M)*	26.11.99	17.2.00	5.4.01	19.9.01 *(1 J 10 M)*
T-335/99 (Tabs) R-70/1999-3 C-456/01 P	8.1.98	26.1.99	5.2.99	21.9.99 *(9 M)*	26.11.99	17.2.00	5.4.01	19.9.01 *(1 J 10 M)*
T-120/99 (Kik) R 65/1998-3 C-361/01 P	15.9.96	20.3.98	4.5.98	19.3.99 *(10 M)*	19.5.99	18.8.99	23.1.01	12.7.01 *(1 J 2 M)*
T-146/00 (Dakota) R 198/1998-1	15.4.96	8.10.98	27.11.98	28.3.00 *(1 J 4 M)*	30.5.00	18.9.00	14.3.01	20.6.01 *(1 J 1 M)*
T-357 und 358/99 (Universal- telefonbuch) R 351 und 352/1999-3 C-326/01 P	28.1.97	23.4.99	23.6.99	21.10.00 26.10.00 *(1 J 4 M)*	22.12.99	24.3.00	8.3.01	14.6.01 *(1 J 6 M)*
T-359/99 (EuroHealth) R 19/1999-1	26.6.96	13.11.98	6.1.99	15.10.99 *(9 M)*	24.12.99	31.3.00	30.11.00	7.6.01 *(1 J 6 M)*
T-87/00 (Easybank) R 316/1999-3	3.10.96	13.4.99	8.6.99	31.1.00 *(7 M)*	11.4.00	6.7.00	16.1.01	5.4.01 *(1 J)*
T-24/00 (Vitalite) R 137/1999-2	1.4.96	19.1.99	17.3.99	26.1.00 *(10 M)*	9.2.00	9.6.00	27.9.00	31.1.01 *(11 M)*
T-331/99 (Giroform) R 175/1999-3	28.4.97	12.2.99	12.4.99	8.9.99 *(5 M)*	23.11.99	10.3.00	5.7.00	31.1.01 *(1 J 2 M)*
T-193/99 (Doublemint) R 216/1998-1 C-191/01 P	9.3.96	13.10.98	8.12.98	16.6.99 *(6 M)*	1.9.99	6.12.99	14.9.99	31.1.01 *(1 J 4 M)*
T-136/99 (Cine Comedy) R 97/1998-3	10.10.96	7.5.98	22.6.98	19.3.99 *(9 M)*	1.6.99	16.9.99	5.7.00	31.1.01 *(1 J 7 M)*

T-135/99 (Cine Action) R 98/1998-3	10.10.96	7.5.98	22.6.98	19.3.99 *(9 M)*	1.6.99	16.9.99	5.7.00	31.1.01 *(1 J 7 M)*
T-32/00 (Electronica) R 177/1998-2	19.5.96	25.8.98	22.10.98	17.12.99 *(1 J 2 M)*	18.2.00	6.4.00	5.7.00	5.12.00 *(8 M)*
T-360/99 (Investor-world) R 204/1999-3	8.9.98	22.2.99	23.4.99	15.10.99 *(6 M)*	24.12.99	6.4.00	5.7.00	26.10.00 *(11 M)*
T-345/99 (Trustedlink) R 163/1998-3	29.3.96	18.8.98	8.10.98	17.9.99 *(11 M)*	2.12.99	25.2.00	4.5.00	26.10.00 *(11 M)*
T-91/99 (Options) R 150/1998-2	19.3.96	9.7.98	9.9.98	11.2.99 *(1 J 2 M)*	15.4.99	13.7.99	2.12.99	30.3.00 *(1 J)*
T-122/99 (Soap) R 74/1998-3	16.4.96	18.3.98	15.5.98	14.8.98 *(3 M)*	20.5.99	12.8.99	8.12.99	16.2.00 *(7 M)*
T-19/99 (Companyline) R 72/98-1 C-104/00 P	23.7.96	17.4.98	13.5.98	18.11.98 *(6 M)*	21.1.99	8.4.99	9.7.99	12.1.00 *(1 J)*
T-106/00 R 423/1999-2	22.8.97	25.5.99	20.7.99	28.2.00 *(9 M)*				*Unver-öffentlicht*
T-105/00 R 435/1999-1	29.3.96	1.2.99	2.8.99	24.2.00 *(6 M)*				*Unver-öffentlicht*

Anhang 6

Dauer der Verfahren vor den Beschwerdekammern im Dezember 2001

Rechtssache	Antrag	Ausgangs-entscheidung	Beschwerde	Beschwerde-begründung	Beschwerde-entscheidung *(Dauer)*
R 920/2000-2	9.9.99	20.7.00	15.9.00	20.11.00	21.12.01 *(1 J 3 M)*
R 868/2000-2	27.3.96	28.6.00	22.8.00	n.n.	20.12.01 *(1 J 4 M)*
R 900/2000-2	19.5.00	7.7.00	5.9.00	6.11.00	20.12.01 *(1 J 3 M)*
R 849/2000-2	4.4.98	16.6.00 (Widerspruch)	16.8.00	24.10.00	18.12.01 *(1 J 4 M)*
R 028/2000-2	1.4.96	22.11.99 (Widerspruch)	12.1.00	10.3.00/30.5.00	18.12.01 *(1 J 11 M)*
R 435/2000-2	29.7.99	25.3.00	25.4.00	26.6.00	18.12.01 (3.8.00 Abhilfe) *(1 J 8 M)*
R 988/2000-2	31.8.99	22.9.00 (Widerspruch)	10.10.00	19.12.00	18.12.01 *(1 J 2 M)*
R 875/2000-2	8.12.99	22.6.00 (Widerspruch)	21.8.00	20.10.00	17.12.01 *(1 J 4 M)*
R 1068/2000-2	3.2.99	4.9.00	3.11.00	n.n.	17.12.01 *(1 J 1 M)*
R 810/1999-2	1.4.96	8.10.99 (Widerspruch)	30.11.99	10.2.00/12.4.00	14.12.01 *(2 J 1 M)*
R 96/2000-2	8.10.96	26.11.99	26.1.00	23.3.00	14.12.01 *(1 J 11 M)*
R 1213/2000-2	6.1.00	3.10.00	4.12.00	n.n.	14.12.01 *(1 J)*
R 791/2000-1	1.4.96	31.5.00 (Widerspruch)	27.7.00	Keine Begründung eingereicht	13.12.01 *(1 J 5 M)*
R 22/2000-1	17.7.98	27.10.00 (Widerspruch)	27.12.00	Keine Begründung eingereicht	13.12.01 *(1 J)*
R 392/2000-1	24.12.99	22.2.01	20.4.01	n.n.	13.12.01
R 361/2000-2	16.9.97	10.11.98 (Widerspruch)	11.4.00	10.11.00	13.12.01 (1 J 6 M)

R 441/2000-1	1.4.96	25.2.00 (Widerspruch)	25.4.00	(19.11.00 Widerspruch zurückgenommen)	13.12.01 (Kostenentscheidung) (1 J 6 M)
R 292/2000-1	5.11.96	24.1.01 (Widerspruch)	23.3.01	8.8.01	13.12.01 (9 M)
R 789/2000-1	1.4.96	31.5.00 (Widerspruch)	27.7.00	26.9.00	13.12.01 (1 J 3 M)
R 173/2000-2	29.4.96	24.12.99	11.2.00	14.4.00	13.12.01 (6.6.00 Abhilfe) (1 J 10 M)
R 833/2000-2	5.9.97	27.6.00 (Widerspruch)	17.7.00	17:7.00	13.12.01 (1 J 5 M)
R 90/2000-1	3.6.96	3.12.99 (Widerspruch)	14.1.00	3.2.00 (Antrag zurückgenommen)	13.12.01 (Kostenentscheidung) (1 J 11 M)
R 897/2000-1	1.4.96	5.7.00 (Widerspruch)	31.8.00	9.1.01	13.12.01 (1 J 4 M)
R 656/2000-2	30.3.99	18.4.00	26.6.00	18.8.00	12.12.01 (1 J 4 M)

Anhang 7

Zunehmende Arbeitslast beim Harmonisierungsamt

Jahr	**1996**	**1997**	**1998**	**1999**	**2000**	**2001**
Zahl der Anträge	43010[590]	27238[591]	31372[592]	41424[593]	57324[594]	48856[595]
Anzahl der Entscheidungen der Prüfer	n.n.	n.n.	n.n.	n.n.	n.n.	n.n
Anzahl der Widersprüche	0	830[596]	10532[597]	10654[598]	11495[599]	12888[600]
Anzahl der Entscheidungen der Widerspruchsabteilung/ Gesamtzahl der abgeschlossenen Widerspruchssachen	0	8/79[601]	173/ 2371[602]	1031/ 5946[603]	2480/ 9808[604]	2294/ 10655[605]
Zahl der Anträge auf Nichtigkeitserklärung	0	0	19	60	114	167
Anzahl der Entscheidungen der Nichtigkeitsabteilung	0	0	1	10	36	49[606]
Zahl der Beschwerden	0	20[607]	231[608]	881[609]	1236[610]	1046[611]
Anzahl der Beschwerdeentscheidungen / Gesamtzahl der abgeschlossenen Beschwerdesachen	0	1/4[612]	77/118[613]	246/336[614]	459/562[615]	789/877[616]

590 http://oami.eu.int/pdf/diff/resume12-2000.pdf, S. 2.
591 http://oami.eu.int/pdf/diff/resume12-2000.pdf, S. 2.
592 http://oami.eu.int/pdf/diff/resume12-2000.pdf, S. 2.
593 http://oami.eu.int/pdf/diff/resume12-2000.pdf, S. 2.
594 http://oami.eu.int/pdf/diff/resume12-2000.pdf, S. 2.
595 http://oami.eu.int/pdf/diff/stat2001.pdf, S. 2.
596 http://oami.eu.int/pdf/diff/resume12-2000.pdf, S. 3.
597 http://oami.eu.int/pdf/diff/resume12-2000.pdf, S. 3.
598 http://oami.eu.int/pdf/diff/resume12-2000.pdf, S. 3.
599 http://oami.eu.int/pdf/diff/resume12-2000.pdf, S. 3.
600 http://oami.eu.int/pdf/diff/resume2001.pdf, S. 3.
601 http://oami.eu.int/pdf/diff/resume2001.pdf, S. 3.
602 http://oami.eu.int/pdf/diff/resume2001.pdf, S. 3.
603 http://oami.eu.int/pdf/diff/resume2001.pdf, S. 3.
604 http://oami.eu.int/pdf/diff/resume2001.pdf, S. 3.
605 http://oami.eu.int/pdf/diff/resume2001.pdf, S. 3.
606 http://oami.eu.int/pdf/diff/resume2001.pdf, S. 5.
607 http://oami.eu.int/pdf/diff/resume12-2000.pdf, S. 6.
608 http://oami.eu.int/pdf/diff/resume12-2000.pdf, S. 6.
609 http://oami.eu.int/pdf/diff/resume12-2000.pdf, S. 6.
610 http://oami.eu.int/pdf/diff/resume12-2000.pdf, S. 6.
611 http://oami.eu.int/pdf/diff/resume2001.pdf, S. 6.
612 http://oami.eu.int/pdf/diff/resume12-2000.pdf, S. 6.
613 http://oami.eu.int/pdf/diff/resume12-2000.pdf, S. 6.

Anzahl der Streitigkeiten, die im Wege der Abhilfe beigelegt wurden / Gesamtzahl der abgeschlossenen Beschwerdesachen	0	3/4[617]	24/118[618]	38/336[619]	32/562[620]	17/877[621]

[614] http://oami.eu.int/pdf/diff/resume12-2000.pdf, S. 6.
[615] http://oami.eu.int/pdf/diff/resume12-2000.pdf, S. 6.
[616] http://oami.eu.int/pdf/diff/resume2001.pdf, S. 6.
[617] http://oami.eu.int/pdf/diff/resume12-2000.pdf, S. 6.
[618] http://oami.eu.int/pdf/diff/resume12-2000.pdf, S. 6.
[619] http://oami.eu.int/pdf/diff/resume12-2000.pdf, S. 6.
[620] http://oami.eu.int/pdf/diff/resume12-2000.pdf, S. 6.
[621] http://oami.eu.int/pdf/diff/resume2001.pdf, S. 6.

Bibliographie

Ackerman, Bruce, The Storrs Lectures: Discovering the Constitution, Yale L.J., Band 93, 1984, S. 1013

Ackerman, Bruce, Constitutional Politics/Constitutional Law, Yale L.J., Band 99, 1989, S. 453

Ackerman, Bruce, We The People, Cambridge 1991

Ackerman, Bruce, The Court Packs Itself, Am Prospect 48 (Feb 12, 2001), http://www.prospect.org/print/V12/3/ackerman-b.html

Almond, Gabriel A./Powell, G. Bingham Jr., Comparative Politics: A Development Approach, Boston 1966

Amar, Akhil, The Supreme Court: Should We Trust Judges?, LA Times M1 (17. Dezember 2000)

Aranson, Peter H. /Gellhorn, Ernest /Robinson, Glen O., A Theory of Legislative Delegation, Cornell L. Rev., Band 68, 1982, S. 1

Bächele, Hans-Ulrich, Die Rechtsstellung der Richter am Gerichtshof der Europäischen Gemeinschaften, Berlin 1961

Bachler, Heinz, Art. 6 MRK und die öffentliche mündliche Verhandlung im Berufungsverfahren – Theorie und Praxis im Verfahren vor den unabhängigen Verwaltungssenaten, Österreichische JZ 1993, S. 537

Bellescize, Diane de, L'article 169 du traité de Rome, et l'efficacité du contrôle communautaire sur les manquements des états membres, RevTrimDrEur 1977, S. 173

Bender, Achim, Die Beschwerdekammern des Harmonisierungsamtes für den Binnenmarkt im Gemeinschaftsmarkensystem, MarkenR 1999, S. 11

Bender, Achim, Die Gemeinschaftsmarke, Neueste Entwicklungen in Rechtsprechung und Praxis, MarkenR 2002, S. 37

Bernhard, Wilfried, Verfassungsprinzipien – Verfassungsgerichtsfunktionen – Verfassungsprozeßrecht im EWG-Vertrag, Schriften zum Öffentlichen Recht Band 523, Berlin 1987

Bernstein, Marver H., Regulating Business by Independent Commission, Princeton 1955

Bickel, Alexander M., The Least Dangerous Branch, The Supreme Court at the Bar of Politics, New Haven 1962 (2. Auflage 1986)

Bickel, Alexander M., The Supreme Court and the Idea of Progress, New Haven 1978

Bignami, Francesca E., The Democratic Deficit in European Community Rulemaking: A Call for Notice and Comment in Comitology, Harvard Int. L.J., Band 40, 1999, S. 451

Bignami, Francesca, Accountability and Interest Group Participation in Commitology, EUI Working Paper, RSC No. 1999/3, http://www.iue.it/PUB/rsc_fm.html

Biondi, Andrea, Access to Documents in the EU, European Business L. Rev. 1998, S. 221

Black, Charles Jr., The People and the Court: Judicial Review in a Democracy, Westport 1960 (2. Auflage 1977)

Blumer, Fritz, Formulierung und Änderung der Patentansprüche im europäischen Patentrecht, Köln 1998 (Diss. 1996)

Bogdandy, Armin von, Supranationale Union als neuer Herrschaftstypus: Entstaatlichung und Vergemeinschaftung aus staatstheoretischer Perspektive, in: integration 1993, S. 210-224; neu veröffentlicht in R. Hrbeck/M. Jopp/B. Lippert/W. Wessels (Hrsg.), Die Europäische Union als Prozeß, Verfassungsentwicklungen im Spiegel von 20 Jahren der Zeitschrift integration, Bonn 1998, S. 506-522; überarbeitete Fassung: Supranationale und staatliche Herrschaft, Staatsphilosophische Aspekte einer neuen hoheitlichen Verfasstheit, Humboldt Forum Recht 1997, Beitrag 5, http://www.humboldt-forum-recht.de/5-1997/Seite1.html

Bogdandy, Armin von, The European Union as a Supranational Federation: A Conceptual Attempt in the Light of the Amsterdam Treaty, Colum. J. Eur. L., Band 6, 2000, S. 27

Breyer, Stephen G., Judicial Review of Questions of Law and Policy, Admin. L. Rev. Band 38, 1986, S. 363

Breyer, Stephen G./Stewart, Richard/Sunstein, Cass R./Spitzer, Matthew L., Administrative Law and Regulatory Policy: Problems, Text, and Cases, 5. Auflage, Aspen 2002

Bumiller, Ursula, Durchsetzung der Gemeinschaftsmarke in der Europäischen Union, München 1997

Cahier, Philippe, Les articles 169 et 171 du traité instituant la CEE à travers la pratique de la Commission et la jurisprudence de la Cour, CahDrEur 1974, S. 3

Calliess, Christian/Ruffert, Matthias, Kommentar des Vertrages über die Europäische Union und des Vertrages zur Gründung der Europäischen Gemeinschaft – EUV/EGV-, Neuwied 1999 (2. Auflage 2002)

Cappelletti, Mauro/Seccombe, Monica/Weiler, Joseph H.H., Integration Through Law: Europe and the American Federal Experience – A General Introduction, in: Cappelletti, Mauro/Seccombe, Monica/Weiler, Joseph H.H. (Hrsg.), Integration Through Law, Band I/1, Berlin 1986, S. 1

Chiti, Eduardo, The Emergence of a Community Administration: The Case of European Agencies, Common Market L. Rev., Band 37, 2000, S. 309

Clemens, Just, Die Gemeinschaftsmarke im System des internationalen Markenschutzes, Frankfurt am Main 2001 (Diss. 2000)

Combaldieu, Jean-Claude, Histoire, experience et futur de l'Office de l'Harmonisation dans le Marché Intérieur (Marques, Dessins et Modèles), in: Kreher, Alexander (Hrsg.), The New European Agencies - Conference Report, EUI Working Papers, RSC 96/49, Florenz 1996

Curtin, Deidre/Meijers, Herman, The Principle of Open Government in Schengen and the European Union: Democratic Retrogression?, Common Market L. Rev., Band 32, 1995, S. 391

Curtin, Deirdre, Betwixt and between: democracy and transparency in the governance of the EU, in: Winter, Jan/Curtin, Deirdre (Hrsg.), Reforming the Treaty on the European Union, Den Haag 1996, S. 95

Dahl, Robert, Decision-Making in a Democracy: The Supreme Court as a National Policy-Maker, J. Publ. L., Band 6, 1957, S. 279

Dammann, Jens, The Role of Comparative Law in Statutory and Constitutional Interpretation, St. Thomas L. Rev., Band 14, 2002, S. 513

Dammann, Jens, System der Grundfreiheiten, 2003, unveröffentlichtes Manuskript

Davis, Kenneth, Administrative Law Treatise, 3. Aufl., Boston 1994, Band 1

Dehousse, Renaud, Regulation by networks in the European Community: The role of European Agencies, Journal of Public Policy, Band 4, 1997, S. 246

Diver, Colin S., The Optimal Precision of Administrative Rules, Yale L.J., Band 93, 1983, S. 65

Donnellan, Rebecca L., The Exhaustion Doctrine Should Not Be a Doctrine With Exceptions, West Virgina L. Rev., Band 103, 2001, S. 361

Duflo, Esther, Schooling and Labor Market Consequences of School Construction in Indonesia: Evidence form an Unusual Policy Experiment, NBER Working Paper No. W7860, Cambridge (MA) 2000, http://papers.nber.org/ papers/W7860

Dworkin, Ronald, Law's Empire, Cambridge 1986

Dyrberg, Peter, Current Issues in the Debate on Public Access to Documents, Europ. L. Rev., Band 24, 1999, S. 157

Easton, David, A System Analysis of Political Life, New York 1965

Edley, Christopher Jr., The Governance Crisis, Legal Theory, and Political Ideology, Duke L.J. 1991, S. 561

Ely, John Hart, Democracy and Distrust, Cambridge 1980

Ende, Monika, Die Bedeutung des Art. 6 Abs. 1 EMRK für den gemeineuropäischen Grundrechtsschutz, Kritische Vierteljahresschrift für Gesetzgebung und Rechtswissenschaft 1996, S. 371

Estler, Kerstin, Zur Effektivität des einstweiligen Rechtsschutzes, Schriften zum Europa- und Völkerrecht und zur Rechtsvergleichung, Band 7, Frankfurt am Main 2003 (Diss. 2002)

Everson, Michelle, Independent Agencies: Hierarchy Beaters?, European L.J., Band 1, 1995, S. 180

Ewing, K. D., A Theory of Democratic Adjudication: Towards a Representative, Accountable and Independent Judiciary, Alberta L. Rev., Band 38, 2000, S. 708

Feld, Werner, The Court of the European Communities: New Dimension in International Adjudication, The Hague 1964

Fischer-Appelt, Dorothee, Agenturen der Europäischen Gemeinschaft: Eine Studie zu Rechtsproblemen, Legitimation und Kontrolle Europäischer Agenturen mit interdisziplinären und rechtsvergleichenden Bezügen, Berlin 1999 (Diss. 1998)

Fiss, Owen M., Objectivity and Interpretation, Stan. L. Rev., Band 34, 1982, S. 739

Franck, Thomas, The Power of Legitimacy Among Nations, New York 1990

Frowein, Jochen/Peukert, Wolfgang, Europäische Menschenrechtskonvention, EMRK-Kommentar, 2. Auflage, Kehl 1996

Fuss, Ernst-Werner, Zur Rechtsstaatlichkeit der Europäischen Gemeinschaften, DÖV 1964, S. 577

Gastinel, Eric, The Community Trade Mark and the OHIM Boards of Appeal, European Business L. Rev. 1998, S. 176

Geisseler, Günter, in: Zehn Jahre Rechtsprechung des Gerichtshofs der Europäischen Gemeinschaften, Kölner Schriften zum Europarecht, Band 1, Köln 1965, S. 599

Gellhorn, Ernest/Levin, Ronald M., Administrative Law and Process, St. Paul 1997

Gevers, Florent/Tatham, David, The Opposition Procedure in the Community Trade Mark System, EIPR 1998, S. 22

Gifford, Daniel J., The New Deal Regulatory Model: A History of Criticisms and Refinements, Minn. L. Rev., Band 68, 1983, S. 299

Grabitz, Eberhard/Hilf, Meinhard, Das Recht der Europäischen Union, Loseblattsammlung, 16. Ergänzungslieferung, München 2000

Grabrucker, Marianne, Zur Praxis der Eintragung einer Dienstleistungsmarke für den Einzelhandel – ein internationaler Überblick, GRUR Int. 2002, S. 989

Groeben, Hans von der/Thiesing, Jochen/Ehlermann, Claus-Dieter, Kommentar zum EU-/EG-Vertrag, 5. Auflage, Baden-Baden 1997

Grzybek, Patrick, Prozessuale Grundrecht im Europäischen Gemeinschaftsrecht, Baden-Baden 1993 (Diss. 1992)

Hackspiel, Sabine, Das Verfahren in Markensachen, MittdtschPatAnw 2001, S. 532

Hasselblatt, Gordian N., Gemeinschaftsmarke, in: Hasselblatt, MAH Gewerblicher Rechtsschutz, München 2001

Heinelt, Hubert, Die Transformation der Demokratie in der EU, Vortragsmanuskript für die Tagung „Eine gute Ordnung für die EU? Analytische und normative Perspektiven" des Arbeitskreises Integrationsforschung der DVPW am 1./2. November 1996 in Mannheim

Heinelt, Hubert, Die Transformation der Demokratie und die Bedeutung des zivilgesellschaftlichen Sektors im politischen System moderner Gesellschaften, in: Schmals, Klaus M./Heinelt, Hubert (Hrsg.), Zivile Gesellschaft: Entwicklung, Defizite und Potentiale, Opladen 1997, S. 323

Hilf, Meinhard, Die Organisationsstruktur der Europäischen Gemeinschaften, Rechtliche Gestaltungsmöglichkeiten und Grenzen, Berlin 1982

Höreth, Marcus, The Trilemma of Legitimacy: Multilevel Governance in the EU and the Problem of Democracy, in: Zentrum für Europäische Integrationsforschung, Bonn 1998, Discussion Paper Nr. C 11, http://www.zei.de

Höreth, Marcus, The European Commission's White Paper Governance: A 'Tool-Kit' for closing the legitimacy gap of EU policymaking?, in: Zentrum für Europäische Integrationsforschung, Bonn 2001, Discussion Paper Nr. C 94, http://www.zei.de

Hyde, Alan, The Concept of Legitimation in the Sociology of Law, Wis. L. Rev., 1983, S. 379

Ingerl, Reinhard, Die Gemeinschaftsmarke, Stuttgart 1996

Jaffe, Louis, Judicial Control of Administrative Action, Boston 1965

Jarass, Hans D./Pieroth, Bodo, Grundgesetz für die Bundesrepublik Deutschland, 3. Auflage, München 1995

Joerges, Christian/Vos, Ellen (Hrsg.), EU Committees: Social Regulation, Law and Politics, Oxford 1999

Joerges, Christian/Falke, Josef (Hrsg.), Das Ausschußwesen der Europäischen Union, Baden-Baden 2000

Joerges, Christian, The Law's Problems with the Governance of the European Market, in: Joerges, Christian/Dehousse, Renaud (Hrsg.), Good Governance in Europe's Integrated Market, Oxford 2002, S. 3

Jung, Hans, Änderung der Verfahrensordnung des Gerichtshofes der Europäischen Gemeinschaften, EuR 1980, 372

Jung, Hans, Gemeinschaftsmarke und Rechtsschutz, in: Due, Ole/Lutter, Marcus/ Schwarze, Jürgen (Hrsg.), FS für Ulrich Everling, Band I, Baden-Baden 1995, S. 611

Kapteyn, Paul Joan George/Theemaat, Pieter VerLoren van, Introduction to the Law of the European Communities, 3. Auflage, London 1998 (Original 1988, übersetzt von Lawrence William Gormley)

Kaufmann, Marcel, Europäische Integration und Demokratieprinzip, Baden-Baden 1997

Klüpfel, Karin, Die Nichtigkeitsklage vor dem Europäischen Gericht erster Instanz gegen Entscheidungen des Harmonisierungsamtes für den Binnenmarkt, MarkenR 2000, S. 237

Knaak, Roland, Die Rechtsdurchsetzung der Gemeinschaftsmarke und der älteren nationalen Rechte, GRUR Int. 1997, S. 864

Knaak, Roland, Die Durchsetzung der Rechte aus der Gemeinschaft, GRUR 2001, S. 21

Komesar, Neil K., Taking Institutions Seriously: Introduction to a Strategy for Constitutional Analysis, U. Chi. L. Rev., Band 51, 1984, S. 366

Kreher, Alexander, The New Agencies, EUI Working Paper RSC 96/49, European University Institute, Florenz 1996

Kreher, Alexander, Agencies in the European Community – a step towards administrative integration in Europe, Journal of European Public Policy, Band 4, 1997, S. 225

Kreher, Alexander, The EC Agencies between Community Institutions and Constituents: Autonomy, Control and Accountability, Conference Report, EUI RSC, Florence 1998

Kress, Ken, Legal Indeterminacy, Cal. L. Rev., Band 77, 1989, S. 283

Lafay, Frédérique, L'accès aux documents du Conseil de l'Union: contribution à une problématique de la transparence en droit communautaire, RTDE, Band 33, 1997, S. 37

Lawson, Gary, Changing Images of the State: The Rise and Rise of the Administrative State, Harv. L. Rev., Band 107, 1994, S. 1231

Lenaerts, Koen, Regulating the regulatory process: "delegation of powers" in the European Community, Europ. L. Rev., Band 18, 1993, S. 23

Lenaerts, Koen/Verhoeven, Amaryllis, Towards a Legal Framework for Executive Rule-Making in the EU? The Contribution of the New Comitology Decision, Common Market L. Rev., Band 37, 2000, S. 645

Lenaerts, Koen/Desomer, Marlies, Bricks for a Constitutional Treaty of the European Union: values, objectives and means, Europ. L. Rev., Band 27, 2002, S. 377

Lenaerts, Koen/Verhoeven, Amaryllis, Institutional Balance as a Guarantee for Democracy in EU Governance, in: Joerges, Christian/Dehousse, Renaud (Hrsg.), Good Governance in Europe's Integrated Market, Oxford 2002, S. 35

Magnette, Paul, Towards 'Accountable Independence'?, Parliamentary Controls of the European Central bank and the Rise of a New Democratic Model, Europ. L.J., Band 6, 2000, S. 326

Majone, Giandomenico, Regulatory legitimacy, in: Majone, Giandomenico (Hrsg.), Regulating Europe, London 1996, S. 284

Majone, Giandomenico, The new European agencies: regulation by information, Journal of European Public Policy, Band 4, 1997, S. 262

Mashaw, Jerry L., Greed, Chaos, and Governance: Using Public Choice to Improve Public Law, New Haven 1997

McCutchen, Peter B., Mistakes, Precedent, and the Rise of the Administrative State: Toward a Constitutional Theory of the Second Best, Cornell L. Rev., Band 80, 1994, S. 1

Merli, Franz, Art. 6 EMRK und das österreichische Verwaltungsrechtsschutzsystem: Zwei Leitentscheidungen des Verfassungsgerichtshofes, ZaöRV 1988, S. 251

Mock, William B. T., An Interdisciplinary Introduction to Legal Transparency: A Tool for Rational Development, Dick. J. Int'l L., Band 18, 2000, S. 293

Mößlang, Gerhard, Ist der EuGH als gesetzlicher Richter i.S. des Art. 101 I 2 GG in Frage gestellt?, EuZW 1996, S. 69

Mühlendahl, Alexander von, Das künftige Markenrecht der Europäischen Gemeinschaft, GRUR Int. 1989, S. 353

Mühlendahl, Alexander von/Ohlgart, Dietrich/Bomhard, Verena, Die Gemeinschaftsmarke, München 1998

Mühlendahl, Alexander von, Europäisches Markenrecht: Rechtsmittel gegen die Entscheidungen des Harmonisierungsamtes für den Binnenmarkt, GRUR 2001, S. 667

Muir, Ian/Brandi-Dohrn, Matthias/Gruber, Stephan, European Patent Law: Law and Procedure under the EPC and PCT, Oxford 1999

Mutius, Albert von, Gerichtsverfahren und Verwaltungsverfahren, in: Erichsen, Hans-Uwe/Hoppe, Werner/Mutius, Albert von (Hrsg.), FS für Christian-Friedrich Menger, Köln 1985, S. 575

Ogorek, Regina, Richterkönig oder Subsumtionsautomat?: Zur Justiztheorie im 19. Jahrhundert, Frankfurt 1986

O'Neill, Michael, The Right to Access to Community Held Documentation as a General Principle of EC Law, Europ. Public Law, Band 4, 1998, S. 403

Österdahl, Inger, Openness v. Secrecy: Public Access to Documents in Sweden and the European Union, Europ. L. Rev., Band 23, 1998, S. 336

Parsons, Talcott, Politics and Social Structure, New York 1969

Paterson, Gerald, The European Patent System: The Law and Practice of the European Patent Convention, 2. Auflage, London 2001

Pernice, Ingolf, Multilevel constitutionalism in the European Union, Europ. L. Rev., Band 27, 2002, S. 511

Pierce, Richard J. Jr., The Role of Constitutional and Political Theory in Administrative Law, Tex. L. Rev., Band 64, 1985, S. 469

Pierce, Richard J. Jr., Chevron and Its Aftermath: Judicial Review of Agency Interpretations of Statutory Provisions, Vand. L. Rev., Band 41, 1988, S. 301

Pierce, Richard J. Jr., Seven Ways to Deossify Agency Rulemaking, Admin. L. Rev., Band 47, 1995, S. 59

Pipkorn, Jörg, Erledigung von Verwaltungsaufgaben durch Personalkörperschaften und Anstalten des öffentlichen Rechts, in: Starck, Christian (Hrsg.), Erledigung von Verwaltungsaufgaben durch Personalkörperschaften und Anstalten des öffentlichen Rehts: Aufgaben, Organisation, Verfahren und Finanzierung, Baden-Baden 1991, S. 228

Piris, Jean-Claude, After Maastricht, are the Community Institutions More Efficacious, More Democratic and More Transparent?, Europ. L. Rev., Band 19, 1994, S. 449

Prandzioch, Annette, Das Europäische Markenamt: Funktion und Bedeutung der Gemeinschaftsmarke, Hamburg 1999 (Diss. 1999)

Raz, Joseph, Legitimate Authority, in: Raz, Joseph (Hrsg.), The Authority of Law, Oxford 1979, S. 1

Raz, Joseph, The Morality of Freedom, Oxford 1986

Redish, Martin H./Marshall, Lawrence C., Adjudicatory Independence and the Values of Procedural Due Process, Yale L.J., Band 95, 1986, S. 455

Reichl, Ulrich, Probleme des gesetzlichen Richters in der Verwaltungsgerichtsbarkeit, Europäische Hochschulschriften: Reihe 2 (Rechtswissenschaft) Bd. 1476, Frankfurt am Main 1994 (Diss. 1993)

Rengeling, Hans-Werner/Middeke, Andreas/Gellermann, Martin, Rechtsschutz in der Europäischen Union: Durchsetzung des Gemeinschaftsrechts vor europäischen und deutschen Gerichten, München 1994

Riese, Otto, Über den Rechtsschutz innerhalb der Europäischen Gemeinschaften, EuR 1966, S. 24

Rogalla, Dieter, Dienstrecht der Europäischen Gemeinschaften, 2. Auflage, Köln 1992

Rohnke, Christian, Gemeinschaftsmarken oder nationale Marken?, Strategische Überlegungen zur Rechtsdurchsetzung, GRUR Int. 2002, S. 979

Roth, Thomas, Das Grundrecht auf den gesetzlichen Richter, Berlin 2000, Schriften zum öffentlichen Recht Bd. 829 (Diss. 1999)

Roth, Wolfgang, Der Anspruch auf öffentliche Verhandlung nach Art. 6 Abs. 1 EMRK im verwaltungsgerichtlichen Rechtsmittelverfahren, EuGRZ 1998, S. 495

Scalia, Antonin, Judicial Deference to Agency Interpretations of Law, Duke L.J. 1989, S. 511

Schahl, Eric/Bresson, Jean-Philippe, European Union: Protecting a Retail Sales Service with the Community Trademark, Trademark World, Band 144, 2002, S. 12

Scharpf, Fritz, Demokratietheorie zwischen Utopie und Anpassung, Konstanz 1970

Seidenfeld, Mark, A Civic Republican Justification for the Bureaucratic State, Harv. L. Rev., Band 105, 1992, S. 1511

Seidenfeld, Mark, A Syncopated Chevron: Emphasizing reasoned decision making in reviewing agency interpretations of statutes, Tex. L. Rev., Band 73, 1994, S. 83

Shapiro, David L., The Choice of Rulemaking or Adjudication in the Development of Administrative Policy, Harv. L. Rev., Band 78, 1965, S. 921

Shapiro, Martin, The problems of independent agencies in the United States and the European Union, Journal of European Public Policy, Band 4, 1997, S. 276

Shapiro, Martin, Codification of Administrative Law: The US and the Union, Europ. L.J., Band 2, 1996, S. 26

Silberman, Laurence H., Chevron--The Intersection of Law & Policy, Geo. Wash. L. Rev., Band 58, 1990, S. 821

Singer, Romuald, The European Patent Convention, Revised English Edition, London 1995

Sobotta, Christoph, Transparenz in den Rechtsetzungsverfahren der Europäischen Union: Stand und Perspektiven des Gemeinschaftsrechts unter besonderer Berücksichtigung des Grundrechtes auf Zugang zu Informationen, Baden-Baden 2001 (Diss. 2000)

Stork, Ute, Giacomelli Sport – Frischer Wind in Sachen Einzelhandelsdienstleistungen, MittdtschPatAnw 2000, S. 399

Stotz, Rüdiger, Der gesetzliche Richer in Europa, EuZW 1995, S. 749

Szczekalla, Peter, Anmerkung zu EuGH, Urteil vom 4.5.1995 – Rs. C-7/94 (Landesamt für Ausbildungsförderung Nordrhein-Westphalen/Lubor Gaal, EuZW 1995, S. 671

Tsikrikas, Dimitrios, Die Wirkungen der Urteile des Europäischen Gerichtshofs im Vertragsverletzungsverfahren, Berlin 1990 (Diss. 1987)

Tushnet, Mark, Taking the Constitution Away from the Courts, Princeton 1999

Tyler, Tom R., Why People Obey the Law, New Haven 1990

Tyler, Tom R./Mitchell, Gregory, Legitimacy and the Empowerment of Discretionary Legal Authority: The United States Supreme Court and Abortion Rights, Duke L.J., Band 43, 1994, S. 703

Verbruggen, Johan, Baby-Dry – The origin function „revisited", GRUR Int. 2002, S. 213

Versterdorf, Bo, Transparency – Not Just a Vogue Word, Fordham Int'l L.J., Band 22, 1999, S. 902

Vos, Ellen, Reforming the European Commission: What Role to Play for EU Agencies?, Common Market L. Rev., Band 37, 2000, S. 1113

Vos, Ellen, European Administrative Reform and Agencies, EUI Working Paper RSC 2000/51, European University Institute, Florenz 2000

Weiler, Joseph H. H., The Transformation of Europe, Yale L.J., Band 100, 1990, S. 2403

Weiler, Joseph H.H., Europe: The Case Against the Case for Statehood, Europ. L.J., Band 4, 1998, S. 43

Weiler, Joseph H.H., Legal Framework: Bread and Circus: The State of European Union, Colum. J. Eur. L., Band 4, 1998, S. 223

Weiler, Joseph H.H., Epilogue: "Comitology" as Revolution – Infranationalism, Constitutionalism and Democracy, in: Joerges, Christian/Vos, Ellen (Hrsg.), EU Committees: Social Regulation, Law and Politics, Oxford 1999, S. 339

Weiler, Joseph H.H., Fin-De-Siècle Europe: Do the New Clothes Have an Emperor?, in: Weiler, Joseph H.H. (Hrsg.), The Constitution of Europe, Cambridge 1999, S. 238

Yataganas, Xénophon, The Treaty of Nice: The sharing of Power and the Institutional Balance in the European Union – A Continental Perspective, Jean Monnet Working Paper No. 1/01, http://www.jeanmonnetprogram.org/papers/01/010101.html

Yataganas, Xénophon, Delegation of Regulatory Authority in the European Union: The Relevance of the American Model of Independent Agencies, Jean Monnet Working Paper, No. 3/01, http://www.jeanmonnetprogram.org/papers/01/010301.html

Yoo, John C., Bush v. Gore: In Defense of the Court's Legitimacy, U. Chi. L. Rev., Band 68, 2001, S. 775

Zeppos, Nicholas S., Deference to Political Decision Makers and the Preferred Scope of Judicial Review, Nw. U.L. Rev., Band 88, 1993, S. 296

Zuleeg, Manfred, in: Ständige Deputation des Deutschen Juristentages (Hrsg.), Verhandlungen des Sechzigsten Deutschen Juristentages, Band II/2, Münster 1994, N 74

Zuleeg, Manfred, What Holds a Nation Together? Cohesion and Democracy in the United States of America and in the European Union, Am. J. Comp. L., Band 45, 1997, S. 505

Zuleeg, Manfred, Demokratie ohne Volk oder Demokratie der Völker? – Zur Demokratiefähigkeit der Europäischen Union, in: Drexl, Josef/Kreuzer, Karl F./Scheuing, Dieter H./Sieber, Ulrich (Hrsg.), Europäische Demokratie, Baden-Baden 1999, S. 11

Zuleeg, Manfred, Supranationales Recht und supranationale Verfahren der EU, in: Loth, Wilfried/Wessels, Wolfgang (Hrsg.), Theorien europäischer Integration, Opladen 2001, S. 205

Zweigert, Konrad, in: Zehn Jahre Rechtsprechung des Gerichtshofs der Europäischen Gemeinschaften, Kölner Schriften zum Europarecht, Band 1, Köln 1965, S. 580

Schriften zum Europa- und Völkerrecht und zur Rechtsvergleichung

Herausgegeben von Prof. Dr. Manfred Zuleeg

Band 1 Mathias Mühlhans: Internationales Wassernutzungsrecht und Spieltheorie. Die Bedeutung der neueren völkerrechtlichen Vertragspraxis und der wirtschaftswissenschaftlichen Spieltheorie für das Prinzip der angemessenen Nutzung internationaler Binnengewässer. 1998.

Band 2 Michael Grüb: Europäische Niederlassungs- und Dienstleistungsfreiheit für Private mit hoheitlichen Befugnissen. 1999.

Band 3 Kathrin Bremer: Nationale Strafverfolgung internationaler Verbrechen gegen das humanitäre Völkerrecht. Am Beispiel einer Rechtsvergleichung Deutschlands, der Schweiz, Belgiens und Großbritanniens. 1999.

Band 4 Jon Marcus Meese: Das Petitionsrecht beim Europäischen Parlament und das Beschwerderecht beim Bürgerbeauftragten der Europäischen Union. 2000.

Band 5 Christoph Schalast: Umweltschutz und Wettbewerb als Wertwiderspruch im deregulierten deutschen und europäischen Elektrizitätsmarkt. 2001.

Band 6 Ralf Bauer: Das Recht auf eine gute Verwaltung im Europäischen Gemeinschaftsrecht. Inhalt, Anwendungsbereich und Einschränkungsvoraussetzungen des Grundrechts auf eine gute Verwaltung in Artikel 41 der Charta der Grundrechte der Europäischen Union. 2002.

Band 7 Kerstin Estler: Zur Effektivität des einstweiligen Rechtsschutzes im Gemeinschaftsrecht. 2003.

Band 8 Ali Şahin: Der Vertrag von Amsterdam: Vergemeinschaftetes Asylrecht. 2003.

Band 9 Amina Dammann: Die Beschwerdekammern der europäischen Agenturen. 2004.

www.ingramcontent.com/pod-product-compliance
Ingram Content Group UK Ltd.
Pitfield, Milton Keynes, MK11 3LW, UK
UKHW021906290926
8980IPUK00015B/1098

9 783631 516980